Private Bildung – Herausforderung für das öffentliche Bildungsmonopol

Berichte zur Bildungspolitik 1996
des Instituts der deutschen Wirtschaft Köln

Herausgegeben von
Winfried Schlaffke und Reinhold Weiß

Deutscher Instituts-Verlag

Herausgegeben vom Institut der deutschen Wirtschaft Köln
© 1996 Deutscher Instituts-Verlag GmbH,
Gustav-Heinemann-Ufer 84–88, 50968 Köln,
Postfach 51 06 70, 50942 Köln, Telefon (02 21) 3 70 83 41
Lektorat: Axel Taeger
Druck: Bercker, Kevelaer
ISBN 3-602-14392-9

Private Bildung –
Herausforderung für das öffentliche Bildungsmonopol

Berichte zur Bildungspolitik 1996
des Instituts der deutschen Wirtschaft Köln

Inhalt

Vorwort 7

I Einführung

Winfried Schlaffke / Reinhold Weiß
Private Bildungsangebote: Alternative oder Ergänzung zum öffentlichen Bildungswesen? 11

Susanne Wellmann
Zulassung privater Schulen und Hochschulen 43

II Private Initiativen in Schule und Hochschule

Carola Busch
Vom Betriebskindergarten zum Familienservice – Zur betrieblichen Förderung von Kinderbetreuung 58

Wolfgang Kramer
Privatschulen im weiterführenden Sekundarbereich 86

Marion Hüchtermann
Zusammenarbeit von Schule und Wirtschaft 105

Christiane Konegen-Grenier
Private Hochschulen 131

Kurt W. Schönherr
Chancen und Risiken privater Fernhochschulen 171

Hans-Jürgen Brackmann
**Stiftung der Deutschen Wirtschaft
– Studienförderwerk –** 186

Christoph Mecking
Stiftungen der Wirtschaft 197

Juliane List
Private Bildungsinitiativen im Ausland 222

III Private Initiativen in der Aus- und Weiterbildung

Wolfgang Kramer
**Sonderausbildungsgänge für Abiturienten in der
Wirtschaft – die praxisnahe duale Ausbildung auf
Hochschulniveau** 251

Susanne Wellmann
Weiterbildung als Wettbewerbsfaktor 276

Larry Steindler
**Themen und Angebotsstrukturen in der
privatwirtschaftlichen Weiterbildung** 288

Ansgar Pieper
Transparenz und Qualitätsprüfung in der Weiterbildung 301

Claus Kemmet
Die Bildungswerke der Wirtschaft 334

Dana Krüger / Wolfgang Pege
**Die Gewerkschaften als Anbieter privater
Bildungsangebote** 344

Andreas von Below
**Das Aus- und Weiterbildungsangebot der
politischen Stiftungen in Deutschland** 384

Die Autoren 401

Vorwort

Angesichts einer Staatsquote von über 50 Prozent gewinnt die Einsicht an Raum, daß der Staat weder alle gesellschaftlichen Probleme lösen kann noch alle Aufgaben übernehmen sollte. In einer freien Gesellschaft muß vielmehr genügend Platz sein für die Eigenverantwortung und das selbständige Handeln der Bürger. Private Initiativen sind vor allem dort angebracht, wo öffentliches Handeln zu schwerfällig ist oder den individuellen Bedürfnissen nicht ausreichend Rechnung trägt.

Auch im Bildungswesen, das in Deutschland – anders als in vielen anderen Ländern – traditionell eine Domäne des Staates ist, wird seit einiger Zeit offener über die Chancen einer Deregulierung nachgedacht. Eine Politik, die auf eine zumindest partielle Privatisierung des öffentlichen Bildungswesens abzielt, ist gleichwohl nicht zu erkennen und wahrscheinlich auch gar nicht sinnvoll.

Notwendig wären aber erweiterte Handlungsräume für privatwirtschaftliche Initiativen. Noch immer sind Zulassungs-, Anerkennungs- und besonders auch die Finanzierungsregelungen überaus restriktiv. Private Inititiativen werden eher als lästige Konkurrenz denn als eine Bereicherung des Bildungswesens betrachtet.

Was wir in der täglich Praxis erleben, ist deshalb weniger eine bewußt gesteuerte Privatisierungspolitik, sondern eine schleichende Erosion des öffentlichen Bildungswesens. Die mangelnde Finanz- und Personalausstattung, verbunden mit einer geringen Fähigkeit und mangelnden Bereitschaft, auf die Bedürfnisse der „Kunden" einzugehen, sorgen dafür, daß private Bildungsangebote – trotz ihrer höheren Kosten – für viele zunehmend attraktiver geworden sind. Eine Reihe von zum Teil spektakulären Neugründungen, vor allem im Hochschulbereich, signalisieren einen zunehmenden Bedarf der Abnehmer wie auch ein zunehmendes Interesse der Nachfrager an privaten Bildungsangeboten.

Im Unterschied zur Schule und Hochschule ist die Weiterbildung weitgehend privatwirtschaftlich verfaßt. Es ist nicht umsonst von einem Weiterbildungsmarkt die Rede. In den vergangenen Jahren hat dieser Sektor nicht nur quantitativ an Bedeutung gewonnen, sondern sich auch zu einem der dynamischsten und innovativsten Bildungsbereiche entwickelt. In gleichem Maße hat auch die Kritik über die privatwirtschaftliche Organisation der Weiterbildung zugenommen. Sie entzündet sich vor allem an einer angeblich mangelnden Transparenz und qualitativen Mängeln. Vielfalt und Pluralität werden gar als „Chaos" diffamiert. Eine stärkere staatliche Reglementierung und Kontrolle, wie sie sich nicht zuletzt in der Forderung nach einem Weiterbildungsrahmengesetz artikuliert, würde jedoch die Flexibilität und die Innovationskraft dieses Bereichs wesentlich einschränken.

Der vorliegende Bildungsbericht versucht, das Spektrum privatwirtschaftlicher Initiativen in den verschiedenen Bildungsbereichen zu verdeutlichen. Darüber hinaus werden private Bildungsinitiativen daraufhin untersucht, inwieweit sie einen Beitrag für innovative Entwicklungen auch im öffentlichen Bildungswesen leisten können. Schließlich werden Hemmnisse aufgezeigt, denen sich private Bildungsanbieter ausgesetzt sehen. Angesichts der Vielzahl der Aktivitäten und der Unterschiedlichkeit der Entwicklungen in den einzelnen Bildungsbereichen und den verschiedenen Bundesländern konnte nur ein exemplarisches Vorgehen gewählt werden.

In diesem Sinne will der vorliegende Bildungsbericht Anstöße für die Bildungspolitik geben. Wichtig ist aus unserer Sicht zweierlei:

Zum einen können die privaten Modelle eine Vorbildfunktion für Bildungsreformen haben, die auf eine verbesserte Effizienz, eine größere Flexibilität und eine erhöhte Innovation öffentlicher Angebote abzielen. Zum anderen sollte der Aktionsraum der Privaten so erweitert werden, daß es einen fairen Wettbewerb zwischen privaten und öffentlichen Anbietern gibt und ausreichende Wahlmöglichkeiten bestehen.

Köln, im Dezember 1995

Winfried Schlaffke   Reinhold Weiß

Winfried Schlaffke / Reinhold Weiß

Private Bildungsinitiativen: Alternative oder Ergänzung des staatlichen Bildungswesens?

Inhalt

Staatliche Bildungstradition	13
Öffentliches Bildungswesen auf dem Prüfstand	15
Schulen: Verschlechterung der Lernbedingungen	15
Hochschulen: Reformstau	17
Strukturen des privaten Bildungsangebots	18
Private Schulen: steigende Anmeldezahlen	18
Private Hochschulen: alternative Studienkonzepte	21
Weiterbildung: plurale Landschaft	22
Beispielhafte privatwirtschaftliche Initiativen	23
Betrieblich geförderte Kindergärten	23
Arbeitskreise Schule Wirtschaft	24
Kooperative Ausbildungs- und Studiengänge	24
Innovative Impulse durch Stiftungen	25
Qualitätssicherung in der Weiterbildung	26
Wettbewerbsbehinderungen für private Initiativen	27
Schulen: restriktive Finanzierungsregelungen	28
Hochschulen: Überregulierung und ungesicherte Finanzierung	29
Weiterbildung: Wettbewerbsverzerrungen durch öffentliche Anbieter	31
Stiftungen: hemmende Steuergesetzgebung	32

Von den Privaten lernen 32
Auswahl der Studenten 33
Persönliche Betreuung der Lernenden 34
Praxisorientierung und Internationalisierung 34
Beteiligung der Lernenden an den Bildungskosten 35
Finanzielle Autonomie 36
Bildungsmanagement 36
Flexibles Dienstrecht 37

Quintessenzen 38
Mehr Freiraum für private Bildungsangebote 38
Sicherung von Pluralität und Wettbewerb
in der Weiterbildung 40

Literatur 40

Staatliche Bildungstradition

Anders als in vielen anderen Staaten ist das Bildungswesen in Deutschland fest als eine staatliche Einrichtung verankert. Seit der Obrigkeitsstaat des 19. Jahrhunderts sich gegen die bis dahin vorherrschende kirchliche Schulaufsicht durchgesetzt hat, ist das Bildungswesen fest in staatlicher Hand. Aus dem Grundsatz „das Schulwesen steht unter der Aufsicht des Staates" (Art. 7 Abs. 1 GG) folgt nicht nur die Verplichtung des Staates zur Schulaufsicht, sondern auch seine Befugnis zur Planung und Organisation des Bildungswesens. Die zentralen Bestimmungen wurden nahezu wörtlich aus dem Kaiserreich über die Weimarer Verfassung in das Grundgesetz und in viele Länderverfassungen übernommen.

Geistesgeschichtlich wurzelt der Bildungsauftrag des Staates zunächst in der Forderung nach sozialer Gerechtigkeit und Chancengleichheit. Durch das Verbot der Kinderarbeit und die Durchsetzung der allgemeinen Schulpflicht legte der Staat die Grundlagen hierfür. Um darüber hinaus Bildung als ein allgemeines, und das heißt für alle Bürger gleichermaßen zu garantierendes Grundrecht in der Praxis durchzusetzen, schien die öffentliche Trägerschaft von Bildungseinrichtungen unabdingbar.

Wesentlich unterstützt wurde dieses Argument von der bildungsökonomischen Theorie. Sie geht davon aus, daß der Erwerb von Bildung nicht nur für die unmittelbaren Teilnehmer, sondern auch für andere Mitglieder der Gesellschaft einen Nutzen stiftet. Da die Nachfrager nach Bildungsleistungen, so die Theorie, unter marktwirtschaftlichen Bedingungen aber jeweils nur so viel an Bildung nachfragen, wie sie daraus einen individuellen Nutzen ziehen können, kommt es zu einer Unterinvestition in Bildung. Um angesichts dieses Marktversagens eine effiziente Ressourcenallokation sicherzustellen und die Wohlfahrt zu steigern, bedarf es mithin eines gesellschaftlichen Ausgleichsmechanismus in Form eines steuerfinanzierten Bildungswesens.

Das staatliche Engagement in der Bildung fußt schließlich auch auf der Annahme einer größeren Rationalität administrativer Planung und Lenkung (van Lith, 1985, 3). Durch eine vorausschauende, vorsorgende Bildungsplanung des Staates läßt sich, so die Hoffnung, eine bessere Abstimmung zwischen Angebot und Nachfrage nach Bildungsleistungen erzielen als bei einer dezentralen Planung durch den einzelnen Bürger und Bildungsanbieter.

In der Konsequenz führte die umfassende Interpretation der öffentlichen Verantwortung nicht nur zu einem dominierenden Einfluß des Staates im Bildungswesen, sondern auch zu einem durch Gesetze und Verordnungen, Erlasse und Verfügungen sowie deren Ausführungsbestimmungen reglementierten Bildungswesen. Dies ist verbunden mit einer Schwächung der Eigenständigkeit sowie der Eigenverantwortung und Handlungskompetenz auf der Ebene der einzelnen Schulen und Hochschulen (Koetz, 1994, 35).

Im Grundsatz unbestritten ist die Verantwortung des Staates für das Bildungswesen. Zunehmend wird jedoch die Frage gestellt, ob es zur Wahrnehmung dieser Verantwortung unbedingt erforderlich ist, daß der Staat auch selbst, quasi monopolartig, Anbieter von Bildungsleistungen ist (Deutscher Didacta Verband, 1995). In dem Maße, in dem über die Privatisierung öffentlicher Leistungen diskutiert wird, ist auch das öffentliche Bildungswesen nicht mehr tabu. Exemplarisch hierfür ist ein Kommentar Konrad Adams in der Frankfurter Allgemeinen Zeitung: „Das staatliche Schulmonopol hat sich kein bißchen besser bewährt als die Monopole von Post und Bahn, und wenn die einen fallen, dann kann und muß wohl auch das andere nach". Und er fährt fort: „Die humanistische Schule, in die Kinder, wie Hartmut von Hentig einmal geschrieben hat, ‚mehr zum Widerstand als zur Anpassung, mehr zur Einsicht als zur Information, mehr zum Absoluten als zum hier und jetzt Gültigen erzogen werden: mehr zur Antigone als zu Kreon' – diese Schule ist vom Staat nicht zu erwarten" (Adam, 1994).

Eine bewußte Privatisierungsstrategie, durch die zumindest Teile des Schul- und Hochschulbereichs in nichtöffentliche Trägerschaft überführt werden, ist derzeit indessen nicht zu erkennen.

Wohl aber vollzieht sich eine schleichende Privatisierung, weil öffentliche Bildungsleistungen – zumeist aus finanziellen Gründen – eingeschränkt werden und gleichzeitig private Bildungsangebote sich einer zunehmenden Beliebtheit erfreuen. Darüber hinaus gilt die zumindest partiell vorhandene Autonomie gegenüber der staatlichen Regelungsmacht zunehmend als eine wichtige Voraussetzung, wenn nicht gar als eine Art „Emanzipationsraum", um innovative Entwicklungen im Bildungswesen zu initiieren (Budde/Klemm, 1994, 106 f.).

Öffentliches Bildungswesen auf dem Prüfstand

Die Kritik am staatlichen Bildungsmonopol gründet sich in der häufig geringen Effizienz staatlicher Bildungsinstitutionen und einer mangelnden Flexibilität, sich auf veränderte Präferenzen der Bildungsnachfrager einzustellen. Hinzu kommt, daß der Staat seinem Auftrag, Bildung als Bürgerrecht zu verwirklichen, in vielen Bereichen nicht mehr ausreichend nachkommt.

Schulen: Verschlechterung der Lernbedingungen

In vielen Bundesländern sind die Anzeichen für eine Verschlechterung der Lernbedingungen in den öffentlichen Bildungseinrichtungen nicht mehr zu übersehen. Dies wird deutlich am häufigen Ausfall von Unterrichtsstunden, der amtlichen Reduktion der Soll-Werte für die zu erteilenden Unterrichtsstunden, der Heraufsetzung von Klassengrößen sowie der sich verschlechternden Sachmittelausstattung. Die notwendige individuelle Förderung jedes einzelnen Schülers kann unter diesen Rahmenbedingungen kaum mehr gewährleistet werden.

Für die Zukunft zeichnet sich eine weitere Verschlechterung der finanziellen und personellen Ausstattung des Schulwesens ab. Während die Schülerzahlen wieder ansteigen, und zwar um 1,5

Millionen bis zum Jahr 2005 (BLK, 1994), dürfte die Zahl der Lehrer bestenfalls konstant bleiben. Von den Finanzministern wird sogar aus Gründen der Haushaltskonsolidierung eine Verringerung der Personalstärke angestrebt. Das Ergebnis wäre eine deutliche Verschlechterung der Unterrichtsversorgung in den öffentlichen Schulen.

Teilweise als Folge einer falschen Schulwahl, teilweise aber auch, weil eine individuelle Förderung der Schüler angesichts sich verschlechternder Betreuungsrelationen oftmals kaum mehr möglich ist, blüht der private Nachhilfeunterricht. Neueren Untersuchungen zufolge erhält etwa jeder fünfte Schüler im Alter von 11 bis 17 Jahren ein bis zwei Stunden Nachhilfe je Woche (Hurrelmann, 1995). Setzt man die Stunde mit 20 DM an, addiert sich dies zu einem Markt im Umfang von etwa 30 Millionen DM pro Woche oder von 1,2 Milliarden DM pro Jahr. Die Hilfen durch die Familien, besonders die Mütter, sind dabei noch gar nicht berücksichtigt. Zu Recht sieht Hurrelmann darin ein „heimliches Schulgeld" und einen Trend zur Privatisierung des Bildungssystems.

Ein weiteres Beispiel: Die Bundesländer garantieren zwar, teilweise sogar verfassungsrechtlich abgesichert, die Lehrmittelfreiheit. Sie sind andererseits aber immer weniger in der Lage, dieser Verpflichtung in ausreichendem Maße nachzukommen. Weil das Geld für Neuanschaffungen fehlt, müssen teilweise bis zu zehn Jahre alte Schulbücher im Unterricht eingesetzt werden. In manchen Fächern mag dies noch hinnehmbar sein. Im Geographie- und Politikunterricht jedoch führt es dazu, daß immer noch mit Materialien gearbeitet werden muß, die weder die Wiedervereinigung noch die politischen Veränderungen in Osteuropa berücksichtigen.

Hinzu kommen pädagogische Defizite des öffentlichen Schulwesens. Als Folge der Dominanz der fachwissenschaftlichen und erziehungstheoretischen Ausbildung der Lehrer stehen sie den Problemen von Kindern und Jugendlichen oftmals hilflos gegenüber (Struck, 1995). Erschwerend kommt hinzu, daß öffentliche Bildungseinrichtungen den Charakter eines Massenbetriebs gewonnen haben. Eine individuelle Betreuung des einzelnen Schülers ist unter diesen Bedingungen nur schwer möglich. Anonymisierung und Desorientierung sind die Folge.

Angesichts des Pluralismus der Wertvorstellungen ziehen sich viele Lehrer auf ihre Rolle als Vermittler von Inhalten zurück. Die Werteerziehung wird demgegenüber als eine vorrangige Aufgabe der Familien oder allenfalls noch des Religionsunterrichts verstanden. Viele Eltern, die mit Sorge die zunehmende Gewalt und Gewaltbereitschaft unter Schülern wahrnehmen, fühlen sich von der Schule in ihrem Erziehungsauftrag nicht mehr ausreichend unterstützt.

Hochschulen: Reformstau

Besonders prekär ist die Situation im öffentlichen Hochschulbereich. Weder die Finanz- noch die Personalausstattung haben mit den steigenden Studentenzahlen Schritt gehalten. Die Folge ist eine deutliche Verschlechterung in der Betreuungsrelation, der sachlichen Ausstattung der Hochschulen und dem Zustand der Hochschulgebäude. Aufgrund der unzureichenden Finanzausstattung ist die Hochschulerneuerung im Osten ins Stocken geraten, der Hochschulbau im Westen praktisch zum Erliegen gekommen. Betroffen davon ist vor allem der angestrebte und aufgrund der Bedarfsentwicklung auch notwendige Ausbau der Fachhochschulen.

Vor diesem Hintergrund kann es nicht verwundern, wenn der Wissenschaftsstandort Deutschland für ausländische Studenten und Forscher, vor allem aus Amerika und Asien, nicht mehr ausreichend attraktiv ist und statt dessen Hochschulen in anderen europäischen Staaten oder den Vereinigten Staaten vorgezogen werden.

Zusätzliche Finanzmittel allein würden indessen kaum ausreichen, die Probleme der Hochschulen zu bewältigen. Notwendig ist eine umfassende Reform der Hochschulen und der Studiengänge. Über die Notwendigkeit einer derartigen Reform besteht inzwischen ein breiter Konsens, die Umsetzung in konkrete Handlungsstrategien läßt indessen oftmals noch auf sich warten.

Der notwendige Handlungsdruck kann entweder über die Wissenschaftsministerien im Rahmen der Gesetzgebung, der Dienstaufsicht und der Finanzierung ausgeübt werden. Diese Reform „von oben" verträgt sich jedoch schlecht mit der derzeitigen Hochschulverfassung und dem Prinzip freier, kollegialer Selbstbestimmung in der Lehre.

Der erforderliche Handlungsdruck könnte aber auch durch den Markt ausgeübt werden. Dies würde aber eine größere Autonomie der Hochschulen bei der Aufnahme der Studenten und in finanziellen Fragen sowie ein starkes Hochschulmanagement erforderlich machen. Vorbilder für diesen Reformansatz können nicht zuletzt die privaten Hochschulen liefern.

Strukturen des privaten Bildungsangebots

Private Schulen: steigende Anmeldezahlen

In Anbetracht dieses Mängelkataloges kann es nicht verwundern, wenn private Bildungseinrichtungen sich einer zunehmenden Beliebtheit erfreuen. Längst gelten private Bildungsangebote nicht mehr als ein eher schlechter Ersatz für öffentliche Bildungsleistungen oder als Notlösung für Schüler, die im öffentlichen Schulwesen gescheitert sind. Die alle zwei Jahre vom Dortmunder Institut für Schulentwicklungsforschung (IFS) durchgeführte repräsentative Befragung der Bevölkerung über 18 Jahren hat beispielsweise ergeben, daß in den alten Bundesländern 19 Prozent der Befragten, in den neuen Bundesländern bereits 14 Prozent der Befragten dem Statement zustimmen, es sollten mehr Privatschulen eingerichtet werden. Dies waren im Westen 6 Prozentpunkte, im Osten 2 Prozentpunkte mehr als zwei Jahre zuvor (IFS, 1994, 53).

Die Gründe für die zunehmende Akzeptanz privater Bildungsangebote sind höchst vielfältig. Neben der Verschlechterung der Lernbedingungen in den öffentlichen Bildungseinrichtungen sind es vor allem die spezifischen Bildungsprofile, die im privaten Bereich entwickelt wurden. Zu nennen sind vor allem die weltanschaulich geprägten Konfessionsschulen, die am Erziehungsideal Rudolf Steiners orientierten Waldorfschulen oder die als Internatsschulen arbeitenden Landerziehungsheime (siehe Beitrag Kramer, Seite 86 ff.).

Mit ihren spezifischen Profilen haben die privaten Schulen Angebote entwickelt, die die öffentlichen Schulen aufgrund ihrer Ausstattung und ihres gesetzlichen Auftrages so nicht machen können oder wollen. Sie sind gekennzeichnet durch eine religiös-weltanschauliche Ausrichtung, ganzheitliche Erziehungskonzepte, einen hohen Anteil außerunterrichtlicher Aktivitäten sowie ein ausgeprägtes Gemeinschaftsleben.

Die wachsende Akzeptanz privater Angebote wird auch durch die steigenden Anmeldezahlen zu den privaten Schulen belegt. Oftmals übersteigen die Anmeldungen die verfügbaren Plätze bei weitem. Im Jahre 1993 besuchten insgesamt 459 000 Kinder und Jugendliche allgemeinbildende Schulen in privater Trägerschaft (BMBF, 1994/95, 60). Das waren 4,8 Prozent aller Schüler. Am höchsten ist diese Quote im Sekundarbereich II und hier vor allem bei den Integrierten Gesamtschulen und freien Waldorfschulen (13,5 Prozent), den Sonderschulen (12,5 Prozent), den Gymnasien (9,7 Prozent) sowie im beruflichen Sektor bei den Fachschulen (28,5 Prozent).

Im längerfristigen Vergleich zeigt sich ein allmählicher Anstieg der Schüler an Schulen in privater Trägerschaft (Tabelle). Während 1960 erst 277 000 und 1970 rund 407 000 Schüler an privaten allgemeinbildenden und berufsbildenden Schulen registriert wurden, waren es 1980 und 1990 jeweils rund 540 000 Schüler und 1993 bereits 571 000 Schüler. Entsprechend ist der Anteil an allen Schülern von 3,2 Prozent im Jahre 1960 auf 6,0 Prozent im Jahre 1993 angestiegen.

Tabelle

Schüler an privaten allgemein- und berufsbildenden Schulen 1960 bis 1993
in Tausend

Jahr	Schüler an privaten allgemeinbildenden Schulen	Schüler an privaten berufsbildenden Schulen	Schüler an privaten Schulen insgesamt
1960	200,1	76,9	277,0
1970	290,3	117,1	407,4
1980	420,1	126,3	546,4
1990	420,7	118,3	539,0
1993	447,4	123,7	571,1

Quelle: BMBF, Grund- und Strukturdaten 1994/95, Seite 60 f.

Im internationalen Vergleich weist Deutschland, neben den skandinavischen Ländern, dennoch die geringsten Anteile von Privatschülern auf (Weiß/Steinert, 1994, 442). Eine wesentlich größere Bedeutung haben Privatschulen beispielsweise in den Niederlanden. Hier besuchen über 70 Prozent der Schüler im Sekundarbereich I und II private Schulen. Der Blick über die Grenzen offenbart überdies erhebliche Unterschiede im Ansehen und Prestige privater Bildungseinrichtungen (siehe Beitrag List, Seite 222 ff.). Während private Institutionen beispielsweise in Frankreich eher eine Auffangfunktion für diejenigen haben, die im staatlichen Schulwesen gescheitert sind, haben private Einrichtungen in anderen Ländern, beispielsweise den USA, die Funktion der Elitebildung übernommen.

Obwohl es zahlreiche Neugründungen von Privatschulen nach der Wende auch in den neuen Bundesländern gegeben hat, ist der Anteil des privaten Bildungswesens noch sehr gering. Im Jahre 1993 gab es insgesamt erst rund 12 000 Schüler an privaten allgemeinbildenden Schulen. Das waren 2,6 Prozent aller

Schüler (BMBF, 1994/95, 60). Entsprechend gering ist die Zahl der privaten Schulen. So gab es in den neuen Ländern insgesamt im Jahr 1993 erst 15 private Gymnasien und keine einzige private Realschule (Statistisches Bundesamt, 1995, 100 und 113). Eine quantitative Bedeutung haben lediglich die freien Waldorfschulen. Die Gründe sind leicht nachzuvollziehen. Sie reichen vom Mangel an Kapital für die erforderlichen Neugründungen, über die vergleichsweise geringeren Einkommen bis hin zu restriktiven Zulassungs- und Finanzierungsregelungen.

Private Hochschulen: alternative Studienkonzepte

Von den insgesamt 322 Hochschulen in Deutschland befinden sich 67 in privater Trägerschaft. Allerdings täuscht diese hohe Quote über die quantitative Bedeutung der Privaten hinweg: Im Jahr 1994 lag die Zahl der Studenten bei lediglich 36 000. Auch wenn ihre Zahl gegenüber den vorangegangenen Jahren deutlich gestiegen ist, bilden sie unter den 1,8 Millionen Studenten insgesamt eine verschwindend kleine Minderheit. Gemessen an der Zahl der Immatrikulierten liegt ihr Anteil bei lediglich 1,9 Prozent (siehe Beitrag Konegen-Grenier, Seite 131 ff.).

Wichtigster Träger der nicht-staatlichen Hochschulen mit zusammen 39 Einrichtungen sind die Kirchen, kirchliche Orden und Religionsgemeinschaften. Träger der anderen, vorrangig auf den Bedarf der Wirtschaft ausgerichteten privaten Hochschulen sind vor allem Trägervereine, Unternehmen, Verbände sowie Industrie- und Handelskammern.

Zahlreiche Neugründungen, vor allem auch im Fachhochschulbereich, signalisieren ein wachsendes Interesse sowohl bei den Studienbewerbern als auch den Abnehmern in der Wirtschaft an privaten Alternativen. Regelmäßig standen Unternehmen oder Einrichtungen der Wirtschaft Pate bei der Gründung privater Hochschulen. Beispiele hierfür sind die Nord-Akademie in Pinneberg, die Fachhochschule der Wirtschaft Paderborn oder auch die geplante Handelshochschule in Leipzig.

Kennzeichen dieser Studiengänge sind die Integration von Theorie und Praxis, die Auslandsorientierung, kleine Lerngruppen (30 Teilnehmer), ein teilnehmeraktives Lernen, semester- und fachübergreifende Projektarbeiten, regelmäßige Leistungskontrollen und die Beurteilung der Dozenten durch die Studenten. Was hier konstitutives Element der Studiengänge ist, wird in öffentlichen Hochschulen bislang nur ansatzweise oder überhaupt nicht praktiziert.

Weiterbildung: plurale Landschaft

Im Unterschied zu Schule und Hochschule ist der Weiterbildungsbereich größtenteils marktwirtschaftlich verfaßt. Es hat sich deshalb ein von privaten Anbietern dominierter Markt der Weiterbildung entwickeln können. Allein die Datenbank KURS DIREKT, die größte ihrer Art, verzeichnet über 35 000 verschiedene Anbieter mit 250 000 Seminarangeboten zur beruflichen Aus- und Weiterbildung (siehe Beitrag Steindler, Seite 288 ff.).

Quantitativ betrachtet dominieren private Anbieter eindeutig. So entfallen nach dem Berichtssystem Weiterbildung (BMBW, 1991, 240) auf Arbeitgeber und Betriebe allein 44 Prozent der Teilnahmefälle. Private Institute folgen mit 12 Prozent an zweiter Stelle, gefolgt von Berufsverbänden mit 7 Prozent, Akademien mit 5 Prozent und (Fach)Hochschulen mit ebenfalls 5 Prozent. Dies spiegelt sich auch in den Finanzierungsstrukturen wider. Nach überschlägigen Rechnungen entfielen vom gesamten Finanzierungsvolumen in Höhe von rund 80 Milliarden DM für die berufliche Weiterbildung lediglich 4,5 Milliarden DM auf den Bund, die Länder, die Gemeinden und die Europäische Union (Weiß, 1994, 161). Weitere 19,1 Milliarden DM wurden von der Arbeitsverwaltung aus Mitteln der Arbeitslosenversicherung aufgebracht.

Wichtige Anbieter im Markt der beruflichen Weiterbildung sind nicht zuletzt die Bildungseinrichtungen der Kammern und Verbände, vor allem die Bildungswerke der Wirtschaft (siehe Beitrag Kemmet, Seite 334 ff.) sowie die Bildungseinrichtungen der Gewerkschaften (siehe Beitrag Krüger/Pege, Seite 344 ff.). Im Bereich der politischen Weiterbildung spielen demgegenüber die politischen Stiftungen eine wichtige Rolle (siehe Beitrag von Below, Seite 384 ff.).

Beispielhafte privatwirtschaftliche Initiativen

Privatwirtschaftliche Initiativen decken nahezu alle Bereiche des Bildungswesens ab. Ihre quantitative Bedeutung ist trotz steigender Schüler- und Studentenzahlen eher gering geblieben, gleichwohl gehen von den privatwirtschaftlichen Initiativen wichtige qualitative Impulse aus. Sie zeugen von einer hohen Flexibilität und einem erheblichen Innovationspotential. Sie füllen in der Regel Lücken im öffentlichen Bildungsangebot, für die gleichwohl aber ein gesellschaftlicher Bedarf vorhanden ist. Einige wenige Beispiele mögen dies belegen.

Betrieblich geförderte Kindergärten

Der Bereich der vorschulischen Erziehung ist seit jeher eine Domäne privater Initiativen. Etwa jede zweite in diesem Bereich aufgewendete Mark stammt unmittelbar aus privaten Quellen, zwei Drittel aller Kinder im Vorschulbereich besuchen private Einrichtungen (Weiß/Steinert, 1994, 442). Ohne das Engagement der Kirchen und vieler privater Elterninitiativen wäre das gesetzliche Recht auf einen Kindergartenplatz nicht zu verwirklichen.

In zunehmendem Maße widmen sich auch Unternehmen der Kinderbetreuung ihrer Mitarbeiter: Sie betreiben selbst oder in Zusammenarbeit mit anderen Unternehmen private Kindergärten, sie stellen Belegplätze für ihre Mitarbeiter zur Verfügung, oder sie unterstützen bestehende Einrichtungen finanziell (siehe Beitrag Busch, Seite 58 ff.). Die Motive der Betriebe, die Kinderbetreuung ihrer Mitarbeiter zu fördern, liegen auf der Hand: Es erleichtert ihnen die Rekrutierung von qualifizierten Mitarbeitern und erhöht deren Betriebsbindung. Es erleichtert den beruflichen Wiedereinstieg nach einer Familienpause, spart Einarbeitungskosten und verbessert letztlich auch die Arbeitsmotivation.

Arbeitskreise Schule Wirtschaft

Seit mittlerweile mehr als 40 Jahren arbeiten Lehrer aus den verschiedenen Schulformen, Praktiker aus Betrieben und Vertreter aus Kammern und Verbänden in den Arbeitskreisen Schule Wirtschaft zusammen. Sie dienen dem gegenseitigen Informations- und Erfahrungsaustausch und sollen eine Mittlerfunktion übernehmen. Inzwischen gibt es in ganz Deutschland rund 450 regionale Arbeitskreise (siehe Beitrag Hüchtermann, Seite 105 ff.).

Durch die Organisation von Betriebspraktika und Betriebserkundungen, die Durchführung von Vortrags- und Informationsveranstaltungen sowie die Bereitstellung von Lehrmaterialien und Info-Broschüren tragen sie zu einem besseren Verständnis wirtschaftlicher Prozesse sowohl bei Schülern als auch bei Lehrern bei. Darüber hinaus bedeuten diese Aktivitäten eine nicht unerhebliche finanzielle Entlastung der öffentlichen Haushalte.

Kooperative Ausbildungs- und Studiengänge

Um geeignete Führungskräfte für das mittlere Management heranzubilden, bieten Unternehmen seit über 20 Jahren speziell für Hochschulberechtigte sogenannte Sonderausbildungsgänge an. Als Einrichtungen des tertiären Bildungsbereichs außerhalb der Hochschulen sollen sie Abiturienten zu einem wissenschaftlichen und berufsqualifizierenden Abschluß führen (siehe Beitrag Kramer, Seite 251 ff.). Mehrere tausend Betriebe beteiligen sich an diesen Ausbildungsgängen. Sie sind gekennzeichnet durch die enge Verzahnung von Theorie und Praxis sowie den Wechsel betrieblicher und außerbetrieblicher Lernorte (zum Beispiel Verwaltungs- und Wirtschaftsakademien, Berufsakademien, Fachhochschulen). Neben Maßnahmen mit Präsenzunterricht sind hier auch die Fernstudienangebote von Bedeutung (siehe Beitrag Schönherr, Seite 171 ff.).

Ein Beispiel für eine derartige Verbindung von Theorie und Praxis ist der Ausbildungs- und Studiengang zum Master of International Business Studies, den die BAYER AG in Zusammenarbeit mit der privaten Fachhochschule für Ökonomie und Management in Essen und der University of Surrey in Guildford entwickelt hat. Grundlage ist die Ausbildung als Industriekaufmann/-frau, die nach zwei Jahren abgeschlossen wird. Der Abschluß wird zugleich als Vordiplom für das Betriebswirtschaftsstudium an der Fachhochschule für Ökonomie und Management anerkannt. Im dritten Jahr beginnt gleichzeitig mit dem Berufseinsatz das Hauptstudium, das nach dem siebten Semester mit dem Examen zum/zur Diplombetriebswirt/in (FH) abschließt. Nach zwei Auslandssemestern an der University of Surrey legen die Teilnehmer die Prüfung als Master of Business Studies ab. Die Absolventen dieses äußerst anspruchsvollen Ausbildungs- und Studienganges haben die Möglichkeit, verantwortungsvolle Positionen, vor allem in ausländischen Niederlassungen und bei Beteiligungsgesellschaften einzunehmen.

Das entscheidende Motiv für die Entwicklung dieses Ausbildungs- und Studiengangs war, daß vergleichbar qualifizierte Absolventen öffentlicher Bildungseinrichtungen auf dem Arbeitsmarkt nicht verfügbar waren. Ausschlaggebend für die Zusammenarbeit mit der privaten Fachhochschule war darüber hinaus, daß öffentliche Fachhochschulen sich aufgrund der vorhandenen Kapazitäten und ihrer Personalstruktur nicht in der Lage sahen, ein berufsbegleitendes Studienprogramm für diese Gruppe zu organisieren.

Innovative Impulse durch Stiftungen

Stiftungen sind ein wichtiges Beispiel für ein gesellschaftliches, gemeinwohlorientiertes Handeln von Unternehmern und Unternehmen. Stiftungen der Wirtschaft helfen gerade im Bildungs- und Wissenschaftsbereich mit, in einem zunehmend reglementierten Feld Chancen für Innovationen zu bewahren (siehe Beitrag Mecking, Seite 197 ff.). Stiftungen der Wirtschaft springen regelmäßig dort ein, wo Mittel aus den öffentlichen Haushalten zur Finanzierung neuester wissenschaftlicher Entwicklungen oder kurzfristiger Problemlösungen nicht zur Verfügung stehen. Sie ergänzen die öffentliche Förderung und geben neue Impulse bei der Bewältigung von Zukunftsaufgaben. So fördert der Stifterverband mit einem „Aktionsprogramm Studienzeitverkürzung" modellhaft Initiativen an Hochschulen, die der Verkürzung der Studienzeiten dienen und zeichnet Absolventen mit kurzen Studienzeiten aus.

Neuland wurde auch mit der 1994 von der Bundesvereinigung der Deutschen Arbeitgeberverbände gegründeten „Stiftung der Deutschen Wirtschaft für Qualifizierung und Kooperation" (siehe Beitrag Brackmann, Seite 186 ff.) beschritten. Der Stiftungszweck ist breit angelegt und umfaßt die Förderung von Bildung, Begabung, Wissenschaft und Forschung sowohl im nationalen wie internationalen Rahmen. Im Mittelpunkt steht die Förderung begabter Studenten. Durch das innerhalb der Stiftung eingerichtete Studienförderwerk sollen Studenten, die geeignet erscheinen, künftig Führungsaufgaben wahrzunehmen und Schlüsselpositionen in Unternehmen und Gesellschaft zu besetzen, ideell gefördert werden.

Qualitätssicherung in der Weiterbildung

Als Antwort auf eine zunehmende Kritik, besonders an der über das AFG geförderten Weiterbildung, haben sich eine Reihe von Trägern auf regionaler Ebene oder in relevanten Marktsegmenten zu Qualitätsgemeinschaften zusammengeschlossen. Die bekanntesten sind der Verein Weiterbildung Hamburg, der Wuppertaler Kreis, die Interessengemeinschaft Berufliche Weiterbildung Berlin-Brandenburg und die Open Training Association. Durch die Zugehörigkeit zu diesen Organisationen dokumentieren sie nach innen, vor allem aber nach außen gegenüber potentiellen Kunden ihren Anspruch, eine qualitativ hochwertige Weiterbildungsarbeit zu leisten. Dies wird durch entsprechende Qualitätskriterien und Aufnahmeverfahren untermauert (siehe Beitrag Pieper, Seite 301 ff.).

Einen Schritt weiter geht die **Zertifizierung** von Weiterbildungsträgern nach den DIN EN ISO Normen. Sie prüft auf der Grundlage eines international anerkannten Systems, anhand welcher Kriterien die Qualität gemessen wird, ob die eingesetzten Qualitätsstandards konform mit den Normen sind, inwieweit sie bei den Mitarbeitern bekannt sind und ob sie in der Praxis auch angewendet werden. Das Zertifikat soll beim Kunden Vertrauen schaffen, daß er die von ihm gewünschte Qualität auch tatsächlich erhält.

Mit der Gründung von CERTQUA als einer Zertifizierungsagentur der Wirtschaft haben die Bundesvereinigung der Deutschen Arbeitgeberbände, der Deutsche Industrie- und Handelstag, der Wuppertaler Kreis und der Zentralverband des Deutschen Handwerks signalisiert, welche Bedeutung sie dem Qualitätsmanagement beimessen. Auf diesem Wege soll eine sachgerechte und den spezifischen Erfordernissen der Unternehmen und Bildungsanbieter gerecht werdende Anwendung der Normen gewährleistet werden (Kegelmann, 1995).

Wettbewerbsbehinderungen für private Initiativen

Aus dem Grundsatz, daß Bildung in Deutschland eine öffentliche Aufgabe ist und private Initiativen die Ausnahme sind, resultieren mannigfache Wettbewerbsbehinderungen für private Anbieter. Sie beruhen vor allem auf

– restriktiven Zulassungsregelungen
– reglementierenden Auflagen für den Lehrbetrieb und
– diskriminierenden Finanzierungsbedingungen.

Die Folge sind Wettbewerbsverzerrungen zwischen privaten und öffentlichen Anbietern. Mit dem Argument, Qualitätsstandards zu sichern und eine soziale Auslese zu verhindern, werden den privaten Anbietern enge Fesseln angelegt oder private Initiativen ganz erstickt.

Schulen: restriktive Finanzierungsregelungen

Im Grundgesetz ist zwar in Art. 7 Abs. 4 das Recht zur Errichtung von privaten Schulen gewährleistet, auf eine Verpflichtung des Staates zur Finanzierung der privaten Schulen haben die Väter des Grundgesetzes hingegen bewußt verzichtet. Das Bundesverfassungsgericht hat sich gleichwohl in mehreren Urteilen für eine staatliche Grundfinanzierung ausgesprochen. Eine entscheidende Bedeutung in der Rechtsprechung kommt vor allem dem Urteil vom 8. April 1987 zu, in dem das Bundesverfassungsgericht de facto eine Ersatzschulfinanzierungspflicht des Staates begründet hat (Wimmer, 1989, 8).

Maßgebend war die Einsicht, daß die Existenz privater Schulen angesichts des Verbots, kostendeckende Schulgebühren zu erheben, ohne die Sicherung einer Mindestfinanzierung kaum möglich ist. Wenn das Grundgesetz eine Sonderung der Schüler nach den Besitzverhältnissen der Eltern verbietet und den Privatschulen außerdem eine ausreichende Sicherung der wirtschaftlichen und rechtlichen Stellung der Lehrkräfte auferlegt, bliebe die Gewährleistung der Privatschulfreiheit eine bloße Leerformel, wenn sie nicht auch mit einer finanziellen Förderung verbunden wäre (Lemper, 1989, 139).

Hinsichtlich der Höhe des Zuschusses für die Privatschulen läßt das Bundesverfassungsgericht den Ländern im Rahmen ihrer Kulturhoheit einen weiten Gestaltungsraum. Dementsprechend unterschiedlich sind die Finanzierungsregelungen. Ihnen ist jedoch gemeinsam, daß eine Vollfinanzierung nirgendwo gewährleistet ist. Zwischen den Privatschulen und den Kultusministerien erwachsen daraus eine Reihe von Konflikten (Vogel, 1989). So verlangt das Bundesverfassungsgericht vom Schulträger eine „angemessene Eigenleistung", läßt aber offen, was darunter zu verstehen ist. Strittig sind besonders

– inwieweit Zuschüsse nur zum laufenden Betrieb oder auch zu den Investitionen zu leisten sind

- ob die Zuschüsse erst vom Zeitpunkt der Genehmigung oder bereits zum Zeitpunkt der Gründung einer Privatschule fällig sind
- wie lang Karenzregelungen bei Neugründungen sein dürfen
- aufgrund welcher Kriterien die Zuschüsse an die Privatschulen zu berechnen sind
- welcher Anteil der Kosten durch Zuschüsse abzudecken ist und
- inwieweit die Länder ihrer Leistungspflicht auch durch die unentgeltliche Bereitstellung von Räumen oder die Abordnung von Lehrern genügen können.

Angesichts des verringerten Handlungsspielraums in den öffentlichen Haushalten ist die Versuchung groß, die Zuschüsse an die Privatschulen zu verringern oder die Auflagen zu verschärfen – was letztlich auf das gleiche hinausläuft. Beispielsweise wurden in Niedersachsen die Grundbeträge für die Privatschulen kurz vor Beginn des Schuljahres 1994 reduziert. Eine verläßliche Planung ist unter diesen Bedingungen kaum mehr möglich. Ähnliche Entwicklungen sind in anderen Ländern ebenfalls zu beobachten.

Vom Selbstverständnis eines verfassungsrechtlichen Gewährleistungsanspruchs bleibt deshalb in der Verwaltungspraxis vielfach kaum mehr viel übrig. Statt dessen wurden die Hürden, vor allem für Neugründungen, immer weiter heraufgesetzt (Lemper, 1989, 144). Die Privatschulen werden von der Administration nicht mehr als Bereicherung der öffentlichen Angebote, sondern als eine Konkurrenz und Bedrohung des öffentlichen Schulwesens verstanden.

Hochschulen: Überregulierung und ungesicherte Finanzierung

Für die Anerkennung der privaten Hochschulen gelten prinzipiell die gleichen Grundsätze wie für die öffentlichen Hochschulen. Da diese Grundsätze jedoch auf die in der Regel öffentlichen Hochschulen ausgerichtet sind, sind die Handlungs- und Gestaltungsspielräume bei privaten Gründungen sehr stark eingeschränkt. Mit anderen Worten: Die Anerkennung wird nur dann ausgesprochen, wenn die privaten Hochschulen genauso arbeiten wie die öffentlichen. Neue innovative Studienangebote oder Organisationsmodelle haben es daher schwer, die staatliche Anerkennung zu erhalten. So müssen die hauptamtlich Lehrenden auch an den privaten Hochschulen eine Habilitation vorweisen; ein Einsatz von erfahrenen Praktikern bleibt im wesentlichen auf Lehraufträge beschränkt.

Hinzu kommen Behinderungen durch das Beamtenrecht (Albach, 1994,12). Es wirkt in doppelter Hinsicht als Schranke zwischen öffentlichen und privaten Hochschulen. Auf der einen Seite hat es zur Folge, daß jüngere Professoren einen Ruf an eine öffentliche Hochschule vorziehen. Auf der anderen Seite können ältere Professoren aufgrund der Übernahme der Pensionsverpflichtungen von privaten Hochschulen aus finanziellen Gründen kaum mehr berufen werden.

Anders als die privaten Schulen haben die privaten Hochschulen keinen Anspruch auf eine staatliche Förderung. Öffentliche Mittel werden jeweils nur selektiv zugunsten einzelner Hochschulen oder Studiengänge bereitgestellt. Die Förderung ist außerdem zeitlich befristet und an teilweise hohe Auflagen (zum Beispiel Sicherheiten, Umfang der Eigenmittel) gebunden.

Auch öffentliche Drittmittel, etwa in Form von Forschungsprojekten der Deutschen Forschungsgemeinschaft, nehmen kaum Rücksicht auf die Besonderheiten privater Hochschulen. So wird regelmäßig unterstellt, daß die für die Durchführung des Forschungsvorhabens erforderliche Infrastruktur vorhanden ist oder von der Universität bereitgestellt wird. Diese Bedingung ist jedoch für die privaten Hochschulen oftmals nicht gegeben. Vielmehr müssen zusätzliche Räume angemietet, Literatur beschafft und Investitionen in Geräte und Arbeitsmittel getätigt werden.

Das zentrale Problem privater Hochschulen besteht deshalb neben der Aufbringung eines ausreichenden Startkapitals in der finanziellen Absicherung des laufenden Lehrbetriebs (Thieme, 1988, 46 ff). Ohne eine finanzielle Unterstützung durch Spenden aus der Wirtschaft und Stiftungsmittel ist deshalb keine private (außerkirchliche) Hochschule auf Dauer zu finanzieren. Da dieses Kapital nur in begrenztem Maße zur Verfügung steht, leben viele der nichtkirchlichen privaten Hochschulen in einer ständigen finanziellen Unsicherheit.

Weiterbildung: Wettbewerbsverzerrungen durch öffentliche Anbieter

In zunehmendem Maße drängen öffentliche Einrichtungen wie Hochschulen, Berufsschulen oder Volkshochschulen oder auch Einrichtungen, die mit öffentlichen Mitteln finanziert werden, auf den Weiterbildungsmarkt. Dagegen ist im Grunde nichts einzuwenden, solange der Wettbewerb dadurch nicht verzerrt wird. Dies ist jedoch der Fall, wenn Seminare und Lehrgänge nicht zu Marktpreisen, noch nicht einmal zu wirklichen Kostenpreisen, sondern ganz einfach zum Nulltarif oder zu stark subventionierten Preisen angeboten werden.

Eine Subventionierung der öffentlichen Weiterbildung schlechthin ist weder aus ökonomischen Gründen noch aus bildungssoziologischen Gründen länger gerechtfertigt. Sie sollte vielmehr auf klar umrissene Zielgruppen, etwa Arbeitslose und Sozialhilfeempfänger, und bestimmte Seminarangebote, etwa Alphabetisierungskurse oder die politische Weiterbildung, beschränkt bleiben. Ein Großteil der Teilnehmer, die heute noch von der Subventionierung profitieren, wäre sehr wohl in der Lage, angemessene Gebühren aus der eigenen Tasche zu zahlen. So ist es beispielsweise nicht einzusehen, warum berufstätige Teilnehmer an Weiterbildungsmaßnahmen, die von den Hochschulen durchgeführt werden, nicht auch angemessene Gebühren zahlen müssen.

Stiftungen: hemmende Steuergesetzgebung

In den vergangenen Jahren hat der Gesetzgeber zwar bereits die steuerlichen Rahmenbedingungen für Stiftungen verbessert, noch immer aber muß die vorgesehene Dotation für eine Stiftung aus dem bereits versteuerten Einkommen des Stifters finanziert werden. Das für gemeinnützige Zwecke bereitgestellte Kapital wird dadurch wesentlich geschmälert (siehe Beitrag Mecking, Seite 197 ff.). Eine weitere Verbesserung der steuerlichen Rahmenbedingungen, etwa durch höhere Freibeträge, wäre daher wünschenswert.

Von den Privaten lernen

Obwohl die privaten Schulen und Hochschulen unter einer Reihe von reglementierenden Bedingungen arbeiten müssen, genießen sie in der Regel einen guten und teilweise sogar sehr guten Ruf. In einem Ranking des Manager-Magazins (1995, 139) beispielsweise befinden sich unter den zehn besten Wirtschaftshochschulen allein vier private Hochschulen (nämlich: WHU Koblenz, U Witten-Herdecke, EBS Oestrich-Winkel, KU Eichstädt). Derartige Rankings mögen methodisch angreifbar sein, sie verweisen jedoch darauf, daß sich die Absolventen privater Hochschulen eines guten Rufes bei potentiellen Arbeitgebern erfreuen.

Dieser Ruf gründet sich auf einer Reihe von handfesten Vorteilen, die Bildungsgänge an privaten Einrichtungen auszeichnen. Dies gilt vor allem für die Auswahl von Bewerbern, die intensive Betreuung der Lernenden, die hohe Praxisorientierung in den Studiengängen, die Beteiligung der Lernenden an den Bildungskosten, das flexiblere Dienstrecht, die Finanzautonomie und das Bildungsmanagement.

Dem steht allerdings als Nachteil das regelmäßig eingeschränkte Spektrum der Wahlmöglichkeiten der Studienfächer gegenüber. Dies ist die Kehrseite ihrer Konzentration auf jene Nischen, die das öffentliche Bildungswesen gelassen hat.

Weder vom mengenmäßigen Angebot an Lern- und Studienplätzen noch im Hinblick auf ihr Bildungsprofil können somit private Einrichtungen öffentliche Bildungsleistungen ersetzen. Die Flexibilität und Innovationsfähigkeit, die sie entwickelt haben, um sich im Wettbewerb zu behaupten, kann jedoch für das öffentliche Bildungswesen Anregung und Vorbild sein.

Auswahl der Studenten

Das Abitur wird heute von vielen nur noch als eine notwendige, aber keineswegs mehr als eine hinreichende Bedingung für ein Hochschulstudium angesehen. Vor diesem Hintergrund werden Forderungen nach einer Neugestaltung des Hochschulzugangs lauter. So fordert beispielsweise der sächsische Wissenschaftsminister Meyer, die Hochschulen sollten sich ihre Studenten künftig mit Hilfe von Auswahlgesprächen, Tests, Eignungsprüfungen und eigenen Kriterien selbst aussuchen können.

Für die privaten Hochschulen ist alles dies längst Realität. Aufgrund der großen Zahl der Interessenten haben private Hochschulen die Möglichkeit, Bewerber nach bestimmten Kriterien auszuwählen. Die Auswahl der Studenten bildet die entscheidende Grundlage für die Entwicklung des Studienprofils. Dadurch ist eine größere Leistungsdichte wie auch eine größere Homogenität der Studenten gewährleistet. Das Auswahlverfahren ist somit zugleich ein wichtiges Instrument zur Qualitätssicherung.

Bei der Hochschule für Bankwirtschaft beispielsweise nehmen alle Bewerber an einem eintägigen Assessment Center und einem Sprachtest teil. Die Wissenschaftliche Hochschule für Unternehmensführung – Otto-Beisheim-Hochschule – hingegen setzt auf eine schriftliche und mündliche Aufnahmeprüfung. Zugelassen wird nur, wer neben dem Zeugnis der allgemeinen Hochschulreife über gute Kenntnisse in zwei Fremdsprachen verfügt, eine kaufmännische Lehre absolviert hat oder eine mindestens dreimonatige berufspraktische Tätigkeit nachweisen kann (siehe Beitrag Konegen-Grenier, Seite 131 ff.). Für Albach ist das Bestehen des

Aufnahmetests daher so etwas wie ein Qualitätssiegel, wie ein „goldenes bayerisches Sportabzeichen" (Albach, 1994, 11).

Persönliche Betreuung der Lernenden

Private Bildungseinrichtungen können auf Dauer nur überleben, wenn sie ihr Bildungsangebot an den Bedürfnissen und Wünschen der Adressaten ausrichten. Die Zufriedenheit der Lernenden und die Akzeptanz der Absolventen bei den Abnehmern werden damit zu entscheidenden Qualitätsmerkmalen. Ein wichtiges Element dabei ist eine intensive persönliche Betreuung der Lernenden. Kleine Lerngruppen, Ganztagsunterricht und Hausaufgabenbetreuung, Bildungs- und Studienberatung, soziale und kulturelle Aktivitäten sind selbstverständliche Bestandteile des Bildungsprofils. Dabei kommt den privaten Schulen und Hochschulen auch ihre überschaubare Größe zugute. Schüler und Lehrer, Studenten und Dozenten kennen einander und arbeiten miteinander.

Praxisorientierung und Internationalisierung

Während die Studienreform an den öffentlichen Hochschulen nur mühsam in Gang gekommen ist, haben die neugegründeten privaten Hochschulen die Chance genutzt und von vornherein neue, innovative Studiengänge entwickelt. Sie zeichnen sich vor allem durch zwei zentrale Merkmale aus (siehe Beitrag Konegen-Grenier, Seite 131 ff.), nämlich eine hohe Praxisorientierung und eine verstärkte Zusammenarbeit mit ausländischen Hochschulen.

Der Praxisbezug wird vor allem durch eine enge Zusammenarbeit mit der regionalen Wirtschaft hergestellt. So sind regelmäßig Praxisphasen in das Studium integriert. Außerdem werden in einem höheren Maße als an öffentlichen Hochschulen Unternehmensvertreter als Dozenten in den Lehrbetrieb integriert. Fachliche Themen werden deshalb nicht nur theoretisch, sondern anhand von konkreten betrieblichen Problemstellungen erarbeitet.

Die große Bedeutung der Internationalisierung bei den privaten nichtkirchlichen Hochschulen ist bereits daran abzulesen, daß fast alle wirtschaftswissenschaftlichen Studiengänge Studienaufenthalte bei ausländischen Hochschulen und/oder Unternehmen integrieren. In der Prüfungsordnung jeder zweiten Hochschule sind im Ausland erbrachte Leistungsnachweise sogar verbindlich verankert.

Beteiligung der Lernenden an den Bildungskosten

Private Bildungsanbieter sind, da der Staat allenfalls einen Teil der Kosten trägt, auf zusätzliche Finanzquellen angewiesen. Schulgeld und Studiengebühren stellen in diesem Zusammenhang eine wichtige, ergänzende Quelle dar. Um dem Verfassungsgebot Rechnung zu tragen, daß eine Sonderung der Lernenden nach dem Einkommen nicht stattfinden darf, gibt es an privaten Bildungseinrichtungen entweder eine soziale Staffelung der Gebühren oder entsprechende Stipendienmodelle.

Die finanzielle Beteiligung der Nachfrager an den Bildungskosten hat über den Aspekt der Finanzierung hinaus eine wichtige Steuerungsfunktion. Gebühren sorgen dafür, daß die Anbieter um die Lernenden konkurrieren und ihre Leistungen im Hinblick auf die Anforderungen der Abnehmer und Kunden optimieren müssen. Sie sorgen gleichzeitig dafür, daß die Nachfrager Bildung als eine Investition in ihre Zukunft ansehen und deshalb bestrebt sind, einen optimalen Nutzen daraus zu ziehen.

Während die Diskussion über die Einführung von Studiengebühren im öffentlichen Bildungswesen bildungs- und vor allem gesellschaftspolitisch hochgradig belastet ist und eine sachliche Auseinandersetzung daher kaum möglich erscheint, sind Studiengebühren für die Lernenden an privaten Hochschulen längst Realität. Gleiches gilt für große Bereiche der Weiterbildung und die vorschulische Erziehung. Die gleichen Landesregierungen, die Studiengebühren aus sozialen Gründen vehement ablehnen, haben gesetzlich Elternbeiträge für einen Kindergartenplatz festgelegt, die kaum geringer sind als die Gebühren für einen Studienplatz an einer privaten Hochschule. In Nordrhein-Westfalen beispielsweise zahlen Eltern mit einem Jahreseinkommen von über 120 000 DM für einen Kindergartenplatz einen monatlichen Elternbeitrag von 290 DM. Bei privaten Elternvereinen kommen dazu teilweise nicht unerhebliche Mitgliedsbeiträge und Eigenleistungen hinzu. Dies zusammen addiert sich sehr schnell zu einer Belastung von 5000 DM und mehr pro Kind und Jahr.

Finanzielle Autonomie

Private Bildungseinrichtungen müssen sich zwar den staatlichen Finanzierungsbedingungen unterwerfen, haben aber in der Gestaltung ihrer Budgets einen wesentlich größeren Freiheitsraum als staatliche Einrichtungen. Die starren Regeln des Haushaltsrechts gelten nicht oder nur mit Einschränkungen.

In der Finanzautonomie sieht Albach (1994, 11) deshalb zu Recht einen wesentlichen Wettbewerbsvorteil gegenüber staatlichen Anbietern. Während die privaten Hochschulen Chancen zur Einnahmenerzielung schnell und unbürokratisch nutzen können, kommen Einnahmen, die die öffentlichen Hochschulen aufgrund eigener Initiativen erzielen, in der Regel nicht den Hochschulen selbst, sondern dem Staatshaushalt zugute.

Bildungsmanagement

Im Kienbaum-Gutachten zur Reorganisation der staatlichen Schulaufsicht in NRW (Kultusministerium, 1994, 2) wird die Forderung erhoben, die Schulen sollten zu einer „selbständigen, managementfähigen Einheit vor Ort werden". So viele Aufgaben wie möglich sollen ohne externe Einwirkung und Unterstützung dezentral erledigt werden, weil Entscheidungen am besten da getroffen werden, wo intime Kenntnisse der jeweiligen Organisationseinheit vorliegen und aus den vorhandenen Ressourcen das beste gemacht werden kann (Koetz, 1994, 36).

Die Autonomie, oder besser Selbstverantwortung, die nunmehr im öffentlichen Bildungbereich in eingeschränkter Form eingeführt oder im Rahmen von Modellversuchen erprobt werden soll, wird bei den Privaten seit eh und je praktiziert, denn private Bildungseinrichtungen sind unmittelbar für die Finanz- und Personalplanung verantwortlich. Sie müssen gegenüber ihren Geldgebern Rechenschaft ablegen und benötigen für die interne Steuerung ein aussagefähiges Finanz-, Rechnungs- und Berichtswesen. Die Leiter privater Bildungseinrichtungen sind deshalb nicht nur für die pädagogisch-didaktische Konzeption, sondern in gleicher Weise für den ökonomischen Erfolg verantwortlich. Sie haben zu diesem Zweck ein Bildungsmanagement entwickelt, dem in vieler Hinsicht eine Vorbildfunktion für das öffentliche Bildungswesen zukommt.

Aus der Situation heraus, daß entweder keine oder nur unzureichende staatliche Zuschüsse gewährt werden und auch private Gelder nur in begrenztem Maße zur Verfügung stehen, erwächst darüber hinaus die Notwendigkeit zu einer effizienten Verwendung der Mittel.

Flexibles Dienstrecht

Im öffentlichen Bildungswesen ist es faktisch nur sehr schwer möglich, Lehrende je nach Bedarf von einem zu einem anderen Standort zu versetzen. Selbst innerhalb einer Stadt scheitern notwendige Umbesetzungen häufig am Widerstand der betroffenen Lehrer. Ebenso inflexibel ist das öffentliche Dienstrecht, wenn es um die Abdeckung eines vorübergehenden Mehrbedarfs oder eine Leistungsdifferenzierung bei der Bezahlung geht. Kurzfristige personalwirtschaftliche Reaktionen, etwa in Form der befristeten Einstellung von Lehrern, sind praktisch unmöglich.

Private Anbieter sind zwar gesetzlich gezwungen, ihren Mitarbeitern vergleichbare tarifvertragliche Arbeitsbedingungen wie im öffentlichen Dienst zu bieten, sie sind gleichwohl in ihrem Personaleinsatz wesentlich flexibler. Die Bezahlung erfolgt leistungs- und erfolgsorientiert. Zusätzliche Lernangebote wie Hausaufgabenbetreuung oder Nachmittagsunterricht können deshalb leichter abgedeckt werden. Sollen die öffentlichen Bildungseinrichtungen hier mitziehen, kommen die öffentlichen Arbeitgeber an einer Reform des öffentlichen Dienstrechts, die zu mehr Flexibilität im Einsatz des Lehrpersonals führt, nicht vorbei.

Quintessenzen

Mehr Freiraum für private Bildungsangebote

Das Bildungswesen steht in Deutschland unter der öffentlichen Verantwortung. So bestimmt es aus guten Gründen das Grundgesetz. Eine bildungspolitische Abstinenz des Staates steht daher nicht auf der Tagesordnung und wäre auch keine Lösung für die anstehenden Aufgaben, denn sie würde den Staat aus seiner Verantwortung für die Gleichwertigkeit der Lebenschancen entlassen. Wohl aber steht die teilweise monopolartige staatliche Trägerschaft von Schulen und Hochschulen zur Disposition. Mit anderen Worten: Es geht nicht um eine Privatisierung des gesamten Bildungswesens. Wohl aber muß ernsthaft geprüft werden, ob nicht ein Teil der Bildungsaufgaben besser, weil zielgruppenspezifischer und kostengünstiger, von privaten Bildungseinrichtungen übernommen werden kann.

Um den privaten Anteil am Bildungsmarkt zu erhöhen, ist es notwendig, den Spielraum für privatwirtschaftliche Initiativen zu erweitern, Blockaden zu beseitigen und Hemmnisse abzubauen. Private Initiativen sollten nicht länger als lästige Konkurrenz, sondern als Belebung der Angebotspalette gesehen werden. Sie stellen eine qualitativ notwendige, von den Nachfragern gewünschte und wirtschaftlich effiziente Ergänzung des staatlichen Bildungswesens dar.

Die privaten Schulen und Hochschulen haben einen von den Vätern des Grundgesetzes gewollten Anspruch auf Mitgestaltung des Bildungswesens. Private Angebote sind nicht nur zu dulden, sondern ebenso wie öffentliche Angebote zu fördern. Die von Andreas Flitner beschriebene Aufgabe der Kultusverwaltungen gilt noch heute: „Mit der Handhabung ihres Aufsichtsrechts, mit der Anerkennung von Zeugnissen und Examina und mit der Gewährleistung staatlicher Zuschüsse soll die Kultusverwaltung diese Schulen nicht an ihre Leine nehmen, sondern vielmehr als Teil des verfassungsgewollten gesamten Schulwesens zum Leben bringen. Sie soll sich mitverantwortlich fühlen dafür, daß diese Schulen zum Blühen kommen" (Flitner, 1980, 23).

Der Staat muß die Rahmenbedingungen dafür schaffen, daß ausreichende Wahlmöglichkeiten bestehen. Eltern, Schüler und Studenten müssen die Chance haben, zwischen verschiedenen privaten und öffentlichen Angeboten zu wählen. Dies ist die beste Grundlage für einen Leistungswettbewerb. Das bedeutet konkret: Der Staat darf die Zulassung neuer Träger nicht behindern; er muß außerdem für eine ausreichende und vor allem berechenbare finanzielle Grundlage Sorge tragen.

Ohne eine angemessene finanzielle Förderung durch den Staat können private Träger im Schul- und Hochschulbereich auf Dauer nicht existieren. Da es den privaten Anbietern aus verfassungsrechtlichen und sozialen Gründen verwehrt ist, kostendeckende Gebühren zu nehmen und auch Spenden oder Stiftungsmittel nicht in ausreichendem Maße bereitstehen, ist eine öffentliche Mitfinanzierung unabdingbar. Ein Anspruch auf eine öffentliche Förderung müßte analog der Finanzierung von privaten Ersatzschulen – auch für die privaten Hochschulen – gewährleistet sein. Für den Staat ergibt sich dadurch letztlich immer noch eine Ersparnis, da private Bildungsgänge in der Regel kostengünstiger als vergleichbare öffentliche Maßnahmen sind.

Um wirklichen Wettbewerb zwischen den privaten und öffentlichen Hochschulen, aber auch zwischen den öffentlichen Hochschulen untereinander zu schaffen, wäre allerdings ein Gutscheinmodell die sinnvollste und effizienteste Lösung. Sie setzt voraus, daß auch die öffentlichen Hochschulen ihre Kosten in Form von Studiengebühren zum Ausdruck bringen.

Sicherung von Pluralität und Wettbewerb in der Weiterbildung

Anders als in den anderen Bildungsbereichen gibt es in der Weiterbildung keine Zulassungspflicht für private Bildungsanbieter. Wollte man, wie teilweise gefordert, eine staatliche Zulassung und Qualitätskontrolle von Trägern einführen, stünde man deshalb vor einem erheblichen, kaum zu bewältigenden quantitativen Problem. Abgesehen davon fehlt es an einheitlichen Kriterien, die der Differenziertheit der Angebotsstrukturen Rechnung tragen würden. Eine staatliche Behörde wäre deshalb vollkommen überfordert. Dies zeigen nicht zuletzt die Erfahrungen mit der Umsetzung der Qualitätsstandards für Fortbildungs- und Umschulmaßnahmen der Arbeitsverwaltung.

Abgesehen davon wäre eine staatliche Qualitätsprüfung aus Gründen des Wettbewerbs auch nicht wünschenswert. Die Entwicklung der vergangenen Jahre hat gezeigt, daß eine Qualitätssicherung, wie sie auf privatwirtschaftlichem Wege durch die Qualitätsgemeinschaften und die Zertifizierung nach DIN EN ISO-Normen zustande gekommen ist, einer staatlichen Reglementierung vorzuziehen ist. Durch die Zertifizierung werden die Weiterbildungseinrichtungen unter einen erheblichen Wettbewerbsdruck gesetzt. Sie müssen ihre Qualitätsansprüche operational formulieren, interne Abläufe eventuell neu gestalten und ihr Qualitätsmangement extern transparent machen – und all dies ohne staatliche Auflagen.

Literatur

Adam, Konrad, 1994: Deutschland, eine Frittenbude. Eine bildungspolitische Vision; in: Frankfurter Allgemeine Zeitung, Beilage „Bilder und Zeiten", Nr. 293, 17. Dezember 1994

Albach, Horst, 1994: „Unlauterer Wettbewerb". Gedanken zum Wettbewerb zwischen privaten und staatlichen Bildungseinrichtungen; Vortrag anläßlich des Rendburger Hochschultages 1994, hrsg. von der Rendsburger Hochschulgesellschaft, Rendsburg

BMBF – Bundesministerium für Bildung, Wissenschaft, Forschung und Technologie (Hrsg.), 1994: Grund- und Strukturdaten; Ausgabe 1994/95, Bonn

BMBW – Bundesministerium für Bildung und Wissenschaft (Hrsg.), 1993: Berichtssystem Weiterbildung 1991; Studien Bildung Wissenschaft, Nr. 110, Bonn

Budde, Hermann / **Klemm**, Klaus, 1994: Zur Entwicklung der Bildungsfinanzierung: Stagnierende Bildungsausgaben – Privatisierung – Aufgabenreduzierung; in: Jahrbuch der Schulentwicklung; Daten, Beispiele und Perspektiven; Band 8, Weinheim und München, Seite 99 bis 141

Deutscher Didacta Verband (Hrsg.), 1995: Das Rückgrat unserer Zukunft stärken! Positionspapier des Deutschen Didacta Verbandes zur Zukunft von Lernen und Bildung, Darmstadt

Flitner, Andreas, 1980: Freie Schulen – Ergänzung und Herausforderung des öffentlichen Schulsystems; in: Privatschulen und öffentliches Schulsystem, pädagogische und juristische Perspektiven, Beiträge zur Gesellschafts- und Bildungspolitik, Nr. 58, Köln

Hurrelmann, Klaus, 1995: Wird Bildung wieder zum Privileg? in: Neue Deutsche Schule, Nr. 10, Seite 7 bis 10

IFS-Umfrage, 1994: Die Schule im Spiegel der öffentlichen Meinung; Ergebnisse der achten IFS-Repräsentativbefragung der bundesdeutschen Bevölkerung; in: Jahrbuch der Schulentwicklung, hrsg. von Hans-Günter Rolff et al., Weinheim und München, Seite 13 bis 55

Kegelmann, Monika, 1995: Zertifiziertes Qualitätsmanagement nach ISO 9000; in: Bildungscontrolling, 2. Auflage, hrsg. von Reinhold Weiß und Georg von Landsberg, Stuttgart

Koetz, Axel G., 1994: Wettbewerbs- und kundenorientiertes Schulmanagement; in: Autonomie von Schule. Wie eigenständig kann Schule als öffentliche Einrichtung sein? Juristische und pädagogische Aspekte zur Tendenz einer Autonomisierung von Schule; Tagungsbericht zum 27. Mülheimer Kongreß vom 12. bis 14. September 1994, Bildung real, hrsg. vom Realschullehrerverband NRW, Sonderdruck

Kultusministerium des Landes Nordrhein-Westfalen (Hrsg.), 1994: Kienbaum-Gutachten zur Reorganisation der Staatlichen Schulaufsicht des Landes Nordrhein-Westfalen; Hauptband mit Zusammenfassung, Düsseldorf

Lemper, Lothar Theodor, 1989: Privatschulfreiheit; Zur Genese, Praxis und Chance eines Grundrechtes, Köln, Graz, Wien

van Lith, Ulrich, 1985: Der Markt als Ordnungsprinzip des Bildungsbereichs; Verfügungsrecht, ökonomische Effizienz und die Finanzierung schulischer und akademischer Bildung, München

Notizen aus der Provinz; in: **Manager-Magazin**, 1/1995, Seite 126 bis 139
Profil – Verband der privaten Träger für berufliche Bildung e.V. (Hrsg.), 1994: Funktionsstörungen auf dem Bildungsmarkt; Schwarzbuch zur Wettbewerbsverzerrung durch staatliche, scheinprivate und staatsnahe Institutionen, Bonn
Statistisches Bundesamt (Hrsg.), 1995: Bildung und Kultur, Fachserie 11, Reihe 1, allgemeinbildendes Schulwesen, Wiesbaden
Struck, Peter, 1995: Schulreport; Zwischen Rotstift und Reform oder: Brauchen wir eine andere Schule? Reinbek
Thieme, Werner, 1988: Privathochschulen in Deutschland – Chancen für die Zukunft? Schriften des Hochschulverbandes, Heft 31, Göttingen
Vogel, Johann Peter, 1989: Existenzminimum, Gestaltungsspielraum des Gesetzgebers und Selbstbestimmung der Schulträger – Auswirkungen des Bundesverfassungsgerichtsurteils auf die Landesgesetze; in: Neue Perspektiven zur Finanzierung freier Schulen, Materialien zur Schulpolitik, Nr. 8, März 1989
Weiß, Manfred, 1993: Der Markt als Steuerungssystem im Schulwesen? in: Zeitschrift für Pädagogik, 39. Jahrgang, Heft 1, Seite 71 bis 84
Weiß, Manfred / **Steinert**, Brigitte, 1994: Privatisierungstendenzen im Bildungsbereich: Internationale Perspektiven; in: Die Deutsche Schule, 86. Jg., Heft 4, Seite 440 bis 455
Weiß, Reinhold, 1994: Betriebliche Weiterbildung; Ergebnisse der Weiterbildungserhebung der Wirtschaft; Kölner Texte & Thesen, Nr. 21, Köln
Wimmer, Raimund, 1989: Die staatliche Leistungspflicht gegenüber Ersatzschulen nach der Rechtsprechung des Bundesverfassungsgerichts; in: Neue Perspektiven zur Finanzierung freier Schulen, Materialien zur Schulpolitik, Nr. 8, März 1989

Susanne Wellmann

Zulassung privater Schulen und Hochschulen

Inhalt

Private Schulen 44
Verfassung und Privatschule 44
Landesrecht 45
   Länderverfassungen 45
   Landesschulgesetze 45
Finanzierung der Privatschulen 47

Private Hochschulen 48
Verfassungsrechtliche Grundlagen 48
Bundesrecht 50
   Gesetzgebungskompetenzen 50
   Das Hochschulrahmengesetz (HRG) 51
Landesrecht 52
   Länderverfassungen 52
   Landeshochschulgesetze 53
Rechtsformen privater Hochschulen 53
Finanzierung der Privathochschulen 54

Literatur 56

Private Schulen

Verfassung und Privatschule

Das Grundgesetz gewährleistet in Art. 7 Abs. 4 die Freiheit zur Errichtung privater Schulen. Die Errichtung steht unter staatlichem Genehmigungsvorbehalt. Dieser richtet sich wie auch bei den Hochschulen aufgrund der Kulturhoheit der Länder nach den Einzelbestimmungen der jeweiligen Landesgesetze. Art. 7 Abs. 4, der gemäß Art. 1 Abs. 3 GG unmittelbar geltendes Recht darstellt, führt ausdrücklich die Voraussetzungen der staatlichen Genehmigung an, die für die Länder bindend sind.

Das subjektive Recht aus Art. 7 Abs. 4 GG gewährleistet zweierlei: zum einen das Recht, im Rahmen der Verfassung Schulen zu gründen, zu gestalten und zu führen, sie gegebenenfalls aufzulösen, also ein Recht auf Freiheit von staatlichen Eingriffen. Zum anderen verleiht er einen Anspruch auf Genehmigung und damit ein Recht auf staatliche Leistung (Maunz, 1990, Randnummer 66 f.). Ein Rechtsanspruch gegenüber dem Staat auf Genehmigung besteht dann, wenn die Schulen in ihren „Lehrzielen, Einrichtungen" sowie der „Ausbildung der Lehrkräfte" nicht hinter öffentlichen Schulen zurückstehen. Die Rechtslehre faßt das Nichtzurückstehen als „Gleichwertigkeit" auf. (Maunz, 1990, Randnummer 75).

Eine Gleichartigkeit wird lediglich bei zwingenden Sicherheitsvorschriften, beispielsweise im Hinblick auf Feuerschutz und gesundheitliche Vorschriften gefordert. Wann Gleichwertigkeit ausreicht beziehungsweise Gleichartigkeit geboten ist, entscheidet sich jeweils im Einzelfall. Was jedenfalls die Auswahl und Verteilung des Lehrstoffs betrifft, kommt es nur auf Gleichwertigkeit der privaten Schule im Verhältnis zur öffentlichen Schule an, weil ansonsten die Garantie der Privatschulfreiheit in ihrem eigentliche Sinne leerliefe. Eine Sonderbehandlung von Schülern entsprechend den Besitzverhältnissen der Eltern muß ausgeschlossen sein. Die Genehmigung ist zu versagen, wenn die wirtschaftliche und rechtliche Stellung der Lehrer nicht genügend gesichert ist.

Die Bestimmung des Art. 7 Abs. 4 GG geht zurück auf die gleichlautende Vorschrift in Art. 147 der Weimarer Reichsverfassung. Gleichwohl ist die Bedeutung des Art. 7 Abs. 4 GG deutlich verschieden von derjenigen in Art. 147 der WRV. Die Verfassungsgeber haben die Privatschulfreiheit in den Grundrechtskatalog aufgenommen. Sie haben damit der Privatschule im Verhältnis zur öffentlichen Schule eine gleichberechtigte Stellung verschafft. In der WRV war die Privatschulfreiheit lediglich unter verschiedenen Vorschriften zur Ordnung der Schule im vierten Abschnitt „Bildung und Schule" geregelt.

Landesrecht

Länderverfassungen

In neun Bundesländern (Bayern, Brandenburg, Bremen, Hessen, Niedersachsen, Nordrhein-Westfalen, Rheinland-Pfalz, Saarland, Sachen-Anhalt, Thüringen) legt die Verfassung die Freiheit zur Errichtung von Schulen in privater Trägerschaft fest. Zwölf Bundesländer, vor allem alle neuen Bundesländer, haben Staatszielbestimmungen über Schule, Erziehung und Unterricht.

Dies geht auf die Tradition der WRV zurück, die in Art. 148 den Inhalt des Unterrichts zu ihrem Gegenstand gemacht hatte. Die Staatsziele geben Aufschluß über grundlegende Wertentscheidungen. Die rechtliche Bewertung dieser Staatszielbestimmungen hängt im einzelnen sowohl von ihrem Wortlaut als auch ihrem Sinnzusammenhang ab. Sie stellen im allgemeinen nicht bloß mittelbar wirkende Programmsätze für eine künftige Gesetzgebung dar, sondern enthalten auch Bildungselemente für die Schulverwaltung, für Lehrer und für Eltern (Maunz, Randnummer 4e).

Landesschulgesetze

In Ausführung ihrer Gesetzgebungskompetenz haben die Länder Schulgesetze, die Regelungen über Privatschulen enthalten, oder eigene Privatschulgesetze beschlossen. In Nordrhein-Westfalen ist beispielsweise das Privatschulrecht nach §§ 36 ff. Schulordnungsgesetz und der aufgrund § 42 dieses Gesetzes erlassenen Verordnung über die Ersatzschulen geregelt.

Die Landesvorschriften machen weitergehende definitorische Unterscheidungen, als das GG in Art. 7 Abs. 4 sie trifft. Während das GG lediglich private Schulen von öffentlichen abgrenzt, unterscheiden die Länder zwischen staatlichen und nicht-staatlichen Schulen, wobei auch nicht-staatliche Schulen in freier Trägerschaft zum Bereich des öffentlichen Bildungswesens gehören können (Gemeinden, Gemeindeverbände) (Lemper, 1989, 119). Überdies differenzieren sie zwischen Ersatz- und Ergänzungsschulen im Bereich der Privatschulen. Ersatzschulen erfüllen nach der Definition eine dem staatlichen Schulwesen vergleichbare öffentliche Bildungsaufgabe, Ergänzungsschulen hingegen müssen nicht am öffentlichen Schulwesen ausgerichtet sein.

Die vom Grundgesetz gewollte materiellrechtliche Gleichberechtigung von privaten und öffentlichen Schulen wird in den meisten Länderregelungen unzureichend berücksichtigt (Lemper, 1989, 121). Das Grundgesetz ist sowohl seinem Wortsinn nach als auch im systematischen Zusammenhang mit den anderen freiheitlichen Grundrechten dahingehend zu interpretieren, daß die Privatschulen in inhaltlicher Hinsicht, besonders was die Auswahl des Lehrstoffes und die Methode der Vermittlung betrifft, nicht auf eine Kopie des öffentlichen Schulsystems verpflichtet werden dürfen.

Die Landesgesetze schöpfen den Rahmen dieser grundrechtlichen Gewährleistung nicht aus, ja schränken diesen in zum Teil verfassungsrechtlich bedenklicher Weise ein: Nach § 5 des Privatschulgesetzes Rheinland-Pfalz sind Schulen in freier Trägerschaft dann Ersatzschulen, wenn sie in ihren Lehr- und Erziehungszielen den öffentlichen Schulen entsprechen, die im Lande bestehen oder vom Kultusminister grundsätzlich vorgesehen sind. Abweichungen in den Lehr- und Erziehungsmethoden und in der Abgrenzung des Lehrstoffes sind zulässig, soweit die Ersatzschule der entsprechenden öffentlichen Schule gleichwertig bleibt. In § 5 der ersten Durchführungsverordnung zum Privatschulgesetz ist die Entsprechung von Privatschule und öffentlicher Schule im Hinblick auf Lehr- und Erziehungsziele dahingehend definiert, daß eine Entsprechung nur dann vorliegt, wenn die private Schule in Aufgabe und Struktur in der Dauer des Bildungsganges, in der Abgrenzung des Lehrstoffes sowie in den Lehr- und Erziehungsmethoden mit denen der öffentlichen Schule übereinstimmt. (Rechtsvorschriften zitiert nach Lemper, 1989, 114).

Von einer Freiheit der Privatschule, wie sie das GG in Art. 7 Abs. 4 meint, kann angesichts dieser Bestimmungen nicht mehr die Rede sein. Bei der Definition nach den rheinland-pfälzischen Gesetzen ist die private Ersatzschule auf eine staatliche Schule in delegierter Trägerschaft reduziert. Das rheinland-pfälzische Schulrecht ist ein Extrembeispiel. Verallgemeinernd ist jedoch festzustellen, daß die Landesgesetzgeber restriktiv mit privaten Schulen umgehen.

Finanzierung der Privatschulen

Das GG trifft in Art. 7 Abs. 4 keine Entscheidung über die Finanzierung von Privatschulen. Von einer finanziellen Beihilfeverpflichtung des Staates ist aber auszugehen. Dies ergibt sich schon aus den Voraussetzungen, die die Verfassung an die Errichtung privater Schulen knüpft. Denn Art. 7 Abs. 4 GG verlangt sowohl die wirtschaftliche Absicherung der Lehrkräfte als auch den Ausschluß der Ungleichbehandlung von Schülern nach den Besitzverhältnissen der Eltern. Die Erfüllung dieser Voraussetzungen in einer auf Dauer angelegten Weise ist nur mit finanzieller Unterstützung durch den Staat realistisch.

Die Finanzhilfepflicht des Staates ergibt sich auch aus der Bedeutung des Privatschulgrundrechtes im systematischen Zusammenhang der anderen Grundrechtsgarantien. Eben weil der Staat den Eltern die Freiheit garantiert, die Erziehung ihrer Kinder im Hinblick auf das Bekenntnis und die Methode Erziehung selbst zu bestimmen, und auch den Kindern selbst ein Recht auf freie

Entfaltung ihrer Persönlichkeit zusichert, muß er seinen Anteil leisten, um dies institutionell zu ermöglichen. In der Rechtslehre wurde diese Interpretation des GG schon sehr früh vertreten (Heckel, 1955, 256 f).

Da die Regelung des Privatschulrechts den Ländern obliegt, steht es diesen aber auch ohne eine ausdrückliche Finanzierungsregelung im Grundgesetz frei, Privatschulen finanziell zu fördern. In Nordrhein-Westfalen (Art. 8) und Baden-Württemberg (Art. 14) sowie Brandenburg (Art. 30) ist beispielsweise die Subventionspflicht des Landes für private Schulen schon in der Verfassung garantiert. Staatliche Finanzhilfe ist aber auch in einfachen Landesgesetzen geregelt.

Private Hochschulen

In der Geschichte der Universität ist Wilhelm von Humboldt nicht wegzudenken. Aufgewachsen im Preußen Friedrichs des Großen, geprägt vom Geist der Aufklärung, wollte er die Universitäten neu gestalten. In staatlicher Reglementierung und daraus resultierender Vereinheitlichung sah er eine große Gefahr und riet daher zur Zurückhaltung des Staates im Bereich der Universitäten. Die eigentlichen Ideen Wilhelm von Humboldts von der wirklichen Freiheit von Forschung und Lehre sind in Deutschland bis heute nicht wirksam geworden. Deutsche Universitäten sind mit 62 Ausnahmen damals wie heute staatliche Veranstaltungen.

Verfassungsrechtliche Grundlagen

Aus dem Bereich der nicht-staatlichen Hochschulen ist zunächst einmal der große Kreis der kirchlich getragenen Universitäten herauszuheben. Diese beruhen, bedingt durch ihre Tradition, auf anderen verfassungsrechtlichen Grundlagen als alle übrigen privaten Hochschulen. Nach Art. 140 GG in Verbindung mit Art. 137 der WRV „ordnen und verwalten die Religionsgesellschaften ihre Angelegenheiten selbständig innerhalb der Schranken des für alle geltenden Gesetzes". Die Selbstverwaltung umfaßt auch die Ausbildung von Geistlichen und Mitarbeitern für soziale Einrichtungen der Kirchen. Zum Zwecke dieser Ausbildung können die Religionsgesellschaften eigene Hochschulen errichten. Für alle anderen nicht-staatlichen Universitäten gelten die im folgenden genannten Vorschriften des Grundgesetzes.

Über die Gründungsfreiheit privater Hochschulen enthält sich das Grundgesetz jedenfalls einer ausdrücklichen Äußerung. Dies ist aus zwei Gründen bemerkenswert. Zum einen hat die Errichtung von privaten Schulen in Art. 7 Abs. 4 ausdrücklich Eingang in das Grundgesetz gefunden. Bei den Verhandlungen zu Art. 7 GG im parlamentarischen Rat und dessen Ausschüssen soll ein Antrag auf Ausdehnung des Art. 7 Abs. 4 auch auf private Hoch- und Fachhochschulen abgelehnt worden sein (vgl. Verhandlung des Hauptausschusses, 249/263, zitiert nach BVerfGE 35, 314, 320). Zum anderen sahen bereits drei vorkonstitutionelle Länderverfassungen (Bayern, Hessen, Rheinland-Pfalz) in ihren Regelungen die private Hochschulfreiheit vor (Lorenz, 1986, 13).

Die Nichtaufnahme der Privathochschulfreiheit in das Grundgesetz beruht damit auf einer bewußten Entscheidung und nicht auf einem unbeabsichtigten Unterlassen. Mit seiner Zurückhaltung folgt das Grundgesetz der Tradition der WRV. Auch hier hatten sich die Verfassungsgeber jeglicher Äußerung im Hinblick auf die Errichtung, den Betrieb und die Unterhaltung privater Hochschulen enthalten.

Auch ohne oder gerade wegen einer fehlenden ausdrücklichen Bestimmung im Grundgesetz herrscht in der Bundesrepublik Deutschland Privat-Hochschulfreiheit. Das ergibt sich eindeutig aus den verfassungsrechtlichen Freiheitsgewährleistungen in Art. 5 Abs. 3, Art. 12 Abs. 1, Art. 14 Abs. 1 GG.

Die für das Hochschulrecht bedeutendste Bestimmung des Grundgesetzes findet sich in Art. 5 Abs. 3 Satz 1. Danach sind Kunst und Wissenschaft, Forschung und Lehre frei. Gegenstand des Grundrechtsschutzes ist in erster Linie die inhaltliche Aufgabenstellung der Universitäten, nicht aber ihr äußeres Erscheinungsbild und die Trägerschaft. In Verbindung mit Art. 19 Abs. 3, der die Grundrechtsträgerschaft auch auf inländische juristische Personen ausdehnt, kann sich jeder Hochschulträger, sei er staatlich oder privat, auf sein Freiheitsrecht aus Art. 5 Abs. 3 GG berufen.

Neben dem Individualrecht der Wissenschaftsfreiheit garantiert Art. 5 Abs. 3 auch die Institution der wissenschaftlichen Hochschule als solche und ihre Autonomie. Diese Institutionsgarantie bedeutet aber lediglich, daß Wissenschaft, Forschung und Lehre eine öffentliche Aufgabe sind, nicht aber eine Zuweisung in staatliche Zuständigkeiten. Eine Verstaatlichung ist durch die Garantie der Wissenschaftsfreiheit gerade ausgeschlossen (Scholz, 1990, Randnummer 133). Das Freiheitsrecht der Wissenschaftsfreiheit gewährt daher auch das Recht zur Gründung privater Hochschulen (Scholz, 1990, Randnummer 147; Thieme, 1988, 19)

Bundesrecht

Gesetzgebungskompetenzen

Die verfassungsrechtlich garantierte Privathochschulfreiheit wird auch im Bundes- und Landesrecht vorausgesetzt. Die Hochschulgesetzgebung obliegt aus Gründen der Kulturhoheit den Ländern. Der Bund hat deshalb nach Art. 75 GG lediglich ein Rahmengesetzgebungsrecht im Bereich des Hochschulwesens. Er darf die Materie also nicht erschöpfend regeln, sondern muß die Bestimmung der Einzelheiten dem Landesgesetzgeber überlassen. Für die Rahmenkompetenz gelten die Voraussetzungen der konkurrierenden Gesetzgebungskompetenz. Auch Rahmengesetze können demnach vom Bund nur beschlossen werden, wenn ein besonderes Bedürfnis für eine bundeseinheitliche Regelung besteht.

Von seiner Rahmenkompetenz hat der Bund Gebrauch gemacht, indem er das Hochschulrahmengesetz (HRG) beschloß. In seinem § 1 dehnt das (HRG) seinen Geltungsbereich auf die anerkannten nicht-staatlichen Hochschulen aus. § 70 HRG enthält die Vorschriften über die Anerkennung nicht-staatlicher Hochschulen. Das HRG entfaltet erst gemeinsam mit den es ausführenden Ländergesetzen seine volle Gesetzeskraft. Daher erfolgt die Anerkennung der Hochschulen nach Ländergesetzen unter Einbeziehung der in § 70 HRG genannten Voraussetzungen.

Das Hochschulrahmengesetz (HRG)

Nach § 70 HRG können nicht-staatliche Hochschulen unter den dort genannten Voraussetzungen und nach näherer Bestimmung des Landesrechts anerkannt werden. Die Anerkennung ist möglich, wenn die Hochschule, die in § 7 HRG festgelegten Ziele verfolgt, wenn also die Hochschule den Studenten auf ein berufliches Tätigkeitsfeld vorbereitet und ihm die dazu erforderlichen fachlichen Kenntnisse, Fähigkeiten und Methoden vermittelt, so daß er zu wissenschaftlicher oder künstlerischer Arbeit sowie zu verantwortlichem Handeln in einem freiheitlich demokratischen und sozialen Rechtsstaat befähigt wird. Es muß ferner gewährleistet sein, daß mehrere nebeneinander oder aufeinander folgende Studiengänge zumindest in Kooperation mit anderen Bildungseinrichtungen vorgesehen sind. Auch eine dahingehende Ausbauplanung ist ausreichend. Außerdem müssen die Studienbewerber die Voraussetzungen für die Aufnahme in eine entsprechende staatliche Hochschule erfüllen. Die hauptberuflich Lehrenden der nicht-staatlichen Hochschulen müssen dieselben Einstellungsvoraussetzungen wie diejenigen in staatlichen Hochschulen erfüllen. Die Angehörigen der nicht-staatlichen Hochschule müssen ferner an der Gestaltung des Studiums in sinngemäßer Anwendung der Grundsätze des HRG mitwirken (Hochschulselbstverwaltung).

Die kirchlichen Einrichtungen nehmen auch hier wieder eine Sonderstellung ein. Für kirchliche Hochschulen kann nach § 70 Abs. 2 HRG das Landesrecht Ausnahmen von den genannten Voraussetzungen zulassen. Das gilt jedoch nur dann, wenn gewährleistet ist, daß das Studium an den kirchlichen Hochschulen demjenigen an staatlichen Hochschulen gleichwertig ist.

Die Abnahme von Prüfungen und Verleihung von Hochschulgraden durch die nicht-staatlichen Universitäten wird im einzelnen von den jeweiligen Landesgesetzen geregelt. Das HRG bestimmt aber, daß ein abgeschlossenes Studium an einer staatlich anerkannten Hochschule demjenigen an einer staatlichen Universität gleichwertig ist.

Das Hochschulrahmengesetz läßt zwar den Ländern Entscheidungsspielräume, der gesetzte Rahmen ist aber so dicht, daß der Entscheidungsspielraum der Länder auf ein Minimum zusammengeschrumpft ist. Das gilt besonders für die Anerkennung privater Hochschulen. Die Rahmenbedingungen sind hier derart konkret, daß ein Abweichen von staatlichen Hochschulen mit Ausnahme der Organisationsform und der Finanzierung kaum möglich ist. Überspitzt formuliert: Erlaubt sind Errichtung und private Finanzierung von Hochschulen, sofern sie nur im Ergebnis eine Kopie der staatlichen liefern.

Landesrecht

Länderverfassungen

Mit Ausnahme der Länder Schleswig-Holstein, Hamburg und Berlin befassen sich alle Länderverfassungen mit dem Hochschulwesen. Teilweise enthalten sie keine besondere Bestimmung bezüglich der Hochschulen in freier Trägerschaft (Bremen, Niedersachsen, Saarland, Sachsen). Andere wiederum gewährleisten das Recht zur Errichtung von Hochschulen in freier Trägerschaft, stellen diese jedoch unter Genehmigungsvorbehalt (Bayern, Hessen, Rheinland-Pfalz). In Brandenburg, Mecklenburg-Vorpommern, Sachsen-Anhalt und Thüringen wird ausdrücklich das Recht zur Errichtung nicht-staatlicher Hochschulen ohne besonderen Genehmigungsvorbehalt gewährleistet. Die nordrhein-westfälische Landesverfassung gewährt lediglich den Kirchen und Religionsgemeinschaften das Recht zur Errichtung eigener Hochschulen und enthält sich im übrigen einer Äußerung zu Fragen der Hochschulen in freier Trägerschaft.

Landeshochschulgesetze

Die letztlich sehr starke staatliche Reglementierung von Hochschulen in freier Trägerschaft, wie sie das HRG vorsieht, hat sich auch auf die Ländergesetze ausgewirkt. Sie sind in ihrem Inhalt zwar sehr verschieden, weisen aber im wesentlichen alle starke staatliche Reglementierungen auf. Besonders deutlich tritt dies im hamburgischen Hochschulgesetz hervor. In § 1 Abs. 4 ist hier bestimmt, daß nicht-staatliche Hochschulen „nur auf Grund eines Gesetzes errichtet werden" können. Die Genehmigung privater Hochschulen ist also in das politische Ermessen des Gesetzgebers im Einzelfall gestellt (Heidtmann, 1986, 56).

Die wohl freieste Bestimmung über private Hochschulen enthält das niedersächsische Hochschulgesetz. Unabhängig davon, ob der Träger jeweils die staatliche Anerkennung seiner Einrichtung erstrebt, gestattet es die Gründung privater Hochschulen (Heidtmann, 1986, 57). Die staatliche Anerkennung erfolgt hier auf Antrag des Trägers.

Rechtsformen privater Hochschulen

Von den Rechtsformen, die das deutsche Recht für juristische Personen des Privatrechts vorsieht, kommen für die Hochschulen nur drei in Betracht, der eingetragene Verein, die Stiftung privaten Rechts oder die Gesellschaft mit beschränkter Haftung (Thieme, 1988, 41). Jede dieser drei Rechtsformen ist praktikabel, entbehrt aber nicht eines jeweiligen Nachteils. Die Stiftung, die die vielfältigsten Möglichkeiten bietet, enthält den Nachteil, daß sie nach §§ 80, 87 BGB einer staatlichen Genehmigung für ihre Errichtung bedarf und der staatlichen Aufsicht untersteht. Die Freiheit der Stiftungsorgane ist dadurch eingeschränkt.

Bei der Rechtsform des eingetragenen Vereins ist zu beachten, daß die Mitgliederversammlung nach § 32 BGB das Hauptorgan ist. Die Mitgliederversammlung entscheidet durch Beschlüsse. Der eingetragene Verein ist damit in seinem Entscheidungsverfahren sehr schwerfällig. Für eine Hochschule kann dies durchaus hinderlich sein.

Eine geeignetere Form der Rechtsträgerschaft stellt die Gesellschaft mit beschränkter Haftung dar. Ihr haftet jedoch der Nachteil an, daß das Gesetz sie in erster Linie als Kapitalgesellschaft betrachtet, die darauf ausgerichtet ist, Gewinne zu erzielen. Einnahmen und Ausgaben sind in ein Deckungsverhältnis zu bringen. An diese gesetzliche Grundkonzeption muß sich die private Hochschule auch dann halten, wenn sie auf der Grundlage der Gemeinnützigkeit, also Gewinnlosigkeit, arbeitet. Zu den Rechtsproblemen im Hinblick auf die Form der Trägerschaft siehe im einzelnen Thieme, 1988, 41 ff.

Finanzierung der Privathochschulen

Die Finanzierung nicht-staatlicher Hochschulen ist Angelegenheit ihrer Träger. In zahlreichen Fällen beteiligen sich die Länder mit Zuschüssen an der Deckung der laufenden Personal- und Sachkosten. Das gilt in erster Linie für nicht-staatliche Fachhochschulen und geht zurück auf Mitfinanzierungsregelungen, die in den fünfziger und sechziger Jahren für die Vorgängereinrichtungen der Fachhochschulen eingeführt wurden, die seinerzeit noch dem schulischen Bereich zugeordnet waren (BMBW, 1993, 3). Von den 62 in der Bundesrepublik Deutschland existierenden nicht-staatlichen Hochschulen sind 42 staatlich mitfinanziert (BMBW, 1992, 1).

Mit der Finanzierung von Hochschulen beschäftigt sich auch das Grundgesetz, allerdings nur in Bezug auf deren Räumlichkeiten. Nach Art. 91a Abs. 1 Nr. 1 GG gehört der Ausbau und Neubau von Hochschulen einschließlich der Hochschulkliniken zu den Gemeinschaftsaufgaben von Bund und Ländern. Das bedeutet, daß der Bund in diesem Bereich die Hälfte der Ausgaben des Landes trägt. Auf Antrag des Sitzlandes einer nicht-staatlichen Hochschule kann die Finanzierung in die Gemeinschaftsaufgabe „Hochschulbau" einbezogen werden. Aus- und Neubauvorhaben von Hochschulen und Hochschulkliniken können daher von Bund und Land gemeinsam finanziert werden. Das gilt jedoch nur dann, wenn die Gemeinschaftsaufgabe für die Gesamtheit bedeutsam ist und die Mitwirkung des Bundes der Verbesserung der Lebensverhältnisse dient.

Aufgrund des Art. 91a GG hat der Bundestag im Jahr 1969 das Hochschulbauförderungsgesetz beschlossen. § 4 dieses Gesetzes bestimmt, welche Hochschulen im Bereich der Gemeinschaftsaufgaben gefördert werden. Die Aufnahme von Hochschulen in die Gemeinschaftsaufgaben erfolgt durch Rechtsverordnung mit Zustimmung des Bundesrates.

Die privaten Hochschulen benötigen jedoch auch unabhängig davon Kapital sowohl für die Errichtung als auch zum Bestreiten der laufenden Kosten. Sind sie in Form einer GmbH errichtet, wird das Grundkapital durch die Gesellschafter aufgebracht. Im Falle einer Stiftung kommt das Grundkapital von einem Stifter. Entscheidend sind jedoch in der Regel die weiteren Einnahmen für die laufenden Kosten. Im Bereich der Lehre können diese durch Studiengelder erbracht werden. Da aber Studenten keine übermäßige Summe abverlangt werden kann, ist eine Vollfinanzierung des laufenden Betriebs durch Studiengebühren nicht realistisch. Selbst in den Vereinigten Staaten, wo es zum Teil erhebliche Studiengebühren gibt, reichen diese für die Vollfinanzierung nicht aus (Thieme, 1988, 48).

Auf dem Gebiet der Forschung kann die Finanzierung auch durch Drittmittel erfolgen. Derartige Drittmittel können über Forschungsprojekte eingebracht werden. Auf Dauer betrachtet, ist diese Einnahmequelle aber nicht geeignet, eine stetige Finanzierung zu gewährleisten. Denn Drittmittel aufzutreiben ist sowohl von der Ausschreibung adäquater Forschungsprojekte, deren Dotierung sowie auch von den Kapazitäten der Privathochschulen abhängig. Denkbar sind auch Einnahmen durch Beratungstätigkeiten der Hochschulangehörigen. Auch diese können jedoch keine stetige Finanzquelle darstellen. Zinserträge als Einnahmenquelle aus dem Grundkapital, Stiftungs- oder Vereinsvermögen sind ebenfalls als Finanzquelle zu berücksichtigen, können jedoch sicherlich nicht eine Vollfinanzierung gewährleisten.

Eine staatliche Zusatzfinanzierung dürfte daher in den meisten Fällen unumgänglich sein. Diese findet ihre Rechtfertigung zum einen darin, daß die Privathochschulen zur Entlastung der staatlichen Hochschulen beitragen, zum anderen darin, daß der Staat über Art. 5 Abs. 3 GG zum institutionellen Schutz – in rein formalem Sinne – von Forschung und Lehre verpflichtet ist.

Literatur

BMBW-Bundesministerium für Bildung und Wissenschaft, 1992: Nicht-staatliche Hochschulen in der Bundesrepublik Deutschland, Bildung, Wissenschaft Aktuell, Heft 8/92, Bonn

Heckel, Hans, 1955: Deutsches Privatschulrecht, Berlin

Heidtmann, Jürgen, 1980: Grundlagen der Privathochschulfreiheit, Inaugural-Dissertation zur Erlangung des Grades eines Doktors der Rechte an der FU Berlin

Heidtmann, Jürgen, 1986: Privathochschulfreiheit und Landesrecht in: Das Recht der nicht-staatlichen Hochschulen, Fortbildungsprogramm für die Wissenschaftsverwaltung, Materialien Nr. 26, Essen

von Humboldt, Wilhelm, 1946: Über die Grenzen der Wirksamkeit des Staates, Nürnberg

von Humboldt, Wilhelm, 1956: Über die innere und äußere Organisation der höheren wissenschaftlichen Anstalten in Berlin, unvollendete Denkschrift, geschrieben 1810; in: Die Idee der deutschen Universität, Ernst Anrich (Hrsg.), Darmstadt

Lemper, Lothar Theodor, 1989: Privatschulfreiheit – Zur Genese, Praxis und Chance eines Grundrechtes, Köln

Lorenz, Dieter, 1986: Privathochschulfreiheit und Bundesrecht in: Das Recht der nicht-staatlichen Hochschule, Fortbildungsprogramm für die Wissenschaftsverwaltung, Materialien Nr. 26, Essen

Maunz, 1990; in: Maunz/Dürig/Herzog/Scholz, Grundgesetz, Kommentar Band 1, Art. 1 bis 12, Art. 7, Loseblattsammlung, Stand 1990

Schily, Konrad, 1993: Der staatlich bewirtschaftete Geist, Düsseldorf, Wien
Scholz, 1990; in: Maunz/Dürig/Herzog/Scholz, Grundgesetz, Kommentar Band 1, Art. 1 bis 12, Art. 5, Loseblatttsammlung, Stand 1990
Thieme, Werner, 1956: Deutsches Hochschulrecht, Berlin
Thieme, Werner, 1988: Privathochschulen in Deutschland – Chancen für die Zukunft?, in: Schriften des Hochschulverbandes, Heft 31, Göttingen

Carola Busch

Vom Betriebskindergarten zum Familienservice – Zur betrieblichen Förderung von Kinderbetreuung

„Es muß doch eigentlich in unserem Interesse sein, daß diese Frauen so schnell wie möglich wieder an ihren Arbeitsplatz kommen können, damit wir da nicht allzuviele Überbrückungsschwierigkeiten haben." *

Inhalt

Einleitung	60
Seit wann fördern Betriebe Kinderbetreuung?	61
Wie können Unternehmen Kinderbetreuung fördern?	66
Modell 1: Einzelbetriebliche Kindertagesstätte	68
Modell 2: Überbetriebliche Kooperation mehrerer Unternehmen	71
Modell 3: Betriebsnahe Einrichtung auf Stadtteilebene	72
Modell 4: Finanzierung von Belegplätzen in bestehenden Einrichtungen	73
Modell 5: Unterstützung von Elterninitiativen am Wohnort	74

---

* Zitate zu den Überschriften aus: Busch, 1993c

Modell 6: Regionaler Kooperationsverbund zur
Verbesserung der Infrastruktur zur
Kinderbetreuung   75

Wer engagiert sich und warum?   78

Fazit   81

Literatur   82

Einleitung

Unternehmen sind betriebswirtschaftliche Einheiten, die nach betriebswirtschaftlichen Maximen arbeiten. Was haben Betriebe also mit dem sozialen „Geschäft" Kinderbetreuung zu tun? Geht sie diese gesellschaftliche Aufgabe überhaupt etwas an? Diese Frage wird derzeit in verschiedenen Gremien und Diskussionszusammenhängen mit unterschiedlichem Tenor und Ergebnis behandelt. Hört man Frauen und speziell Mütter zu ihren Chancen und Schwierigkeiten, Familie und Beruf zu vereinbaren, lautet die Antwort eindeutig „Ja". Demgegenüber steht als Antwort der Gewerkschaften ein prinzipielles „Nein", das jedoch aufgrund der Bedarfslage ihrer weiblichen Mitglieder und fehlender Alternativen mittlerweile eingeschränkt wird. Die pädagogische Fachszene ist eher unentschlossen. Dort hat man Vorbehalte gegenüber befürchteter, zu großer betrieblicher Einflußnahme, weiß aber, daß der Betreuungsbedarf, zumindest vorübergehend, nicht ohne betriebliches Engagement gedeckt werden kann. So lautet dann in Fachkreisen die Maxime: Kinderbetreuung ist keine originäre Aufgabe der Wirtschaft, aber eine Beteiligung, und dabei besonders eine finanzielle, ist durchaus willkommen und erwünscht.

Diese Aussage, und speziell ihr erster Teil, wird von den Unternehmen ohne Abstriche geteilt. Eine Verpflichtung zur Kinderbetreuung ist nicht im Sinne der Wirtschaft und wäre für sehr viele Unternehmen nicht zu leisten. Dennoch engagieren sich zunehmend Betriebe auf diesem Sektor und beteiligen sich rege an der gesellschaftspolitischen Diskussion. Die Gründe hierzu sind ebenso vielfältig wie die Formen des Engagements und richten sich nach den jeweiligen Gegebenheiten des Unternehmens. Dabei spielen, neben der Übernahme sozialpolitischer Verantwortung, durchaus betriebswirtschaftliche Überlegungen eine Rolle. Daß die Unterstützung in Ergänzung zum Angebot der öffentlichen Hand steht und nicht einen Ersatz der öffentlichen Erziehung anstreben will und kann, steht dabei außer Frage.

Bevor wir uns mit den betriebswirtschaftlichen Erwägungen der Unternehmen zur Unterstützung von Kinderbetreuung beschäftigen und damit zusammenhängend die derzeitig präferierten Modelle und Varianten sowie ihre Entwicklungstendenz vorgestellt werden, soll in einem kurzen geschichtlichen Exkurs verdeutlicht werden, wie sich Unternehmen schon zu Beginn der industriellen Entwicklung an der Aufgabe der Kinderbetreuung beteiligt und dabei eine Verbindung zwischen gesellschaftspolitischen Aufgaben und betriebswirtschaftlichen Lösungen gefunden haben.

Seit wann fördern Betriebe Kinderbetreuung?

"Wenn ich heute eine Kraft suchen müßte und eine gute Kraft, die sich zu entscheiden hätte zwischen mehreren Angeboten, und ich könnte sagen, also wir haben auch eine qualifizierte Kinderbetreuung, die die Berufstätigkeit eventuell erst ermöglicht, da wäre ich als Unternehmen im Vorteil."*

Hilfe und Unterstützung bei der Bereitstellung von Kinderbetreuungsplätzen ist nicht erst heute ein Thema für die Wirtschaft. Betrachtet man die Entwicklung der außerfamilialen Kinderbetreuung hin zur öffentlichen Kindererziehung, fällt auf, daß die betriebliche Form der Betreuung zwar zahlenmäßig einen relativ geringen Anteil einnahm, jedoch die Weiterentwicklung maßgeblich beeinflußte und hierbei sogar eine Pionierrolle innehatte. Die Überlegungen und Argumente für diese Betreuungsform unterscheiden sich dabei wenig von denen, die die aktuelle Diskussion prägen. Schon vor 150 Jahren waren die Berufstätigkeit der Mütter, das Fehlen anderer Betreuungskapazitäten sowie erhöhte Arbeitseffizienz und steigende Motivation ausschlaggebend für Unternehmen, sich auf diesem Sektor zu engagieren.

Erste Betreuungseinrichtungen für Kinder der Mitarbeiter und Mitarbeiterinnen erbaute Jakob Fugger bereits im 16. Jahrhundert im Rahmen seiner „Fuggerei". Dort wurden die Kinder von Webern beaufsichtigt und schon damals wurde in betriebswirtschaftlicher Hinsicht festgestellt, daß die Eltern, wenn sie ihre Kinder gut versorgt wissen, konzentrierter und letztlich effektiver arbeiteten (Martin, 1991, 173 f.).

Mit zunehmender Industrialisierung und damit einhergehender Verstädterung wurden außerfamiliale Betreuungsformen immer wichtiger. Mit der Umstrukturierung der Familie von der Großfamilie hin zur Kleinfamilie standen Verwandte zur Beaufsichtigung der Kinder immer weniger zur Verfügung; ein Trend, der sich bis heute stetig weiterentwickelt hat. Daher nahmen viele Mütter aus der Notsituation heraus und weil die einzige Alternative darin bestand, die Kinder unbeaufsichtigt alleine zu Hause zu lassen, ihre Kinder mit an den Arbeitsplatz. Dies hatte jedoch gleich mehrere Nachteile. Zwar waren die Kinder in der Nähe ihrer Mütter und unter Aufsicht, doch waren sie damit auch den Unfallgefahren in den großen Fabrikhallen ausgesetzt und die Konzentration der Arbeitnehmer auf ihre Tätigkeit wurde durch ihre Anwesenheit merklich eingeschränkt. Außerdem zeigte sich, daß die tägliche Anwesenheit der Kinder in den Fabriken bei ihnen zu gesundheitlichen Schäden führte. Zusammen mit der Verringerung und dem späteren Verbot von Kinderarbeit wurde das Mitbringen von Kindern an den Arbeitsplatz dann zusehends eingeschränkt.

Als Alternative boten viele Unternehmen ihren Arbeiterinnen die Möglichkeit, die Kinder in eigens dafür bereitgestellten Räumen betreuen zu lassen. Schon damals wurde eine direkte Verbindung von Kinderbetreuung und Erwerbstätigkeit von Frauen deutlich gemacht. Sowohl ein striktes Verbot, ihre Kinder mit an den Arbeitsplatz zu bringen, als auch ein als Konsequenz dazu überlegtes Arbeitsverbot für Mütter ließen sich nicht realisieren, denn, so begründete das Gewerbeaufsichtsamt des Regierungsbezirks Breslau: „Eine solche Maßnahme würde die Industrie bei dem herrschenden Mangel an Arbeiterinnen und der Nothwendigkeit, sich die manuelle Geschicklichkeit der Arbeiterinnen zu Nutze zu machen, so schwer schädigen, daß die Konkurrenzfähigkeit gegenüber anderen Industriestaaten, die bisher kein solches Verbot kennen, auf das Schwerste leiden würde" (Kurschilgen, 1993, 25).

Die in den Fabriken bestehenden Betreuungseinrichtungen hatten ursprünglich hauptsächlich eine bewahrende Funktion. Oftmals wurden die Kinder von einer Familienangehörigen der Firmeninhaber beaufsichtigt und beschäftigt. Mit größerer Verbreitung dieser „Fabrikkindergärten" ging man jedoch dazu über, Fachpersonal einzustellen. Damit einher ging auch eine Änderung von der reinen „Bewahranstalt" hin zum „Kindergarten". Dies hatte seine Parallele in der öffentlichen Kinderbetreuung.

Schon seit dem Mittelalter entwickelte sich, als Ergänzung zu den an Klöstern und Kirchen entstehenden Schulen, für Kinder unter drei Jahren eine eigenständige Betreuungsform, die **Kinderschulen**. Sie wurden in erster Linie von Kindern aus dem Bürgertum besucht und hatten einen Bildungsauftrag. Daneben entstanden, im Rahmen der staatlichen Armenhilfe, **Kinderbewahranstalten**, die überwiegend von Arbeiterkindern besucht wurden.

Die beiden Aspekte von Betreuen und Bilden wurden in den betrieblichen Kindergärten, die im Rahmen der Betriebswohlfahrtspflege Ende des 19. Jahrhunderts entstanden, zusammengefaßt. Kinderbetreuung wurde vom Unternehmen als soziale Leistung für die Mitarbeiter bereitgestellt. Dadurch konnten die negativen Auswirkungen, die die Betreuungsproblematik auf den Einsatz der Mitarbeiterinnen hatte, ausgeglichen werden. Die Entlastung von der Sorge um ihre nichtbeaufsichtigten Kinder zeigte sich bei den Arbeitnehmerinnen in erhöhter Leistungsfähigkeit und -bereitschaft. Als positiver Aspekt für die Kinder ergab sich neben der Verhinderung von Verwahrlosung und Unfällen ein gehobenes Bildungsniveau. Das Unternehmen schuf sich mit dieser, wie auch mit anderen sozialen Leistungen, ein soziales Image, was speziell in Zeiten knapper Arbeitskräfteressourcen positive Auswirkung auf Einstellung und Fluktuation hatte.

Diese Form der Betriebswohlfahrtspflege entwickelte sich in einer Zeit, Mitte des 19. Jahrhunderts, als die staatliche Sozialpolitik noch nicht existierte, und hatte neben der Hebung des Lebensstandards der Arbeiter auch ihre Bindung ans Unternehmen zum Ziel. So kam es, daß zwar überwiegend Branchen mit hoher Frauenbeschäftigung, besonders die Textilbranche, aber auch andere Industriezweige, Kinderbetreuungseinrichtungen eröffneten. Die Einrichtungen standen im Betrieb tätigen Müttern und auch Vätern bereit und hatten an die Arbeitszeiten angepaßte Öffnungszeiten. Kinder wurden ab dem Säuglingsalter aufgenommen und betreut. Anfang des Jahrhunderts betrug der Anteil dieser betrieblichen Einrichtungen der Kleinkindbetreuung und -erziehung zum Beispiel in den Städten des Ruhrgebiets 30 Prozent.

Zu dieser Zeit fand eine Umgewichtung von dem Aspekt der **Betreuung** hin zur **Erziehung** statt. Pädagogische Gesichtspunkte rückten in den Vordergrund, und es wurden zunehmend fachlich ausgebildete Kindergärtnerinnen eingestellt. Auch mischten sich in die Kindergruppe mehr und mehr Kinder von Angestellten und der Firmeninhaber. Ausbau und Bedeutung betrieblicher Kinderbetreuung nahmen während der beiden Weltkriege, mit dem verstärkten Einbezug von Frauen ins Erwerbsleben, speziell in die Rüstungsindustrie, zu. In dieser Zeit wurden weiterhin qualitative Gesichtspunkte betrieblicher Kinderbetreuung bedeutsam, denn Mütter waren nur dann zur Fabrikarbeit bereit, wenn sie ihre Kinder gut betreut wußten. Dieser Anspruch wurde ergänzt durch die bevölkerungspolitische Wichtigkeit, die der Gesunderhaltung des gesellschaftlichen Nachwuchses zugemessen wurde.

Die Bedeutung betrieblicher Kinderbetreuung ging während der Arbeitslosigkeit in der Weimarer Republik zurück, nahm aber mit steigender Frauenerwerbstätigkeit vor und während des Zweiten Weltkrieges erneut zu. Auch während des Wiederaufbaus und der Vollbeschäftigung in den fünfziger Jahren blieb ihre Wichtigkeit bestehen. Da die öffentliche Betreuung nach Kriegsende erst langsam aufgebaut wurde, übernahm die betriebliche Kinderbetreuung (wieder) eine wichtige Ausgleichsfunktion. Steigende Geburtenzahlen und zunehmende Erwerbstätigkeit von Müttern führten zu ständig wachsenden Bedarfszahlen.

Ein neuer Entwicklungsschub erfolgte mit der durch die Studentenbewegung ausgelösten Bildungsreform in den sechziger Jahren. Erstmals wurde dem Kindergarten im Rahmen der Vorschulerziehung ein eigenständiger Bildungsauftrag erteilt – er hatte sich allmählich von der **Bewahranstalt** hin zur **Bildungsinstitution** gemausert. Durch die Vorbereitung der Kinder auf die Grundschule erhielt der Kindergarten eine neue Dimension, nämlich die der ersten Etappe auf dem Bildungsweg. Dadurch löste er sich aus seinem Status als Anhängsel von Frauenerwerbstätigkeit und wurde zur begehrten Einrichtung auch für Kinder nichterwerbstätiger Frauen. Der so definierte Bedarf ließ die Nachfrage steigen. Mittlerweile hat die öffentliche Kinderbetreuung, bedingt durch die Umstrukturierung hin zur Kleinfamilie und die Reduzierung der Kinderzahl pro Familie, eine weitere wichtige soziale Funktion übernommen. Für viele Kinder ist der Kindergarten die erste und einzige Gelegenheit, mit Gleichaltrigen und anderen Kindern in Kontakt zu kommen.

Die betrieblichen Kinderbetreuungseinrichtungen haben diese Entwicklungen mitvollzogen und sich den Anforderungen gestellt. Sie sind nicht nur eine quantitativ ausgleichende Komponente zur öffentlichen Kinderbetreuung gewesen, sondern haben an etlichen Punkten eine qualitative Weiterentwicklung angeregt. Das wird auch in der augenblicklichen Umorientierung von außerfamilialer Erziehung deutlich. Dabei gibt die betriebliche und betrieblich geförderte Kinderbetreuung neue Impulse.

So legt die Bereitschaft der Fachkräfte, sich auf ein Arbeitsgebiet einzustellen, das weniger nach traditionellen Mustern ausgerichtet ist und durch weniger Vorgaben in der inhaltlichen Ausgestaltung der pädagogischen Arbeit geprägt ist, die Grundlage zum Erproben neuer Ansätze. Auch der meist weiter gesteckte finanzielle Rahmen betrieblich geförderter Einrichtungen ermöglicht es, sich pädagogischen Maximen anzunähern, zum Beispiel altersgemischten Gruppen oder flexiblen Öffnungszeiten, die einen größeren Personalbedarf erfordern und somit kostenintensiver sind.

Das anstehende Recht auf einen Kindergartenplatz macht ein Engagement der Unternehmen bei der Mitfinanzierung von Betreuungsplätzen unumgänglich, will man den Bedarf annähernd quantitativ und qualitativ sicherstellen. Die derzeitige finanzielle

Lage der öffentlichen Hand schränkt den Handlungsspielraum der originären Träger enorm ein. Für die Unternehmen andererseits ist die Beschäftigung von Frauen nach wie vor unverzichtbar und die demographische Entwicklung deutet darauf hin, daß sie in Zukunft noch an Bedeutung gewinnt. Als dritte wirksame Komponente macht es meist das Familienbudget erforderlich, daß auch Mütter erwerbstätig sein müssen.

Die Argumente sind uns also im wesentlichen schon bekannt, betrachten wir sie nun genauer und im aktuellen Licht. Erkennbar wird, wie qualitative Standards und neue Ansätze aus betrieblichen oder betriebsnahen Einrichtungen positive Impulse für die öffentliche Erziehung darstellen können und wie ein Zusammenwirken beider Bereiche die Kinderbetreuung am Bedarf von Eltern und Kindern orientiert gestalten kann.

Wie können Unternehmen Kinderbetreuung fördern?

"Wenn das Kind in den Kindergarten geht, dann wird sie wiederkommen. Und das ist auch so beabsichtigt."*

Betriebliche Förderung von Kinderbetreuung kann sehr unterschiedliche Formen annehmen. Der Betriebskindergarten ist nur eine von vielen Möglichkeiten. Wie Unternehmen sich engagieren und welches Modell das für sie angemessene ist, muß den Gegebenheiten und dem Bedarf des Unternehmens angepaßt sein. Es gibt kein „gutes" oder „schlechtes" und schon gar nicht das „beste" Modell, sondern lediglich ein „passendes" oder ein „unpassendes". Großbetriebe zum Beispiel haben mit Sicherheit einen hohen Bedarf an Plätzen, kleine und mittelständische Unternehmen werden eine geringere Nachfrage aufgrund geringerer Beschäftigtenzahlen haben. Unterschiede resultieren auch aus dem Einzugsbereich der Betriebe. In Ballungsgebieten mit hohen Pendlerzahlen werden sich viele Eltern für eine wohnortnahe Betreuung entscheiden, wenn die tägliche Wegstrecke für ein

Kind unzumutbar wird. In ländlichen Regionen ist die öffentliche Betreuungstruktur zwar oft den Bedingungen erwerbstätiger Mütter nahezu konträr, dafür findet man aber häufig noch eine gut funktionierende innerfamiliale Betreuung.

Die Form der Unterstützung muß sich also am Handlungsrahmen der Betriebe orientieren, ebenso wie am Bedarf der Frauen und Familien. Durch die zunehmende Vielfalt der Lebensformen bedingt, ergeben sich sehr unterschiedliche Arten von Betreuungsmodellen. Eine alleinerziehende Mutter findet zwar leichter einen Betreuungsplatz in einer öffentlichen Kindertagesstätte, benötigt aber zum Beispiel eine zusätzliche Betreuungsperson, wenn ihr Kind krank wird. Eine Familie, in der auch der Vater einen großen Teil der Kinderbetreuung übernimmt, braucht lediglich stundenweise eine Unterbringung. Dagegen muß eine Teilzeitkraft ihre Berufstätigkeit einstellen, wenn der Kindergarten keine flexiblen Öffnungszeiten anbietet.

Passend oder unpassend kann Betreuung aber vor allen Dingen für die Kinder sein. Ein Kleinkind braucht eine intensivere Zuwendung als ein Hortkind und ist in einer kleinen Gruppe gut aufgehoben. Mit zunehmendem Alter rückt der Austausch mit Gleichaltrigen in den Mittelpunkt und im Schulalter gewinnen die Freunde außerhalb der Betreuungseinrichtung an Bedeutung. All diese Bedarfslagen müssen bei der Bereitstellung des passenden Betreuungsangebotes mitbedacht werden und auch bei der Ausgestaltung des betrieblichen Angebots Berücksichtigung finden. Unternehmen müssen daher entscheiden, ob sie ein möglichst breites Angebot entwickeln wollen, das einer Vielzahl von Mitarbeiterinnen und Mitarbeitern Unterstützung bietet, oder ob sie Hilfen für eine bestimmte Lebensphase bereitstellen wollen.

Im folgenden soll an sechs verschiedenen Modellen aufgezeigt werden, wie solche Angebote gestaltet sein können und welche Vor- und Nachteile sich gegenüberstehen.

Im Sommer 1990 finanzierten die Stadt Frankfurt am Main, die Umlandgemeinde Maintal und neun Unternehmen aus dem

Rhein-Main-Gebiet eine Studie, die Modelle betrieblich geförderter Kinderbetreuung erarbeiten sollte (Busch/Dörfler/Seehausen, 1991). Im Rahmen dieser Studie wurde, ausgehend von sechs Modellen, die betriebliche Förderung von Kinderbetreuung bundesweit (damals alte Bundesländer) recherchiert und vorgestellt.

- Modell 1: Einzelbetriebliche Kindertagesstätte
- Modell 2: Überbetriebliche Kooperation mehrerer Unternehmen
- Modell 3: Betriebsnahe Einrichtung auf Stadtteilebene
- Modell 4: Finanzierung von Belegplätzen in bestehenden Einrichtungen
- Modell 5: Unterstützung von Elterninitiativen am Wohnort
- Modell 6: Regionaler Kooperationsverbund zur Verbesserung der Kinderbetreuung

Modell 1: Einzelbetriebliche Kindertagesstätte

Definition

Die Kinderbetreuungseinrichtung wird vom Unternehmen für die Kinder der Mitarbeiter bereitgestellt. Einrichtung und Betreiben der Kindertagesstätte obliegen dem Betrieb; er untersteht dabei, wie alle Einrichtungen zur regelmäßigen Betreuung von Kindern, der Fachaufsicht der zuständigen Landesjugendbehörde. Aufnahmebedingungen und Elternbeiträge werden von Betriebsseite festgelegt. Die Kosten trägt alleine das Unternehmen, das die Einrichtungen vielfach als soziale Leistung für die Mitarbeiter versteht.

Erfahrung

Der klassische Betriebskindergarten ist uns schon aus der Geschichte bekannt. Alle im Rahmen der Frankfurter Studie besuchten Einrichtungen verfügen über eine sehr gute Ausstattung. Sie arbeiten als eigenständige Einheiten und nach hohen pädagogischen Standards. Hoch sind auch die Kosten für einen Betreuungsplatz; sie werden durchschnittlich mit dem Doppelten der Ausgaben beziffert, die in kommunalen Haushalten üblich sind. Die Kostenhöhe resultiert im wesentlichen aus den zusätzlichen Personalkosten, die aus den längeren Öffnungszeiten und dem damit einhergehenden vermehrtem Personal entstehen; außerdem werden die Betreuungskräfte in aller Regel nach den jeweiligen Haustarifen vergütet.

Als hoch werden von den tätigen Erzieherinnen und Leiterinnen auch die Ansprüche der Eltern eingestuft, in Relation zum Engagement in öffentlichen Kitas. Gering ist dagegen die Fluktuation der Kinder. Unterschiedlich ist die Aufnahme der Altersgruppen, meist sind jedoch die Bereiche Krippe, Kindergarten und Hort integriert. Die Öffnungszeiten der Kindertagesstätten sind den Arbeitszeiten der Eltern angepaßt, einer übermäßig langen täglichen Verweildauer der Kinder in der Einrichtung wird jedoch entgegengewirkt. Positive Effekte des Kinderbetreuungsangebotes sind im Bereich der Personalbindung festzustellen, ebenso in puncto Arbeitszufriedenheit und Engagement der Mitarbeiter am Arbeitsplatz. Wer sein Kind gut betreut weiß, hat den Kopf frei für andere Dinge.

Als problematisch hat sich die Betriebsnähe erwiesen. Ist bei kleineren Kindern die Nähe zum Arbeitsplatz der Eltern eindeutig positiv zu sehen, kann mit nahendem Schulalter die damit verbundene Wohnortferne eine Entwurzelung für die Kinder bedeuten.

Tendenz

Auch bei Unternehmen, die seit Jahrzehnten eine betriebseigene Einrichtung betreiben, besteht die Tendenz, bei sich abzeichnenden Erweiterungen eine Öffnung zum sozialen Umfeld und Kooperationsmodelle zu präferieren. Kein Unternehmen beabsichtigt, seine Unterstützung bei der Kinderbetreuung zu unterlassen und ein Platzausbau ist nahezu überall notwendig. Festzustellen ist dabei eine Umstrukturierung innerhalb der Einrichtungen. Bedingt durch die gesetzliche Erziehungszeit und die in vielen Betriebsvereinbarungen niedergelegten verlängerten Erziehungsphasen ist die Nachfrage im Krippenbereich zurückgegangen. Freiwerdende Platzkapazitäten werden für die erhöhte Nachfrage im Kindergarten- und Hortbereich zur Verfügung gestellt.

Der klassische Betriebskindergarten ist, wenn auch rückläufig, so doch nicht gänzlich verschwunden. Er ist weiterhin für etliche Unternehmen von Interesse. Die Vorteile, die von den Betrieben gesehen werden, beziehen sich auf den eigenen „Zuschnitt" der Einrichtung. Sie ist angepaßt an den eigenen Bedarf, besonders bezüglich der Öffnungszeiten. Erkennbar wird hier deutlich das Engagement des jeweiligen Unternehmens, was positive Auswirkungen auf die Personalbindung hat. Vielfach wird auf diese Weise rückkehrwilligen Mitarbeiterinnen die Chance zum Wiedereinstieg in den Beruf gegeben. Auch mittelständische Unternehmen halten es unter betriebswirtschaftlichen Gesichtspunkten für rentabel, eine eigene Kindertagesstätte zu betreiben. Hervorzuheben ist dabei das positive Image, das Betriebe als frauen- und familienfreundliche Arbeitgeber für qualifizierte Fachkräfte interessant macht.

Variante Vereinsgründung

Definition

Unabhängig, jedoch in Anbindung an das Unternehmen gründet sich ein Verein, der für die Belange der Betreuungseinrichtung zuständig ist. Der Verein ist gemeinnützig und zum Wohngebiet geöffnet. Dadurch ist die Kita in die Landesförderung einbezogen und erhält den landesüblichen Zuschuß.

Erfahrung

Die Erfahrungen entsprechen denen betriebseigener Einrichtungen. Aufnahmekriterien und Elternbeiträge werden intern festgelegt. Ein Vertreter des Unternehmens ist Mitglied des Vereins.

Modell 2: Überbetriebliche Kooperation mehrerer Unternehmen

Definition

Mehrere Unternehmen finanzieren gemeinsam eine Kinderbetreuungseinrichtung. Die Kosten entsprechen denen betriebseigener Einrichtungen und werden anteilig getragen. Eine öffentliche Förderung erfolgt bislang nur in Einzelfällen, ist jedoch in einigen Bundesländern in der Diskussion. Die Einrichtung liegt meist in Betriebsnähe oder zentral und in verkehrsgünstiger Lage.

Erfahrung

Das Modell des überbetrieblichen Verbundes ist nach allen bisherigen Erfahrungen schwierig in der Umsetzung. Probleme betreffen zum einen die Frage der Kontaktaufnahme und Initiative. Klärungsbedarf besteht zum anderen bezüglich der anteiligen Kostenübernahme oder der Bereitstellung von Immobilien. Verzögerungen entstehen vielfach, wenn bei einem Kooperationspartner Widerstände oder Rückschritte auftauchen, die dann unweigerlich Einfluß auf die Gesamtentwicklung des Projektes nehmen. Daher ist in den meisten Initiativen ein häufiges „Vor und Zurück" festzustellen, was die Realisierung meist hemmt. Die Umsetzung des Modells setzt voraus, daß eine Person oder ein Unternehmen die Rolle des Koordinators übernimmt und als solcher das gesamte Projekt maßgeblich vorantreibt. Ist dies gewährleistet, können auch kleine und mittlere Unternehmen sich zusammentun, um gemeinsam einen Kindergarten zu betreiben. Dies wird in einem bereits mehrere Jahre existierenden und stetig expandierenden Beispiel erfolgreich praktiziert.

Ein weiteres Beispiel ist eine überbetriebliche Kindertagesstätte in einem Gewerbegebiet. Auf Initiative und in Trägerschaft eines pädagogischen Vereins wurde eine Kindertagesstätte eingerichtet. Die umliegenden Betriebe tragen durch Spenden zur Finanzierung der Einrichtung bei und das unabhängig davon, ob Betriebskinder in der Kita betreut werden. Aufgenommen werden Kinder, deren Eltern im Gewerbegebiet arbeiten und Kinder des angrenzenden Wohngebiets. Die Einrichtung erhält Landesmittel und für die Kinder der Gemeinde gibt es den ortsüblichen Zuschlag.

Ein anderes Beispiel des Verbundes ist eine Kindertagesstätte, bei der ein Unternehmen die Initiative übernommen hat. Auf sein Betreiben wurde im Gewerbegebiet eine Kinderbetreuungseinrichtung eingerichtet, die allen Kindern offensteht, deren Eltern in den umliegenden Betrieben arbeiten. Die Nachfrage ist groß und die Einrichtung wurde bereits nach einem Jahr erweitert.

Modell 3: Betriebsnahe Einrichtung auf Stadtteilebene

Definition

Ein oder mehrere Unternehmen betreiben in Kooperation mit der Kommune oder einem freien Träger eine Kindertagesstätte. Die Aufnahme von Stadtteilkindern ist anteilig. Das Unternehmen beteiligt sich an den Kosten der Einrichtung durch die Bereitstellung von Immobilien und/oder die Übernahme eines Teils der Betriebskosten und/oder Ausbau und/oder Ausstattung der Kita und/oder die Zahlung regelmäßiger Festbeträge.

Erfahrung

Das Modell wurde bisher erfolgreich umgesetzt, indem ein pädagogischer Verein die Trägerschaft für die Einrichtung übernahm und die Kommune als mitfinanzierender Kooperationspartner fungiert. Auf diese Weise konnten zum Beispiel in Frankfurt/Main innerhalb kurzer Zeit über 1000 Betreuungsplätze zusätzlich bereitgestellt werden. Dabei geht die Kommune auf die Betriebe zu und zahlt, je nach anteiliger Aufnahme von Kindern aus dem

Wohnumfeld, einen monatlichen Zuschuß pro Platz. Die Einrichtung erhält zudem die landesüblichen Fördermittel.

Tendenz

Das Modell ist das am stärksten präferierte und hat die höchsten Nachfragen und größten Chancen der Verwirklichung. Die Vorzüge für die Betriebe liegen darin, daß betriebsfremde Aufgaben an fachkompetente Träger delegiert werden können.

Für die Sicherstellung pädagogischer Standards bedeutet dies, daß Konzepte und Inhalte der Arbeit in der Einrichtung durch pädagogische Fachkräfte gewährleistet sind.

Modell 4: Finanzierung von Belegplätzen in bestehenden Einrichtungen

Definition

Ein Unternehmen erwirbt Belegrechte in der Einrichtung einer Kommune oder eines freien Trägers durch die Zahlung eines Betrages oder aufgrund sonstiger Vereinbarungen. Die Erstattung kann über einen Fixbetrag oder über Spenden erfolgen.

Erfahrung

Teilweise liegen schon langjährige Kooperationen vor. Angebot und Nachfrage können variieren und bieten auch Betrieben mit schwankender oder nur geringer Nachfrage die Möglichkeit der Unterstützung für die Mitarbeiter.

Unterschiedliche Varianten können mehr auf eine Wohnortnähe der Unterbringung ausgerichtet sein oder eher den Ansatz der Betriebsnähe präferieren.

Tendenz

Die Finanzierung von Belegplätzen in bestehenden oder neuzugründenden Einrichtungen ist ein sehr beliebtes Modell. Besonders für Unternehmen, die einen geringen Platzbedarf haben, und für kleine und mittelständische Betriebe eröffnen sich hier Möglichkeiten, Mitarbeiter bei der Kinderbetreuung zu unterstützen. Auf der anderen Seite ist dieses Modell aber auch interessant für die Träger und besonders für die Kommunen. Eine Beteiligung der ansässigen Wirtschaft würde es vielen Gemeinden erleichtern, bei der anstehenden Planung ein annähernd bedarfsgerechtes Angebot bereitzustellen. Daher gehen etliche Kommunen in Kenntnis der auf sie zukommenden Kosten schon jetzt auf die Unternehmen ihrer Industriegebiete zu. Wichtig ist, nochmals zu betonen, daß dieses Modell voraussetzt, daß durch die finanzielle Unterstützung der Betriebe **zusätzliche** Plätze geschaffen werden müssen und nicht eine vorhandene Unterdeckung dadurch noch verstärkt wird, daß „Unternehmenskinder" andere aus dem unmittelbaren Wohnfeld verdrängen. Für die Unternehmen hat das Belegrechtsmodell den Vorteil, daß sie auch bei schwankender Nachfrage ein bedarfsgerechtes Angebot bereithalten können.

Modell 5: Unterstützung von Elterninitiativen am Wohnort

Definition

Ein Unternehmen unterstützt Mitarbeiter, die sich in Elterninitiativen für den Aufbau und das Betreiben einer Kinderbetreuungseinrichtung engagieren. Die Unterstützung kann vielfältig gestaltet sein, zum Beispiel durch die Bereitstellung von Immobilien, die Übernahme von Kostenanteilen, Spenden, technisches und/oder organisatorisches Know-how, Rechtsbeistand und/oder Rechtsvertretung, Kreditaufnahme oder als „graue Eminenz" im Hintergrund.

Erfahrung

Der Elternverein ist rechtlich und organisatorisch unabhängig vom Unternehmen. Er ist offen für interessierte Eltern des Wohnumfeldes. In die Kindertagesstätte werden „Vereinskinder" aufgenommen. Altersgruppe, Elternbeitrag und das pädagogische Konzept bestimmt der Elternverein. Die Initiative der Eltern wird unterstützt und ein ergänzendes Erziehungsangebot zur öffentlichen Hand kann entwickelt werden, zum Beispiel für Krabbel- und Hortkinder. Die Erziehungsvorstellungen der Eltern kommen im pädagogischen Konzept zum Tragen und qualitative Ansprüche an Erziehung können umgesetzt werden. In aller Regel befindet sich die Einrichtung in Wohnortnähe.

Tendenz

Insgesamt ist das Interesse der Eltern an einer wohnortnahen Betreuung für ihre Kinder groß. Außerdem ist vielfach ein hohes Maß an Bereitschaft vorhanden, sich für ein solches Angebot zu engagieren. Häufig fehlen jedoch die notwendigen Kenntnisse zur Verwirklichung. Hier können Betriebe mit Informationen, Unterstützung und Rat eine große Hilfe bieten und bedarfsgerechte Angebote in ihrer Entwicklung fördern. Eltern schaffen so nicht nur einen Platz für ihre Kinder, sondern können aktiv die pädagogischen Inhalte der Einrichtung mitgestalten und ihre Erziehungsvorstellungen einbringen.

Modell 6: Regionaler Kooperationsverbund zur Verbesserung der Infrastruktur zur Kinderbetreuung

Definition

Unternehmen fördern und unterstützen solche Institutionen und Aktivitäten, die an der Erweiterung des örtlichen Betreuungsangebots mit dem Ziel arbeiten, die Infrastruktur für Kinderbetreuung in der Region quantitativ und qualitativ zu verbessern. Diese

Art und Weise der Förderung faßt man unter dem Begriff des Social-sponsoring zusammen.

Erfahrung

In einer Gewerberegion hat ein Elternverein in Kooperation mit der Gemeinde im kommunalen Kinderarten eine zusätzliche Gruppe einrichten können. Weitere Gemeinden wurden angesprochen und ein zweites Kooperationsprojekt wird umgesetzt. Das Engagement der beteiligten Betriebe ist unterschiedlich und unabhängig davon, ob Betriebskinder untergebracht werden. Es gestaltet sich gemäß dem Motto: „Je größer das Unternehmen, desto größer der Beitrag."

Aus einer betriebsinternen Gruppe von Eltern im Erziehungsurlaub entwickelte sich das Modell „Kinderbüro". Das Kinderbüro hat die Aufgabe, Eltern der beteiligten Unternehmen bei der Entscheidung für eine Betreuungsform zu beraten, Betreuungsplätze zu vermitteln und bei der Schaffung neuer Plätze mitzuwirken. Ziel ist es, ein Netzwerk zur Kinderbetreuung im Gemeinwesen und der Region zu bilden. Diese Unterstützung erleichtert nicht nur den Wiedereinstieg, sie hilft auch Mitarbeitern, die neu ins Unternehmen kommen oder firmenintern an einem neuen Standort eingesetzt werden. Das Kinderbüro kooperiert mit bestehenden Einrichtungen und mit Betreuungsdiensten für den kurzfristigen oder außergewöhnlichen Bedarfsfall wie zum Beispiel Babysitter-Dienst, Notmütter-Dienst, Kurzzeitunterbringung und den ansässigen Tagesmüttervereinen. Ein ähnliches Angebot ensteht derzeit in mehreren Städten, auch unter dem Namen „Familienservice".

Tendenz

Dieses Modell hat sich in den letzten Jahren am weitesten entwikkelt und unterschiedliche Projekte hervorgebracht. Es bietet einerseits die Möglichkeit der individuellen Hilfe und Unterstützung, zugeschnitten auf den jeweiligen Betreuungsbedarf der Familien.

So kann eine Vielfalt gewährleistet werden, die den unterschiedlichen Bedürfnissen der Eltern und auch der Kinder gerecht wird. Unternehmen können Mitarbeitern gezielte Unterstützung anbieten, ohne durch die Entscheidung für ein Modell eine Vorauswahl getroffen zu haben. In der Regel ist diese Form der Förderung in den Betrieben eingebunden in ein Gesamtkonzept zur Frauen- und Familienförderung. Die Unterstützung der Kinderbetreuung wird dabei als ein Mosaikstein verstanden, der ergänzt wird durch andere Ansätze im Bereich der flexiblen und familienfreundlichen Arbeitszeitgestaltung und der Förderung von Frauen innerhalb des Unternehmens. Erklärtes Ziel ist dabei, einen Beitrag zur besseren Vereinbarkeit von Familie und Beruf zu leisten und so die Chancengleichheit von Frauen in der Berufswelt zu erhöhen.

Insgesamt gewinnt Social-sponsoring zunehmend an Bedeutung, besonders nach der Entscheidung, Aufwendungen des Arbeitgebers für Kinderbetreuung als steuerfrei anzuerkennen, was bislang nur für betriebseigene Kinderbetreuungseinrichtungen möglich war.

Variante Tagesmüttermodell

Definition

Betriebe und/oder Gemeinden bieten Frauen, die zusätzlich zu ihren eigenen weitere Kinder in Tagespflege aufnehmen wollen, Unterstützung durch Weiterbildung, Supervision und finanzielle Zuwendungen. Dies können Beiträge zur Rentenversicherung, zur Sozialversicherung und Anteile der notwendigen Versicherungen für die Kinder sein. Ein Anspruch auf Beratung in Erziehungsfragen durch das Jugendamt ist im neuen Kinder- und Jugendhilferecht für alle Tagespflegeeltern festgelegt.

Erfahrung

Die Erfahrungen mit dem Tagesmütterprojekt sind sehr unterschiedlich. In einigen Fällen ist das Interesse bei den Müttern, ihre Kinder abzugeben, sehr gering, in anderen die Nachfrage bei den aufnehmenden Müttern. Als negativer Aspekt wird vielfach von den Tagesmüttern die Verpflichtung zur Sozialversicherung empfunden. Sehr gute Erfahrungen wurden in einer Kommune gemacht, in der die Gemeinde für finanzschwache Familien den Differenzbetrag zwischen den Kosten für einen Platz in einer Kindertagesstätte und den durchschnittlich höherliegenden Kosten für eine Tagesmutter übernimmt.

Ein Unternehmen wendet sich mit einem ähnlichen Angebot an Mitarbeiterinnen oder Ehefrauen von Kollegen, die bereit sind, weitere „Werkskinder" aufzunehmen. Die pädagogische Fortbildung wird von einem pädagogischen Fachverband durchgeführt.

Geeignet ist die Tagespflege besonders für kleine Kinder und solche, die einen hohen Grad an Zuwendung brauchen. Weitere Vorteile der Tagesmütter sind ihre enorme Flexibilität bezüglich der Öffnungszeiten und die wohnortnahe Unterbringung. Probleme entstehen im Krankheitsfall der Tagesmutter, wenn keine Vertretung bereitsteht. Einige Initiativen beschäftigen daher eine „Springerin", die im Krankheitsfall die Betreuung übernimmt.

Wer engagiert sich und warum?

„Im Grunde ist es ja ein Abwägen, ich kann entweder sagen, meine bewährte Mitarbeiterin geht jetzt in die Familienphase und ich muß eine neue Kraft suchen, muß sie einarbeiten, denn die andere nimmt ja ihre Berufserfahrung mit, zunächst einmal. Oder ich sage, um die Mitarbeiterin möglichst schnell wieder in den Betrieb zu bekommen, biete ich diese Kinderbetreuung an und muß dafür eine weniger qualifizierte Aushilfe für die Zeit beschaffen."*

Waren zur Zeit der Recherche für die Frankfurter Studie (1990/91) noch überwiegend Betriebsräte und Personalvertreter die Promotoren bei der Unterstützung von Kinderbetreuung in den Betrieben, so ist das Thema mittlerweile auch in den Personalabteilungen und bei den Geschäftsführungen von Bedeutung. Unter dem Gesichtspunkt der langfristigen Einsetzbarkeit vorhandener Qualifikationspotentiale ist ein Wiedereinsteig qualifizierter Mitarbeiterinnen für die Unternehmen erstrebenswert. So „amortisieren" sich nicht nur Investitionen in Aus- und Weiterbildung, sondern darüber hinaus bleibt betriebsbezogenes Know-how dem Unternehmen erhalten. Vorhandenes Wissen effizient im Betrieb einzusetzen, ist gerade in Krisenzeiten und unter verschärften Wettbewerbsbedingungen von besonderer Dringlichkeit. Mütter kehren jedoch erst dann ins Berufsleben zurück, wenn sie eine zufriedenstellende Betreuungsmöglichkeit für ihre Kinder gefunden haben. Um ihren Mitarbeiterinnen einen baldigen Wiedereinstieg zu ermöglichen, unterstützen sie die Betriebe bei der Suche nach einem geeigneten Betreuungsplatz, was vielfach heißt, bei der Schaffung neuer Plätze mitzuwirken.

Großunternehmen unterscheiden sich hierbei nicht nur in puncto erweiterter Handlungsspielräume und einem höheren Bedarf. Für mittelständische Betriebe mit einem begrenzten Personalpool ist die baldige Rückkehr einer qualifizierten Fachkraft von sehr großer Bedeutung. Schon die Überbrückung einer Erziehungsphase von drei Jahren, wie sie die Gesetzgebung vorsieht, stellt kleine und mittlere Unternehmen vor personalplanerische Probleme. Hinzu kommt, daß in der Konkurrenz um qualifizierte Fachkräfte Klein- und Mittelbetriebe in vielfacher Hinsicht gegenüber Großbetrieben im Nachteil sind. Daher wächst einerseits die Notwendigkeit, die Rückkehr von Mitarbeiterinnen zu unterstützen und zu fördern, andererseits ist es bedeutsam, sich als attraktiver Arbeitgeber präsentieren zu können.

Ein Kriterium hierfür ist das Image eines familienfreundlichen Unternehmens. Neben flexiblen Arbeitszeiten und Freistellungen im Krankheitsfall beinhaltet dies in erster Linie, Unterstützung bei der Kinderbetreuung zu bieten. Unterschiedliche Ansätze hierzu werden auch in Klein- und Mittelbetrieben praktiziert, wie eine Betriebsbefragung (Busch, 1993d) zeigte. Deutlich wurde aus dieser Untersuchung außerdem, daß gerade mittelständische Unternehmer nicht nur aus betriebswirtschaftlichen Gründen aktiv werden. Vielmehr erkennen sie auf diesem Gebiet ihre gesellschaftspolitische Verantwortung und wollen einen Beitrag zum Gemeinwesen leisten.

Motivation und Initiative existieren natürlich nicht nur auf seiten der Wirtschaft. Eine großes Potential an Engagement liegt bei den Frauenbeauftragten aus Kommunen, aus Landkreisen, aus Verwaltungen oder aus Unternehmen. Ihnen kommt vielfach eine koordinierende und vermittelnde Funktion zu. Zahlreiche Informationsveranstaltungen, zu denen alle potentiellen Beteiligten an einen Tisch geladen werden, gehen auf die Initiative von Frauenbeauftragten zurück.

Zu ihrem allgemeinen Bestreben, sich der Belange der Frauen anzunehmen, gehört auch die Bereitstellung von bedarfsgerechten Betreuungsplätzen, unabhängig von der Berufstätigkeit der Mütter. Im Vordergrund steht das Ziel, die Schaffung der nötigen Rahmenbedingungen für die Vereinbarkeit von Familie und Beruf voranzutreiben und auf eine Chancengleichheit von Frauen in unserer Gesellschaft hinzuwirken.

Interesse an einer Kooperation mit der Wirtschaft im Bereich der Kinderbetreuung kommt auch von seiten der Jugendämter auf Gemeinde- und Kreisebene. Schon bei der derzeitigen Nachfrage sind sie außerstande, ohne zusätzliche finanzielle Mittel ein bedarfsdeckendes Angebot bereitzustellen. Der Rechtsanspruch ab 1996 wird diese Notlage zusätzlich verschärfen. Daher sind die Jugendämter auf der Suche nach Mitfinanziers bereit, auf die ortsansässige Wirtschaft zuzugehen. Von besonderem Interesse sind dabei Belegrechtsmodelle oder Kooperationsmodelle auf Stadtteilebene.

Eine Förderung derartiger Ansätze hat ein Modellversuch des Landes Baden-Württemberg zum Ziel. Auf Initiative und mit finanzieller Unterstützung des Ministeriums für Wirtschaft, Mittelstand und Technologie werden Projekte begleitet, die in Kooperation mit vorrangig mittelständischen Unternehmen zusätzliche Kinderbetreuungsplätze schaffen.

Fazit

„*Es rechnet sich tatsächlich! Wenn man von Kosten für das Unternehmen von 250 DM pro Monat ausgeht, dann ist das ein Betrag, der durchaus preiswerter ist, als wenn man neue Kräfte suchen muß, die man einarbeiten und fortbilden muß – natürlich vorausgesetzt, man findet überhaupt qualifizierte Leute.*"*

Zusammenfassend ist festzuhalten, daß die Aktualität des Themas betrieblich geförderte Kinderbetreuung insgesamt sehr gestiegen ist. Das betrifft zum einen die gesellschaftliche Diskussion, die einhergeht mit einer steigenden Nachfrage an Betreuungsplätzen. Dies wiederum hat seine Ursache in der erhöhten Erwerbsbeteiligung von Frauen. Zum anderen wächst die Zahl der Mütter stetig, die nach der Familienphase ins Berufsleben zurückkehren. Hinzu kommt eine große Zahl von Frauen, die dies zwar anstreben, jedoch wegen fehlender Plätze ihren Wunsch solange aufschieben müssen, bis ein Platz frei wird. Das ist oft erst nach dem 4. oder 5. Lebensjahr der Kinder der Fall.

Das für 1996 angekündigte Recht auf einen Kindergartenplatz gibt einerseits die Aktualität des Themas wieder, wird jedoch andererseits die Notlage eher verschärfen. Das macht es um so erforderlicher, eine Vielfalt von Modellen zu praktizieren und dem Engagement der Unternehmen entgegenzukommen. Nordrhein-Westfalen hat dies in seinem Kindertagesstätten-Gesetz von 1993 bereits getan, und neuerdings ist auch Schleswig-Holstein auf diesem Weg.

Wie in der gesellschaftspolitischen Diskussion so hat das Thema Unterstützung bei der Kinderbetreuung auch in den Unternehmen an Bedeutung zugenommen. Hier zielt es in erster Linie auf die Bindung und den Erhalt qualifizierter Fachkräfte. Trotz hoher Arbeitslosigkeit haben bereits jetzt zahlreiche Betriebe Probleme, qualifizierte Fachkräfte auf dem Arbeitsmarkt zu finden. Und die Prognosen, die sich auf die demographische Entwicklung und arbeitsmarktpolitische Tendenzen beziehen, künden für das Ende des Jahrzehnts eine Verschärfung der Situation und einen akuten

Facharbeitermangel an. Unternehmen sind daher in hohem Maße daran interessiert, qualifizierte Mitarbeiterinnen nach der Familienphase wieder im Betrieb beschäftigen zu können. Gewünscht ist auch, die Mitarbeiterinnen möglichst bald wieder einsetzen zu können, um so einen Qualifikationsverlust zu vermeiden und die Rückkehr friktionslos zu gestalten. Hinzu kommt, daß ein früher Wiedereinstieg personalpolitisch einfacher umzusetzen ist, da kein zusätzliches Fachpersonal eingestellt werden muß. Dies war das eindeutige Ergebnis der Befragung bei Klein- und Mittelbetrieben, die das Bildungswerk im Frühjahr 1993 durchgeführt hat (Busch, 1993d). Offenkundig wurde dabei auch, daß die Betriebe an der Beschäftigung von Frauen interessiert sind und bereit sind, die Rahmenbedingungen zur Vereinbarkeit von Familie und Beruf mitzugestalten, um ihre Mitarbeiterinnen langfristig im Unternehmen einsetzen zu können. Dazu gehört vielfach, einen Beitrag zur Unterstützung bei der Kinderbetreuung zu leisten.

Hervorzuheben bleibt, daß bei der Betrachtung der verschiedenen Akteure und ihrer Motivation eine Vielfalt von Interessenlagen deutlich wird. Ebenso vielfältig gestaltet sich der Bedarf, sei es bei den Frauen und ihren Familien als auch bei den Unternehmen und ihren Rahmenbedingungen. Dies wird auch offenkundig an den unterschiedlichen Ansätzen und Modellen, die umgesetzt und praktiziert werden. Nur eine breite Vielfalt kann hier den unterschiedlichen Bedürfnissen der Familien gerecht werden und gleichzeitig den Betrieben in ihrem Handlungsspielraum entgegenkommen. Eine Lösung, die für alle paßt, gibt es nicht; sei es innerhalb der Unternehmen oder im gesellschaftlichen Kontext.

Literatur

Bundesministerium für Bildung und Wissenschaft (Hrsg.), 1990: Empfehlungen zur Kinderbetreuung im Rahmen der Weiterbildung, Konzertierte Aktion Weiterbildung, Nr.1/90, Bonn

Busch, Carola, 1992a: Wohin mit den Kindern? Möglichkeiten der Kinderbetreuung; in: Frauenbüro des Landkreises Darmstadt-Dieburg (Hrsg.): Leitfaden zur Kinderbetreuung, Darmstadt

Busch, Carola, 1992b: Kooperation ist angesagt! Modelle zukünftiger Kinderbetreuung – Resümee der „Frankfurter Studie"; in: Institut für Landes- und Stadtentwicklungsforschung des Landes Nordrhein-Westfalen (ILS) (Hrsg.): Stadt – Kinder; Stadtentwicklungspolitische Aspekte veränderter Lebenslagen von Kindern; ILS Schriften 62, Dortmund

Busch, Carola, 1992c: Kinderbetreuung und Weiterbildung; Analyse vorhandener Ansätze und Handlungsempfehlungen, herausgegeben vom Bundesministerium für Bildung und Wissenschaft; Schriftenreihe: Studien zu Bildung und Wissenschaft Band 104, Bonn

Busch, Carola (Hrsg.), 1993a: „Leitfaden zur betrieblichen Frauen- und Familienpolitik", 3. aktualisierte und ergänzte Auflage, Gelbe Reihe VhU, Band 9, Frankfurt

Busch, Carola, 1993b: Kind kein Hindernis! in: KOBRA (Hrsg.): Kinderbetreuung – eine Aufgabe von Betrieben?! Dokumentation einer Fachtagung für Frauenbeauftragte, Personalverantwortliche, Betriebsräte und Interessierte zum Thema „Betriebsnahe Kinderbetreuung", Berlin

Busch, Carola, 1993c: Frauen haben viel zu bieten; Effizienter Personaleinsatz durch Frauenförderung im Mittelstand. Bildungswerk der Hessischen Wirtschaft und Bundesministerium für Bildung und Wissenschaft (Hrsg.), Bonn, Frankfurt

Busch, Carola, 1993d: Frauenförderung in Klein- und Mittelbetrieben; Ergebnisse einer Betriebsbefragung und Analyse vorhandener Erfahrungen; Bundesminister für Bildung und Wissenschaft (Hrsg.): Schriftenreihe Studien zu Bildung und Wissenschaft 111, Bonn

Busch, Carola, 1993e: Von der Frauen- zur Familienpolitik in der betrieblichen Personalentwicklung; in: Bilden Orientieren Beraten; Bildungswerk der Hessischen Wirtschaft e.V. (Hrsg.), Frankfurt

Busch, Carola, 1993f: Frauenförderung auch für Mittelstandsbetriebe; in: arbeitgeber. Bundesvereinigung der Deutschen Arbeitgeberverbände (Hrsg.) Heft 24, Dezember 1993 und Sonderheft Hessen

Busch, Carola, 1993g: Kinderbetreuung in Kooperation – Ergebnisse der Frankfurter Studie und aktueller Überblick über bestehende Modelle in Hessen; in: Zukunftsinvestition Kinder – Formen betrieblich geförderter Kinderbetreuung – Dokumentation der Fachtagung; Modellprojekt „Frauenförderung in der privaten Wirtschaft – Koordinierungsstelle", Stadt Göttingen (Hrsg.)

Busch, Carola, 1993h: Für Kinderbetreuung wird gesorgt! Modelle der Kinderunterbringung während der beruflichen Weiterbildung und der Berufstätigkeit von Frauen; in: Dorn, Ch./ Axhausen, S. (Hrsg.): Frauen – berufliche Weiterbildung – Arbeitsmarkt; Zur Beschäftigungslage von Frauen und zu den Möglichkeiten ihrer (Re-)lntegration in den Arbeitsmarkt durch Weiterbildung, Bremen

Busch, Carola, 1994a: Dokumentation der Vorträge zum 3. Sozialpolitischen Forum „Erfahrungen und Tendenzen betrieblich geförderter Kinderbetreuung"; Hessisches Ministerium für Jugend, Familie und Gesundheit et al. (Hrsg.), Wiesbaden

Busch, Carola, 1994b: Familienbetreuung aus der Sicht der Wirtschaft; Handeln als Beitrag sozialer Verantwortung; in: Tagesmütter, Bundesverband für Kinderbetreuung in Tagespflege e.V. (Hrsg.): Dokumentation des Bundesfachkongresses zur Kinderbetreuung in Tagespflege am 24. und 25. Januar in Bonn, Bonn

Busch, Carola/ **Dörfler**, Mechthild/ **Seehausen**, Harald, 1991a: Frankfurter Studie zu Modellen betriebsnaher Kinderbetreuung, Eschborn bei Frankfurt

Busch, Carola/ **Dörfler**, Mechthild/ **Seehausen**, Harald, (Hrsg.), 1991b: 2. Sozialpolitisches Forum '91 „Perspektiven und Möglichkeiten betrieblicher Förderung von Kinderbetreuungsangeboten" – Dokumentation –, Frankfurt

Frauenbüro des Landkreises Darmstadt-Dieburg (Hrsg.), 1992: Leitfaden zur Kinderbetreuung, Darmstadt

Förderkreis „Frauen in Verantwortung" (Hrsg.), 1993: Kindertagesstätten und Unternehmen – Möglichkeiten betrieblicher und betriebsnaher Kinderbetreuung, Stuttgart

Hessisches Ministerium für Jugend, Familie und Gesundheit et al. (Hrsg.), 1994: Dokumentation des 3. Sozialpolitischen Forums „Erfahrungen und Tendenzen betrieblich geförderter Kinderbetreuung", Wiesbaden

Institut für Landes- und Stadtentwicklungsforschung des Landes Nordrhein-Westfalen (ILS) (Hrsg.), 1992: Stadt – Kinder; Stadtentwicklungspolitische Aspekte veränderter Lebenslagen von Kindern, ILS Schriften 62, Dortmund

KOBRA (Hrsg.) 1993: Kinderbetreuung – eine Aufgabe von Betrieben?! Dokumentation einer Fachtagung für Frauenbeauftragte, Personalverantwortliche, Betriebsräte und Interessierte zum Thema „Betriebsnahe Kinderbetreuung", Berlin

Kurschilgen, Ute, 1993: Betriebliche Kinderbetreuung gestern und heute; Zur Entwicklung der Kinderbetreuung als betriebliche Sozialleistung, unveröffentlichte Diplomarbeit, Berlin

Martin, Cindy, J., 1991: Perspektiven betrieblicher Kinderbetreuungsangebote – Am Beispiel USA; in: Busch, Carola/ Dörfler, Mechthild/ Seehausen, Harald: Frankfurter Studie zu Modellen betriebsnaher Kinderbetreuung, Eschborn bei Frankfurt

Stadt Göttingen (Hrsg.), 1993: Zukunftsinvestition Kinder – Formen betrieblich geförderter Kinderbetreuung – Dokumentation der Fachtagung; Modellprojekt „Frauenförderung in der privaten Wirtschaft – Koordinierungsstelle", Göttingen

Tagesmütter Bundesverband für Kinderbetreuung in Tagespflege e.V. (Hrsg.), 1994: Dokumentation des Bundesfachkongresses zur Kinderbetreuung in Tagespflege am 24. und 25. Januar in Bonn, Bonn

Wirtschaftsministerium des Landes Baden-Württemberg (Hrsg.), 1993: Betriebsnahe Kinderbetreuung; Leitfaden zur Einrichtung und zur Führung einer betriebsnahen Kindertagesstätte, Stuttgart

Wolfgang Kramer

Privatschulen im weiterführenden Sekundarbereich

Inhalt

Privatschulen im Trend	87
Höhere allgemeinbildende Privatschulen	87
Rechtliche Grundlagen und Finanzierung der Schulen in freier Trägerschaft	87
Privatschultypen	91
Konfessionsschulen	91
Freie Waldorfschulen	91
Landerziehungsheime	92
Freie Träger	92
Pädagogische und erzieherische Leitvorstellungen der Privatschulträger	92
Katholische Schulen	93
Evangelische Schulen	95
Freie Waldorfschulen	96
Landerziehungsheime	98
Schulen in freier Trägerschaft (VDP)	101
Die Attraktivität privater Schulen	102
Literatur	104

Privatschulen im Trend

Private Schulen haben seit Jahren eine verstärkten Zulauf. Immer mehr Eltern, die für ihre Kinder die beste schulische Ausbildung und Erziehung anstreben, schicken sie auf eine Schule in privater Trägerschaft. Im Jahre 1991 wurden 6 Prozent der Schüler des allgemeinbildenden Schulwesens – von Schulkindergärten bis zu Kollegs – in Privatschulen unterrichtet, das waren 427 200 Schüler. 1993 besuchten 459 200 Schüler über 2000 Schulen in freier Trägerschaft (BMBF Grund- und Strukturdaten 1994/95).

Höhere allgemeinbildende Privatschulen

Auf höhere allgemeinbildende Privatschulen (Realschulen, Gymnasien, Gesamtschulen, Kollegs) gingen 1993 insgesamt 352 800 Schüler – das sind immerhin knapp 9 Prozent aller höheren Schüler in Deutschland.

Unter den Gymnasiasten beträgt der Anteil der Privatschüler im Bundesdurchschnitt 12 Prozent. In einigen Bundesländern wie Nordrhein-Westfalen sind es sogar 16, im Saarland 17 Prozent (Das Bildungswesen in der Bundesrepublik Deutschland, 1994, 231). Im Vergleich mit dem Anteil der Privatschulen in anderen Ländern wie Großbritannien (25 Prozent), Frankreich (30 Prozent) oder den Niederlanden (70 Prozent) bildet die Bundesrepublik Deutschland mit einem weniger als fünfprozentigen Anteil das Schlußlicht.

Rechtliche Grundlagen und Finanzierung der Schulen in freier Trägerschaft

„Das Recht zur Errichtung von Privatschulen wird gewährleistet" – so heißt es in Art. 7, Abs. 4 des Grundgesetzes. „Private Schulen als Ersatz für öffentliche Schulen bedürfen der Genehmigung des Staates und unterstehen den Landesgesetzen. Die Genehmigung ist zu erteilen, wenn die privaten Schulen in ihren Lehrzielen

Schüler an privaten allgemeinbildenden Schulen
nach Schularten und Ländern in Tausend

Jahr/ Land	Insgesamt	davon Vor- klassen	Schul- kinder- garten	Grund- schulen	Schulartun- abhängige Orientie- rungsstufe	Haupt- schulen
Früheres Bundesgebiet						
1960	200,1				25,2	
1965	230,2	0,5			26,3	
1970	290,3	0,6			34,6	
1975	355,3	3,2			45,4	
1980	420,1	2,5			50,3	
1985	408,5	3,0			47,7	
1990	420,7	1,5	1,9	25,1	8,1	18,4
1991	427,2	1,5	2,0	26,2	8,3	18,2
1992[1]	436,6	1,6	2,0	27,0	8,4	18,3
1993[1]	447,4	1,7	2,1	27,9	8,5	18,4
Neue Länder						
1992[2]	9,0	0,04	0,01	0,2	0,1	–
1993[2]	11,9	0,04	–	0,4	0,01	0,04
Deutschland						
1992	445,5	1,6	2,0	27,2	8,5	18,3
1993	459,2	1,8	2,1	28,3	8,5	18,5
Länder 1993						
BW	68,4	–	2,0	4,3	–	2,5
BY	100,3	–	–	6,2	–	5,4
HE	31,4	0,04	0,03	1,3	0,4	0,05
NI	38,1	0,004	0,01	0,1	5,3	3,6
NW	130,1	–	–	2,1	–	1,2
RP	26,8	–	–	1,9	–	1,8
SL	8,0	–	0,04	0,4	–	0,5
SH	10,9	0,7	0,05	2,1	–	1,4
BE	14,2	0,4	–	3,7	1,8	0,2
HB	5,3	–	0,02	1,5	0,9	0,2
HH	13,9	0,6	–	4,1	–	1,5
BB	1,9	–	–	0,1	0,01	–
MV	1,2	0,01	–	–	–	0,04
SN	3,4	–	–	0,2	–	–
ST	3,2	–	–	0,1	–	–
TH	2,2	0,03	–	0,03	–	–

1 Einschließlich Berlin-Ost   2 Ohne Berlin-Ost

Quelle: Grund- und Strukturdaten BMBF 1994/95

allgemeinbildenden Schulen

Integrierte Klassen für Haupt- und Realschüler	Real- schulen	Gym- nasien	Integrierte Gesamt- schulen	Freie Waldorf- schulen	Abend- schulen und Kollegs	Sonder- schulen
–	35,3	114,4	–	11,6		13,6
–	45,8	126,8	–	12,2	3,4	15,2
–	55,1	153,6	–	14,8	7,1	24,6
–	62,6	178,2	1,8	20,2	9,8	34,1
–	83,0	202,4	2,6	29,6	7,9	41,9
–	76,6	191,6	3,3	38,7	6,9	40,6
–	72,7	188,9	4,1	50,4	7,6	42,0
–	72,3	191,5	4,4	52,2	7,7	42,8
–	74,3	195,2	4,9	54,4	7,1	43,4
0,1	76,6	199,2	5,5	56,6	6,7	44,1
0,1	–	4,7	–	1,7	0,1	2,1
0,8	–	6,0	–	2,1	0,1	2,4
0,1	74,3	199,9	4,9	56,1	7,2	45,4
0,8	76,6	205,2	5,5	58,7	6,8	46,5
–	7,5	21,9	–	17,6	3,6	9,2
–	33,2	30,5	–	5,4	0,4	19,1
–	3,1	20,2	0,6	3,3	0,2	2,2
–	3,8	17,1	–	5,7	–	2,3
–	19,2	80,8	3,8	12,9	2,4	7,6
–	4,5	15,0	–	1,6	0,2	1,7
0,06	1,3	4,4	–	0,9	–	0,4
–	0,9	1,4	0,1	3,7	–	0,5
–	1,3	3,8	0,5	1,8	0,03	0,6
–	0,4	1,0	0,3	0,8	–	0,1
–	1,3	3,1	–	2,9	–	0,3
–	–	0,6	–	0,6	–	0,6
–	–	0,8	–	0,1	–	0,3
0,6	–	1,3	–	0,8	–	0,6
–	–	2,5	–	0,3	0,1	0,2
0,2	–	0,8	–	0,3	–	0,8

und Einrichtungen sowie in der wissenschaftlichen Ausbildung ihrer Lehrkräfte nicht hinter den öffentlichen Schulen zurückstehen und eine Sonderung der Schüler nach den Besitzverhältnissen der Eltern nicht gefördert wird. Die Genehmigung ist zu versagen, wenn die wirtschaftliche und rechtliche Stellung der Lehrkräfte nicht genügend gesichert ist." Damit verzichtet der Staat zwar auf sein Monopol im Schulwesen, aber Privatschulen, die auch als freie Schulen oder Schulen in freier Trägerschaft bezeichnet werden, unterliegen der umfassenden staatlichen Schulaufsicht.

Trotz aller curricularen Verschiedenartigkeit sind Privatschulen verpflichtet, ein der Qualität des staatlichen Schulwesens vergleichbares Bildungsangebot vorzulegen. Die staatliche Schulaufsicht gegenüber den Privatschulen beschränkt sich jedoch darauf, daß die Qualität des Bildungsangebots gewährleistet ist. Die Wahl pädagogischer Mittel und Methoden wie auch die Setzung bestimmter inhaltlicher Schwerpunkte sind allein Sache der freien Schulen.

Darüber hinaus ist die Wahl einer Privatschule für Eltern und Schüler grundsätzlich frei. Jederzeit können Eltern ihre Kinder aus der Privatschule wieder abmelden. „Solche marktwirtschaftlichen Regelungssysteme zwingen diese Schulen in einem besonderen Maße zur Leistungsfähigkeit – wahrscheinlich mehr, als dies die Schulaufsicht des Staates vermag" (Lemper, 1989, 101).

Privatschulen haben einen durch das Grundgesetz garantierten Anspruch auf Subventionen, die ihre Existenz wirtschaftlich absichern. Insofern sind Privatschulen überwiegend staatlich finanzierte Einrichtungen. Wegen der Kulturhoheit der Länder unterscheiden sich allerdings Vorschriften und Regelungen, nach denen die staatlichen Förderleistungen bemessen werden. Im Jahr 1993 lagen die höchsten Zuschüsse beispielsweise für Gymnasien in freier Trägerschaft bei rund 7000 DM pro Schüler und Jahr. Gut 22 Prozent blieben nach Experteneinschätzung damit die Zuschüsse hinter den tatsächlichen Kosten zurück (Handbuch FS, 1993, 40).

Privatschultypen

Die höheren allgemeinbildenden Schulen bestehen aus vier Privatschultypen:

Konfessionsschulen

Sie sind im Privatschulbereich am stärksten vertreten. Etwa 250 000 Schüler besuchen derzeit eine Schule in konfessioneller Trägerschaft, also katholisch oder evangelisch ausgerichtete Einrichtungen. Insgesamt werden an den Konfessionsschulen derzeit gut drei Viertel der Privatschulklientel unterrichtet. Zwei Drittel dieser Klientel sind Schüler katholischer Einrichtungen.

Freie Waldorfschulen

Ab 1919 entstanden im Rahmen der Reformbewegung die ersten Freien Waldorfschulen, die auf pädagogischen Anschauungen des Anthroposophen Rudolf Steiner (1861 bis 1925) beruhen. Der pädagogische Ansatz dieser Privatschulen ist weltanschaulich geprägt.

Seit Anfang der achtziger Jahre verzeichnen die Freien Waldorfschulen einen stetigen Zuwachs. Besuchten 1980 erst 11 500 Schüler Freie Waldorfschulen, so waren es 1994 bereits 61 000 Schüler an 157 Schulen. Sechzig dieser Waldorfschulen befinden sich zur Zeit noch im Aufbau, an weiteren 50 Standorten sind entsprechende Einrichtungen geplant (Hiller, 1994).

Der Besuch einer Waldorfschule ist in der Regel mit finanziellen Beiträgen der Eltern verbunden, wobei Einkommen und Familiengröße berücksichtigt werden.

Für einen Waldorfschüler sind pro Jahr rund 8000 DM an Betriebskosten erforderlich. An öffentlichen Schulen liegt der Ausgabenbetrag um fast ein Viertel höher (FAZ, 23. 4. 94).

Landerziehungsheime

Landerziehungsheime sind überwiegend auf dem Lande gelegene Internatsschulen der Sekundarstufe (überwiegend Gymnasien, teilweise mit Realschulzweigen) mit angegliederten landwirtschaftlichen Betrieben.

Unterricht und Erziehung sind im Sinne sozialen Lernens integriert. Die Landerziehungsheime sind ebenfalls einem reformpädagogischen Ansatz verpflichtet, der auf Hermann Lietz (1868 bis 1919) zurückgeht.

Seit Anfang der achtziger Jahre hat sich die Zahl der Internatsschüler von 3000 auf jetzt 4000 erhöht. Fast jeder zweite Schüler bezieht ein Stipendium, das aus den erwirtschafteten Erträgen finanziert wird.

Freie Träger

Im Bundesverband Deutscher Privatschulen e.V. ist eine weitere Gruppe der höheren allgemeinbildenden Schulen in freier Trägerschaft zusammengeschlossen.

Es sind derzeit 45 Internatsgymnasien und Ganztagsschulen mit rund 12 000 Schülern. Bis zu 80 Prozent der entstehenden Kosten übernimmt der Staat, der Rest ist durch ein monatliches Schulgeld aufzubringen. Es beträgt zwischen 100 und 400 DM im Monat.

Pädagogische und erzieherische Leitvorstellungen der Privatschulträger

Warum schicken Eltern ihre Kinder auf private Schulen? Die Gründe sind so vielfältig wie das schulische Angebot. Im folgenden sollen die Hauptzielsetzungen freier Schulträger kurz beleuchtet werden.

Katholische Schulen

In einem Beitrag über katholische Schulen faßt Joachim Dikow (Handbuch FS, 52 ff.) ihre Ziele in sechs Thesen zusammen:

- „Die katholische Kirche gründet eigene Schulen, um auch dadurch ihren Heilsauftrag zu erfüllen."
- „Katholische Schulen in freier Trägerschaft werden errichtet und unterhalten, um junge Menschen im Auftrag ihrer Eltern zu erziehen und zu unterrichten."
- „Die katholische Schule in freier Trägerschaft soll eine ‚Synthese zwischen Kultur und Glauben' und eine ‚Synthese zwischen Glauben und Leben' schaffen."
- „Durch katholische Schulen in freier Trägerschaft können Kirche und Katholiken ihre Erziehungs- und Bildungsvorstellungen in die gesellschatliche Entwicklung einbringen."
- „Die katholischen Schulen in freier Trägerschaft sollen auch um Verständnis dafür werben, daß es besondere und notwendige Dienste in der Kirche gibt. Sie sollten für die Wahrnehmung dieser Dienste vorbereitende Hilfe leisten."
- „Katholische Christen unterhalten Schulen, um einen geschichtlich gewachsenen und wertvollen Bestand an Schulen zu erhalten und weiterzuentwickeln."

Die katholischen Schulen heben hervor, daß sie schon früh die höhere Mädchenbildung gefördert und sich den Bildungschancen für Kinder ländlicher Gebiete gewidmet haben. Weitere Arbeitsfelder waren und sind:

- Zweiter Bildungsweg
- Schulen überschaubarer Größenordnung
- Schulen mit Hausaufgabenbetreuung
- Schulen für Spätausgesiedelte oder Ausländer

– Schulsonderformen, die im öffentlichen Bereich nicht wohnnah angeboten werden.

Betont wird ferner, Schulen zu gestalten, aus denen ein genügend großer und qualifizierter Nachwuchs der Kirche hervorgehen soll. Bisherige Erfahrungen zeigen, daß diese Motivation der Realität entspricht (ebenda, 57).

Katholische Schulen in freier Trägerschaft wollen gute Schulen sein. Didaktik und Methodik sollen Schülern gerecht werden. Richtschnur der Pädagogik soll sein, ein „genaues – und auch liebevolles – Hinsehen auf das, was den Schülern wirklich hilft". Weitere Merkmale einer guten Schule aus katholischer Sicht sind:

– soziale Offenheit und Berücksichtigung schwächerer Glieder der Gesellschaft, wobei nicht nur ökonomisch-soziale, sondern vielfältige individuelle und familiäre Belastungen zu bedenken sind (Sicherstellung des Schulerfolgs besonders benachteiligter Schüler).

– Vermittlung gerechter Leistungschancen

– sorgfältige und verständliche Informationen für Eltern und Schüler über Schule und mögliche Schullaufbahnen

– Mitwirkung und Mitbestimmung aller Beteiligten

– Der Schulträger hat für eine wissenschaftlich verantwortete Begleitung und für eine vernünftigen pädagogischen Grundsätzen entsprechende äußere Ausstattung der Schule zu sorgen: „... lieber wenige gute als viele mittelmäßige Schulen..." (ebenda, 59).

– Eine gute Schule ist eine erziehungsintensive Schule.

– Alle vorhandenen bewährten Formen der Erziehung sollten dazu benutzt werden, Tugenden sozialer Verhaltensweisen zu entwickeln und zu erproben.

Evangelische Schulen

Hauptmotive für evangelische Schul- und Internatsarbeit liegen zum einen in der Reformationszeit: „Wohin auch immer die Reformation kam, hat sie nach Luthers und Melanchthons Plänen Schulen initiiert, weil das evangelische Verständnis von Glauben elementar mit Lesen und Schreiben, Singen und Musizieren zusammenhängt", worauf noch heute die musischen Traditionen der evangelischen Schulen zurückgehen (Potthast et al., Handbuch der FS, 126). Zum anderen haben sich in den Nöten sozialer Verhältnisse des 19. und 20. Jahrhunderts ebenfalls evangelische Schulen herausgebildet (ebenda).

Die evangelische Erziehung ist von der Zielvorstellung „einer Ethik der gerechten und lebensfähigen Gesellschaft" geprägt (ebenda, 127). Das ist kein Aufruf zur Veränderung der Gesellschaft, sondern es geht vielmehr darum, „in welcher Form Christen durch das, was sie sagen und tun, zum Ausdruck bringen, wie sie Gott in ihrem Leben verstehen" (ebenda, 127 f.).

Zielsetzungen im evangelischen Erziehungsbemühen sind, sich für Frieden, soziale Gerechtigkeit und Verantwortung für die Schöpfung einzusetzen (ebenda, 129). Damit werden im Schulalltag „alte Tugenden" ihre Bedeutung wiedererlangen: „Verläßlichkeit, menschliche Wärme, persönlicher Kontakt, Freude an sinnvoller Leistung, verantwortlicher Umgang mit Geld und Gut und Selbstkritik" (ebenda).

Darüber hinaus werden nach evangelischer Auffassung auch neue Tugenden einzüben sein wie: Gelassenheit, Standhaltenkönnen, Widerstandleisten gegen eine allgemeine Skepsis, Fremdenfreundlichkeit, Sensibilität für den anderen sowie für neue Situationen und die Bereitschaft, für etwas als richtig Erkanntes einzustehen und füreinander zu handeln.

Im Jahre 1978 forderte eine Synode die evangelischen Schul- und Ausbildungsstätten bundesweit dazu auf, „die vielfältigen Möglichkeiten so wahrzunehmen, daß sie zeichenhaft wirken".

Das könne geschehen, wenn „die evangelischen Schul- und Ausbildungsstätten

– in allen pädagogischen Arbeitsfeldern und Fächern aus einem am christlichen Glauben orientierten Lebensverständnis heraus erziehen und unterrichten,

– die Lernziele, -inhalte und -formen auf ihre Bedeutung für ein menschenwürdiges, in Frieden und Gerechtigkeit erfülltes Leben prüfen und zugleich

– dem Kind als Kind und dem Jugendlichen als Jugendlichen gerecht werden und sie in ihrer eigenen Art und Würde ernstnehmen" (ebenda, 130).

Aus der Sicht der evangelischen Schulen verlangen Eltern von der Schule nicht nur die Vermittlung von Kenntnissen, Fähigkeiten und Informationen, sondern Hilfen, die sich im Leben als tragfähig erweisen. „Sie erwarten ... von der Schule und ihren Lehrern und Erziehern selbst eine Haltung und eine Lebenseinstellung, die Kinder und Jugendliche prägt und erzieht. Dabei haben Eltern ein Recht zu wissen, auf welcher Grundlage die Erziehungsarbeit der Schule steht" (ebenda, 131).

Nach evangelischem Selbstverständnis geht es in den evangelischen Schulen „nicht um ein Mehr an Erziehung, es geht um eine zielgerichtete andere Erziehung". Mit den Worten der Synode der Evangelischen Kirche in Deutschland geht es um „eine Verbindung von individueller pädagogischer Forderung und seelsorgerlicher Hilfe" (ebenda, 132). Evangelische Eltern erwarten von den Lehrern, daß sie inmitten der Kultur- und Glaubenskrise „Gehilfen zum Glauben" sind (ebenda, 139).

Freie Waldorfschulen

Die Waldorfschulen beruhen auf der Grundlage der Anthroposophie Rudolf Steiners. Sie hatte sich zum Ziel gesetzt, die Entwicklung des Menschen in leiblicher, seelischer und geistiger Hinsicht zu erforschen und darzustellen. Daraus resultiert die Waldorf-Pädagogik, „die die Entwicklung der Erkenntniskräfte, der künstlerischen Fähigkeiten, des Gefühls, der moralischen Anlagen und des religiösen Lebens umfaßt" (Kranich, Handbuch FS, 194). Entsprechend soll für die in Waldorfschulen tätigen Lehrer die „lebendige, konkrete Menschenkenntnis . . . die Quelle des Unterrichtens sein" (ebenda, 196).

Waldorfschulen waren von Anfang an Gesamtschulen, die das dreigliedrige Schulsystem mit der vorherrschenden „unpädagogische(n) und unsoziale(n) Selektion" überwinden wollten. Gegenüber den integrierten Gesamtschulen mit ihrem „Primat intellektuellen Lernens" grenzen sich die Waldorfschulen jedoch ab: „Die Waldorfschule ist dadurch Gesamtschule, daß sie sich auf den verschiedenen Schulstufen aus den besonderen Aufgaben, die sich für Unterricht und Erziehung ergeben, differenziert ausgestaltet" (ebenda, 199).

Waldorfschulen kennen kein „Sitzenbleiben". In mangelnden Leistungen werden häufig keine Begabungsdefizite gesehen, sondern fehlende Motivation. Begabungsunterschieden soll nicht durch Differenzierung entsprochen werden, sondern durch Förderung mit Hilfe der gesamten Lehrerschaft einer Klasse. Statt Zeugnisnoten werden „Charakterisierungen" vorgenommen. Vermieden werden soll eine von einem Zeugnis ausgehende Resignation (ebenda).

Ein gewisser Anpassungszwang an die Inhalte und Normen der staatlichen Schule ergibt sich jedoch für die Abschlußklassen der Waldorfschulen. In der Regel verlassen die Waldorfschüler erst nach Ende des 12. Schuljahres die Schule. Ein Teil der Schüler erwirbt nach dem 12. beziehungsweise 13. Schuljahr die Fachhochschulreife oder legt die Abiturprüfung ab. Da die Waldorfschulen von einem zwölfklassigen Bildungsgang für alle ausgehen, kann auch der Realschulabschluß erst nach zwölf Schuljahren erreicht werden (ebenda, 200).

Mit Waldorfschulen ist ein vielfältiges Angebot an praktisch handwerklichem Unterricht verbunden, wozu auch gemeinsamer Handarbeitsunterricht für Jungen und Mädchen gehört. „Eine besonders tiefe Beziehung zu den persönlichen Seelenkräften des Jugendlichen, zu ihrer tätigen Entfaltung und ihrer geist-schöpferischen Tiefe hat die Kunst. Ohne kontinuierliches Üben in den Bereichen des Plastischen, Malerischen, Zeichnerischen, Musikalischen und Sprachlichen muß Menschenbildung in diesem Alter unzulänglich bleiben" (ebenda, 207).

Wichtig ist in diesem Zusammenhang die von Steiner geschaffene „Eurythmie", eine Bewegungskunst und -therapie, bei der Laute, Wörter oder Gedichte, Vokal- und Instrumentalmusik in raumgreifende Ausdrucksbewegungen umgesetzt werden. Die Schüler sollen dabei lernen, „die in Sprache und Musik wirkenden Kräfte künstlerisch in Bewegungen auszugestalten" (ebenda, 209).

Waldorfschulen haben sich dem „Ideal einer umfassenden Menschenbildung" verpflichtet. Für den Unterricht lehnen sie eine „Tyrannei des Stoffes" ab, die den Menschen beengt und deformiert. Das setzt einen engen Kontakt zwischen Lehrern und Schülern im Unterricht voraus (ebenda, 210).

Nach Überzeugung der Waldorfschulen ist Erziehung ohne das Religiöse unvollständig. Deshalb erhalten Schüler konfessionellen Religionsunterricht. Nehmen sie an einem solchen nicht teil, werden sie durch einen sogenannten „freien christlichen Religionsunterricht" in die christliche Auffassung und das christliche Denken eingeführt (ebenda, 221).

Landerziehungsheime

Mit gut 4000 Schülern sind die in der „Vereinigung Deutscher Landerziehungsheime" zusammenarbeitenden Internatsschulen, im Vergleich mit den großen Verbänden konfessioneller Schulen, eine kleine Gruppe von Schulen in freier Trägerschaft (Becker et al., Handbuch FS, 231). Trotz mancher Unterschiede berufen sich alle Landerziehungsheime auf pädagogische Ideen von Hermann Lietz, der davon überzeugt war, daß das „Aufwachsen im Internat mehr ist (sein könnte, sein sollte) als der Besuch einer Schule mit angeschlossener Wohnmöglichkeit" (ebenda, 232).

Drei Elemente des pädagogischen Entwurfs haben programmatischen Charakter:

– Internatsschulen sind absichtlich auf dem Lande angesiedelt (Nähe zur Natur).

– Erziehung ist die wichtigste Aufgabe. Statt einseitiger „Kopflastigkeit" der Schulen sollen auch die nicht-intellektuellen Kräfte und Möglichkeiten, Eigenschaften und Fähigkeiten jedes Schülers zur Geltung kommen.

– Internatsschulen sind so konzipiert, daß sie nicht nur „Anstalten" sein wollen, sondern für die Schüler ein „Heim", ein „Zuhause", wo man sich wie zu Hause fühlen kann.

„Das Landerziehungsheim eröffnet ergänzende Erfahrungs- und Lebensmöglichkeiten, die selbst das ‚beste' Elternhaus in Verbindung mit der ‚besten' Tagesschule heute so wenig versprechen kann wie zur Zeit der Gründung der Landerziehungsheime" (ebenda, 233).

Zu diesen ergänzenden Erfahrungs- und Lebensmöglichkeiten gehören:

– „die Lebens- und Arbeitsgemeinschaft der Generationen

– die Notwendigkeit, über das ‚gemeinsame Gute' tagtäglich nachzudenken, es miteinander auszuhandeln und zu verwirklichen

– die prägende Kraft von praktischer Verantwortung füreinander und für den gemeinsamen Lebensraum

– gute Chancen für das Heranwachsen zum mutigen und verantwortungsbereiten ‚mündigen Bürger' in einer Zeit, in der Lebensbedingungen immer anonymer und fremdbestimmter werden" (ebenda).

Nicht das Festhalten an Gründertraditionen der Landerziehungsheime um jeden Preis ist die Devise, sondern Landerziehungsheime versuchen in ihrer pädagogischen Arbeit auch bewußt „Schlüsselprobleme" der Gegenwart wie Bewahrung der natürlichen Lebensgrundlagen, Friedenserziehung, Umgang mit Fremden und ein neues Verständnis der Männer- und Frauenrolle ernst zu nehmen.

Zu den Eigenarten des pädagogischen Alltags zählen unter anderem:

– daß der Lehrer nicht allein ein auf seine Lehrerfunktion reduzierter Lehrer sein darf, vielmehr Partner der Kinder sein sollte

– daß der Lehrer sich stark mit seinem Beruf identifizieren sollte

– die Anerkennung der grundsätzlichen Gleichwertigkeit von anderen als den herkömmlichen, schulischen Leistungen, deshalb die Betonung von Kunst, Theater, Sport, Handwerk etc.)

– entschlossenes Ernstnehmen der Schüler als Gesprächspartner und Gegenüber

– die Überzeugung, daß eine gute Schulausbildung für Jugendliche heute unverzichtbar ist. Deshalb wird darauf geachtet, den Unterricht unter günstigen Lernbedingungen (Lerngruppen, Anleitung zur Selbsttätigkeit, Wechsel der Unterrichtsformen) abzuhalten (ebenda, 239).

Die Landerziehungsheime vertreten kein verbindliches weltanschauliches Programm. Sie stehen allen Konfessionen und Geistesrichtungen offen. Auseinandersetzungen werden ganz und gar nicht als Störung, sondern als erzieherischer Glücksfall angesehen: Gegenseitiges Verstehen, Achtung vor dem anderen und Toleranz sind in diesem Rahmen nicht abstrakte Werte, sondern können immer wieder neu erfahren werden und sich bewähren (ebenda, 240).

Von Anfang an gehörte die „Bildung der Hand" zum Programm der Landerziehungsheime. Mit der Betonung des Wertes praktischer Arbeit wird ein veränderter Begriff von Allgemeinbildung deutlich, den zugleich eine soziale und eine politische Dimension auszeichnet. Alle Landerziehungsheime sind mit unterschiedlichen Werkstätten wie Schlosserei, Schreinerei, Töpferei, Weberei, Schneiderei, Druckerei ausgestattet. Daneben gibt es Landwirtschaft und Gartenbau wie auch Elektronik- und Siebdruckwerkstätten.

Für bestimmte Altersstufen ist die Teilnahme an einem Kurs fast überall Pflicht. Die handwerkliche Ausbildung wird dabei als wichtiger Teil der Erziehung verstanden (ebenda, 254). Vielfältige sportliche Aktivitäten sowie Musik, Kunst- und Theatergruppen gehören ebenfalls seit Gründung der Landerziehungsheime zum festen Programm (ebenda, 255). Hier und da sind auch Engagements in sozialen Diensten üblich (ebenda, 260).

Schulen in freier Trägerschaft (VDP)

Der Bundesverband Deutscher Privatschulen (VDP) als ältester Zusammenschluß von freien Schulträgern in Deutschland (1919), bindet seine Mitglieder weder weltanschaulich noch konfessionell oder parteilich. Schüler der im VDP zusammengeschlossenen Schulen sollen zur Humanität, Toleranz gegenüber Andersdenkenden, zur Verantwortung gegenüber der Gesellschaft, zur Achtung vor dem Staat und seinen Gesetzen und zum Denken in internationalen Zusammenhängen erziehen (Böttcher, Handbuch FS, 272, 275).

Jede im VDP zusammengeschlossene Schule hat ihr eigenes Profil: Widmet sich die eine Schule vor allem einem sozialen

Auftrag, so steht die andere im Dienst einer besonderen pädagogischen oder weltanschaulichen Konzeption. Internats- und Ganztagsschulen werden vor allem mit dem Begriff der Privatschulen verknüpft. Ihnen fällt besonders die Rolle zu, neue pädagogische Ideen zu erproben und didaktische Ansätze weiterzuentwickeln (Büchler, Handbuch FS, 282).

Zum Mittelpunkt der pädagogischen Arbeit in Internatsschulen steht einmal das zielgerichtete Hinarbeiten auf das erfolgreiche Bestehen schulischer Abschlüsse und zum anderen die Vermittlung von Schlüsselqualifikationen (Selbständigkeit, Leistungsbereitschaft, Zuverlässigkeit, Kritikfähigkeit und Toleranz) (ebenda, 282 f.). Im Rahmen der Internatsgemeinschaft lernen Schüler, sich zu integrieren und gleichzeitig ihre Interessen selbständig wahrzunehmen. „VDP-Schulen sehen ... in ihrem Freizeitangebot keinen Selbstzweck, sondern die konsequente Ergänzung des Unterrichts und die Verwirklichung des Erziehungsauftrags, den die Eltern der Schule übertragen haben" (ebenda, 283).

Die Attraktivität privater Schulen

Die kurzen Charakterisierungen der pädagogischen Zielsetzungen haben zahlreiche Übereinstimmungen, aber auch unterschiedliche Akzentsetzungen privater Schulen ergeben. Die teilweise unterschiedlichen Angebotskombinationen gegenüber öffentlichen Schulen machen die Alternativ- oder Ergänzungsfunktion privater Einrichtungen deutlich.

Durchweg wollen Privatschulen ihren Schülern eine individuellere Förderung angedeihen lassen als sie von den meisten öffentlichen Schulen geleistet werden kann. Die Verbindung von allgemeinem Schulunterricht und praktischer Tätigkeit in Werkstätten ist eine Kombination, die nur selten von öffentlichen Schulen offeriert wird. Der erzieherische Wert der praktischen Arbeit, gerade auch im Hinblick auf die Förderung sozialer Verhaltensweisen der Schüler, kann gar nicht hoch genug eingeschätzt werden. Vielfältige Gruppenaktivitäten – seien es Sport- oder Theater-,

Kunst- und Musikgruppen, internationale Austauschprogramme oder die Übernahme von sozialen Aufgaben – tragen ebenfalls zur Förderung sozialer Tugenden und sozialer Verantwortung der Schüler bei.

Wegen ihrer größeren Spielräume im Vergleich mit staatlichen Schulen haben private Schulen die Möglichkeit, neue Formen des Lernens auszuprobieren und flexibel auf neue Fragestellungen zu reagieren. Dafür gibt es eine Vielzahl von Beispielen, etwa die Unterrichtsgestaltung mancher Privatschulen, die 1972 teilweise Vorbild für die Oberstufenreform geworden ist.

Privatschulen können leichter Anregungen aufnehmen, schneller und unbefangener Lösungen für alte und neue Fragen erproben. Sie treten nicht selten den Beweis an, daß bestimmte pädagogische Zielsetzungen sich tatsächlich im Schulalltag verwirklichen lassen. Private Schulen zeichnen sich durch Initiative, Beweglichkeit, Anpassungsfähigkeit, Erkennen von Notwendigkeiten und schnelles Reagieren darauf aus. Ferner zählen mit Recht zu ihrem Image: individuelle Schule, Ablehnung des Trends zur Massenschule, Betreuung und Überschaubarkeit.

Eine von der Deutschen Bischofskonferenz erstellte Studie zählt wesentliche Forderungen auf, die Eltern heute an eine private katholische Schule stellen. Mit einigen Abstrichen dürften sie auch für andere Privatschuleinrichtungen gelten. Die sechs wichtigsten Gründe für die Schulwahl sind:

– die höhere Qualität der Lehrer
– ein gesteigertes Unterrichtsniveau
– eine besonders gute Betreuung des Kindes
– eine Erziehung zum sozialen Engagement
– das gesellschaftliche Ansehen der Schule
– Vermittlung von Sekundärtugenden wie Ordnung und Disziplin
– Werterziehung nach eigenem Weltbild (Spiegel 6/93, 59).

Es ist keine Frage: Privatschulen leisten einen beachtlichen Beitrag zur Individualisierung von Bildung. Einerseits entsprechen sie den Begabungen und Neigungen vieler Schüler, andererseits werden sie den erzieherischen und häufig auch weltanschaulichen und religiösen Anschauungen der Eltern am ehesten gerecht.

In mannigfacher Weise haben sich private Schulen als Impulsgeber für das öffentliche Schulwesen erwiesen und Schrittmacherdienste geleistet von der Mädchenbildung bis zur Förderung Hochbegabter. Ein funktionierendes Stipendiumsystem verhindert, daß Privatschulen zu Einrichtungen sozial privilegierter Kreise werden. Als marktwirtschaftliche Regelungssysteme wirken Privatschulen wettbewerbs- und leistungsfördernd. Der Wettbewerb auf dem Markt der Bildung kommt vor allem der Bildung selbst zugute.

Literatur

Arbeitsgemeinschaft Freie Schulen, 1993: Handbuch Freie Schulen Pädagogische Positionen, Träger, Schulformen und Schulen im Überblick, Reinbek bei Hamburg; (zitiert als: **Handbuch FS**)

Arbeitsgruppe Bildungsbericht am Max-Planck-Institut für Bildungsforschung, 1994: Das Bildungswesen in der Bundesrepublik Deutschland; Strukturen und Entwicklungen im Überblick, Reinbek bei Hamburg

Bundesministerium für Bildung, Wissenschaft, Forschung und Technologie, 1994: Grund- und Strukturdaten, Ausgabe 1994/95, Bad Honnef

Der Spiegel 6/93: Klare Werte; Flucht aus der Staatsschule, Seite 59

FOCUS 12/95: Eltern im Schulstreß, Seite 82 ff.

Frankfurter Allgemeine Zeitung: „Existenz der Waldorfschulen sichern", vom 28. April 1994

Hiller, Walter, 1994: 75jähriges Jubiläum der Freien Waldorfschulen; Ein Vorbild für die Autonome Schule; in: Handelsblatt vom 16./17. September 1994

Lemper, Lothar T., 1989: Privatschulfreiheit; Zur Genese, Praxis und Chance eines Grundrechtes, Köln, Graz, Wien

Weiß, Manfred / **Steinert**, Brigitte, 1994: Privatisierungstendenzen im Bildungsbereich: Internationale Perspektiven; in: Die Deutsche Schule, 86. Jg., (Heft 4), Seite 440 bis 456

Marion Hüchtermann

Zusammenarbeit von Schule und Wirtschaft

Inhalt

Einleitung – Initiativen der Wirtschaft	107
Die Arbeit SCHULE WIRTSCHAFT	108
Grundsätze und Ziele	108
Organisation	108
Die regionale Ebene: die Arbeitskreise SCHULE WIRTSCHAFT	108
Die Länderebene: die Studienkreise und Landesarbeitsgemeinschaften SCHULE WIRTSCHAFT	109
Die Bundesebene: die Bundesarbeitsgemeinschaft SCHULE WIRTSCHAFT	110
Die europäische Ebene: die Europäische Arbeitsgemeinschaft SCHULE WIRTSCHAFT	112
Schwerpunkte der SCHULE WIRTSCHAFT-Arbeit	113
Perspektiven der SCHULE WIRTSCHAFT-Arbeit	115
Die Schulinformationsarbeit der Verbände – Ergebnisse einer Umfrage bei Verbänden und Institutionen der Wirtschaft	116
Zielsetzungen	117
Zielgruppen	118
Angebote und Formen der Zusammenarbeit	118

Die Initiative Lehrerbildung Ost:
Arbeit-Wirtschaft-Berufswelt e.V. 121
Ausgangslage 121
Grundsätze, Ziele und Träger 121
Angebote 122

JUNIOR – Junge Unternehmer initiieren –
organisieren – realisieren 123
Ausgangssituation 123
Konzept und Ziele 124
Der Ablauf von JUNIOR 125
Das Pilotprojekt: Miniunternehmen in Sachsen-Anhalt 126
Perspektiven von JUNIOR 129

Zusammenfassung 129

Einleitung – Initiativen der Wirtschaft

Zu den Bildungsaufgaben der Schule gehört es, die Schüler an die Wirtschafts-, Arbeits- und Berufswelt heranzuführen, ihnen Einblick in wirtschaftliche Zusammenhänge und Abläufe zu vermitteln und sie in die Lage zu versetzen, Chancen auf dem Ausbildungs- und Arbeitsmarkt selbst zu erkennen und zu ergreifen. Sie werden so mit den Grundlagen der Wirtschaftsordnung vertraut gemacht, und es werden ihnen konkrete Hilfen zur Bewältigung von Lebenssituationen als Arbeitnehmer, Wirtschaftsbürger und Konsument gegeben.

Da Lehrerinnen und Lehrer Meinungsbildner sind, die Einstellung und Verhalten der Jugendlichen prägen, ist es besonders wichtig, welches Bild sie von der Wirtschaft vermitteln. Der Wirtschaft kann es nicht gleichgültig sein, wie dieses Bild aussieht.

Ein wichtiges Anliegen der Wirtschaft und der sie vertretenden Verbände und Organisationen und ihr nahestehender Institutionen muß es daher sein, Möglichkeiten für Schüler und Lehrer zu bieten, sich einen realistischen Einblick in die Unternehmenspraxis zu verschaffen, sich über Qualifikationsanforderungen, technische Entwicklungen und nicht zuletzt über Aus- und Weiterbildungsmöglichkeiten zu informieren. Der Dialog und die Zusammenarbeit mit der Schule ist eine vorrangige gesellschaftspolitische Aufgabe.

Angesichts der sich in den letzten Jahren im raschen Tempo weiterentwickelnden Wirtschafts- und Organisationsstrukturen stellt sich Schulen immer wieder die Frage, ob die Lerninhalte noch mit der Realität übereinstimmen. Besonders aufgrund der durch die neuen Technologien hervorgerufenen Veränderungen ist eine noch intensivere Kooperation zwischen Schule und Arbeitswelt erforderlich. Die Leistungen des staatlichen allgemeinbildenden Bildungswesens dürfen nicht am Bedarf des Beschäftigungssystems vorbeizielen, sondern beides muß aufeinander abgestimmt werden.

Im folgenden werden eine Reihe von Initiativen und Aktivitäten der Wirtschaft vorgestellt, die im wesentlichen ein Ziel gemeinsam haben: Schülern und Lehrern ein möglichst vorurteilsfreies und sachliches Bild von der Wirtschaft zu vermitteln und sich als kompetenter Ansprechpartner anzubieten.

Die Arbeit SCHULE WIRTSCHAFT
Grundsätze und Ziele

Eine Zusammenarbeit von Schule und Wirtschaft begann bereits vor mehr als 40 Jahren. Mittlerweile existieren rund 450 Arbeitskreise SCHULE WIRTSCHAFT in allen Bundesländern, die in fünfzehn Studienkreisen oder Landesarbeitsgemeinschaften SCHULE WIRTSCHAFT auf Länderebene zusammengeschlossen sind und in denen mehr als 20 000 Lehrer kontinuierlich mitarbeiten.

Wesentliche Ziele der Kooperation von Schule und Wirtschaft sind: Der gegenseitige Austausch von Informationen und Erfahrungen zwischen Schule und Wirtschaft steht im Vordergrund. Darin eingeschlossen ist, den Lehrern Grundlagen und Hilfen zur Vermittlung von Wissen über wirtschaftliche Zusammenhänge, Probleme und Prozesse und zur Berufsorientierung, und den Vertretern der Wirtschaft Einblick in Aufgaben, Methoden und Möglichkeiten der Schule zu geben. Vorrangig ist dabei die Vermittlung von Primärerfahrungen, das heißt, es wird **beiden** Seiten die Möglichkeit zur Meinungsbildung aus eigener Anschauung gegeben.

Organisation

Die regionale Ebene: die Arbeitskreise SCHULE WIRTSCHAFT

Die Grundform der Zusammenarbeit von Schule und Wirtschaft in den einzelnen Bundesländern sind die örtlichen Arbeitskreise. Sie sind informelle und freiwillige Zusammenschlüsse von Pädagogen verschiedener Schulstufen, Praktikern aus den örtlichen Betrieben und auch Vertretern der Verbände und Kammern sowie der Berufsberatung.

Die Arbeitskreise übernehmen Mittlerfunktionen zwischen den Bereichen Schule und Wirtschaft und bemühen sich in erster Linie darum, „vor Ort" einen Beitrag zum Abbau von Informationsdefiziten und noch vorhandener Berührungsängste zwischen den beiden Bereichen zu leisten.

Als erster Schritt der Zusammenarbeit war bei der Gründung des ersten Arbeitskreises vereinbart worden, die Unternehmen des engeren Heimatgebietes für „Betriebserkundungen" durch Schulen zu öffnen. Die Vorbereitung und Durchführung von Betriebserkundungen und Vortrags- und Informationsveranstaltungen gehören auch heute noch zu den Hauptaufgaben der örtlichen Arbeitskreise SCHULE WIRTSCHAFT.

Die Erkundungen sollen den Teilnehmern keinen „Betriebstourismus" bieten, sondern ihnen ermöglichen, sich vor Ort persönlich durch unmittelbare Anschauung und in Gesprächen mit Geschäftsleitung, Personalleitern und Betriebsrat über Betriebsabläufe in Produktion und Verwaltung sowie die Struktur der heimischen Wirtschaft zu informieren. Es haben sich verschiedene Organisationsformen der Arbeitskreise herausgebildet, entweder schulformbezogene oder schulformübergreifende.

Die Länderebene: die Studienkreise und Landesarbeitsgemeinschaften SCHULE WIRTSCHAFT

Die wachsende Zahl der Arbeitskreise machte es notwendig, auf Länderebene Koordinierungsstellen der Arbeit SCHULE WIRTSCHAFT einzurichten. So entstanden in allen Bundesländern Studienkreise oder Landesarbeitsgemeinschaften, die teils als selbständige Einrichtungen bei den Landesarbeitgeberverbänden, teils in die Bildungswerke der Wirtschaft integriert, tätig sind.

Die Studienkreise oder Landesarbeitsgemeinschaften koordinieren die Aktionen der Arbeitskreise, halten Kontakt zu den Kultusministerien und -behörden und widmen sich besonders der Lehrerfort- und -weiterbildung. Sie bieten entsprechende Seminare und Veranstaltungen an und sind in den meisten Bundesländern als freie Träger der Lehrerfortbildung anerkannt.

Weitere Aktivitäten der Studienkreise sind die Bildung von Arbeitsgruppen zur spezifischen Lösung von Einzelproblemen aus verschiedenen Bereichen (zum Beispiel Sozialökonomie, Umwelt, Europa, neue Technologien) oder Zusammenfassung und Bereitstellung von Informationsmaterial für den Lehrer zur Vorbereitung und Vertiefung des wirtschaftskundlichen Unterrichts in der Schule.

Die Bundesebene: die Bundesarbeitsgemeinschaft SCHULE WIRTSCHAFT

Auf Bundesebene wird diese Arbeit seit 1965 durch die Bundesarbeitsgemeinschaft SCHULE WIRTSCHAFT vertreten. Den Vorsitz üben gemeinsam ein Pädagoge sowie ein Vertreter der Wirtschaft aus, die Studienkreise entsenden als Mitglieder ihre Vorsitzenden und Geschäftsführer. Die Geschäftsführung der Bundesarbeitsgemeinschaft liegt in den Händen des Instituts der deutschen Wirtschaft Köln und (seit 1976) der Bundesvereinigung der Deutschen Arbeitgeberverbände.

Die Bundesarbeitsgemeinschaft koordiniert die Aktivitäten der Studienkreise und Landesarbeitsgemeinschaften und sorgt für den Erfahrungsaustausch und persönliche Kontakte zwischen schulischen Institutionen und der Wirtschaft. Sie gibt Publikationen für den Unterricht und einen Informationsdienst heraus. Die Modellentwicklung von Unterrichtshilfen gehört ebenso zu ihren Aufgaben. Darüber hinaus richtet sie jährliche Erfahrungsaustausche für Vertreter aus den Studien- und Arbeitskreisen sowie eine Jahrestagung aus, die jeweils unter einem für die Wirtschafts- und Schulentwicklung aktuellen Thema steht.

In Zusammenarbeit mit verschiedenen Studienkreisen und Landesarbeitsgemeinschaften gibt sie mit Kooperationsseminaren Impulse für die weitere inhaltliche Arbeit, so beispielsweise zu aktuellen Themen wie „Modernes Schulmanagement" oder „Europa".

Zu aktuellen Fragen zum Unterrichtsbereich „Arbeit-Wirtschaft-Technik" werden von der Bundesarbeitsgemeinschaft Arbeitsgruppen mit sachkundigen Vertretern aus Schule und Wirtschaft gebildet, die Modelle und praktische Vorschläge erarbeiten. Dabei geht es zum Beispiel um Betriebspraktika, Exkursionsdidaktik oder um Projektunterricht.

Die Bundesarbeitsgemeinschaft SCHULE WIRTSCHAFT hat sich auch intensiv mit Fragen der europäischen Integration und den Schlußfolgerungen für die tägliche Praxis (im Bereich der Bildung/Berufe) auseinandergesetzt.

Neben der Ausrichtung von Veranstaltungen zu diesem Themenkomplex hat sie eine Arbeitsgruppe „Europa" eingesetzt, die sich zum einen mit der Lehreraus- und -fortbildung in der Europäischen Union beschäftigte, zum anderen Handreichungen für grenzüberschreitende Aktivitäten erarbeitet hat.

Auch eine Grundsatzposition zur Gestaltung des Unterrichtsbereiches „Arbeit-Wirtschaft-Technik" wurde von der Bundesarbeitsgemeinschaft formuliert. Angesichts der anstehenden Neukonzeption des polytechnischen Unterrichts in den neuen Bundesländern erarbeitete eine Arbeitsgruppe der Bundesarbeitsgemeinschaft bereits Ende 1990 Empfehlungen zur Entwicklung des Bereiches „AWT" in den allgemeinbildenden Schulen, die allen Kultusministerien zugeleitet wurde.

Ebenso wie die Arbeits- und Studienkreise beruht auch die Bundesarbeitsgemeinschaft SCHULE WIRTSCHAFT auf freier Vereinbarung im Rahmen der Partnerschaft von Schule und Wirtschaft.

Die europäische Ebene: die Europäische Arbeitsgemeinschaft SCHULE WIRTSCHAFT

Die Bundesarbeitsgemeinschaft SCHULE WIRTSCHAFT pflegt bereits seit Jahren Kontakte zu Institutionen in anderen europäischen Ländern, die auf dem Gebiet der Zusammenarbeit von Schule und Wirtschaft aktiv sind.

Gemeinsam ist allen die Überzeugung, daß es zu den Bildungsaufgaben der Schule gehört, die Schüler an die Wirtschafts-, Arbeits- und Berufswelt heranzuführen, ihnen Einblicke in wirtschaftliche Zusammenhänge und Abläufe zu vermitteln und sie mit den Grundlagen der Wirtschaftsordnungen vertraut zu machen. Die Förderung grenzüberschreitender Zusammmenarbeit zwischen Schulen und der Wirtschaft ist im Zuge des europäischen Integrationsprozesses eine weitere wichtige Aufgabe.

Um diesen bisher eher „losen" europäischen Kontakten, die im Bereich der SCHULE WIRTSCHAFT-Kooperationen bestanden, eine „festere" Form zu geben und Strukturen auf- und auszubauen, wurde Ende 1993 auf Initiative der Bundesarbeitsgemeinschaft die „Europäische Arbeitsgemeinschaft SCHULE WIRTSCHAFT" ins Leben gerufen.

Diese Arbeitsgemeinschaft ist ein informeller Zusammenschluß, der vor allem von der unternehmerischen Wirtschaft getragen wird. Mitglieder sind bisher – neben der Bundesarbeitsgemeinschaft SCHULE WIRTSCHAFT – vergleichbare Einrichtungen aus Finnland, Schweden, Norwegen, Dänemark, Österreich, der Schweiz und den Niederlanden. Die Arbeitsgemeinschaft ist dabei offen für weitere Mitwirkende aus anderen Ländern, die die grenzüberschreitende Zusammenarbeit von Schule und Wirtschaft fördern wollen.

Regelmäßiger Erfahrungsaustausch und gemeinsame Tagungen gehören zum Programm. Die Arbeitsgemeinschaft will in einer Reihe von Aufgabenfeldern tätig sein:

- Initiierung, Organisation und Förderung von grenzüberschreitenden Schüler- und Lehrerbetriebspraktika sowie weiterer Aktivitäten in den europäischen Regionen
- Zusammenarbeit bei der Gestaltung des Unterrichtsbereiches „Arbeit-Wirtschaft-Technik" durch Entwicklung von Unterrrichtsbausteinen
- Förderung unternehmerischen Denkens und Handelns in der Schule
- Initiierung und Nutzung europäischer Bildungsprogramme zur Förderung der grenzüberschreitenden Zusammenarbeit.

Als erste Aktivität in diesem Rahmen hat ein Seminar für Pädagogen aus den Mitgliedsländern zum Thema „Vermittlung von Schlüsselqualifikationen" im deutsch-niederländischen Raum „grenzüberschreitend" stattgefunden, ein weiteres im deutsch-österreichischen Raum sowie Arbeitsgruppen sind in Vorbereitung.

Schwerpunkte der SCHULE WIRTSCHAFT-Arbeit

Die einzelnen Ebenen der Zusammenarbeit von SCHULE WIRTSCHAFT halten ein vielfältiges Angebot an Hilfen für Pädagogen bereit. Es reicht von der didaktischen Skizze für den sozial-ökonomischen Unterricht mit Vorschlägen für handlungsorientierten und fächerübergreifenden Unterricht über AV-Medienpakete mit umfangreichem Begleitmaterial, ausführliche Informationsmaterialien und Weiterbildungsangebote für Lehrerinnen und Lehrer (zum Beispiel Projektwochen Wirtschaft, Ferienakademie für Pädagogen) bis zur Vermittlung von Praktikumsplätzen und zur Durchführung von Betriebserkundungen.

Die Arbeit SCHULE WIRTSCHAFT erreicht damit einen großen Teil der Pädagogen. Die rund 450 Arbeitskreise im ganzen Bundesgebiet bieten etwa fünf bis sieben Veranstaltungen pro Schuljahr an, an denen jeweils im Durchschnitt 20 bis 30 Pädagogen teilnehmen. Damit werden um die 80 000 Teilnehmer direkt angesprochen. Darüber hinaus gehen die sonstigen Dienste (Publikationen, Medien, Unterrichtsmaterialien etc.) von SCHULE WIRTSCHAFT an einen weit größeren Personenkreis.

SCHULE WIRTSCHAFT hat neue Themen stets schnell und flexibel aufgegriffen, darin liegt eine besondere Stärke. Das Zusammenspiel zwischen zentralen und dezentralen Aktivitäten der Studien- und Arbeitskreise hat sich dabei bewährt. Die Schwerpunkte der inhaltlichen Arbeit liegen nach wie vor in betriebs- und volkswirtschaftlichen und berufskundlichen Themen. Es hat aber eine Vervielfältigung der thematischen Schwerpunkte – analog zur gesellschaftlichen, wirtschaftlichen und technologischen Entwicklung – stattgefunden:

– Umwelt/Ökologie
– Energie
– Landwirtschaft
– neue Technologien/technischer Fortschritt – Chancen und Risiken
– Veränderung der Qualifikationsanforderungen („Schlüsselqualifikationen")
– neuere schulische Entwicklungen wie Organisationsentwicklung an den Schulen („Schulmanagement") oder
– Europa („Europäischer Binnenmarkt/Europäischer Wirtschaftsraum").

Themen, die in der Gesellschaft zunehmend in den Vordergrund getreten sind, werden von den Arbeits- und Studienkreisen und der Bundesarbeitsgemeinschaft aufgenommen und direkt in praktische Projekte umgesetzt.

Die Bilanz der Arbeit SCHULE WIRTSCHAFT in den neuen Bundesländern kann sich nach gut vier Jahren sehen lassen. Rund 60 Arbeitskreise haben sich auf regionaler Ebene in allen östlichen Ländern konstituiert, bis auf Sachsen-Anhalt sind Landesarbeitsgemeinschaften gegründet, die als private Träger der Lehrerfortbildung anerkannt sind. Sie arbeiten zusammen mit Kultusministerien und Instituten der staatlichen Lehrerfortbildung. Engagierte Ansprechpartner in Betrieben konnten gewonnen werden, als Vorteil erwies sich auch, daß die Geschäftsführung der regionalen Arbeitskreise vielfach an die Schulämter angebunden werden konnte.

Das Angebot der Arbeitskreise – das sich auch hier an Lehrer **aller** allgemeinbildenden Fächer richtet – reicht dabei von Erkundungen in örtlichen Betrieben, Diskussions- und Informationsveranstaltungen zu aktuellen Wirtschaftsthemen, Vermittlung von Betriebspraktika für Schüler und Lehrer bis hin zur Durchführung von Unternehmensplanspielen.

Perspektiven der SCHULE WIRTSCHAFT-Arbeit

Die Stärke von SCHULE WIRTSCHAFT liegt in der Möglichkeit, schnell und flexibel zu reagieren und neue Anforderungen in Fortbildungsangebote umzusetzen.

Auch in Zukunft wird es zu den Aufgaben gehören, die Arbeit SCHULE WIRTSCHAFT durch verstärkte Öffentlichkeitsarbeit noch stärker im Bewußtsein der Öffentlichkeit zu verankern. Die Arbeit fußt auf der Initiative von Pädagogen, hier gilt es, ständig weitere Pädagogen für die – ehrenamtliche – Arbeit zu gewinnen.

Die SCHULE WIRTSCHAFT-Arbeit gründet sich auch wesentlich auf das Engagement von Betrieben und deren Vertreter, auf die Bereitschaft, Kontakte zu Lehrern und Schulen zu pflegen, Erfahrungen auszutauschen und Lehrern und Schülern Gelegenheit zu Einblicken in die Arbeitswelt und betriebliche Abläufe zu geben. Diese Aktivitäten, die Kosten verursachen und Arbeitszeit von Mitarbeitern binden, stehen in einer Zeit, in der sich viele Betriebe – vor allem in den neuen Bundesländern – in einer schwierigen wirtschaftlichen Situation befinden, nicht unbedingt ganz oben auf ihrer Prioritätenliste.

Hier weiter Überzeugungsarbeit zu leisten und den Kontakt zwischen Schulen und Betrieb zu intensivieren, ist eine wichtige Aufgabe der Bundesarbeitsgemeinschaft und aller Arbeits- und Studienkreise SCHULE WIRTSCHAFT.

Die Schulinformationsarbeit der Verbände – Ergebnisse einer Umfrage bei Verbänden und Institutionen der Wirtschaft

„Wo bekomme ich aktuelle Informationen über Themenbereiche wie Umwelt, Energie, Europa, Technik, Ausbildung und Berufe, ... – auch didaktisch aufbereitet? Wen spreche ich an, wenn ich Referenten für Vorträge oder Expertengespräche suche? Welche Materialien stehen mir zur Verfügung, die ich im Unterricht einsetzen kann?" Vor diese und ähnliche Fragen sehen sich Pädagogen oftmals bei der Unterrichtsvorbereitung gestellt.

Neben den Arbeits- und Studienkreisen SCHULE WIRTSCHAFT verfügen Verbände und Organisationen der Wirtschaft ebenso über ein vielfältiges Angebot von verschiedenen Materialien zu unterschiedlichen Themen, die zur Vorbereitung des Unterrichtes dienen oder im Unterricht eingesetzt werden können. Die Vermittlung von Betriebspraktika und Betriebserkundungen, die Durchführung von Expertengesprächen oder Vortragsveranstaltungen gehören auch zum Veranstaltungs- und Serviceangebot der Schulinformation der Verbände.

Von der Bundesarbeitsgemeinschaft SCHULE WIRTSCHAFT wurde vor einigen Jahren der Arbeitskreis Schulinformation ins Leben gerufen. In diesem Rahmen stehen Verbände und Organisationen der Wirtschaft und ihr nahestehende Einrichtungen, die im Bereiche der Schulinformationsarbeit aktiv sind, im regelmäßigen Erfahrungsaustausch.

Eine Umfrage, die das IW Ende 1994 bei Mitgliedern dieses Kreises sowie weiteren Wirtschafts- und Unternehmensverbänden und Organisationen der Wirtschaft auf Bundesebene durchgeführt hat, gibt einen Einblick in das Engagement der Wirtschaft für Schulen, Schüler und Lehrer. Ziel war es, einen Orientierungsrahmen zu geben, der die verschiedenen Kooperationsfelder zeigt, auf denen die Verbände aktiv sind. Dabei ist zu beachten, daß die jeweiligen Bundesorganisationen in der Regel über weitere Untergliederungen wie Landes- und Regionalverbände verfügen, die vor Ort aktive Schulinformationsarbeit betreiben.

Zielsetzungen

Insgesamt 32 Bundesorganisationen und Verbände aus unterschiedlichen Branchen beteiligten sich, bis auf einen Verband betreiben alle aktiv Schulinformationsarbeit. Besonders stark vertreten sind die Energiewirtschaft (Bergbau, Elektrizitäts- und Wasserversorgung) und der Dienstleistungssektor (Kreditinstitute, Versicherungen).

Die Zielgruppenarbeit mit Schulen betreiben die Verbände unterschiedlich lange, teilweise schon seit den fünfziger Jahren. Ein zeitlicher Schwerpunkt, mit dieser Arbeit zu beginnen, liegt jedoch in den achtziger Jahren, knapp die Hälfte der Befragten (48 Prozent) setzte hier mit der Schulinformationsarbeit an. Dies ist sicherlich auch vor dem Hintergrund der Nachwuchswerbung zu sehen.

Die Verbände und Organisationen verstehen sich als Informationsvermittler und -bereitsteller, in erster Linie in ihren jeweiligen „ureigenen" Gebieten. Die Information über ökonomische (81 Prozent), soziale (58 Prozent), technische (55 Prozent) und ökologische (55 Prozent) Zusammenhänge und Sachverhalte sowie branchenspezifische Informationen steht demnach im Mittelpunkt (Mehrfachnennungen waren möglich). Zwei Drittel der antwortenden Verbände möchten den Schulen Hilfen zur Berufsorientierung an die Hand geben, jeder fünfte strebt Verbrauchererziehung und

-information an. Aufklärung über unternehmerisches Handeln, über branchenspezifische Sachverhalte und Entwicklungen gehören ebenso zu den Zielsetzungen. Daß einige Verbände und Organisationen mit ihrer Multiplikatorenarbeit auch Imageverbesserungen anstreben, ist ein zusätzliches legitimes Anliegen.

Zielgruppen

Das Angebot der Wirtschaftsorganisationen und Verbände richtet sich in erster Linie an Lehrerinnen und Lehrer (97 Prozent), aber auch an Schüler, rund 80 Prozent der Verbände nannten auch diese Zielgruppe. Knapp die Hälfte hat auch explizit den Bereich der Lehrerfortbildung im Blick.

Befragt nach den Schulformen, die angesprochen werden sollen, gaben die Organisationen vornehmlich den allgemeinbildenden Bereich an, die Sekundarstufe I mit 77 Prozent, die Sekundarstufe II mit 74 Prozent. Knapp die Hälfte richtet das Angebot auch an den berufsbildenden Bereich der Sekundarstufe II. Vereinzelt genannt wurden auch die Primarstufe, die Erwachsenenbildung und Studenten.

Knapp die Hälfte der Antwortenden gaben an, ein fächerübergreifendes Angebot zu unterbreiten, gut die andere Hälfte verweist auf bestimmte Fächer, allen voran auf die Arbeitslehre. Die Palette der anderen Fächer konzentriert sich auf den ökonomischen (Arbeit-Wirtschaft-Technik), sozialen (Sozial-, Gemeinschaftskunde), gesellschaftspolitischen (Politik) und naturwissenschaftlichen (Mathematik, Physik, Chemie, Biologie, Geographie) Bereich, je nach Branche werden die Schwerpunkte unterschiedlich gesetzt.

Angebote und Formen der Zusammenarbeit

Die Verbände und Institutionen der Wirtschaft verfügen über ein reichhaltiges Angebot verschiedener Materialien und Medien, angefangen von Printmedien wie Informationsbroschüren und didaktisch aufbereiteten Unterrichtsmaterialien, Statistiken und Foliensätzen über AV-Medienpakete, Dia- und Tonbildreihen und Hinweisen zur Orientierung über Berufsbilder bis hin zu Veranstaltungs- und weiteren Serviceangeboten für Schulen (Tabelle).

Tabelle

Angebote der Wirtschaft an Schulen – Formen der Zusammenarbeit

Prozent der Verbände und Organisationen bieten an, N = 31

1. Printmedien	
– allgemeine Infobroschüren	71
– Methodisch-didaktisches Material	65
– regelmäßiger Infodienst	19
– Lehrbücher	19
– Experimentiermaterial	7
2. AV-Medien	
– Filme	39
– Folien	49
– Video	58
– Sonstige	10
3. Computer-Planspiele	13
4. Vermittlung von	
– Betriebspraktika	45
– Betriebserkundungen	39
– Betriebsbesichtigungen	
Schüler	55
Lehrer	58
5. Durchführung von	
– Vortragsveranstaltungen	52
– Seminaren	36
– Wettbewerben, Preisausschreiben	29
– Plan-/Rollenspielen	10
– Expertenunterricht	26

Der Schwerpunkt des Angebotes liegt bei Infobroschüren, methodisch-didaktisch aufbereitetem Material und Videofilmen. Aber auch die Vermittlung von Betriebsbesichtigungen für Lehrer und Schüler sowie die Durchführung von Vortragsveranstaltungen gehören bei über der Hälfte der Befragten zur Palette der Aktivitäten.

Knapp zwei Drittel der Antwortenden beteiligen sich darüber hinaus an schulisch ausgerichteten Messen, um ihre Angebote interessierten Pädagogen bekannt zu machen und Kontakte zu knüpfen. Die Ausrichtung von beziehungsweise die Beteiligung an Berufsinformationsmessen ist ein zusätzlicher Mosaikstein im Repertoire verschiedener Institutionen.

Als weitere Formen der Zusammenarbeit gaben einige Organisationen an, daß sie sich im Kontakt mit Lehrerfachverbänden befinden oder Gesprächskreise mit Pädagogen unterhalten. Auch „branchenspezifische Angebote" gehören dazu: zum Beispiel Beratungsstellen für Schulgärten; Infomobile, die vor Ort Schüler und Lehrer über Berufsbilder informieren; Tage der offenen Tür in Ausbildungszentren oder eine Aktion „Schüler im Chefsessel".

Ein gutes Drittel der Verbände und Institutionen hat hauptamtlich Mitabeiter für die Schulinformationsarbeit eingesetzt, hier wieder besonders die Bereiche Energie und Dienstleistung. Bei den übrigen werden die Aktivitäten von Mitarbeitern im Rahmen anderer Tätigkeiten (zum Beispiel Öffentlichkeitsarbeit, Bildungsreferat) übernommen.

Befragt nach dem Umfang ihrer Aktivitäten, verwiesen die Verbände und Organsiationen auch auf ihre Landes- und Mitgliedsverbände, über die ein Großteil der Aktivitäten läuft. Die Spanne der Antworten reichte von „nach Bedarf, auf Anfrage, unregelmäßig" bis hin zu der Angabe, daß Aktivitäten „in erheblichem Umfang, nicht quantifizierbar" stattfinden. In der Regel kann davon ausgegangen werden, daß Vorträge und Seminare sowie Betriebsbesichtigungen regional mit einiger Regelmäßigkeit angeboten werden, um eine kontinuierliche Arbeit zu gewährleisten.

Die Initiative Lehrerbildung Ost: Arbeit-Wirtschaft-Berufswelt e.V.

Ausgangslage

In den neuen Bundesländern herrscht nach wie vor großer Bedarf an Lehrerfortbildung, besonders in den Bereichen, in denen wirtschaftliche, technische, soziale und ökologische Inhalte basierend auf den Prinzipien der sozialen Marktwirtschaft vermittelt werden sollen. Die bisherige, ideologisch geprägte und auf Technikwissenschaft und Produktion reduzierte, polytechnische Bildung konnte einer umfassenden Vorbereitung der Schüler auf die Wirtschafts-, Arbeits- und Berufswelt nicht genügen. Großer Nachholbedarf bestand bei den Pädagogen in den neuen Bundesländern auch hinsichtlich der Unterrichtsmethoden wie der Projektmethode, aber auch bei Betriebspraktika und -erkundungen.

Grundsätze, Ziele und Träger

Um Pädagogen in den neuen Bundesländern weitere Hilfestellungen zu leisten und praktische Unterstützung in Bereichen, in denen wirtschaftliche, technische, soziale und ökologische Inhalte vermittelt werden sollen, anzubieten, ist als eine flankierende Maßnahme der Verein „Initiative Lehrerbildung Ost: Arbeit-Wirtschaft-Berufswelt e.V." (ILBO) mit Sitz in Köln gegründet worden. Die Initiative ist ein privatwirtschaftlich finanziertes und organisiertes Vorhaben, das durch Spenden westdeutscher Unternehmen ermöglicht wird. Vereinszweck ist „die Förderung von Bildung, Erziehung und Wissenschaft auf den Gebieten Arbeit, Wirtschaft und Technik." Schwerpunkt ist die Vermittlung von Informationen und Erkenntnissen über ökonomische, soziale, technische, ökologische und berufskundliche Tatbestände, Zusammenhänge und Entscheidungsprozesse.

Ins Leben gerufen wurde die Initiative 1992 vom Institut der deutschen Wirtschaft Köln, der Bundesvereinigung der Deutschen Arbeitgeberverbände und der Bundesarbeitsgemeinschaft

SCHULE WIRTSCHAFT. Im Jahr 1994 ist der Bundesverband deutscher Banken e.V. der Initiative beigetreten, seit Anfang 1995 wird die ILBO auch wesentlich von „wir. Wirtschafts-Initiativen für Deutschland e.V." unterstützt, die ebenfalls Mitglied geworden sind.

Die Initiative Lehrerbildung Ost versteht sich für eine Übergangszeit als „Anschubhilfe" im Bereich der Lehrerfortbildung. Die Arbeit wird komplementär zu den staatlichen und privaten Maßnahmen im Bereich der Lehrerfortbildung geleistet.

Zu diesem Zweck wurden an drei Standorten (Gera in Thüringen, Neubrandenburg in Mecklenburg-Vorpommern, Halle in Sachsen-Anhalt) Zentren eingerichtet, die als Anlauf- und Informationsstelle in erster Linie für Pädagogen gedacht sind, die im Unterrichtsbereich Arbeit-Wirtschaft-Technik unterrichten, aber grundsätzlich allen Lehrern offenstehen, die Informationen zu wirtschaftlichen Fragestellungen suchen.

Die ILBO unterstützt auch in Zusammenarbeit mit den örtlichen Arbeitskreisen und den Bildungswerken der Wirtschaft die Arbeit SCHULE WIRTSCHAFT in den neuen Bundesländern. In einem wechselseitigen Informations- und Erfahrungsaustausch wird die gemeinsame Arbeit abgestimmt, die sich auf die bewährten Handreichungen, Praxishilfen und Empfehlungen der bundesweiten SCHULE WIRTSCHAFT-Arbeit stützen kann.

Angebote

Mit der Eröffnung des ersten Zentrums in Gera nahm die Initiative im November 1992 ihre Arbeit auf. Im Juni 1993 folgte das Informationszentrum in Neubrandenburg, im September 1993 konnte eine entsprechende Anlaufstelle in Halle eingerichtet werden. Die Zentren stellen im Rahmen einer Präsenzbibliothek aktuelle Informationsmaterialien, Lehr- und Lernmaterialien, Unterrichtshilfen und Medien zur Verfügung. Die Bibliotheken konnten durch Bücherspenden verschiedener Verbände und Institutionen der Wirtschaft zusammengestellt werden.

Auf der anderen Seite führen die Zentren regelmäßig Informationsveranstaltungen und ein- oder mehrtägige Seminare unter anderem zu ökonomischen und sozialen Themen sowie zu Methodenfragen durch. Auch die Kooperation der Partner auf dem Gebiet von Schule und Wirtschaft wird gefördert.

Die Zentren haben sich mittlerweile landesweit als Fortbildungseinrichtungen etabliert, arbeiten mit den jeweiligen Landesinstituten für Lehrerfortbildung zusammen und sind in Gremien wie zum Beispiel Lehrplankommission oder Landesschulbeirat eingebunden.

JUNIOR Junge Unternehmer initiieren – organisieren – realisieren

Ausgangssituation

Die Idee der Miniunternehmen ist in fast allen europäischen Ländern verbreitet, das Konzept wird seit vielen Jahren praktiziert. Die beteiligten Länder sind in einer Föderation zusammengeschlossen und führen unter anderem jährliche Treffen und Wettbewerbe durch.

Für die Idee der Miniunternehmen liegt – wie Recherchen des Instituts der deutschen Wirtschaft Köln ergaben – in der Bundesrepublik bei Schülern und Lehrern großes Interesse vor. Bislang hat das Konzept der Miniunternehmen in Deutschland in bezug auf die Wirklichkeitsnähe an Schulen noch keinen entsprechenden Niederschlag gefunden. Konzepte mit einer ähnlichen Ausrichtung, wie die in der beruflichen Ausbildung eingesetzten Juniorfirmen oder die auf dem Simulationsgedanken basierenden Übungsfirmen, richten sich entweder an eine andere Zielgruppe oder sind in ihrer konkreten Vorgehensweise nicht vergleichbar.

Diese Situation war für das Institut der deutschen Wirtschaft Köln der Anlaß, das Projekt JUNIOR ins Leben zu rufen.

Für die Umsetzung des Konzeptes in der Bundesrepublik kann auf Erfahrungen zurückgegriffen werden, die in Belgien gemacht wurden. Dort existieren bereits seit 1976 Miniunternehmen. Seit der Einführung haben dort bereits über 24 000 Jugendliche mit rund 1700 Projekten teilgenommen.

Konzept und Ziele

Circa 10 bis 15 Schüler (Zielgruppe: Schüler aus der Sekundarstufe II) entwickeln eine Geschäftsidee und gründen ein Miniunternehmen an ihrer Schule. Auch um die Kapitalbeschaffung müssen sich die Schüler selbst bemühen – durch den Verkauf von Anteilsscheinen an ihrem Miniunternehmen. Hier gilt es, die Geschäftsidee oder das Produkt überzeugend zu verkaufen. Dabei haben sie sich – wie im realen Wirtschaftsleben – an bestimmte Regeln und Abläufe zu halten. Lohnzahlung, Bilanzierung, die Abführung von Steuern und Sozialabgaben, die Einberufung von Generalversammlungen und die Erstellung eines Geschäftsberichtes gehören zum Unternehmensalltag.

Die Schüler sind für ihre Unternehmen selbst verantwortlich: Sie wählen ihre Unternehmensführung und legen die Unternehmensstrategie fest. Beratend stehen ihnen Paten aus Schule und Wirtschaft zur Seite. Die Miniunternehmen sind auf einen bestimmten Zeitraum (etwa ein Schuljahr) begrenzt. Danach werden sie wieder aufgelöst, das Kapital des Unternehmens einschließlich des möglicherweise erzielten Gewinns an die Anteilseigner ausgeschüttet.

Die Entwicklung von sozialen Kompetenzen steht im Vordergrund. Die primäre Zielsetzung von JUNIOR ist daher die Förderung der Selbständigkeit und Eigeninitiative, des Verantwortungsbewußtseins und der Teamfähigkeit von Jugendlichen. Durch die verschiedenen Prozesse der Willensbildung und das praktische

Handeln in der Gruppe werden die Entscheidungs- und die Teamfähigkeit junger Menschen entwickelt.

Außerdem lernen die Schüler wirtschaftliche Zusammenhänge und die Bedingungen für unternehmerische Entscheidungen kennen, unternehmerisches Denken und Handeln wird angeregt. Entscheiden und Handeln finden im unmittelbaren Bezug zur wirtschaftlichen Praxis statt. Die Miniunternehmen dienen damit auch der Orientierung für das spätere Erwerbsleben.

Der Ablauf von JUNIOR

Im Gegensatz zu Planspielen (Unternehmens- oder Börsenplanspiele) agieren die Schüler wie im „richtigen Wirtschaftsleben". Die Unternehmen produzieren einfache Güter selbst und verkaufen sie vorzugsweise in ihrem persönlichen Umfeld. Sie nehmen somit am realen Wirtschaftsverkehr teil und müssen sich auch an dessen Gesetze halten. Der genaue Ablauf des Projekts ist in einem ausführlichen Handbuch dokumentiert, das auch Hinweise für die Entwicklung einer Geschäftsstrategie, für einzelne Geschäftsvorgänge und Tips für die Durchführung von Sitzungen enthält. Im Anhang des Handbuches sind die für Buchungsvorgänge oder ähnliches notwendigen Formulare beigefügt.

Die Jungen Unternehmer müssen sich um die Kapitalbeschaffung bemühen, indem sie Anteilscheine verkaufen. Ein Erwerb durch die Jungen Unternehmer oder ihre Familien wird jedoch begrenzt; deshalb gilt es, auch Außenstehende von der Geschäftsidee zu überzeugen. Aus diesem Kapitalstock werden alle nötigen Ausgaben getätigt, bis hin zur Lohnzahlung an die Mitarbeiter der Miniunternehmen. Ebenso müssen Steuern und Sozialabgaben von den Unternehmen abgeführt werden. Hierbei übernimmt der Projektträger die Funktion des Staates und der Sozialversicherungen. Für die Abwicklung ihrer Geschäftsvorgänge müssen die Miniunternehmen ein Bankkonto unterhalten. Bei verspäteten oder falschen Erklärungen müssen die Unternehmen genau wie im „richtigen Leben" mit Bußgeldern rechnen. Am Ende des Geschäftsjahres wird das Unternehmen aufgelöst und das vorhandene Kapital inklusive eines möglichen Gewinns an die Anteilseigner ausgeschüttet. Die Spanne der verschiedenen Geschäftsideen kann dabei vom Bedrucken von T-Shirts über die Herstellung von Parfüm, Postkarten oder Nachttischlampen bis hin zu Dienstleistungen wie der Organisation von Geburtstagsfeiern etc. reichen. Technisch komplizierte Produkte werden vermieden.

Innerhalb der Miniunternehmen sind verschiedene Abteilungen mit den entsprechenden Funktionen und Positionen der Mitarbeiter zu besetzen. Jedes Unternehmen ist selbständig für Marktforschung, Buchführung, die Auswahl der Lieferanten und alle finanziellen Transaktionen zuständig. So gibt es einen Geschäftsführer sowie die Leiter der technischen, finanziellen und kaufmännischen Abteilungen. An der Produktion nehmen jedoch alle Mitglieder gemeinsam teil. Die Unternehmensleitung wird von allen Mitgliedern eines Unternehmens gewählt. Während des Geschäftsjahres erfolgt ein Aufgabenwechsel, so daß jedes Mitglied die Abteilung wechselt und somit andere Aufgabengebiete kennenlernt. Auch die Geschäftsführung wird neu besetzt.

Formalen Eigenschaften muß das Miniunternehmen ebenfalls genügen. Dies bedeutet, daß regelmäßig Generalversammlungen einberufen werden, zu denen alle Anteilseigner eingeladen werden, und daß Geschäftsberichte erstellt werden müssen, die von gewählten Revisoren geprüft werden. Eine Betreuung der Unternehmen erfolgt durch Lehrer und Ratgeber aus der örtlichen Wirtschaft. Es stehen außerdem Koordinatoren aus der Wirtschaft als Ansprechpartner zur Verfügung.

Das Pilotprojekt: Miniunternehmen in Sachsen-Anhalt

Für die Jugendlichen in den neuen Bundesländern besteht noch mehr als in den alten Ländern die Notwendigkeit, sie frühzeitig in grundlegende wirtschaftliche Zusammenhänge einzuführen. Die Berufsorientierung sowie die Förderung unternehmerischen Denkens und Handelns sind weitere wichtige Aspekte. Von daher lag es nahe, die Pilotphase des Projektes in einem der neuen Bundesländer – in Sachsen-Anhalt – durchzuführen.

In einer Vorbereitungsphase mußten Kontakte hergestellt und der organisatorische Rahmen geschaffen werden. JUNIOR wurde in Zusammenarbeit mit der Wirtschaftsförderungsgesellschaft (WISA) des Landes organisiert. Eine Mitarbeiterin der Wirtschaftsförderungsgesellschaft fungierte als Koordination vor Ort für alle Unternehmen. Eine enge Abstimmung erfolgte mit den örtlichen Kammern, die auch dafür sorgten, daß sich Paten für die Miniunternehmen aus Unternehmen und Handwerksbetrieben zur Verfügung stellten.

Nachhaltig unterstützt wurde das Projekt auch vom Kultusministerium des Landes Sachsen-Anhalt, so wurden die berufsbildenden Schulen vom Kultusministerium benannt. Gymnasien wurden über die örtlichen Arbeitskreise SCHULE WIRTSCHAFT angesprochen. Das Kultusministerium erkannte das Projekt als schulische Veranstaltung an. Damit konnten versicherungstechnische Fragen für die Schüler geklärt werden.

Die Dresdner Bank förderte JUNIOR. Dort unterhielten die Schüler auch kostenlos die Konten ihrer Unternehmen. Außerdem konnten sie sich bei Fragen vor Ort bei den Experten der Bank informieren.

An drei Schulen (zwei berufsbildende Schulen und ein Gymnasium) in Magdeburg und Halle sind insgesamt acht Miniunternehmen mit durchaus zeitgemäßen und attraktiven Geschäftsideen gegründet worden. Es entstanden: Catering, Schulradio, 2 x Druckerzeugnisse, Software, Werbeagentur, Schülerzeitung, Nachhilfe/Dog-Sitting. Rund 80 Schüler nahmen an der Pilotphase teil. Wie im „richtigen Leben" haben nicht alle Miniunternehmen die Zielmarke erreicht. Eines mußte vorzeitig aufgeben, die anderen sieben haben ihr Geschäftsjahr jedoch erfolgreich abgeschlossen.

In einem ausführlichen Handbuch für jeden Schüler ist der genaue Ablauf des Projekts dokumentiert. Dort fanden die Schüler auch Hinweise für die Entwicklung einer Geschäftsstrategie, für einzelne Geschäftsvorgänge und Tips für die Durchführung von Sitzungen. Im Anhang sind unter anderem die für Buchungsvorgänge und Steuerzahlungen notwendigen Formulare beigefügt.

Einige Daten zu den JUNIOR-Unternehmen in Sachsen-Anhalt:

- Durchschnittlich arbeiteten 10 Schülerinnen und Schüler in einem Unternehmen.

- Zwischen 60 und 90 Anteilsscheine à 15 DM wurden verkauft, das entspricht einem Kapitalstock von 900 DM bis 1350 DM pro Unternehmen.

- Die jungen Unternehmer arbeiteten zwei bis drei Stunden in der Woche in ihrem Unternehmen (Schule soll nicht zu kurz kommen).

- Der Umsatz der Miniunternehmen lag im Durchschnitt bei etwa 3000 DM pro Geschäftsjahr.

- Die nach einem Jahr erwirtschaftete Kapitalrendite war unterschiedlich: Die Spannbreite reichte dabei von 12 über 40, 56, 60 bis hin zu 155 Prozent – alles in allem Größenordnungen, von dem manches „richtige" Unternehmen träumen kann.

Abschließend wurden die jungen Unternehmer im Rahmen einer Fragebogenaktion nach ihren Erfahrungen und Eindrücken befragt. Das wichtigste Ereignis war bei den meisten die erste Lohnzahlung, gefolgt von der Fertigstellung und dem Verkauf des ersten Produkts bis hin zur Abhaltung der ersten Hauptversammlung mit den Aktionären. Als größte Probleme wurden empfunden, Kunden zu finden und vor allem, die Arbeiten zu koordinieren, Kompetenzen abzugrenzen, sich in der Gruppe „zusammenzuraufen". Ein Unternehmen, die Schülerzeitung, plagte sich besonders mit der Zahlungsmoral ihrer Werbekunden.

Die Schüler haben nach eigenen Angaben wichtige Erfahrungen gewonnen, beispielsweise wie es ist, in einem Team zu arbeiten, was man alles tun muß, um eine Firma „ans Laufen" zu bringen und auch zu halten, welchen Grenzen und Gesetzen man sich unterwerfen muß.

Zwei Drittel der Schüler beurteilen JUNIOR „gut", ein Drittel sogar „sehr gut".

Perspektiven von JUNIOR

Die Pilotphase hat bis Juni 1995 angedauert. Ihr erfolgreicher Verlauf und Abschluß und ein ganz offensichtlich vorhandener Bedarf – das Projekt ist bereits über Sachsen-Anhalt hinaus auf große Resonanz gestoßen – veranlassen das Institut der deutschen Wirtschaft Köln, diese Idee weiter zu verbreiten. JUNIOR wird deshalb in Zukunft – in Trägerschaft des gemeinnützigen Instituts für angewandte wirtschafts- und gesellschaftswissenschaftliche Forschung e.V. (I.A.F.) und mit Partnern vor Ort – zunächst in Sachsen-Anhalt, Sachsen und Nordrhein-Westfalen fortgeführt. Langfristig ist ein sukzessiver Aufbau auch in allen anderen Bundesländern geplant.

Zusammenfassung

Verbände und Institutionen der Wirtschaft verfügen über ein breit gefächertes Angebot für Schulen. Es reicht von der Bereitstellung von Informations- und didaktisch aufbereitetem Material über Seminare und Vortragsveranstaltungen bis hin zur Vermittlung von Betriebsbesichtigungen und Praktikumsplätzen.

Die Organisationen der Wirtschaft verstehen sich dabei als Informationsvermittler und -anbieter. Schülern und Lehrern soll Gelegenheit gegeben werden, sich ein Bild von der Arbeitswelt zu machen, sich über Betriebsabläufe, Qualifikationsanforderungen und Berufsbilder aus erster Hand zu informieren.

Verschiedene Organisations- und Angebotsformen haben sich dabei in den vergangenen Jahren herausgebildet. Zum einen arbeiten Vertreter der Wirtschaft in den Arbeitskreisen SCHULE WIRTSCHAFT mit und öffnen ihre Verbände und Unternehmen für den Kontakt mit Schülern und Lehrern. Zum anderen haben Verbände und Organisationen der Wirtschaft ihre (branchen-)spezifischen Angebote für Schulen entwickelt.

Auch den besonderen Bedürfnissen der Pädagogen in den neuen Bundesländern nach Informationen über die soziale Marktwirtschaft und Unterrichtsmethoden wurde mit vertieften Angeboten Rechnung getragen. Diese reichen von Informationszentren für Lehrer (Initiative Lehrerbildung Ost: Arbeit Wirtschaft Berufswelt e.V.) bis zu Projekten für Schüler (JUNIOR **J**unge **Un**ternehmer **i**nitiieren – **o**rganisieren – **r**ealisieren).

Christiane Konegen-Grenier

Private Hochschulen

Inhalt

Vorbemerkung	132
Zum Stand der aktuellen Entwicklung	132
Historische Entwicklung	133
Rechtliche Rahmenbedingungen	134
Finanzierung und Management	137
Die Vorzüge: Praxisbezug, Internationalität, Leistungsmotivation und Betreuungsqualität	141
Die Problemfelder: rechtliche Überregulierung, fehlende Interdisziplinarität und ungesicherte Finanzausstattung	151
Ausblick: Impulse für das staatliche Hochschulsystem	154
Literatur	156
Anhang	158

Vorbemerkung

In einem traditionell vom Staat verantworteten Bildungssystem wie dem deutschen gelten private Einrichtungen im Hochschulbereich – je nach bildungspolitischem Standpunkt – mehr als richtungsweisende Vorbilder für die Reform des staatlichen Sektors oder mehr als von Sponsoren abhängige, nur für Geldeliten zugängliche Tendenzbetriebe. Gegenüber diesen zugespitzt formulierten Meinungen ergibt die im folgenden vorgenommene Situationsanalyse der privaten Hochschulen in der Bundesrepublik Deutschland ein wesentlich komplexeres Bild. So zeigt sich, daß der auch für private Hochschulen überaus große Einfluß des staatlichen Hochschulrechts die Errichtung meinungsgesteuerter Elitehochschulen verhindert, aber gleichzeitig auch den Aufbau eines größenmäßig bedeutsamen, inhaltlich und organisatorisch alternativen Hochschulangebotes in starkem Maße behindert.

Zum Stand der aktuellen Entwicklung

Private Hochschulen stellen in der Bundesrepublik Deutschland gegenüber den staatlichen Einrichtungen die Minderheit dar: Lediglich 67 der insgesamt 322 Hochschulen haben einen privaten Träger (Übersicht 1 im Anhang). Gemessen an der Zahl der Studierenden erweist sich der quantitative Stellenwert der privaten Einrichtungen als noch geringer: Von den insgesamt 1 875 184 Studenten im Wintersemester 1993/94 studierten nur 1,9 Prozent (36 104) an privaten Einrichtungen.

Die Mehrzahl (39) der gegenwärtig insgesamt 67 privaten Hochschulen befindet sich in Trägerschaft der Kirchen, kirchlicher Orden und Religionsgemeinschaften. Dementsprechend bilden religionswissenschaftliche Studiengänge den Schwerpunkt des kirchlichen Bildungsangebotes (Bundesministerium für Bildung, Wissenschaft, Forschung und Technologie 1995, 1 ff). Ein weiterer, wichtiger Fächerschwerpunkt ist die Sozialpädagogik, die an den 19 kirchlichen Fachhochschulen gelehrt wird. Auf diese Fachhochschulen entfallen gegenwärtig 40 Prozent aller Studienanfänger an privaten Hochschulen.

Die zweitgrößte Gruppe neben diesen religiös oder sozialpflegerisch ausgerichteten Institutionen stellen die wirtschaftsnahen Hochschulen dar: Von insgesamt sieben privaten Universitäten und 17 privaten Fachhochschulen werden in erster Linie wirtschaftsnahe Studienfächer wie Elektronik, Informatik, Chemie, Physikalische Technik, Wirtschaftswissenschaften sowie die Fächer Medizin und Zahnmedizin angeboten. Außerdem umfaßt das Studienangebot der nichtkirchlichen Hochschulen einige wenige geisteswissenschaftliche Studiengänge.

Eine weitere, kleinere Gruppe privater Hochschulen bilden die insgesamt vier Hochschulen für Kunst und Gestaltung.

Nicht in die Aufzählung einbezogen sind die Hochschulen einiger Bundesinstitutionen in staatlicher Trägerschaft. Dazu zählen die Universität der Bundeswehr, die Hochschulen der Telekom und der Bundesanstalt für Arbeit. Sie stellen insofern einen Grenzfall dar, als sie zwar staatliche Einrichtungen sind, dennoch aber nicht den für den sonstigen Hochschulbereich verfassungsmäßig zuständigen Landesgesetzgebungen unterstehen (Leibrecht, 1991, 494 f). Darüber hinaus gibt es noch eine Reihe von Privathochschulen, die ohne staatliche Anerkennung sind oder diese beantragt haben.

Im folgenden werden die wirtschaftsnahen Privathochschulen (Übersicht 2 im Anhang) im Vordergrund stehen, da ihr Studienangebot die allgemeinen Studienfachpräferenzen der Mehrheit der Studierenden berücksichtigt.

Historische Entwicklung

Anders als die angelsächsischen Hochschulen, die aus einem freien Zusammenschluß der Scholaren entstanden waren und auch heute noch über eine weitgehend staatsfreie Rechtsform der Körperschaft verfügen, lag in Deutschland die Gründung einer Universität meist in den Händen eines landesherrlichen Stifters. Auch die Gründung der legendären Humboldt-Universität geht auf die staatliche Initiative des preußischen Königs Friedrich Wilhelm III. zurück.

Dennoch gab es in der vom staatlichen Bildungsmonopol geprägten deutschen Universitätsgeschichte auch erfolgreiche private Initiativen, die im übrigen allerdings allesamt früher oder später in eine ausschließlich staatliche Trägerschaft überführt wurden (Leibrecht, 1991, 492 ff).

So entstand beispielsweise die Universität zu Köln im Jahre 1388 nicht auf Initiative eines Landesherren, sondern auf Betreiben des Rates der Stadt Köln und einiger einflußreicher Geschlechter des städtischen Patriziats. Wiederaufgebaut wurde die Universität Köln mit der durch den Industriellen Gustav von Mevissen gegründeten Handelshochschule. Erst im Jahre 1960 wurde die Universität Köln zur staatlichen Landeshochschule erklärt.

Ein weiteres Beispiel ist die Universität Frankfurt, die 1912 als private Stiftungsuniversität durch einige wohlhabende Familien wie die Senckenbergs, Rothschilds und Mertons gegründet wurde und schließlich im Jahre 1967 staatliche Landesuniversität wurde. Private Initiative stand auch am Beginn der Rheinisch-Westfälischen technischen Hochschule Aachen: Die private Stiftung des Wirtschaftsführers und Staatsmannes David Hansemann bildete 1858 das Fundament für das Polytechnische Institut, der Vorgängereinrichtung der heutigen Hochschule.

Rechtliche Rahmenbedingungen

Maßgebend für die Gestaltung der rechtlichen Rahmenbedingungen der Privathochschulen in der Bundesrepublik Deutschland sind auf der Ebene des Verfassungsrechtes das Grundgesetz und die Länderverfassungen sowie auf der Ebene des einfachgesetzlichen Rechtes das Bundesrecht und seine jeweiligen Ausgestaltungen in den einzelnen Landesgesetzen. Für die Hochschulen in kirchlicher Trägerschaft gelten im Artikel 140 des Grundgesetzes garantierte und durch Konkordate und Kirchenverträge fortgeschriebene Gründungsrechte, die den Kirchen gegenüber den sonstigen privaten Hochschulträgern weitgehende Gestaltungsfreiheiten einräumen (Thieme 1991, 6).

Die vergleichsweise geringe zahlenmäßige Bedeutung privater Einrichtungen im staatlichen Hochschulsystem wird durch die Behandlung in den Verfassungsgesetzen deutlich: Auf der Ebene der Landesverfassungen werden die privaten, nichtkirchlichen Hochschulen nur von wenigen Ländern wie beispielsweise Bremen oder Hessen erwähnt. Das Grundgesetz erwähnt private Hochschulen nicht. Allerdings sind eine Reihe verfassungsrechtlicher Prinzipien von Bedeutung für die Ausgestaltung privater Hochschuleinrichtungen.

Von Einfluß sind die Prinzipien der Wissenschaftsfreiheit (Artikel 5 Absatz 3) und der Privatschulfreiheit (Artikel 7 Absatz 4): Die grundgesetzlich garantierte Privatschulfreiheit räumt jedem Bürger das Recht ein, eine Schule zu gründen, wobei in der gegenwärtigen Rechtsauslegung dieses Recht auf den Hochschulbereich auszudehnen ist.

„Artikel 5 Absatz 3, der die Freiheit der Wissenschaft, der Lehre und Forschung gewährleistet, gibt demjenigen, der sich wissenschaftlich betätigen will, die Möglichkeit, die Art dieser Betätigung selbst zu bestimmen. Er braucht dies nicht als einzelner tun, sondern kann dazu auch eine organisierte Form wählen. Er kann es vor allem auch mittels einer Hochschule unternehmen" (Thieme, 1991, 4). Die durch das Grundgesetz garantierte freie Wissenschaftsausübung wird gestützt durch weitere grundrechtlich verankerte Prinzipien wie die Vereinigungsfreiheit, die Berufsfreiheit, die Unternehmensfreiheit sowie das Recht auf freie Persönlichkeitsentfaltung.

Das Prinzip der Wissenschaftsfreiheit ist nach Auffassung des Bundesverfassungsgerichtes jedoch nicht nur auf die Rechte der Hochschulgründer oder Hochschulträger zu beziehen. Vielmehr gilt das Recht auf freie Wissenschaftsausübung für alle Mitglieder einer Hochschule, indem die Hochschule als Institution insgesamt dazu angehalten ist, die im Grundgesetz verankerte Wertordnung zu achten (BVerfGE 7, 198 ff., 205; 73, 261 ff., 269, zitiert nach Thieme, 1991, 6). Damit ergibt sich auch für die Träger privater Hochschulen die Verpflichtung, das Prinzip der Wissenschaftsfreiheit gegenüber ihren Mitgliedern, besonders gegenüber ihren angestellten Hochschullehrern zu gewährleisten.

Die aus dem Verfassungrecht hergeleiteten, grundsätzlichen Existenzvoraussetzungen reichen allerdings noch nicht für die Ausführung öffentlich-rechtlicher Handlungen wie beispielsweise das Verleihen von Diplomen oder die Verwendung der Bezeichnung „Universität".

Voraussetzung für die Ausübung öffentlich-rechtlicher Befugnisse ist die staatliche Anerkennung, die durch das Hochschulrahmengesetz (§ 70) und seine Durchführung in den jeweiligen Landeshochschulgesetzen geregelt wird. Mit der staatlichen Anerkennung sind die folgenden Befugnisse und Rechtsbestimmungen verbunden, die in weiteren Einzelheiten durch die jeweiligen Landesgesetze geregelt werden (Thieme, 1991, 8 f.):

– Die Hochschule kann nach näherer Bestimmung des Landesrechts Hochschulprüfungen abnehmen und Hochschulgrade verleihen.

– Die Studiengänge sind den an staatlichen Hochschulen angebotenen Studiengängen gleichwertig und führen zu den gleichen Laufbahnberechtigungen im Öffentlichen Dienst.

– Die staatlich anerkannte Hochschule kann in das Verfahren der zentralen Studienplatzvergabe einbezogen werden und sich damit potentielle Studienbewerber sichern.

– Den Studienbewerbern an einer staatlich anerkannten privaten Hochschule steht finanzielle Unterstützung nach dem Bundesausbildungsförderungsgesetz (BAföG) zu.

Fünf Voraussetzungen müssen für die staatliche Anerkennung nach dem HRG erfüllt sein:

– Mit dem Studium an der privaten Hochschule müssen die Ziele realisiert werden, die das Hochschulrahmengesetz als allgemeine Ziele eines Studiums festgelegt hat: „Lehre und Studium sollen den Studenten auf ein berufliches Tätigkeitsfeld vorbereiten und ihm die dafür erforderlichen fachlichen Kenntnisse, Fähigkeiten und Methoden dem jeweiligen Studiengang entsprechend so vermitteln, daß er zu wissenschaftlicher oder künstlerischer Arbeit und zu verantwortlichem Handeln in einem freiheitlichen, demokratischen und sozialen Rechtsstaat befähigt wird" (HRG § 7).

– Es müssen mehrere nebeneinander bestehende oder aufeinanderfolgende Studiengänge angeboten werden.

– Die Studenten müssen die Aufnahmevoraussetzungen staatlicher Hochschulen erfüllen.

– Hauptberuflich Lehrende müssen die Einstellungsvoraussetzungen erfüllen, die für entsprechende Tätigkeiten an staatlichen Hochschulen gefordert werden.

– Die Angehörigen einer privaten, staatlich anerkannten Hochschule sollen an der Anwendung der Grundsätze des Hochschulrahmengesetzes mitwirken.

Ausgesprochen wird die staatliche Anerkennung durch die Wissenschaftsbehörde des jeweiligen Landes.

Finanzierung und Management

Das mit Auflagen verbundene Verfahren der staatlichen Anerkennung regelt allerdings nicht die Frage der Finanzierung, noch bestimmt es die Gestaltung der Hochschulverwaltung. Die Finanzierung nichtstaatlicher Hochschulen ist grundsätzlich Angelegenheit ihrer Träger.

In Ausnahmefällen gewähren Bund und Länder Zuschüsse zu den laufenden Personal- und Sachkosten. Diese Zuwendungen gründen nur in einigen Ländern auf einem gesetzlich verankerten Rechtsanspruch und werden von Land zu Land unterschiedlich gehandhabt (Bundesministerium für Bildung, Wissenschaft, Forschung und Technologie 1995, 3).

Neben diesen Sonderzuwendungen ist die Aufnahme privater Hochschulen in die von Bund und Ländern getragene Gemeinschaftsaufgabe Hochschulbau möglich. Aus- und Neubauvorhaben sowie die Anschaffung von Großgeräten können nach dieser gesetzlichen Regelung aus Bundes- und Landesmitteln finanziert werden.

Da die staatlichen Mittel mit einiger gesetzlich fundierter Planungssicherheit allenfalls für Maßnahmen des Hochschulbaus und nur in Ausnahmefällen für den laufenden Lehrbetrieb der privaten Hochschulen zu erwarten sind, ist für alle neuen Initiativen ein Mindestmaß an Gründungskapital notwendig.

In einigen Fällen wirtschaftsnaher Privathochschulen wird das Gründungskapital von interessierten Unternehmen und Wirtschaftsverbänden in eine Stiftung eingebracht. So beispielsweise an der European Business School in Oestrich-Winkel. Am Anfang dieser privaten Hochschule stand 1985/86 die „Stiftung zur Förderung der European Business School, Schloß Reichartshausen". Die Stiftung ist Mehrheitsgesellschafterin der European Business School gemeinnützige GmbH, die nunmehr der Rechtsträger der Hochschule ist.

Die Stiftung leistet Beiträge zur Deckung der laufenden Kosten für Lehre und Sachmittel. Sie beschafft außerdem Mittel für die Durchführung neuer Projekte, die Einrichtung neuer Lehrangebote, sie stellt außerdem die finanzielle Basis für die Ausweitung des Stipendienangebotes und sorgt für die Vergrößerung des Stiftungsvermögens.

Im Falle der European Business School ist die Stiftung von den hessischen Finanzbehörden als besonders förderungswürdig anerkannt. Zuwendungen sind daher zum steuerlichen Höchstsatz abzugsfähig. Die treuhänderische Verwaltung des Stiftungsvermögens liegt beim Stifterverband für die deutsche Wissenschaft (European Business School, 1992, 30).

Neben den Erträgen des Stiftungskapitals sind Studiengebühren sowie öffentliche und private Drittmittel weitere Finanzierungsquellen. Die Studiengebühren reichen von 150 DM pro Semester an der Fachhochschule für das öffentliche Bibliothekswesen bis zu 8100 DM pro Semester an der European Business School.

Fast alle privaten Hochschulen bieten Stipendienmöglichkeiten für finanziell schwächere Studienbewerber. An der European Business School erhalten 20 Prozent der Studierenden entweder ein Voll- oder Teilstipendium oder ein zinsloses Darlehen. Einen finanziellen Beitrag zu einer solchen Förderung leisten die bereits berufstätigen Absolventen der EBS im Rahmen des Alumni-Vereins „exebs".

Neben den Finanzierungsmodalitäten liegt ein weiterer wesentlicher Unterschied zu staatlichen Hochschulen in der Verwaltungs- und Finanzorganisation. Typisch ist die paritätische Besetzung der wichtigsten Entscheidungsgremien mit Vertretern der fördernden Wirtschaft und Vertretern der Hochschule.

So setzt sich beispielsweise das Direktorium der Universität Witten/Herdecke aus den insgesamt zwölf Gesellschaftern der Universitäts-GmbH zusammmen, von denen jeweils sechs Persönlichkeiten aus der Wirtschaft und dem Lehrkörper der Universität stammen (Schily, 1993, 193 ff.).

Um den Dialog mit den wichtigen gesellschaftlichen Gruppen zu fördern, hat die Universität Witten/Herdecke – wie auch die Mehrzahl der anderen privaten, wirtschaftsnahen Hochschulen – ein Kuratorium mit Persönlichkeiten aus Wissenschaft und Wirtschaft gegründet, das dem Direktorium beratend zur Seite steht.

Die Richtlinien für das Tagesgeschäft der Hochschule bestimmt als exekutives Organ das Präsidium, das sich aus dem Präsidenten und dem wissenschaftlichen sowie dem kaufmännischen Geschäftsführer der Hochschule zusammensetzt. Den Entscheidungen des Präsidiums gehen Beratungen mit dem Senat der Hochschule voraus. Im Senat vertreten sind alle Dekane aller fünf Fakultäten, sowie jeweils ein Student und ein weiteres Mitglied je Fakultät sowie die Mitglieder des Präsidiums.

Während der Senat die wissenschaftlich-inhaltlichen Angelegenheiten der Hochschule regelt, ist eine gesonderte Hochschulverwaltung mit den Personal- und Rechtsangelegenheiten sowie mit dem Finanz-, Rechnungs- und Berichtswesen und dem Fundraising für die Hochschule betraut.

Allerdings existieren in Witten/Herdecke wie auch in anderen privaten Hochschulen trotz der Aufgabenteilung zwischen Verwaltung und Hochschulorganen im Unterschied zu den staatlichen Hochschulen eine Vielzahl von Abstimmungs- und Entscheidungsmechanismen in Fragen der Finanz- und Personalplanung.

So werden die Einnahmen- und Kostenplanungen und damit verknüpfte, regelmäßige Soll-Ist-Vergleiche, die Investitionsplanung sowie das Jahresbudget zwischen den einzelnen Entscheidungsgremien abgestimmt: Beispielsweise wird das Jahresbudget, das auf laufend erhobenen Kostenkennzahlen des Studienbetriebes beruht und nach Kostenarten (Personal-, Sach-, Organisations-, Raum- und Instandhaltungskosten) und Verantwortungsbereichen gegliedert ist, vom Senat verabschiedet und dem Direktorium einmal jährlich zur Genehmigung vorgelegt.

Über den Soll-Ist-Vergleich des Jahresbudgets wird halbjährlich an das Direktorium und den Senat berichtet, monatlich an das Präsidium, die Dekane und Bereichsleiter. Daneben wird jährlich eine Gesamtkostenrechnung für die im Ablauf des kommenden Jahres zu erwartenden Kosten für Forschung und Lehre mit Ausweis der budgetierten Kosten, der Drittmittelforschung, den anteiligen Kosten des Studium Fundamentale sowie den Universitätsgemeinkosten erstellt und halbjährlich dem Direktorium sowie dreimonatlich dem Präsidium und den Dekanen mitgeteilt.

Kennzeichnend für diese Art des universitären Rechnungswesens ist die für alle Mitglieder der Hochschule erreichbare Transparenz der wirtschaftlichen Situation. Dies trägt zu einem Kostenbewußtsein aller Beteiligten, nicht zuletzt auch der Studenten bei. Das Bewußtsein, daß eine gute Hochschulausbildung hohe Kosten verursacht, mag der Ausgangspunkt für das solidarische Verhalten der Wittener und Reichartshausener Absolventen sein, die mit ihrem Spendenengagement zur Verbesserung der Finanzsituation ihrer Hochschulen beitragen.

Die Vorzüge: Praxisbezug, Internationalität, Leistungsmotivation und Betreuungsqualität

Die typischen Stärken und Schwächen der Absolventen privater Hochschulen waren Gegenstand einer Umfrage bei 206 Personalleitern, die das Institut der deutschen Wirtschaft Köln im Jahre 1993 durchführte. Alle Angaben beziehen sich auf das Betriebswirtschaftsstudium, lassen sich jedoch in den Aspekten „Praxisbezug" und „Leistungsmotivation" auch auf technische Fächer übertragen.

Die hauptsächliche Stärke der Privathochschulabsolventen liegt nach Auffassung der Unternehmensvertreter in der **Internationalität** der Ausbildung. Mit zu dieser Leistungsdimension zählen fundierte Sprachkenntnisse, die in einem Teilstudium im Ausland erworben wurden (Konegen-Grenier/List, 1993, 32).

Fast alle der insgesamt 16 nichtkirchlichen Privathochschulen mit wirtschaftswissenschaftlichen Studiengängen bieten die Möglichkeit zu einem Auslandsstudium. Jede zweite Hochschule geht in Sachen interkulturelle Ausbildung noch einen Schritt weiter und verankert die Studienleistungen im Ausland verbindlich in der Prüfungsordnung.

Besondere Ansprüche an die Mobilität der Studierenden stellt die Europäische Wirtschaftshochschule (E.A.P.) in Berlin: Im Laufe des dreijährigen Studiums, das auf einem bereits bestandenen Vordiplom aufbaut, müssen die Studenten jeweils ein Studienjahr an einer der drei ausländischen Niederlassungen in Oxford, Paris oder Madrid verbringen. Der Unterricht wird in der jeweiligen Landessprache abgehalten. Integriert ist in jedes Studienjahr ein praxisorientiertes Studienprojekt. Entsprechend der trinationalen Ausrichtung erhält der erfolgreiche Absolvent nicht nur den Titel Diplom-Kaufmann/Diplom-Kauffrau, sondern erwirbt auch zwei ausländische Abschlüsse.

Neben der Ortsveränderung und den fachlichen und sprachlichen Anforderungen wird die interkulturelle Kompetenz im Studienangebot der E.A.P. durch die international zusammengesetzten Studentengruppen gefördert. So waren beispielsweise in der Berliner Niederlassung zeitweilig 16 Nationen vertreten (abi Berufswahl-Magazin 1994, 32).

Während bei der Mehrzahl der privaten Hochschulen der Studienaufenthalt im Ausland einer straffen Organisation unterliegt und zeitlich im Studienplan fest verankert ist sowie vielfach auch hinsichtlich der Ortswahl bereits feste Bestimmungen enthält, wird an der Universität Witten/Herdecke eine sehr flexible Variante des Auslandsstudiums angeboten.

Ausgehend von dem für Witten/Herdecke charakteristischen Prinzip der Selbstverantwortlichkeit bei der Studiengestaltung soll jeder Studierende ein selbstgewähltes und selbstgestaltetes Auslandsprojekt in seine akademische Ausbildung integrieren. Frei ist auch die Wahl der zu bearbeitenden Fragestellung. Diese sollte so gewählt werden, daß zur Bearbeitung ein Aufenthalt im Ausland notwendig wird. Der Kontakt zu Ansprechpartnern in ausländischen Hochschulen, die bei der Recherche hilfreich sein können, wird von dem Studierenden eigenständig hergestellt. Die Fakultät leistet lediglich Hilfestellung. Dann organisiert der Studierende selbständig und selbstverantwortlich seinen Aufenthalt im gewählten Land, bearbeitet die ausgesuchte Problemstellung in einer Hausarbeit und läßt sich von dem zuvor ausgewählten Wissenschaftler prüfen. Im Idealfall kann mit dieser Prüfung ein in der heimischen Studienordnung verlangtes Wahlpflichtfach vollständig abgedeckt werden (Konegen-Grenier, 1993, 213 f.).

Neben der Internationalität der Ausbildung ist die **Praxisorientierung** nach Auffassung der vom Institut der deutschen Wirtschaft Köln befragten Personalleiter ein besonders hervorzuhebendes Qualitätsmerkmal der Ausbildung an Privathochschulen (Konegen-Grenier/List, 1993, 32).

Die enge Verbindung mit der Wirtschaftspraxis ist bei fast allen nichtkirchlichen Privathochschulen bereits durch den Gründungsvorgang gegeben: Durch die Bereitstellung von Stiftungs- beziehungsweise Gesellschafterkapital sind Vertreter großer und mittelständischer Unternehmen an der Entwicklung der Hochschule beteiligt. In manchen Fällen kommt zu einer finanziellen Unterstützung auch eine Beraterleistung beim Aufbau der Hochschulorganisation oder der inhaltlichen Konzeption des Studienangebotes.

So war Reinhard Mohn, Vorstandsvorsitzender der Bertelsmann Stiftung, wesentlich beteiligt am organisatorischen Aufbau der Universität Witten/Herdecke (Schily, 1993, 190). Die neugegründete Handelshochschule Leipzig verdankt wichtige Anregungen für die inhaltliche Konzeption einer – pro bono – Beratungsleistung der Firma McKinsey (Handelshochschule Leipzig, 1994a, 14).

Ein weiteres Element des Praxisbezugs ist durch die Vorbildung der Studierenden gegeben: Alle privaten Hochschulen erwarten eine abgeschlossene Berufsausbildung oder eine gleichwertige Praxiserfahrung von ihren Studienbewerbern.

Darüber hinaus realisiert sich der Praxisbezug – wie an engagierten staatlichen Hochschulen auch – durch die Einbindung von Unternehmensvertretern als Dozenten, durch die Integration von Praxisphasen in das Studium sowie durch die Bearbeitung praxisnaher Problemstellungen im Rahmen von Diplomarbeiten. Anders als an staatlichen Hochschulen haben die Studierenden allerdings durch die guten Praxiskontakte der privaten Hochschulen weniger Mühe, einen fruchtbaren Praxiskontakt herzustellen.

Ein weiterer Unterschied zu den Studienangeboten staatlicher Einrichtungen besteht auf inhaltlicher Ebene in einem bewußt generalistisch ausgerichteten Studienkonzept. Auf dem Hintergrund einer Wissenschaftsentwicklung, die durch Parzellierung in immer speziellere Fachgebiete gekennzeichnet ist, und in Anbetracht der Verunsicherung und Orientierungslosigkeit, die sich durch diese Entwicklung für die Studierenden ergeben, sind die privaten, wirtschaftsnahen Hochschulen bestrebt, ein ganzheitlich ausgerichtetes Studienkonzept anzubieten. Leitbilder für die Curriculumentwicklung sind das durch komplexe Wirkungszusammenhänge bestimmte Gesamtgeschehen im Unternehmen sowie die Wechselwirkungen zwischen Unternehmen und Gesellschaft.

Bei der Erarbeitung eines solchen ganzheitlich ausgerichteten Curriculums liegt ein wesentlicher Vorteil der privaten Hochschulen in den Arbeitsstrukturen: Durch die institutionelle Überschaubarkeit der im Vergleich zum staatlichen Sektor wesentlich kleineren Einrichtungen, durch die wettbewerbsintensivere Personalsituation der Hochschullehrer und durch die permanente Rückmeldung über die Ausbildungsleistungen werden Abstimmungsprozesse, wie sie für ein ganzheitliches Curriculum unabdingbar sind, wesentlich erleichtert.

Einen besonderen Akzent in der Curriculumentwicklung setzt die Handelshochschule Leipzig: Sie verfolgt einen ganzheitlichen Ansatz, indem „ die betriebswirtschaftlichen Teildisziplinen nicht gegeneinander abgegrenzt, sondern – auch unter Einbeziehung der makroökonomischen Perspektive – in unternehmerischen Prozessen dargestellt werden. Zentrales Thema in Forschung und Lehre ist darüber hinaus die Bedeutung der ‚non-economic factors‘, zum Beispiel der soziologischen und kulturellen Rahmenbedingungen, ohne deren genaues Verständnis Transformationsprozesse nicht erfolgreich gesteuert werden können" (Handelshochschule Leipzig, 1994b).

Die Analyse des gesellschaftlichen Umfeldes unternehmerischer Aktivitäten hat für die künftigen Studierenden der Handelshochschule Leipzig einen besonderen Stellenwert, da sie bereits während ihres Studiums im Rahmen von Praxisphasen als Assistenten der Geschäftsführung oder Manager auf Zeit in mittel- und osteuropäischen Unternehmen tätig sein werden.

Eine ganz andere Variante der Verbindung von Unternehmenspraxis und Hochschulstudium sind die in den letzten Jahren entstandenen dualen Studienangebote. Ausschlaggebend für die Einrichtung dieser praxisverbundenen Modelle waren im wesentlichen zwei Motive: Zum einen entstand in vielen Unternehmen vor dem Hintergrund einer starken Fluktuation von betrieblich ausgebildeten Abiturienten das Bedürfnis, gerade dieser Klientel ein System an attraktiver betrieblicher Aufstiegsfortbildung auf akademischem Niveau zu bieten, um eine Abwanderung in die Hochschulen zu verhindern. Zum anderen war und ist der nach Auffassung vieler Unternehmen immer noch unzulängliche Praxisbezug vieler Hochschulen ein starkes Motiv, auf dem privaten Sektor eine bessere Verbindung von Theorie und Praxis zu institutionalisieren.

Wie eine Umfrage des Instituts der deutschen Wirtschaft Köln sowie eine Reihe von Expertengesprächen mit Unternehmens- und Hochschulvertretern zeigen, ergibt sich ein gelungener Praxisbezug durch die Schulung von Transferfähigkeit und sozialer Kompetenz (Konegen-Grenier 1994, 10 f.). Beide Qualifikationen sind jedoch nicht ausschließlich innerhalb des akademischen Bereichs vermittelbar, sondern erfordern eine Integration der betrieblichen Realität in die akademische Ausbildung. Einer solchen Integration wird besonders durch den für duale Studiengänge typischen Wechsel der Lernorte Hochschule und Betrieb Rechnung getragen.

Insgesamt acht private Hochschulen bieten diese praxisverbundene Studienvariante an. Bemerkenswert sind die inhaltlichen und organisatorischen Unterschiede zwischen den dualen Studiengängen: Bei den Inhalten ergibt sich der markanteste Unterschied durch die Möglichkeit, neben dem Abschlußdiplom studienbegleitend eine Berufsausbildung zu absolvieren. Hinsichtlich des organisatorischen Aufbaus lassen sich konsekutive Modelle, in denen auf (in sich abgeschlossene) Phasen der Berufsausbildung Phasen des Studiums folgen, von Studiengängen unterscheiden, in denen betriebliches und akademisches Lernen in einem ständigen Wechsel stehen. Allerdings wird eine solche Klassifizierung erschwert durch eine Reihe von Studiengängen, in denen beide Organisationsprinzipien verknüpft werden.

Was den Status der Sudierenden angeht, so ergeben sich weitere Unterschiede: In manchen Fällen wird der Studierende während seines Studiums durch den Arbeitgeber finanziell gefördert und zeitlich freigestellt, in anderen Fällen trägt er die finanzielle und organisatorische Verantwortung für sein Studium allein.

Beispielhaft zu nennen für eine umfassende Förderung durch den jeweiligen Arbeitgeber ist die private Fachhochschule Nordakademie mit den dualen Studiengängen Betriebswirtschaft, Wirtschaftsingenieurwesen und Wirtschaftsinformatik. Die Nordakademie wurde im Herbst 1992 auf Initiative von 28 Unternehmen aus Schleswig-Holstein und Hamburg unter Federführung von Nordmetall, Verband der Metall- und Elektro-Industrie e.V., gegründet. Inzwischen ist die private Fachhochschule durch das Ministerium für Bildung, Wissenschaft, Kultur und Sport des Landes Schleswig-Holstein anerkannt.

In jeder der drei Fachrichtungen wechseln sich Praxisteile im Unternehmen (jeweils cirka dreizehn bis vierzehn Wochen pro Halbjahr) und Studiensemester an der Nordakademie (jeweils neun bis zehn Wochen) blockweise ab. Nach insgesamt vierjähriger Studien- und Ausbildungsdauer können je nach Fachrichtung die staatlich anerkannten Diplome erreicht werden.

Das Lernen an der Nordakademie erfolgt in kleinen Gruppen, wobei neben hauptberuflichen Dozenten, Professoren anderer Hochschulen und führende Praktiker aus der Wirtschaft eingesetzt werden. Zum Studienprogramm gehört eine intensive

Sprachausbildung (Englisch, Französisch, Spanisch), zudem runden Führungsseminare, Persönlichkeitstraining und ein interdisziplinäres Forschungsprojekt das Studienangebot ab. Die gesamte Ausbildung umfaßt acht Semester und wird mit einer Diplomprüfung, die auch eine praxisbezogene Diplomarbeit umfaßt, abgeschlossen.

Zulassungsvoraussetzungen sind die Fachhochschulreife oder das Abitur. Darüber hinaus muß eine erfolgreiche Bewerbung bei einem der kooperierenden Betriebe erfolgt sein. Zwischen Betrieb und Studierenden wird ein Praktikantenvertrag abgeschlossen, der zusichert, daß im Betrieb eine auf die jeweilige Studienrichtung abgestimmte Praxisausbildung durchgeführt wird. Der Vertrag gilt für die gesamte Studien- und Ausbildungszeit von vier Jahren, während dieser Zeit wird dem Studenten eine Ausbildungsvergütung gezahlt. Die Studiengebühren in Höhe von circa 2800 DM pro Semester werden vom jeweiligen kooperierenden Unternehmen übernommen.

Wesentlich auf die Selbständigkeit der Studierenden ausgerichtet ist das Studienangebot an den privaten Hochschulen der AKAD: Die Hochschulen für Berufstätige in Rendsburg, Lahr sowie Leipzig sind anerkannte Fachhochschulen in Trägerschaft der AKAD – Akademikergesellschaft für Erwachsenenbildung mbH. An den Hochschulen werden Studiengänge als Fernstudium angeboten, das ausgerichtet ist auf die Beibehaltung der Berufstätigkeit, so daß die bereits erworbenen praktischen Erfahrungen in das Studium eingebracht werden und die neu erworbenen theoretischen Kenntnisse unmittelbar in der Praxis angewendet werden können.

Die Lehre an den Hochschulen für Berufstätige erfolgt in einem Verbundsystem von Fernstudien mit Phasen des Präsenzstudiums. Die Fernstudien bestehen in Einheiten, die das an den Fachhochschulen zu vermittelnde Wissen unter Einbeziehung von Kontroll- und Übungsthemen enthalten. Die pädagogische Betreuung der Studenten und Studentinnen wird durch Korrekturen und Kommentieren der Hausarbeiten sowie durch telefonische und schriftliche Beantwortung von Fachfragen gewährleistet.

Als Präsenzveranstaltung sind fakultative Kurzseminare, fakultative Repetitorien sowie obligatorische Begleitseminare an Wochenenden und obligatorische Diplomandenseminare von mehrwöchiger Dauer vorgesehen.

Eine Sonderform innerhalb des Fernstudienangebotes der Hochschulen für Berufstätige stellt das sogenannte ausbildungsintegrierte Studium dar: Parallel zu einer kaufmännischen oder datenverarbeitenden Ausbildung werden die ersten beiden Studiensemester mit halbem Studientempo innerhalb von zwei Jahren absolviert. Nach erfolgreichem Abschluß der Berufsausbildung wird das Studium ab dem dritten Studiensemester mit normalem Tempo fortgesetzt.

Dieses integrierte Studienangebot richtet sich an Abiturienten. Die gleichzeitige Absolvierung von Studienanforderungen und Anforderungen der Berufsausbildung wird durch eine gezielte Abstimmung der fachlichen Inhalte gewährleistet. Der Studierende schließt einen Ausbildungsvertrag mit einem Unternehmen und darüber hinaus einen Lehrvertrag mit der jeweiligen Hochschule für Berufstätige.

Die Dauer der privaten Fernfachhochschulausbildung ist grundsätzlich variabel entsprechend den persönlichen Gegebenheiten des Studierenden. Die Studiengebühren betragen zwischen 500 und 600 DM je Studienmonat.

In ihrer Verknüpfung von Theorie und Praxis sind die dualen Studiengänge eine wichtige Innovation im Bereich der Hochschulausbildung. Eine wesentliche Voraussetzung für das erfolgreiche Absolvieren eines solchen Studienganges ist das zeitliche und intellektuelle Engagement der Studierenden. Damit ist die individuelle **Leistungsmotivation** angesprochen, die nach der Auffassung der vom Institut der deutschen Wirtschaft Köln befragten Personalleiter neben Praxisbezug und der Internationalität die besondere berufliche Leistungsfähigkeit der Absolventen ausmacht.

Die Leistungsmotivation der Absolventen kann als besonderes Merkmal der Privathochschulen gewertet werden, da an fast allen privaten Einrichtungen im Gegensatz zu den staatlichen Hochschulen ein mehrstufiges Auswahlverfahren zu bestehen ist. So verlangt die Wissenschaftliche Hochschule für Unternehmensführung, Otto-Beisheim-Hochschule, Koblenz, eine schriftliche und mündliche Aufnahmeprüfung. Zum Aufnahmewettbewerb wird zugelasssen, wer das Zeugnis der allgemeinen Hochschulreife besitzt, über gute Englischkenntnisse verfügt, qualifizierte Kenntnisse in einer weiteren Fremdsprache sowie entweder eine kaufmännische Lehre oder eine angemessene, mindestens dreimonatige berufspraktische Tätigkeit nachweisen kann. Die Aufnahmeprüfung besteht aus einem schriftlichen allgemeinen Studierfähigkeitstest sowie aus einem mündlichen Test in Form eines Assessment Centers.

Eine hohe Leistungsmotivation ist nicht nur unabdingbare Voraussetzung für die Zulassung zum Studium, sondern muß während des gesamten Studienablaufs gegeben sein, um die hohe Wochenstundenzahl und die verbindlich festgelegten studienbegleitenden Prüfungen bewältigen zu können. Ein außerordentlich positiver Nebeneffekt dieses anspruchsvollen Studienprogramms sind die im Vergleich zu vielen staatlichen Hochschulen überdurchschnittlich kurzen Studienzeiten.

Eine weitere Voraussetzung für eine kurze Studienzeit ist eine gute **Betreuungsqualität:** Der Kontakt zwischen Lernenden und Lehrenden sollte individuell auch außerhalb der Veranstaltungszeiten möglich sein, damit sowohl der fachliche Dialog als auch der persönliche Lernfortschritt des Studierenden gefördert werden. Bei diesen Aufgabenstellungen haben Dozenten und Professoren an privaten Hochschulen einen deutlichen Vorteil gegenüber ihren staatlichen Kollegen: Die Zahl der Studierenden ist aufgrund der durchweg geringen institutionellen Kapazität einer privaten Hochschule und aufgrund der daraus resultierenden hohen Selektivität bei der Studienbewerberauswahl verhältnismäßig klein. Anonymisierung und Desorientierung, wie sie an überlasteten staatlichen Fakultäten beklagt werden, treten an privaten Hochschulen demzufolge nicht auf.

Neben der fachlichen Diskussion und der Studienberatung ist das allgemeine Klima an einer Hochschule ein wichtiger Bestandteil der Betreuungsqualität. So wird an fast alle privaten Hochschulen großer Wert auf soziale und kulturelle Aktivitäten gelegt. Zahlreiche studentische Initiativen betätigen sich auf den Feldern Sport, Musik und Kunst. Der soziale Zusammenhalt wird darüber hinaus gefördert durch Absolventenvereine, die in manchen Fällen ihrer ehemaligen Hochschule auch finanzielle Förderung zukommen lassen.

Eine besondere Betreuungsinitiative wurde an der European Business School entwickelt. Den Studenten wird auf freiwilliger Basis die Teilnahme an einem Individuellen Entwicklungsplan (IEP) angeboten (Tistler-Kachel, 1994, 188 ff.). Auf der Basis eines mit rekrutierenden Unternehmen und beratenden Psychologen entwickelten Persönlichkeitsprofils können die Studenten durch studienbegleitende Coachinggespräche und Wochenendseminare gezielt ihre Defizite in den verschiedenen Persönlichkeitsbereichen verbessern. Die Seminare, die von externen Trainern angeboten werden, umfassen Themen wie beispielsweise „Kooperations-/Konfliktverhalten/Teamfähigkeit", „Arbeitsplanung/Organisation" oder „Problemlöseverhalten". Zusätzlich zu den Coachinggesprächen und den Seminaren werden mit jedem Studierenden individuelle „interne Lernfelder" definiert, so daß die neuerworbenen Methoden und Wissensanteile in das Studium eingebracht werden können. Den Studierenden soll durch diese Maßnahme bewußt werden, daß es an der Hochschule ausreichend Gelegenheiten gibt, eigene, selbständige Verhaltensmodifikationen zu erzielen.

Auslandsbezug, Praxisorientierung, Leistungsmotivation und Betreuungsqualität werden nicht auschließlich nur an privaten Hochschulen realisiert. Viele staatliche Hochschulen haben in den letzten Jahren in Sachen Auslands- und Praxisbezug bemerkenswerte Initiativen ergriffen. Dennoch werden die privaten Hochschulen auch in Zukunft durch die Kombination aller drei Qualitätsmerkmale solange einen Leistungsvorsprung aufweisen, solange die staatlichen Hochschulen aufgrund gesetzlicher Reglementierungen vor allem bei den Zulassungsverfahren keinen Gestaltungsfreiraum haben.

Die Problemfelder: rechtliche Überregulierung, fehlende Interdisziplinarität und ungesicherte Finanzausstattung

Ein großes Problem der privaten Hochschulen ist die **rechtliche Überregulierung**. Die vielfältigen Auflagen des staatlichen Anerkennungsverfahrens setzen den Gestaltungsmöglichkeiten privater Hochschulen enge Grenzen. Durch die Festschreibung der Habilitation als Qualifikationsvoraussetzung der Lehrenden sind experimentelle Wege, wie beispielsweise die hauptamtliche Lehrtätigkeit von erfahrenen Berufspraktikern ohne Professorentitel versperrt. Damit wird das umstrittene, langwierige Verfahren der Habilitation als Eingangsschwelle in den akademischen Lehrberuf eine weiteres Mal festgeschrieben.

Eine ähnliche Problemlage ergibt sich für die Studierenden: Auch hier können keine Innovationen gewagt werden, indem beispielsweise erfahrenen Berufstätigen ohne umständliche Auflagen der Zugang zur Hochschule ermöglicht wird. Ein geringer Spielraum für inhaltliche Innovationen ist darüber hinaus auf die Verpflichtung zu einer staatlichen Genehmigung von Studienordnungen zurückzuführen: Gängige Studienstrukturen sind daher nur schwer zugunsten beispielsweise interdisziplinärer, fakultätsübergreifender Studienangebote zu überwinden.

Zu einer sehr kritischen Bewertung der rechtlichen Rahmenbedingungen von Privathochschulen kommt der Hochschulrechtler Werner Thieme: „Nur die Privathochschulen haben Chancen, Reformbedürfnisse zu erfüllen . . . Freilich müßte hierzu § 70 HRG völlig umgestaltet werden. Denn er ist gerade so gestaltet, daß er nur denjenigen privaten Hochschulen eine staatliche Anerkennung gibt, die es möglichst genauso machen, wie die staatlichen Hochschulen es machen müssen, Hochschulen, deren Effektivität bekanntermaßen relativ gering ist. Richtiger wäre es, zu sagen eine private Hochschule wird nur dann anerkannt, wenn sie es in gewichtigen Fragen gerade anders macht als die staatliche Hochschule, wenn sie Initiativen ergreift, Reformen versucht und Experimente wagt" (Thieme, 1991, 22).

Ein mit der geringen institutionellen Größe zusammenhängendes Problem ist die unzureichende Basis für **Interdisziplinarität** in Forschung und Lehre. Vor allem die für Produktinnovationen wesentliche Kooperation von Technikern und Ökonomen kann an der Mehrheit der privaten Hochschulen mangels ingenieurwissenschaftlicher Lehr- und Forschungsbereiche nicht geleistet werden.

Ein Problemfeld von existentiellen Ausmaßen ist die Frage der **Finanzausstattung**: Auch in diesem Punkt sollten nach den Vorstellungen des Hochschulrechtlers Werner Thieme entscheidende gesetzliche Initiativen greifen, indem die privaten Hochschulen einen analogen Status zu privaten Schulen erhalten und damit auf einer breiteren Rechtsgrundlage in die Finanzierung durch die Öffentliche Hand einbezogen werden können (Thieme 1991, 10).

Da das Grundkapital oder das Stiftungsvermögen der meisten bundesdeutschen Privathochschulen im Vergleich zu amerikanischen Verhältnissen relativ bescheiden ist (vgl. hierzu den Beitrag von Christoph Mecking auf Seite 197 ff.), müssen die Aufgaben in Lehre und Forschung in einem Klima ständiger Existenzsorge erbracht werden. Daß auf dem Hintergrund von Finanzierungsunsicherheiten unkonventionelle Neuerungen im Studienangebot mit sehr großer Zurückhaltung angegangen werden müssen, ist nachvollziehbar.

Geht ein solche Zurückhaltung einher mit einer Orientierung an den inhaltlichen und personalpolitischen Maßstäben des staatlichen universitären Massenbetriebes, so begibt sich die Hochschule nach Auffassung des Wittener Hochschullehrers Ekkehard

Kappler leicht in einen Teufelskreis: „Idee und Wirklichkeit beginnen sich zu trennen. Die Folge: Die Finanzierung wird noch schwieriger, denn die Allerweltsabwicklung gibt es überall, und das Auseinanderfallen von Idee und Wirklichkeit ist billiger zu haben. Das intelligente Kapital interveniert dann nicht durch Eingreifen in einen fremden Bereich, sondern durch Fernbleiben wegen mangelnder Kreativität und dem Fernbleiben von Innovationen" (Kappler, 1994, 274).

Nicht nur unkonventionelle Innovationen, sondern auch die kontinuierliche Weiterentwicklung und Evaluation von Ausbildungsprofilen in der Lehre, vor allem aber der lange Zeiträume benötigende Aufbau einer Forschungsgruppe mit langfristigen Aufgabenstellungen werden durch die Finanzierungsunsicherheit in Frage gestellt.

Erschwert wird die Sicherung einer personellen Kontinuität nach Auffassung des Koblenzer Rektors Jürgen Weber durch das an staatlichen Hochschulen geltende Beamtenrecht: „Zum einen besteht keine realistische Möglichkeit, ältere Kollegen für eine unbefristete Zeit zu gewinnen. Verläßt ein Beamter den Staatsdienst, so verliert er alle beamtenrechtlichen Pensionsansprüche und wird in der „normalen Rentenversicherung" nachversichert. Die dort geltende Obergrenze unterschreitet allerdings den Pensionsanspruch eines Hochschullehrers erheblich. Diesen Unterschied für einen Hochschullehrer mit einer Restbeschäftigungszeit von zehn und weniger Jahren versicherungsmäßig nachzubilden, führt zu prohibitiv hohen Aufwendungen, die nicht leistbar sind . . . ".

Zum anderen sind die an der privaten Hochschule beschäftigten Kollegen mit einem spiegelbildlichen Problem konfrontiert: Die Kultusbehörden berufen Kollegen aus dem nichtstaatlichen Bereich nur bis zu einer bestimmten Altersgrenze. Wer diese Schwelle überschreitet, verliert die Möglichkeit des Wechsels in den staatlichen Universitätsbereich. Gerade vor dem Hintergrund des grundsätzlichen Existenzrisikos privater Hochschulen wird hiermit ein starker Anreiz ausgeübt, die private Institution als befristete Durchgangsstation anzusehen" (Weber, 1994, 260).

Ausblick: Impulse für das staatliche Hochschulsystem

Die in den Bereichen Internationalität, Praxisbezug und Leistungswettbewerb beschriebenen Vorzüge privater Hochschulen sind prinzipiell auch an staatlichen Einrichtungen realisierbar, wie aus einer Umfrage des Instituts der deutschen Wirtschaft über Innovative Studiengänge hervorgeht (Konegen-Grenier, 1993, 9 ff.). Allerdings geht in allen Fällen die Entwicklung und Durchführung attraktiver Studienangebote mit einem besonderem Engagemant einzelner Hochschullehrer einher, das im Rahmen der gegenwärtigen Personalpolitik an staatlichen Hochschulen keine gesonderte Honorierung nach sich zieht und somit allein auf individueller Motivation beruht.

Damit Innovationen in der Lehre im staatlichen Bereich eine noch weitere Verbreitung finden und weniger von einzelnen Glücksfällen individueller Motivation abhängig bleiben, muß ein System der Qualitätsicherung in der Hochschullehre verbunden werden mit Maßnahmen zur leistungsbezogenen Steuerung der Finanzausstattung.

Wesentliche Voraussetzung für eine Qualitätskontrolle ist die Transparenz der Ausbildungsprozesse. Aktuell abgeschlossene Begutachtungsverfahren wie die unter Leitung der Hochschulinformationssystem GmbH Hannover vorgenommene peers-Evaluation zeigen, daß die Bewertung von Ausbildungsqualität durch fehlenden Informationsaustausch und unzureichende Kooperation zwischen den Lehrenden eines einzelnen Fachbereiches erschwert wird (Christian-Albrechts-Universität zu Kiel, Universität Hamburg, 1995, 95).

Das Fehlen einer permanenten kritischen Selbstbeobachtung der Ausbildungsleistung ist dagegen für die privaten Hochschulen undenkbar, da sie gegenüber studentischen, privatwirtschaftlichen und staatlichen Geldgebern gezwungen sind, ihre Ausbildungsleistungen offenzulegen.

Um eine solche Rechenschaftslegung auch für die staatlichen Hochschulen verbindlich zu machen und damit die für Qualitätssicherungsmaßnahmen wesentliche interne Kommunikation und Kooperation in Gang zu setzten, sollten nach niederländischem Vorbild neue Handlungsspielräume in Fragen der Studienorganisation, des Personaleinsatzes und der Mittelbewirtschaftung nur dann eingeräumt werden, wenn die Hochschulen sich zur Selbstevaluation verpflichten. Darüber hinaus sollte die Wissenschaftsadministration positive und negative finanzielle Anreize in Erwägung ziehen, wenn sich herausstellt, daß ein Fachbereich über längere Zeit nicht in der Lage ist, selbstgesetzte Ausbildungsziele zu realisieren.

Neben der Einrichtung eines Systems der Qualitätssicherung sind zur Realisierung von Verbesserungen in den Bereichen Leistungswettbewerb und Betreuungsqualität Änderungen in den rechtlichen und materiellen Rahmenbedingungen erforderlich.

Hinsichtlich der materiellen Situation sollte die seit Jahren ungünstige Betreuungsrelation nicht durch zusätzliche Sparmaßnahmen weiter verschlechtert werden. Nach Berechnungen des Wissenschaftsrates wurden bereits 1990 je Stelle wissenschaftliches Personal 50 Prozent mehr Hauptstudiumsstudenten ausgebildet als 1980 (Wissenschaftsrat, 1992, 22)

Die intensive Betreuungsleistung und leistungsorientierte Arbeitsatmosphäre privater Hochschulen basiert im wesentlichen auf dem Recht, sich die Studierenden selbst auswählen zu können und die Studentenzahl begrenzen zu können.

Eine Übertragung dieser Rechte auf staatliche Institutionen setzt eine Revision der gegenwärtigen Grundgesetzinterpretation voraus: Im Numerus-clausus-Urteil von 1972, das in der Folge die rechtliche Grundlage für den Öffnungsbeschluß der Ministerpräsidenten der Länder aus dem Jahre 1977 bildete, verpflichtete das Bundesverfassungsgericht die Hochschulen zur erschöpfenden Nutzung ihrer Kapazitäten. Eine an Leistungskriterien orientierte Auswahl der Studienbewerber und – damit auch zwangsläufig verbunden – eine Ablehnung nicht geeigneter Bewerber, wie sie an privaten Hochschulen üblich ist, würde eine Modifikation der Rechtssprechung erfordern. Notwendig wäre daran anschließend eine Verlagerung der zentral vorgenommenen, an einheitlichen Leistungskriterien (Abiturnoten) orientierte Zuweisung von Studienplätzen durch die Zentralstelle für die Vergabe von Studienplätzen in die Zuständigkeit der Hochschule, besser noch in die Zuständigkeit der Fachbereichsleitungen.

Zusammenfassend läßt sich feststellen, daß nicht nur die weitere Entwicklung der privaten Hochschulen von einer Lockerung der restriktiven rechtlichen Rahmenbedingungen abhängt. Auch die Verwertung von innovativen Impulsen des privaten Sektors durch staatliche Institutionen erfordert eine rechtliche Deregulierung mit dem Ziel einer größeren Hochschulautonomie.

Literatur

abi Berufswahl-Magazin: Witten & Co., 1/94, Seite 30 bis 33
Bundesministerium für Bildung und Wissenschaft, 1993: Nichtstaatliche Hochschulen in der Bundesrepublik Deutschland, Reihe Bildung – Wissenschaft – Aktuell 21/93, Bonn
Bundesministerium für Bildung, Wissenschaft, Forschung und Technologie (Hrsg.), 1995: Nichtstaatliche Hochschulen in der Bundesrepublik Deutschland, – Eine Übersicht –, Bonn
Christian-Albrechts-Universität zu Kiel, Universität Hamburg, Kiel und Hamburg, 1995: Gemeinsamer Abschlußbericht der Universitäten Hamburg und Kiel zum Pilotprojekt Evaluation in den Studienfächern Biologie und Germanistik
European Business School (Hrsg.), 1992: Die European Business School, Schloß Reichartshausen am Rhein, Oestrich-Winkel
Handelshochschule Leipzig, 1994a: Festakt zur staatlichen Anerkennung
Handelshochschule Leipzig, 1994b: Selbstdarstellung
Kappler, Ekkehard, 1994: Vorteile und Nachteile kleiner Eliteuniversitäten im Bildungssystem der Bundesrepublik Deutschland; in: Hochschuldidaktik und Hochschulökonomie, Ergänzungsheft der Zeitschrift für Betriebswirtschaftslehre, 2/94, Seite 265 bis 281

Konegen-Grenier, Christiane / **List**, Juliane, 1993: Die Anforderungen der Wirtschaft an das BWL-Studium, Köln

Konegen-Grenier, Christiane (Hrsg.), 1993: Studienführer Innovative Studiengänge, Köln

Konegen-Grenier, Christiane, 1994: Hochschulen und Unternehmen im Ausbildungsverbund, Köln

Leibrecht, Thomas, 1991: Die private Hochschule in Deutschland; in: Universität und Bildung, Seite 491 bis 510

Schily, Konrad, 1993: Der staatlich bewirtschaftete Geist, Wege aus der Bildungskrise, Düsseldorf

Thieme, Werner, 1991: Privatuniversitäten im Hochschulrecht der Bundesrepublik Deutschland; in: Aktuelle Probleme des Hochschulrechts, Beiträge zum Universitätsrecht, Schriftenreihe des Forschungsinstitutes für Universitätsrecht der Johannes-Kepler-Universität Linz, herausgegeben von Rudolf Strasser, Band 12, Seite 1 bis 23, Wien

Tistler-Kachel, Agnes, 1994: Studienbegleitende Persönlichkeitsbildung junger Führungsnachwuchskräfte an der European Business School Schloß Reichartshausen (ebs); in: Christiane Konegen-Grenier und Winfried Schlaffke (Hrsg.), Praxisbezug und Soziale Kompetenz, Köln

Weber, Jürgen, 1994: Vor- und Nachteile kleiner privater Hochschulen; in: Hochschuldidaktik und Hochschulökonomie, Ergänzungsheft der Zeitschrift für Betriebswirtschaftslehre, 2/94, Seite 251 bis 264

Wissenschaftsrat, (1992): Eckdaten und Kennzahlen zur Lage der Hochschulen, Köln

Anhang

Übersicht 1

Angaben zur Zahl der Studienanfänger und der Gesamtzahl der Studenten der 67 privaten Hochschulen in der Bundesrepublik Deutschland im Jahr 1993 und 1994

Nr.	Name der Hochschule	Zahl der Studienanfänger		Gesamtzahl der Studenten	
		1993	1994	1993	1994
1.	Augustana-Hochschule, Neuendettelsau	67	66	303	304
2.	Evangelische Hochschule für Kirchenmusik (Saale)	10	10	55	59
3.	Hochschule für Jüdische Studien, Heidelberg	18	23	90	134
4.	Hochschule für Philosophie, München	54	33	391	372
5.	Katholische Universität Eichstätt	636	749	3 726	3 701
6.	Kirchliche Hochschule Bethel, Bielefeld	109	110	391	403
7.	Kirchliche Hochschule Wuppertal	75	225	243	255
8.	Lutherisch-Theologische Hochschule, Oberursel	19	18	46	61
9.	Philosophische Hochschule der Pallotiner[1]	–	–	–	–
10.	Philosophisch-Theologische Hochschule der Franziskaner und Kapuziner	17	5	66	50

11.	Philosophisch-Theologische Hochschule der Salesianer Don Bosco, Benediktbeuern	25	40	130	312
12.	Philosophisch-Theologische Hochschule Sankt Georgen	36	36	320	320
13.	Philosophisch-Theologische Hochschule SVD, Sankt Augustin	8	5	46	75
14.	Philosophisch-Theologisches Studium Erfurt	16	23	242	211
15.	Theologische Fakultät Fulda	4	7	47	47
16.	Theologische Fakultät Paderborn	16	18	134	175
17.	Theologische Fakultät Friedensau	65	37	32	74
18.	Theologische Hochschule Vallendar der Pallotiner	3	14	75	78
19.	Europäische Wirtschaftshochschule, Berlin	183	196	520	530
20.	European Business School, Oestrich-Winkel	170	164	780	765
21.	Gustav-Siewerth-Akademie	11	4	23	23
22.	Handelshochschule Leipzig[2]	–	–	–	–
23.	Universität Witten/Herdecke	60	85	264	458
24.	Wissenschaftliche Hochschule für Unternehmensforschung – Otto Beisheim –	61	61	217	218
25.	Fachhochschule für Sozialarbeit und -pädagogik, Berlin	153	111	576	597

Übersicht 1 (Fortsetzung)

Nr.	Name der Hochschule	Zahl der Studienanfänger		Gesamtzahl der Studenten	
		1993	1994	1993	1994
26.	Evangelische FH, Darmstadt	201	197	755	767
27.	Evangelische FH für Diakonie, Ludwigsburg	–	22	–	22
28.	Evangelische FH für Sozialarbeit, Dresden	103	105	204	320
29.	Evangelische FH für Sozialpädagogik „Rauhes Haus"[3]	50	50	199	205
30.	Evangelische FH für Sozialwesen, Ludwigshafen	97	115	444	468
31.	Evangelische FH für Sozialwesen, Reutlingen	107	98	383	375
32.	Evangelische FH, Hannover	295	240	1 019	1 019
33.	Evangelische FH Rheinland-Westfalen-Lippe	281	173	1 669	1 693
34.	Evangelische Stiftungsfachhochschule, Nürnberg	92	107	542	559
35.	FH für Religionspädagogik und Gemeindediakonie, Moritzburg	17	18	61	70
36.	FH für Sozialwesen, Religionspädagogik und Gemeindediakonie, Freiburg	126	125	546	544
37.	Katholische FH, Berlin	98	157	466	477

38.	Katholische FH, Mainz	115	140	469	468
39.	Katholische FH für Soziale Arbeit, Saarbrücken	50	55	214	220
40.	Katholische FH, Freiburg	226	225	908	909
41.	Katholische FH Norddeutschland	211	73	610	239
42.	Katholische FH, München	230	310	1 424	1 402
43.	DMT-Fachhochschule Bergbau	265	230	1 249	1 213
44.	FH Telekom, Leipzig	107	90	330	411
45.	FHDW Paderborn	36	89	36	140
46.	FH Fresenius, Wiesbaden	47	32	269	268
47.	FH Bergbau, Saarbrücken	34	24	143	90
48.	FH öffentliches Bibliothekswesen, Bonn[4]	20	0	36	0
49.	FOM Essen	–	137	–	137
50.	FH Heidelberg	163	204	561	561
51.	FH Isny	154	154	505	350
52.	FH Wedel	225	234	1 041	1 021
53.	HfB Frankfurt/Main	83	134	306	392
54.	FH Rendsburg	279	650	4 135	4 037
55.	ISM Dortmund	62	123	185	242

Übersicht 1 (Fortsetzung)

Nr.	Name der Hochschule	Zahl der Studienanfänger		Gesamtzahl der Studenten	
		1993	1994	1993	1994
56.	Nordakademie Pinneberg	119	122	270	331
57.	Ostdeutsche Hochschule für Berufstätige (AKAD)	223	155	223	378
58.	Rheinische FH, Köln	200	241	932	974
59.	Süddeutsche FH für Berufstätige (AKAD)	1 433	713	1 995	1 796
60.	Alanus-Hochschule	82	74	248	277
61.	Freie Kunststudienstätte Ottersberg[5]	55	40	465	646
62.	Merz-Akademie, Stuttgart	55	55	178	197
63.	FH für Kunsttherapie Nürtingen	34	47	192	192
64.	Philosophisch-Theologische Hochschule der Redemptoristen in Hennef	3	1	12	8
65.	Theologische Fakultät, Trier	34	31	192	192
66.	Ukrainische Universität	60	67	264	267
67.	Katholische FH Nordrhein-Westfalen[6]	584	629	3 172	3 005
	Insgesamt	8 472	8 526	35 569	36 104

1 Studienbetrieb ruht zur Zeit.
2 Sind noch im Aufbau begriffen, es existieren nur Planzahlen für 1995/96.
3 Aufnahmetermin bisher nur im Sommersemester.
4 Nehmen nur im dreieinhalbjährigen Turnus auf.
5 Studienbetrieb läuft in Trimestern ab, Angaben beziehen sich auf Herbsttrimester 93 und Wintertrimester 94.
6 Standorte Paderborn, Münster, Köln, Aachen.

Anzahl der Studienanfänger 1993:	8 422
Gesamtanzahl der Studenten 1993:	35 569
Anzahl der Studienanfänger 1994:	8 526
Gesamtanzahl der Studenten 1994:	36 104

Übersicht 2

Private Hochschulen in nichtstaatlicher Trägerschaft mit wirtschaftswissenschaftlichen, technischen und medizinischen Fachrichtungen

Name der Hochschule	Fachrichtungen	Studenten 1994	Studienanfänger 1994	Studiengebühren pro Jahr in DM
E.A.P. Europäische Wirtschaftshochschule, Berlin	– Internationale Betriebswirtschaft	530	196	8 235
DMT-Fachhochschule Bergbau	– Rohstoffe, Bergbau und Geotechnik – Bergtechnik, Steine und Erden/Tagebautechnik – Geotechnik und Angewandte Geologie – Allgemeine Vermessung/Berg- und Ingenieurvermessung – Maschinentechnik – Verfahrenstechnik – Elektrotechnik	1 313	230	keine Studiengebühren
EUROPEAN BUSINESS SCHOOL, Oestrich-Winkel	– Betriebswirtschaftslehre – Wirtschaftsinformatik	765	164	16 200

Deutsche Telekom AG, Niederlassung Leipzig, Fachhochschule	– Nachrichtentechnik	411	90	keine Studiengebühren
FHDW Fachhochschule der Wirtschaft, Paderborn	– Wirtschaft – Wirtschaftsinformatik	140	89	12 000
Fachhochschule Fresenius, Wiesbaden	– Chemie	268	32	3 270
Fachhochschule für Bergbau, Saarbrücken	– Bergtechnik – Bergvermessungstechnik – Maschinentechnik – Elektrotechnik – Verfahrenstechnik	90	24	keine Studiengebühren
Fachhochschule für Oekonomie und Management (FOM), Essen	– Betriebswirtschaftslehre – Wirtschaftsinformatik	137	137	5 880

Übersicht 2 (Fortsetzung)

Name der Hochschule	Fachrichtungen	Studenten 1994	Studienanfänger 1994	Studiengebühren pro Jahr in DM
Fachhochschule Heidelberg	– Betriebswirtschaft – Informatik – Architektur – Elektronik – Maschinenbau – Wirtschaftsingenieurwesen – Sozialarbeit – Musiktherapie	561	204	7 080 Musiktherapie: 5 040 (haben außerdem für körperbehinderte Studenten einen Kostensatz, der sich jährlich ändert)
Fachhochschule Isny	– Allgemeine Physik – Physikalische Elektronik – Informatik – Allgemeine Chemie – Lebensmittelchemie – Pharmazeutische Chemie	350	154	Allgemeine Physik, Physikalische Technik: 3 600; Allgemeine Chemie, Lebensmitteltechnik, Pharmazeutische Chemie: 3 600; Informatik: 4 200

Fachhochschule Wedel	– Physikalische Technik – Technische Informatik – Wirtschaftsinformatik – Wirtschaftsingenieurwissenschaften	1 021	234	Physikalische Technik, Technische Informatik, Wirtschaftsinformatik: 2 100, Wirtschaftsingenieurwesen: 3 000
Handelshochschule Leipzig	– Betriebswirtschaftslehre/ Unternehmensführung	Start im Februar 1996	1996 = 60 bis 120 (geplant)	12 000 (geplant)
Hochschule für Bankwirtschaft (HfB), Frankfurt/Main	– Betriebswirtschaftslehre	306	134	7 600
Fachhochschule für Berufstätige, Rendsburg	– Betriebswirtschaft – Wirtschaftsinformatik – Wirtschaftsingenieurwesen (Aufbaustudium) – Wirtschaftsinformatik (Aufbaustudium)	4 037	650	Betriebswirtschaft: 6 120 Wirtschaftsinformatik: 7 200 Aufbaustudium Wirtschaftsingenieurwesen: 7 080 Aufbaustudium Wirtschaftsinformatik: 8 040

Übersicht 2 (Fortsetzung)

Name der Hochschule	Fachrichtungen	Studenten 1994	Studienanfänger 1994	Studiengebühren pro Jahr in DM
ISM – International School of Management, Dortmund	– Internationale Betriebswirtschaftslehre – Touristik und Hotelmanagement	242	123	12 100
Merz-Akademie, Stuttgart	– Kommunikationsdesign	197	55	5 880 (zzgl. Materialkosten)
Nord-Akademie, Pinneberg	– Wirtschaftsingenieurwesen – Wirtschaftsinformatik – Betriebswirtschaft	331	122	Betriebswirtschaft, Wirtschaftsinformatik: 5 950, Wirtschaftsingenieurwesen: 6 900

Ostdeutsche Hochschule für Berufstätige, Leipzig	– Betriebswirtschaft – Wirtschaftsinformatik – Aufbaustudium Wirtschaftsingenieurwesen – Aufbaustudium Wirtschaft – Aufbaustudium Betriebswirtschaft	378	155	Betriebswirtschaft: 6 120 Wirtschaftsinformatik: 7 200 Aufbaustudium Wirtschaftsingenieurwesen: 7 080 Aufbaustudium Wirtschaft: 7 080 Aufbaustudium Betriebswirtschaft: 6 960
Süddeutsche Hochschule für Berufstätige, Lahr	– Betriebswirtschaft – Wirtschaftsinformatik – Aufbaustudium Wirtschaftsingenieurwesen – Aufbaustudium Diplom für Wirtschaft	1 796	713	Betriebswirtschaft: 620, Wirtschaftsinformatik: 7 200 Aufbaustudium Wirtschaftsingenieurwesen: 7 080 Aufbaustudium Diplom für Wirtschaft: 7 080

Übersicht 2 (Fortsetzung)

Name der Hochschule	Fachrichtungen	Studenten 1994	Studienanfänger 1994	Studiengebühren pro Jahr in DM
Universität Witten/Herdecke	– Humanmedizin – Zahn-, Mund- und Kieferheilkunde – Wirtschaftswissenschaften – Naturwissenschaften (Biochemie) – Physik – Chemie – Musiktherapie – Umwelttechnik und Umweltmanagement	458	85	Werden nur für die Regelstudienzeit erhoben! Medizin: 5 940 Wirtschaftswissenschaften: 6 600 Zahnmedizin: 5 400 Biochemie: 5 400 Musiktherapie: 5 400
Wissenschaftliche Hochschule für Unternehmensführung – Otto Beisheim-Hochschule – Vallendar	– Unternehmensführung	218	61	11 000

Kurt W. Schönherr

Chancen und Risiken privater Fernhochschulen

Inhalt

Privathochschulen in Deutschland	172
Das Hochschulfernstudium und die Privathochschulen	173
Das Studienangebot und die Studentenschaft im Hochschulfernstudium	173
Der Staat und die Privathochschulen	174
Privathochschulen im Wettbewerb	176
Die Erfolgsvoraussetzungen privater Hochschulen	179
Die Privathochschule und das Subsidiaritätsprinzip	181
Perspektiven von Privathochschulen und Fernstudium	183
Potentiale von Privathochschulen nutzen – Verschwendung öffentlicher Mittel vermeiden	184

Privathochschulen in Deutschland

Privathochschulen haben in Deutschland keine große Tradition. In autoritären Staaten wie dem Kaiserreich, dem NS- und dem SED-Regime hatten Privatinitiativen im Bereich der Hochschulbildung keine Chance. Die Zeit der Weimarer Republik war zu kurz und zu problembeladen, um Privathochschulen hervorzubringen.

In der Bundesrepublik Deutschland haben Privathochschulen freie Entfaltungsmöglichkeiten. Die Rahmenbedingungen sind jedoch aufgrund der Studiengebührenfreiheit der staatlichen Hochschulen für private nicht sehr günstig. Unter dem Druck der öffentlichen Finanznot bahnt sich heute ein Umdenkensprozeß an: Derjenige, der Leistungen in Anspruch nimmt, soll für diese auch bezahlen. (In bezug auf weiterbildende Studien ist die Forderung nach kostendeckenden Gebühren bereits in vielen Hochschulgebührengesetzen verankert.)

Das Hochschulfernstudium hat sich in der früheren DDR zu einem wichtigen integrierten Bestandteil des Hochschulwesens entwickelt. Seit Anfang der fünfziger Jahre wurde auf der Grundlage von Erfahrungen des privaten Fernlehrinstituts Rustin (seit 1896) eine Kombination von Fern- und Präsenzstudien entwickelt, die einerseits Berufstätige dem Produktionsprozeß erhalten, diese andererseits aber auch akademisch qualifizieren sollte.

In der Bundesrepublik Deutschland sind Fernunterricht und Fernstudium aus privaten Initiativen entstanden. Erst relativ spät hat sich das staatliche Hochschulfernstudium vor allem durch die Gründung der Fernuniversität Hagen entwickelt.

Heute gibt es in Deutschland 62 Privathochschulen, darunter drei Fernfachhochschulen. Träger der meisten Privathochschulen sind Religionsgemeinschaften. Über 30 000 Studierende sind an Privathochschulen immatrikuliert. Die AKAD – Akademikergesellschaft für Erwachsenenfortbildung –, 1959 in Stuttgart gegründet, unterhält heute drei staatlich anerkannte Fachhochschulen mit circa 7500 Studierenden.

Das Hochschulfernstudium und die Privathochschulen

Die AKAD war im Hochschulfernstudium der Bundesrepublik Pionierin, indem sie 1968 erstmals die Vorbereitung Berufstätiger auf staatliche Prüfungen an Höheren Wirtschaftsfachschulen, den späteren Fachhochschulen, aufgenommen und die Kombination von Fern- und Präsenzstudien entwickelt und erprobt hat. Kooperationspartner für die Abnahme der Externenprüfungen war die staatliche Fachhochschule Niederrhein in Krefeld/Mönchengladbach. 1980 hat die AKAD in Schleswig-Holstein die Hochschule für Berufstätige – staatlich anerkannte Fachhochschule – in Rendsburg gegründet (heute circa 4000 Studierende). 1991 folgte die Süddeutsche Hochschule für Berufstätige – staatlich anerkannte Fachhochschule – in Lahr/Schwarzwald (heute circa 3000 Studierende), 1992 die Ostdeutsche Hochschule für Berufstätige – staatlich anerkannte Fachhochschule – in Leipzig mit heute 500 Studierenden. Die AKAD hat die Chancen wahrgenommen, die ihr von Schleswig-Holstein, Baden-Württemberg und vom Freistaat Sachsen geboten worden sind, und damit auch einen beachtlichen Beitrag zur beruflichen Qualifizierung junger Berufstätiger geleistet.

Das Studienangebot und die Studentenschaft im Hochschulfernstudium

Die AKAD-Hochschulen führen zu folgenden Fachhochschulabschlüssen:

- Diplom-Betriebswirt/in FH
- Diplom-Wirtschaftsinformatiker/in FH
- Diplom-Wirtschaftsingenieur/in FH und
- Diplom für Wirtschaft FH (Abschluß eines Aufbaustudiums der Wirtschaftswissenschaften für Akademiker aller Studienrichtungen).

Die meisten Studierenden in grundständigen Studiengängen sind zwischen 30 und 35 und in den Aufbaustudiengängen zwischen 35 und 40 Jahre alt. Rund 90 Prozent verfügen über eine abgeschlossene Berufsausbildung, und die meisten haben mehr als zehn Jahre Berufserfahrung. Etwa 40 Prozent waren früher schon einmal an einer Hochschule immatrikuliert. Der Frauenanteil steigt in letzter Zeit vor allem an der Süddeutschen Hochschule für Berufstätige stark an. Da die AKAD-Hochschulen keine staatlichen Zuschüsse erhalten, finanzieren sie sich durch Studiengebühren. Ein Fachhochschulstudium neben dem Beruf kostet je nach Studiengang zwischen circa 18 000 und 22 000 DM. Der Zeitaufwand umfaßt 2500 bis 3000 Stunden.

Die Studierenden an den AKAD-Hochschulen leisten in doppelter Hinsicht Konsumverzicht: Sie investieren Geld in die eigene Zukunft und verzichten auf Freizeit. Das Hauptproblem für den berufstätigen Studierenden ist die Erhaltung eines Gleichgewichts zwischen zeitlichen Anforderungen durch Beruf, Angehörige und Studium. Deshalb muß das Studium neben dem Beruf lernzeitflexibel, studiendauervariabel und ortsunabhängig sein. Die Kombination von Fern- und Präsenzstudien ermöglicht es, dieses Gleichgewicht herzustellen und zu erhalten.

Der Staat und die Privathochschulen

Der Staat, in der Bundesrepublik Deutschland das jeweilige Bundesland, übernimmt durch die staatliche Anerkennung einer Privathochschule Verantwortung. Er muß gegenüber dem Bürger gewährleisten, daß die akademische Ausbildung an einer Privathochschule der einer staatlichen Hochschule gleichwertig ist. Ihm obliegt eine weitere Art von Verantwortung, indem er gewährleistet, daß ein Studium unter den gleichen Bedingungen zu Ende geführt werden kann, wie es begonnen wurde. Private Hochschulen können jedoch als privatwirtschaftlich geführte Unternehmen in finanzielle Schwierigkeiten geraten. Damit den Studierenden daraus keine Nachteile erwachsen, verlangt der Staat materielle Sicherheiten für die Gewährleistung der Kontinuität des Studiums. Im Falle der AKAD haben sich Bundesländer, in denen sich AKAD-Hochschulen befinden, Sicherheiten in Form von Sicherungshypotheken auf Grundstücke der AKAD eintragen lassen. Das Land Baden-Württemberg hat zusätzlich eine besondere Form der Sicherheit gefordert: das Recht auf die Nutzung der Autorenrechte für Lehrmittel im Falle der Liquidation der AKAD. Diese Überlegung ist durchaus sinnvoll, da ja das Land Baden-Württemberg keine eigene staatliche Fernfachhochschule unterhält, an der Studierende der AKAD-Hochschule im Falle des Ausfalls des Trägers weiterstudieren könnten.

Durch die Stellung von Sicherheiten an den Staat nehmen Privathochschulen ökonomische Bürden auf sich. Auf ökonomische Erleichterungen in Form von Staatszuschüssen haben sie jedoch keinen Rechtsanspruch, da die Hochschulgesetze in den meisten Fällen vorsehen, daß staatliche Zuwendungen nur nach Maßgabe der Haushaltslage erfolgen können. Im Falle der AKAD-Hochschulen wurde in den Gründungserlassen von vornherein geregelt, daß ihnen keine staatlichen Mittel zur Verfügung stehen.

Eine Privathochschule zu gründen und zu betreiben ist mit Risiken verbunden. Der Staat kann sich gegenüber dem Träger der Hochschule absichern. Wie aber kann sich der Träger gegenüber dem Weiterbildungsmarkt absichern? Sind Religionsgemeinschaften die Träger von Hochschulen, ist eine Absicherung gegebenenfalls aus den Kirchensteuern möglich. Im Falle von Verbänden, Unternehmensgruppen und Unternehmen, die selbst Hochschulen unterhalten, ist in der Regel hinreichend ökonomische Substanz vorhanden, um Defizite auszugleichen. Diese Einrichtungen können Hochschulen aus Gründen der Mitarbeiterweiterbildung und der Rekrutierung besonders qualifizierter Studierender betreiben.

Sind es jedoch relativ kleine, auf sich selbst gestellte Unternehmungen wie die AKAD, die Hochschulen tragen, sind die Risiken größer. Es steht meist nur in beschränktem Umfang Kapital zur Verfügung. Deshalb ist in jedem Fall der wichtigste Risikoausgleichsfaktor die Qualität der Hochschule und – aus dieser abgeleitet – ihr wissenschaftliches Renommee. Damit werden die Mitarbeiter in Lehre, Forschung und Verwaltung zur entscheidenden Kraft dieses Risikoausgleichs und zum bestimmenden Erfolgspotential einer privaten Hochschule. Abgeleitet aus der Leistung der Hochschule, ist die Zufriedenheit der Studierenden und Absolventen ein entscheidendes Vorzeichen für ihre weitere Entwicklung. Die Weiterempfehlung der Hochschule durch Studierende und Absolventen sowie die Akzeptanz durch Wirtschaft und Gesellschaft werden zu Multiplikatoreffekten und zur Voraussetzung für Kooperationen mit Betrieben und Verbänden. Im Falle der AKAD-Hochschulen kommen heute 40 Prozent der Neuimmatrikulationen durch persönliche Empfehlungen zustande.

Privathochschulen im Wettbewerb

Eine private Hochschule hat eine Existenzberechtigung, wenn sie für den einzelnen Studierenden und Absolventen von Nutzen ist, wenn sie für den Nachfrager nach Absolventen, den Betrieb, einen Wert hat, wenn sie der Wissenschaft dient, indem sie Potentiale weckt, die sonst nicht zur Entfaltung kämen. Erst als Ableitung aus der Erfüllung dieser Aufgaben sollte sich der Nutzen für die eigene Institution in Form der Sicherheit der Arbeitsplätze, eines attraktiven Entgelts für Mitarbeiter und der Akkumulation von Mitteln für Investitionen und Innovationen ergeben. Der Betrieb einer privaten Hochschule ist langfristig zu gestalten, und somit ist eine Politik auf dem Weiterbildungsmarkt zu entwickeln, die nicht nur auf Jahre, sondern auf Jahrzehnte ausgerichtet ist.

Private Hochschulen im Fernstudienbereich sind neben den staatlichen Einrichtungen Anbieter auf dem Weiterbildungsmarkt. Es herrscht keine Weiterbildungspflicht. Es liegt somit in der Entscheidungsfreiheit des einzelnen, sich weiterzubilden oder nicht. Er steht vor der Frage, Inhalte, Formen und Ziele der Weiterbildung zu wählen; entsprechend steht es ihm frei, sich der einen oder der anderen Weiterbildungseinrichtung anzuvertrauen. Gleichermaßen ist es eine freie Entscheidung der Träger, Weiterbildungsangebote zu machen. Nur bei staatlichen Hochschulen gibt es einen gesetzlichen Weiterbildungsauftrag, der allerdings wegen des Massenbetriebs der Ausbildung nicht immer wahrgenommen werden kann. Wenn vom Wettbewerb auf dem Weiterbildungsmarkt gesprochen wird, muß das marktwirtschaftliche Prinzip gelten. Voraussetzungen sind der freie Marktzugang, die Markttransparenz und der Marktpreis.

Der Marktzugang, das heißt die Errichtung und der Betrieb von Hochschulen in privater Trägerschaft, ist durch die Vorschriften des Hochschulrahmengesetzes (§ 70) und der Landeshochschulgesetze geregelt. Oberstes Prinzip des Hochschulrechts gegenüber privaten Trägern ist die Gewährleistung der Gleichwertigkeit der Abschlüsse mit jenen staatlicher Einrichtungen. Aus dem Gleichwertigkeitsprinzip sind auch die Vorschriften zur Hochschulzugangsberechtigung, zu den Studienzielen, Curricula, Stundenzahlen und zum Hochschulpersonal abgeleitet. Ländern, die eine staatliche Anerkennung an private Hochschulen verleihen, obliegt die Aufsichtspflicht über die Arbeit dieser Einrichtungen, vor allem für die Abschlußprüfungen.

Die Markttransparenz ist für das private Hochschulwesen gewährleistet, da Marktzugang und Leistungen, die auf dem Markt erbracht werden, im Rahmen staatlicher Vorschriften erfolgen müssen. Wie jede staatliche Vorschrift können sich diese nur auf Mindestbedingungen beschränken. Ein Hinweis auf die besondere Qualität, die private Hochschulen zu bieten haben, muß deshalb durch Publizität erfolgen, um vom Nachfrager erkannt zu werden.

Der Marktpreis der Weiterbildung an Hochschulen ist im Gegensatz zu den beiden anderen Fakten des marktwirtschaftlichen Prinzips der kritische Punkt: Der Marktpreis soll nicht nur die laufenden Kosten decken, sondern einen Gewinn abwerfen, der in erster Linie Investitionen und Innovationen ermöglicht. Über den Kostenpreis eines Hochschulstudiums bestehen meist nur vage Vorstellungen: Ein Fachhochschulstudium kostet im Präsenzlehrbetrieb etwa 70 000 DM, ein Universitätsstudium bis zum Diplom etwa 100 000 DM und ein Promotionsstudium noch weitere 100 000 DM. Bei staatlichen Einrichtungen sind die Gesamtkosten nur schwer zu erfassen, da sie aus verschiedenen Etatpositionen gedeckt werden, die auch zeitlich schwer zuzuordnen sind.

Bei einer privatwirtschaftlichen Betrachtungsweise ist der Marktpreis unter Wettbewerbsvoraussetzungen nach unten bestimmt durch den Kostenpreis. Ein staatlicher Subventionspreis erfaßt nur einen Teil der Kosten, die tatsächlich entstehen. Ein voll subventionierter Preis kann auch zu einem Nulltarif führen und hört damit auf, ein Wettbewerbsregulativ zu sein.

Ausbildungsangebote der Hochschulen in Deutschland erfolgen zum Nulltarif. Argumente dafür sind bildungspolitischer Art; sie werden zudem aus der Tatsache abgeleitet, daß Vollzeitstudenten keinem Beruf nachgehen und somit über kein eigenes Einkommen verfügen. Ganz anders ist die Situation hingegen bei der Weiterbildung, die nicht als Vollzeitmaßnahme durchgeführt wird. Im Falle der Hochschulweiterbildung neben dem Beruf verfügt der Studierende über ein eigenes Einkommen. Er sichert sich durch Weiterbildung seinen Arbeitsplatz und/oder qualifiziert sich für seinen beruflichen Aufstieg. Es widerspricht dem Prinzip der Steuergerechtigkeit, wenn Berufstätige, die selbst Studiengebühren aufbringen können, vom anonymen Steuerzahler subventioniert werden, der selbst keinen persönlichen Nutzen aus der Weiterbildungsmaßnahme zieht. Dies trifft vor allem zu, wenn Weiterbildung im nichthochschulischen Bereich kostenpflichtig ist. Deshalb sprechen sehr viele Argumente dafür, daß Hochschulweiterbildung neben dem Beruf kostenpflichtig, das heißt zu einem Marktpreis angeboten werden muß.

Wenn sich zum Beispiel die Gebühren der Kommunen für den Unterhalt von Kindergärten, von Ver- und Entsorgungsbetrieben, kulturellen Einrichtungen etc. dem Niveau der Selbstkosten nähern und zudem noch Investitionskostenüberlegungen anstehen, ist es nur konsequent, auch für Weiterbildungsmaßnahmen im Hochschulstudium Gebühren mit Vollkostendeckung zu erheben. Die Adressaten sind in der Regel Berufstätige, die über ein eigenes Einkommen verfügen. Die steuerliche Absetzbarkeit der Gebühr entspricht dem Prinzip der Förderung von Investitionen, in diesem Fall von Investitionen in die eigene Zukunft. Differenzierte Förderung von wirtschaftlich schwachen Bildungswilligen in Verbindung mit Leistungsanforderungen kann Härten ausgleichen und die Qualität der Mitarbeit verstärken.

Die Erfolgsvoraussetzungen privater Hochschulen

Eine private Hochschule, die eine langfristige Strategie betreibt, muß in kleinen Schritten versuchen, mindestens eines, besser mehrere der nachfolgenden Ziele zu erreichen: **Sie muß schneller sein als andere, anders sein als andere, besser sein als andere und unabhängiger sein als andere.**

Eine Privathochschule ist **schneller** als andere, indem sie sich eher auf die Marktbedürfnisse einstellt als die konventionellen staatlichen Hochschulen. Sie kann **anders** sein, indem sie gleiche Ziele auf anderen Wegen anstrebt. Die AKAD war schneller und anders, als sie 1980 die erste Fernfachhochschule eingerichtet hat – und darüber hinaus über mehr als ein Jahrzehnt die Position als einzige Fernfachhochschule gehalten hat. Erst heute gibt es staatliche Initiativen im Fernfachhochschulbereich, und auch andere private Anbieter können auf diesem Feld in den Markt gelangen. Die AKAD hat eine Pionierfunktion wahrgenommen und in nicht unbeträchtlichem Umfang Marktbedürfnisse befriedigt. Deshalb ist die Feststellung des Wissenschaftsrates irreführend, daß speziell im Fernfachhochschulbereich Defizite vorhanden seien. Allerdings wurden die Weiterbildungsbedürfnisse von privater, nicht aber von staatlicher Seite befriedigt.

Die AKAD präsentierte ein neuartiges Angebot im Hochschulbereich, und der Markt nahm es an. Die AKAD war und ist innovativ durch die Einführung von Leistungssemestern anstelle von starren Zeitsemestern, durch Sonderformen des Studiums wie das Ausbildungsintegrierte Studium (Studium neben der beruflichen

Grundausbildung von Abiturienten) oder das Fortbildungsintegrierte Studium (Prinzip der Stufenqualifizierung). Im Bereich der Öffnung des Hochschulzugangs für besonders qualifizierte Berufstätige hat die AKAD Schrittmacherfunktionen zum Beispiel durch das Probestudium ausgeübt.

Eine private Hochschule sollte **besser sein** als andere. Dies bedeutet, daß das Studium nicht in einen Massenbetrieb ausarten darf, der eine individuelle Betreuung der Studierenden nicht mehr gewährleistet. Sie kann den Studierenden Verpflichtungen auferlegen, die anderswo nicht gefordert werden: zum Beispiel Verpflichtung zur Mitarbeit im Fernstudium durch die Einsendung von Hausarbeiten und durch die Auferlegung der Präsenzpflicht für Seminare. Ein wesentliches Merkmal der Qualität ist die Verläßlichkeit: Angekündigte Seminare müssen durchgeführt werden, gleich, wie groß oder klein die Teilnehmerzahl ist. Ein Berufstätiger, der sich für eine Seminarveranstaltung von zwei Wochen Urlaub genommen hat, muß die Gewißheit haben, daß diese auch stattfindet – gleich, ob eine Obergrenze von 25 Teilnehmern oder eine Mittelgröße von 12 Teilnehmern gesetzt ist, oder auch nur ein oder zwei Studierende daran teilnehmen. Weniger stark besuchte Seminare vermitteln bei den Seminarteilnehmern aufgrund einer persönlicheren Betreuung ein besonders ausgeprägtes Gefühl des Angenommen- und Ernstgenommenseins, das entsprechend positiv wirkt: Der Studierende berichtet Freunden und Kollegen über seine außergewöhnlich gute Betreuung.

Unabhängigkeit kann ein wesentlicher Faktor zur Leistungssteigerung sein. Unabhängigkeit von Staatshaushalten, von Auflagen der Geldgeber und von politisch motivierten Weisungen führt zur freien Entfaltung pädagogischer und wissenschaftlicher Potentiale sowie zur Motivation der Lehrenden. Diese Motivation überträgt sich auf die Studierenden und steigert ihre Leistungsfähigkeit.

Die wechselseitige Motivation zwischen Lehrenden und Studierenden ist grundsätzlich ein Erfolgsfaktor privater Hochschulen. Indem hochmotivierte, leistungsstarke und berufserfahrene Studierende am Hochschulfernstudium teilnehmen, sind viele Professoren staatlicher Hochschulen daran interessiert, Lehrveranstaltungen an Privathochschulen zu übernehmen. Sie finden ein aufgeschlossenes, dialogfreudiges und leistungsbereites Publikum in den Seminaren. Für so manchen Hochschullehrer ist die Zusammenarbeit mit berufstätigen Studierenden eine Brücke zur Praxis. Dies führt zum Beispiel durch die Vergabe wissenschaftlicher Hausarbeiten zu Maßnahmen anwendungsbezogener Forschung. Im Gegensatz zu den Studierenden an den staatlichen Hochschulen, die ihr Wissen vorwiegend in Vorlesungen und durch Literaturstudium erwerben, verfügen berufstätige Studierende bereits über meist langjährige berufliche Praxis und Erfahrung sowie in vielen Fällen über Kenntnisse aus außerschulischen Weiterbildungsmaßnahmen und aus der Lektüre der speziellen Fachliteratur. Indem sie teilweise bereits in leitenden Positionen tätig sind, kennen sie die neuesten Entwicklungen ihres beruflichen Umfelds. Diese Kenntnisse und Erfahrungen werden in die wissenschaftliche Arbeit im Rahmen des nebenberuflichen Hochschulfernstudiums eingebracht.

Private Hochschulen haben somit Chancen, im Wettbewerb trotz ungleicher Kostenbedingungen zu bestehen. Sie sind gefordert, kreativ, innovativ und leistungsstark zu sein. Somit können sie Motor für Entwicklungen im Bereich der Weiterbildung an Hochschulen sein. Wenn sie aus eigener Initiative öffentliche Aufgaben übernehmen, können sie aus dem Subsidiaritätsprinzip Rechte gegenüber dem Staat ableiten. Es gehört zum Wesen der Demokratie, kleine gewachsene Einheiten, die öffentliche Aufgaben ordnungsgemäß erfüllen, vor der Übermacht des Größeren, vor allem des Staates, zu schützen.

Die Privathochschule und das Subsidiaritätsprinzip

In unserer Zeit hat das Moment der Subsidiarität ein besonderes Gewicht: In der Europäischen Union müssen die Mitgliedstaaten ihre gewachsenen Eigenheiten bewahren können. Im Osten

Deutschlands ist aus dem realsozialistischen Einheitsstaat durch die Wiedererrichtung der Länder ein Teil der Bundesrepublik geworden, wobei die gewachsenen gesellschaftlichen Strukturen bei aller Problembeladenheit subsidiär zu erhalten sind.

Die Subsidiarität im kommunalen Bereich ist heute dringend geboten, weil die mangelnde Effizienz öffentlicher Einrichtungen, die nicht nach dem ökonomischen Prinzip arbeiten, offenkundig wird. Versorgungs- und Entsorgungsbetriebe, Verkehrs- und Dienstleistungsbetriebe stehen zur Privatisierung an.

Private Einrichtungen, die sich in der Vergangenheit gegenüber der Ausweitung öffentlicher Aufgaben durch öffentliche oder halböffentliche Einrichtungen durchsetzen konnten, haben besondere Chancen. Heute und morgen wird die Privatisierung von Kindergärten, Schulen, Krankenhäusern und Pflegestätten diskutiert. Die Diskussion um die Privatisierung von Hochschulen oder die Einrichtung privater Hochschulen als Alternative zu staatlichen Hochschulen steht in Deutschland erst am Anfang. Sie wird in die Fragestellung um den Wirtschaftsstandort Deutschland einbezogen werden müssen. Bei den wichtigsten Mitbewerbernationen wie den USA und Japan spielen Privathochschulen eine dominierende Rolle. Die besten Universitäten in den USA sind in privater Trägerschaft. Und in Japan gibt es weitaus mehr Studierende an privaten Hochschulen als an staatlichen. Die Technologie beider Wirtschaftsmächte ist in entscheidendem Maße durch die Ergebnisse der Forschung und der Lehre an privaten Hochschulen in diesen Staaten bestimmt. Dies sind Fakten, die eine Herausforderung im Rahmen der Reform des Hochschulwesens in Deutschland unter Einbeziehung privater Initiativen bedeuten.

Heute ist in Deutschland das Schlagwort des Wettbewerbs zwischen den Hochschulen in aller Munde. Bei der Antwort auf die Frage, wie dieser Wettbewerb aussehen soll, gehen die Meinungen auseinander.

– Ist es die Verbesserung der Relation zwischen Studienanfängern und -absolventen

- ist es die Qualität der Hochschulabschlüsse
- ist es die Akzeptanz der Absolventen durch den Arbeitsmarkt
- ist es die Zahl und die Nutzbarkeit der Forschungsergebnisse oder
- ist es die Kosten-Nutzen-Relation, die es zu verbessern gilt?

Jeder dieser Ansätze birgt Argumente, die den Wettbewerb zwischen den Hochschulen bestimmen. Entscheidende Faktoren für den Wettbewerb sind jedoch: Zugang, Transparenz und Preis auf dem Weiterbildungsmarkt. Wettbewerb kann nur funktionieren, wenn keiner der am Markt Beteiligten eine ungleiche Machtposition innehat. Dies bedeutet in letzter Konsequenz die Akzeptanz des Mitbewerbers und – als Besonderheit des Bildungsmarktes – Toleranz gegenüber dem Mitbewerber. Anders ausgedrückt: Das Verhältnis zwischen staatlichen und privaten Hochschulen ist durch die überkommenen Vorstellungen des Bildungsmonopols des Staates belastet. Es ist somit ein Umdenkensprozeß, der von einem Machtanspruch zu Akzeptanz und Toleranz gegenüber dem anderen führt, erforderlich.

Perspektiven von Privathochschulen und Fernstudium

Privathochschulen müssen beweisen, daß sie gleichwertige Leistungen bringen. Das Hochschulfernstudium muß in den alten Bundesländern die gleiche Akzeptanz finden wie das Präsenzstudium. In Ländern, in denen das Hochschulfernstudium Tradition hat, wie in Großbritannien, in den USA und auch in der früheren DDR, sind heute Fernstudienabsolventen in leitenden Positionen der Wirtschaft, der Verwaltung und des Bildungswesens tätig. Durch ihr Beispiel beweisen sie, daß sie eine Aus- und Weiterbildung im Hochschulfernstudium erfahren haben, die der Aus- und Weiterbildung im Präsenzstudium gleichwertig ist.

Es ist eine Frage der Zeit, bis diese Erfahrungen auch für die ganze Bundesrepublik vorliegen werden. Wir sind auf dem besten

Wege dazu. Institutionen wie die Bundesanstalt für Arbeit (BA) nutzen die Möglichkeiten des Fernstudiums für ihre Mitarbeiter. In mehr als zehn Jahren hat die AKAD 6000 Mitarbeiter des gehobenen Dienstes der BA im Rahmen der Anpassungsfortbildung qualifiziert. Hunderte von Mitarbeitern der BA haben an Aufstiegsfortbildungsmaßnahmen teilgenommen, um vom mittleren in den gehobenen Dienst zu gelangen. In Baden-Württemberg wurden bereits in den sechziger Jahren Initiativen zur Einbindung des Fernstudiums in den Volkshochschulbereich ergriffen. In den siebziger Jahren war Nordrhein-Westfalen richtungweisend durch Modelle im Bereich der beruflichen Fortbildung (Staatlich geprüfter Betriebswirt durch die AKAD) und auf Hochschulebene durch die Fernuniversität Hagen.

Großbetriebe wie die Bayer AG nutzen das Fernstudium für ihre Aus- und Weiterbildung. Die Akademie Deutscher Genossenschaften der Raiffeisen- und Volksbanken in Deutschland hat zusammen mit der Süddeutschen Hochschule für Berufstätige der AKAD einen Studienschwerpunkt Bankwirtschaft im Rahmen des Studiengangs Betriebswirtschaft entwickelt.

Alle diese Initiativen und Kooperationen tragen dazu bei, den Fernstudiengedanken in Deutschland zu fördern. Am Anfang standen in Deutschland, in Europa, ja, in der Welt private Initiativen im Fernstudienbereich. Erst während der letzten 20 Jahre haben sich staatliche Einrichtungen im Fernstudienbereich etabliert; dies gilt für England ebenso wie für Norwegen oder Schweden und auch für Deutschland.

Potentiale von Privathochschulen nutzen – Verschwendung öffentlicher Mittel vermeiden

Nachdem durch den Wissenschaftsrat das Hochschulfernstudium in die hochschulpolitische Diskussion eingebracht worden ist, besteht die Tendenz, Erfahrungen und Leistungen des privaten Hochschulfernstudiums unangemessen gering zu gewichten und

Empfehlungen auszusprechen, staatliche Initiativen auf Feldern zu entwickeln, die längst erkannt und auf breiter Basis bestellt worden sind. Das bedeutet, man ist bemüht, das Rad nochmals zu erfinden und Geld auszugeben, um etwas zu erfinden, was es nicht nur gibt, sondern sich auch nachweisbar in hohem Maße letztlich zum Nutzen der Gesellschaft bewährt hat. In letzter Konsequenz werden öffentliche Mittel verschwendet. Welch ein Nonsens angesichts leerer Kassen!

Gerade heute ist die Öffentlichkeit sensibel, sind die Medien wachsam und die Landesrechnungshöfe kritisch, wenn es darum geht, öffentliche Ausgaben zu rechtfertigen. Jahrzehntelange Erfahrungen privater Institutionen – auf dem Feld des Hochschulfernstudiums der AKAD – sollten genutzt und in die Weiterentwicklung des Hochschulfernstudiums eingebracht werden. Die AKAD ist für Kooperation offen.

Private Hochschulen in Deutschland haben Chancen und tragen Risiken. Entscheidend ist, daß sie wenigstens annähernd die gleichen Entfaltungsmöglichkeiten wie die staatlichen Hochschulen haben. Die Tatsache, daß private Hochschulen Risiken tragen müssen, ist eine Leistungsprovokation – staatliche Hochschulen arbeiten hingegen ohne Risiko. Deshalb müssen private Hochschulen in allererster Linie Dienstleistungsbetriebe sein. Staatliche Hochschulen tendieren zum Prinzip der Zuteilungsbetriebe. Deshalb können, ja, müssen private Hochschulen initiativ und innovativ sein. Sie müssen schneller, anders, besser und unabhängiger sein als die anderen.

Hans-Jürgen Brackmann

Stiftung der Deutschen Wirtschaft
– Studienförderwerk –

Inhalt

Einleitung	187
Das Studienförderwerk der Deutschen Wirtschaft	188
Aufbauphase des Studienförderwerkes	189
Das Auswahlverfahren	191
Materielle und ideelle Förderung	194
Ausblick	196

Einleitung

Initiative, Kreativität und Verantwortung sind entscheidende Faktoren für ein prosperierendes Gemeinwesen in Wirtschaft, Staat und Gesellschaft. Sie sind die Grundlagen für unternehmerisches Denken und Handeln, sowohl im Wirtschaftsprozeß selbst als auch für diejenigen, die Rahmenbedingungen dieses Prozesses schaffen und begleiten.

Hierfür Sorge zu tragen, Impulse zu geben, neue Wege zu gehen, etwas zu wagen, anzustiften und zu erproben – dies sind auch Aufgaben der unternehmerischen Wirtschaft und ihrer Verbände, für die geeignete Institutionen wie Stiftungen zur Verfügung stehen müssen. Erst ein hohes Maß an Qualifizierung, zu der Führungskraft, Leitorientierung und Veränderungsfähigkeit gehören, sichert die Zukunftsfähigkeit unserer Wirtschaft und Gesellschaft. Ohne ökonomische Prosperität stände es um die Sozialverantwortlichkeit des Kapitals schlecht. Eine wesentliche Komponente unserer Sozialen Marktwirtschaft, die auf Gemeinsinn und Solidarität abzielt, würde sonst ihre Tragfähigkeit verlieren.

Aus diesem Geiste heraus wurde im vergangenen Jahr auf Initiative der Bundesvereinigung der Deutschen Arbeitgeberverbände die „Stiftung der Deutschen Wirtschaft für Qualifizierung und Kooperation" als gemeinnütziger eingetragener Verein gegründet, der nach Kapitalbildung in eine selbständige Stiftung überführt werden soll. Der Stiftungszweck ist breit angelegt und umfaßt die Förderung von Bildung, Begabung, Wissenschaft und Forschung im nationalen sowie im internationalen Rahmen. Damit wird es möglich, wichtige Bereiche der gesellschaftspolitischen Aktivitäten der Wirtschaft unter einem organisatorischen Dach zusammenzufassen und schwerpunktmäßig auszubauen.

Im einzelnen werden sich die Aktivitäten der Stiftung konzentrieren auf

– die Förderung der Kooperation zwischen Schule und Wirtschaft auf europäischer Ebene

- die Bildungsarbeit mit gesellschaftspolitisch relevanten Gruppen, also zum Beispiel mit Vertretern aus den Bildungsbereichen, der Bundeswehr und den Kirchen

- die Fortbildung von Fach- und Führungskräften durch Fernunterricht

- die modellhafte Umsetzung bildungspolitischer Innovationen in Projekten

- die Förderung des Personaltransfers in die Wirtschaft und aus der Wirtschaft heraus.

Das Studienförderwerk der Deutschen Wirtschaft

Im Mittelpunkt der neuen Stiftung steht die Förderung begabter Studenten. Hierfür wurde innerhalb der Stiftung das Studienförderwerk eingerichtet.

Damit erhebt die Stiftung der Deutschen Wirtschaft den Anspruch, einen Platz im Kreis der Begabtenförderwerke einzunehmen, die sich seit kurzem oder langem mit der finanziellen Unterstützung des Bundes um die Förderung herausragender Begabungen unter den Studierenden kümmern. Zu diesen gehört als größtes Förderwerk, das überparteilich und überkonfessionell ausgerichtet ist, die Studienstiftung des Deutschen Volkes. Diese existierte bereits in der Weimarer Zeit und wurde nach dem Zweiten Weltkrieg wiedergegründet. Gleiches gilt für die Friedrich-Ebert-Stiftung, die ebenso wie die anderen Studienförderwerke der politischen Stiftungen – Konrad-Adenauer-Stiftung, Hanns-Seidel-Stiftung, Friedrich-Naumann-Stiftung, Stiftungsverband Regenbogen – als Zuwendungsempfänger Finanzmittel für seine Stipendiaten vom Bundesminister für Bildung, Wissenschaft, Forschung und Technologie erhält. Komplettiert wird dieser Kreis von den beiden kirchlichen Förderungswerken – Evangelisches Studienförderwerk Villigst und der Bischöfliche Studienförderung

CUSANUS-Werk – und vom Begabtenförderwerk des Deutschen Gewerkschaftsbundes, der Hans-Böckler-Stiftung. Allen diesen Förderwerken ist gemeinsam, daß sie besondere Leistungen im Studium erwarten. Über diese intellektuellen Anforderungen hinaus legen sie in unterschiedlicher Ausprägung Wert auf Persönlichkeitsbildung, Verantwortungsbereitschaft und Engagement für Staat und Gesellschaft.

Dies gilt vom Grundsatz her auch für das Studienförderwerk der Deutschen Wirtschaft. Dieses will Studierende nicht nur fachlich fördern, sondern vor allem Verständnis für die unternehmerische Wirtschaft und ihre gesellschaftspolitischen Aufgaben wecken. Deshalb steht die ideelle Förderung junger Menschen, die geeignet erscheinen, Führungsaufgaben wahrzunehmen und Schlüsselpositionen in Unternehmen und Gesellschaft zu besetzen, im Vordergrund der Stiftungsaktivitäten. Es geht nicht um eine Kaderschmiede, nicht um die Förderung des Nachwuchses für Wirtschaftsunternehmen und Wirtschaftsverbände. Es geht vielmehr um Investitionen in Verantwortungseliten, die sich dem Junktim Freiheit, Demokratie und Soziale Marktwirtschaft verpflichtet fühlen. Diese Kräfte zu fördern, sie so zu entwickeln, daß sie die Prinzipien einer wettbewerbsorientierten Industrie- und Dienstleistungsgesellschaft mit der Sozialverantwortlichkeit des Unternehmensvertreters verbinden – das ist das Anliegen des Studienförderwerkes der Wirtschaft.

Aufbauphase des Studienförderwerkes

Das Studienförderwerk der Deutschen Wirtschaft ist eine Einrichtung, die offen ist für Studierende aller Fachrichtungen und aller Hochschularten in der Bundesrepublik Deutschland. In der Aufbauphase wird der Schwerpunkt der Förderung im Bereich der Fachhochschulen liegen, weil hier – auch unter bildungspolitischen Aspekten – ein besonderer Förderungsbedarf gesehen wird, der von den bisherigen, schon seit langem auf dem Markt agierenden Studienförderwerken auch nicht annähernd im erforderlichen Umfang gedeckt wird. Darüber hinaus wird sich das

Studienförderwerk auf die Förderung von Studierenden in den neuen Bundesländern konzentrieren. Dies soll ebenfalls als ein besonderes Signal im Vereinigungsprozeß der alten Bundesrepublik mit den neuen Bundesländern verstanden werden. Eine Konzentration ist aber auch im Hinblick auf die nur begrenzt zur Verfügung stehenden Mittel und die zu sammelnden Erfahrungen gerade in der Aufbauphase erforderlich.

Der Anfang wurde gemacht mit je einer Fachhochschule pro neuem Bundesland, wobei darauf geachtet wurde, daß an diesen Fachhochschulen die Fachbereiche Wirtschaft und Technik neben anderen Fächern angeboten werden. Auf der Grundlage dieser Vorüberlegungen und nach Absprache mit den Hochschulleitungen wurden die Fachhochschulen in Stralsund, Brandenburg, Berlin (Ost), Merseburg, Erfurt und Dresden ausgewählt. An diesen Fachhochschulen wurden im vergangenen Wintersemester Vertrauensdozenten geworben, die mit dafür sorgten, daß potentielle Stipendiaten über die Fördermöglichkeiten der Stiftung der Deutschen Wirtschaft unterrichtet wurden.

Der Aufbauplan für das Studienförderwerk ist so angelegt, daß im Jahr 1995 circa 80 Stipendiaten aufgenommen werden sollen; auch in den folgenden zwei Jahren sollen jeweils 80 weitere Stipendiaten pro Jahr hinzukommen. Nach drei Jahren soll das aufzunehmende Potential noch einmal erweitert werden, so daß dann jährlich 120 Stipendiaten in die Förderung aufgenommen werden können. Insgesamt wird das Studienförderwerk der Deutschen Wirtschaft jährlich circa 500 Stipendiaten aus Fachhochschulen und Universitäten in Ost und West betreuen. Dabei können grundsätzlich Studierende aller Fachrichtungen Berücksichtigung finden.

Das Studienförderwerk der Deutschen Wirtschaft wird in seinem Wirken unterstützt durch die vier Spitzenorganisationen der Wirtschaft. Der Bundesverband der Deutschen Industrie, der Deutsche Industrie- und Handelstag und der Zentralverband des Deutschen Handwerks haben mit der Bundesvereinigung der Deutschen Arbeitgeberverbände eine Vereinbarung getroffen, nach der sie gemeinsam in einem Lenkungsausschuß die Geschicke des Studienförderwerkes mitgestalten und die Entscheidungen der Stiftung für den Auf- und weiteren Ausbau des Studienförderwerkes vorbereiten. Damit soll zum einen eine Bündelung der Ressourcen der Wirtschaft für die ideelle Förderung der Stipendiaten erfolgen, zum anderen soll damit das gemeinsame bildungs- und gesellschaftspolitische Anliegen der Wirtschaft zum Ausdruck kommen.

Im Lenkungsausschuß sind die genannten Verbände unmittelbar selbst, darüber hinaus auch mit je einer Persönlichkeit aus dem unternehmerischen Lager vertreten. Weiterhin gehören dem Lenkungsausschuß je ein Universitäts- und ein Fachhochschulvertreter an, die von der Hochschulrektorenkonferenz benannt wurden. Der Vorsitz und die Geschäftsführung des Lenkungsausschusses liegen bei der Stiftung.

Das Auswahlverfahren

Eine der Nahtstellen für den Erfolg des Studienförderwerkes ist die richtige Ansprache und Auswahl der Stipendiaten.

Ausgehend von den Anforderungen, die heute an Führungskräfte in Wirtschaft und Gesellschaft gestellt werden, hat sich das Studienförderwerk vorgenommen, junge Menschen ein Stück ihres Werdeganges materiell und ideell zu begleiten, die Entwicklungspotential für folgende drei Schwerpunkte erkennen lassen: für Fachkompetenz, Handlungskompetenz und soziale Kompetenz. Persönlichkeiten mit diesem Anforderungsprofil aus dem Pool der Bewerber zu identifizieren, ihre Potentiale zu erkennen und diese mit den Entwicklungschancen durch die Stiftungsförderung zu verbinden, so lautet – auf eine einfache Formel gebracht – der Anspruch für das Auswahlverfahren. Deshalb reichen allein überdurchschnittliche fachliche Leistungen nicht für eine erfolgreiche Bewerbung. Sie sind eine notwendige Voraussetzung, zu der weitere treten müssen. Im Auswahlverfahren wird daher ausgelotet, wie es um die überdurchschnittliche Allgemeinbildung der

Bewerber aussieht, über welche geistige Flexibilität und Fähigkeit zum vernetzten Denken sie verfügen, wie zielstrebig und entschlossen sie an ihre Aufgaben herangehen, wie teamfähig sie sich zeigen und welches gesellschaftliche Interesse und Engagement sie erkennen lassen.

Es ist das schwere Los der Auswahlkommission, die Kandidaten nach diesen Kriterien zu beurteilen und sich auf der Grundlage von ausführlichen Bewerbungsunterlagen, Einzelgesprächen, Gruppenarbeit und schriftlicher Bearbeitung eines gestellten Themas ein Bild über die Persönlichkeit und die Potentiale der Bewerber zu machen. Nicht der „Ist"-Stand ist entscheidend, wichtiger ist vielmehr die Prognose, welche Entwicklungsmöglichkeiten die Bewerber, auch und gerade unter Berücksichtigung einer gezielten Förderung durch unterschiedliche Maßnahmen aufweisen. Dabei geht es auch nicht um politische Bekundungen oder weltanschauliche Überzeugungen, sondern einzig um die Fähigkeit und den Willen der Bewerber, aktiv und verantwortungsvoll Wirtschaft und Gesellschaft mitzugestalten.

Auf dieser Grundlage wurde Ende März dieses Jahres das erste Auswahlverfahren des Studienförderwerkes der Deutschen Wirtschaft durchgeführt. 63 Bewerber stellten sich der Auswahlkommission, die überwiegend aus Vertretern der Wirtschaft (Unternehmen und Verbände), aber auch aus Hochschulvertretern und Persönlichkeiten aus anderen Verantwortungsbereichen zusammengesetzt war. Um zum insgesamt dreitägigen Auswahlverfahren nach Berlin zu kommen, hatten die Bewerber an den genannten Fachhochschulstandorten unterschiedliche Vorauswahlverfahren zu durchlaufen, da eine Direktbewerbung beim Studienförderwerk nicht möglich ist. Es gehörte mit zur Aufgabe der Vertrauensdozenten, mit der Stiftung für die Information über das Studienförderwerk zu sorgen, Studierende des ersten Semesters auf eine Bewerbung aufmerksam zu machen und nach einer Vorauswahl geeignet erscheinende Kandidaten für eine Einladung zum Auswahlverfahren vorzuschlagen. Dabei war es notwendig, nicht nur im eigenen Fachbereich, sondern auch in den anderen Fachbereichen für den entsprechenden Informationsfluß zu sorgen. Zu dieser Schwierigkeit kam als weiteres Problem hinzu, daß erste Studienergebnisse erst im Anschluß an das erste Semester vorlagen. Die aufgrund dieser Situation bestehenden Unsicherheiten über das richtige Vorgehen werden im Verlauf des weiteren Aufbaus des Studienförderwerkes durch die bei allen Beteiligten wachsende Selbstverständlichkeit in puncto Ziele, Profile und Potentiale beseitigt werden können.

Die aus jeweils drei Beobachtern bestehenden einzelnen Auswahlkommissionen haben die insgesamt – auf Siebener-Gruppen aufgeteilt – 63 Bewerber „gesichtet". Von diesen konnten 21 als Stipendiaten ins Studienförderwerk aufgenommen werden.

Im einzelnen sah das Ergebnis folgendermaßen aus:

Bewerber aus dem Osten:	44 (16w*/28m*)
davon als Stipendiaten aufgenommen:	14 (6w/8m)
Bewerber aus dem Westen:	19 (10w/9m)
davon als Stipendiaten aufgenommen:	7 (4w/3m)
insgesamt Bewerber: 63 (26w/37m),	
davon angenommen:	21 (10w/11m)

Insgesamt kamen die Bewerber aus 14 Studienrichtungen; die Streubreite der Stipendiaten geht über neun Studienrichtungen. Hier sieht das Bild im einzelnen folgendermaßen aus:

Fachrichtung:	Bewerber	Annahmen
Betriebswirtschaftslehre	21 (13w/10m)	7 (6w/1m)
International Business Studies	5 (3w/2m)	4 (2w/2m)
Informatik	7 (1w/6m)	2 (m)
Elektrotechnik	5 (m)	2 (m)
Gartenbau	5 (w)	1 (w)
Maschinenbau	3 (m)	1 (m)

Wirtschaftsingenieur	3 (m)	0
Bauingenieur	1 (m)	0
Architektur	1 (m)	0
Umweltverfahrenstechnik	1 (m)	0
Modedesign	2 (1w/1m)	1 (m)
Produktgestaltung	2 (1w/1m)	2 (1w/1m)
Kommunikationswissenschaft	3 (m)	1 (m)
Sozialwesen	2 (w)	0

* w = weiblich
* m = männlich

Materielle und ideelle Förderung

Für diesen ersten Stipendiatenjahrgang ist das Studienförderwerk nun verantwortlich. Im Zentrum der Förderung steht neben der materiellen Zuwendung in Form von Stipendien, die sich wie bei den anderen Begabtenförderwerken als Zuwendungsempfänger des Bundes an den Modalitäten des Ausbildungsförderungsgesetzes orientiert, die Weiterentwicklung der Persönlichkeit der Stipendiaten. Die umfangreiche ideelle Förderung setzt sich insgesamt aus drei Elementen zusammen, zum einen aus Seminaren, Kolloquien und Ferienakademien, die teils obligatorisch, teils fakultativ sind, zum anderen aus Praktika im In- und Ausland und zum dritten aus der Betreuung vor Ort durch Vertrauensdozenten.

In den Seminaren, Kolloquien und Ferienakademien erhalten die Studenten Gelegenheit, sich mit interessanten Themen auseinanderzusetzen, mit kompetenten Vertretern aus Wirtschaft, Politik und Gesellschaft zusammenzutreffen, zu debattieren und zugleich Anregungen für eigene Veranstaltungen und Aktivitäten am Hochschulort zu finden. Die Themenpalette reicht von wirtschaftlichen, sozialen Sachverhalten über europäische Fragen bis hin zu ethischen und kulturellen Themen. Dabei wird ein breiter Methoden-Mix von Vorträgen, Erkundungen, Podiumsdiskussionen, Fallstudien, Planspielen etc. angewendet.

Aber auch über die von dem Studienförderwerk ausgerichteten Veranstaltungen hinaus werden die Stipendiaten Gelegenheit haben, einschlägige Angebote aus dem Verbands- und Kammerbereich, vor allem Seminare der Bildungswerke, Kolloquien der Walter-Raymond-Stiftung oder des Instituts für Sozial- und Wirtschaftspolitische Ausbildung, eine Einrichtung der Spitzenverbände der deutschen Wirtschaft zur Weiterbildung der Verbandsgeschäftsführer, wahrzunehmen.

Um den Stipendiaten frühzeitig einen intensiven Einblick in den Arbeitsprozeß zu vermitteln, wird das Studienförderwerk bei der Suche nach interessanten Plätzen für Praktika und Praxissemester behilflich sein. Dies gilt besonders für Praktikantenplätze im Ausland.

Die Erfahrungen mit angesprochenen Unternehmen zeigen, daß diese gerade in diesem Bereich der Weiterqualifizierung mitwirken wollen. Dabei reichen die Überlegungen vom sukzessiven Kennenlernen aller Funktionsbereiche eines Betriebes über ein Verbundsystem von Praktika im In- und Ausland mit anschließender unternehmensbezogener Diplomarbeit bis hin zu ausgiebigen Seminaren im Ausland, um dortige Gepflogenheiten kennenzulernen, zum Beispiel des Finanzplatzes Tokio mit anschließenden Praktika in dortigen Banken.

Eine wesentliche Aufgabe im Rahmen der ideellen Förderung nehmen die Vertrauensdozenten an den Hochschulorten wahr. Sie sind die unmittelbaren Ansprechpartner der Stipendiaten, beraten diese in Studienangelegenheiten, betreuen die Stipendiatengruppe, initiieren und koordinieren Aktivitäten, seien sie hochschulrelevanter, fachbezogener, interdisziplinärer oder gesellschaftsbezogener Art. Ihnen obliegt es, neben der spezifischen Führung des einzelnen Stipendiaten Leitorientierung für das Wirken der Gesamt-Stipendiatengruppe am Ort zu geben. Diese Aktivitäten sollten durchaus auch anderen zugutekommen.

Aufgabe des Studienförderwerkes selbst wird es sein, die einzelnen Stipendiatengruppen zu ortsübergreifenden Aktivitäten zu stimulieren, einen breiten wie dichten Erfahrungsaustausch unter den Stipendiaten sicherzustellen und auf diese Weise für ein „Wir"-Gefühl der Stipendiaten zu sorgen. Dabei steht die Anregung zum eigenen Tun, zum eigenen Engagement im Vordergrund; Fördern erfolgt hier auch durch Fordern, da nur die Stipendiaten durch das Studienförderwerk betreut werden können, die sich im vorbezeichneten Sinne engagieren.

Ausblick

Ziel des Studienförderwerkes ist es, über die beschriebene Aufbauphase hinaus Mittel zur Verfügung zu haben, um hieraus weitere Stipendien neben den staatlich finanzierten für Studenten und auch Doktoranden zur Verfügung stellen zu können. Angesichts des Zusammenwachsens der Völker in der Europäischen Union und mit Blick auf die sich verdichtenden wirtschaftlichen und politischen Beziehungen in der Welt sollten dann auch ausländische Studierende in die Förderung aufgenommen werden, damit deutsche und ausländische Verantwortungseliten ein Teilstück ihres Entwicklungsganges gemeinsam gehen können. Für dieses gemeinsame Studieren und Arbeiten sollten an ausgewählten Standorten Studienhäuser eingerichtet werden; das wäre eine Perspektive!

Christoph Mecking

Stiftungen der Wirtschaft

Inhalt

Stiftungen als Ausdruck privater Initiative   198

Unmittelbare und mittelbare Stiftungen der Wirtschaft   199

Die rechtliche Einordnung von Stiftungen   201

Stiftungszweck: Bildung und Wissenschaft   202

Stifterverband als Gemeinschaftsaktion der Wirtschaft   206

Motive der Stiftungserrichtung   209

Die steuerliche Behandlung von Stiftungen   212
Steuervorteile für die Stiftung   212
Verbesserungen durch das Kultur- und
Stiftungsförderungsgesetz 1990   213
Notwendige Verbesserungen der steuerlichen
Rahmenbedingungen für Stiftungen   215

Ausblick: Die Stiftungen im politisch-gesellschaftlichen Zusammenhang   218

Literatur   220

Stiftungen als Ausdruck privater Initiative

In den letzten Jahrzehnten sind dem Staat und seinen Einrichtungen besonders im Bildungswesen und bei der Wissenschaftsförderung immer mehr Aufgaben zugewachsen. Unterschiedliche Lebensbereiche werden zunehmend reglementiert. Die Steuer- und Abgabenbelastung für den einzelnen Bürger steigt permanent. Die öffentlichen Haushalte sind überbelastet und drohen zu kollabieren. Obwohl sich die Staatsquote stetig erhöht, bleibt das ausgeprägte Anspruchsdenken in unserer Gesellschaft bestehen und wächst die Vielfalt und Größe gesellschaftlicher Krisen und Probleme. Zur Bewältigung dieser Anforderungen und Herausforderungen sieht sich wiederum der immer mehr belastete und überforderte Staat berufen. Die damit verbundenen finanziellen und personellen Anforderungen führen zur weiteren Erhöhung der Steuern und Staatsschulden sowie zur Aufblähung der Bürokratie. Dies verschärft die bestehende Problemlage weiter – ein Teufelskreis!

Um diesen Teufelskreis zu durchbrechen, gewinnt seit Jahren wieder die Einsicht an Raum, daß der Staat nicht alle öffentlichen Aufgaben übernehmen kann und soll. Damit ein Gemeinwesen funktioniert und sich entwickeln kann, müssen zwar bestimmte Leistungen erbracht und eine Art Grundversorgung in vielen Lebensbereichen durch den Staat sichergestellt werden, doch sollte gerade in einer freien Gesellschaft das selbständige Handeln privater Kräfte die Wirksamkeit öffentlicher Hände ergänzen und verstärken. Da kein Gemeinwesen besser funktionieren kann, als es der wirkliche Zustand der Staatsfinanzen zuläßt, ist es unabdingbar, die Staatsquote zu begrenzen und die Eigenverantwortung des Bürgers zu stärken.

Eine wichtige Form, in der sich verantwortliche, private, auf das Gemeinwohl hin orientierte Initiativen organisieren können, bildet die Stiftung. Stiftungen sind Institutionen unserer Gesellschaft, in denen Ideen, persönliches Engagement und Kapital gebündelt werden und mit deren Hilfe gemeinwohlorientierter Wandel bewirkt werden kann, ohne dabei Stabilität aufzugeben. Sie können auf vielen Gebieten helfen, wo öffentliches Handeln zu schwerfällig oder zu langsam ist. Eine wesentliche Aufgabe kann dabei sein, nach Lösungen für die brennenden gesellschaftlichen Fragen der Gegenwart und Zukunft zu suchen und dabei auch zunächst fernliegende und ungewöhnliche Wege zu beschreiten. Fehlentwicklungen können spontan und flexibel korrigiert werden. Bei zukunftsorientierten Projekten findet Risikobereitschaft ihren Ausdruck. Die notwendige freie Förderung der geistigen Entwicklung in der Gesellschaft kann durch Stiftungen geleistet werden. In Stiftungen kann sich auch der einzelne Bürger als Mitglied der Gemeinschaft engagieren und über das Interesse für sich selbst hinaus Verantwortung und Einsatz für das Wohlergehen anderer und der Allgemeinheit zeigen. Dieses altruistische Anliegen, das im Gegensatz zum „Sponsoring" keine unmittelbare Gegenleistung und keinen Marketingeffekt erstrebt, wird lediglich mitmotiviert durch den Wunsch des Stifters, in der Stiftung über seinen Tod hinaus fortzuleben.

Unmittelbare und mittelbare Stiftungen der Wirtschaft

Ein Bestandteil der Stiftungslandschaft sind die Stiftungen der Wirtschaft. Mit ihnen mögen unterschiedliche Vorstellungen verbunden sein. In jedem Falle handelt es sich dabei um Stiftungen, die eine enge Verbindung zu wirtschaftlichen Unternehmen haben und deren Vermögen aus diesem Bereich stammt.

Unmittelbare Stiftungen der Wirtschaft sind solche, die durch ein Unternehmen gegründet wurden oder die Anteile an Firmen halten – kurz: Unternehmensstiftungen. Als ein Beispiel sei die Robert Bosch Stiftung GmbH mit Sitz in Stuttgart genannt, die aus ihrem Vermögen in Höhe von rund 3,5 Milliarden DM jährlich circa 55 Millionen DM ausgibt und in ihr Förderungsprogramm auch die Wissenschaft und Bildung aufgenommen hat, ohne hier allerdings einen Schwerpunkt zu sehen. Ein anderes Beispiel ist die Robert Bosch Jubiläumsstiftung. Sie wurde im Jahre 1986 unter dem

Dach des Stifterverbandes von der Robert Bosch GmbH zum 100jährigen Jubiläum der „Werkstätte für Feinmechanik und Elektrotechnik" errichtet und dient der Förderung der Wissenschaft in Forschung und Lehre, vorzugsweise durch die Bereitstellung von Mitteln für Forschungsprojekte und die Förderung hochbegabter junger Wissenschaftler durch Stipendien. Ein weiteres Beispiel ist die Alfried Krupp von Bohlen und Halbach-Stiftung mit Sitz in Essen, die seit ihrer Gründung im Jahre 1968 rund 430 Millionen Mark für die Förderung gemeinnütziger Zwecke ausgegeben hat. Im Rahmen von Wissenschaft und Bildung hat die Stiftung weitreichende Stipendienprogramme durchgeführt. Mitte 1994 hat die Stiftung ein neues Förderprogramm aufgelegt, um Doktoranden zur Entwicklung fachübergreifender, intelligenter Verkehrskonzepte zu ermutigen.

Mittelbare Stiftungen der Wirtschaft sind solche, die ohne unmittelbaren Bezug zu einem Unternehmen durch eine Person errichtet wurden, die ihr Vermögen in der Privatwirtschaft verdient oder eine besondere Stellung in Wirtschaftskreisen hat und in deren mäzenatischem Engagement sich unternehmerischer Geist manifestiert – kurz: Unternehmerstiftungen. Als Beispiel sei die Hermann und Lilly Schilling Stiftung genannt. Hermann Schilling war Staatsfinanzrat, Vorstand der VEBA und anschließend Mitinhaber des Hamburger Bankhauses Brinckmann, Wirtz & Co. Die Stifter lernten die schwerwiegenden Folgen der Multiplen Sklerose durch die Erkrankung eines Familienmitglieds kennen. Dies veranlaßte sie, mit ihrem Vermögen, das zum Teil aus Verkäufen von Unternehmensanteilen stammte, eine Stiftung zur Erforschung der Ursachen dieser Krankheit zu dotieren.

Mit der vorgestellten Begriffsbestimmung ist jedoch eine Unschärfe verbunden. Die Abgrenzung zu anderen Stiftungsformen kann allerdings zur Verdeutlichung beitragen. Stiftungen der Wirtschaft sind zum einen keine öffentlichen Stiftungen, die ausschließlich öffentliche Zwecke verfolgen und als Teil der staatlichen Organisation erscheinen. Stiftungen der Wirtschaft sind zum anderen nicht solche, die von Privatpersonen oder Institutionen ohne Bezug zu wirtschaftlichen Unternehmen errichtet wurden.

Da es im vorliegenden Zusammenhang um Stiftungen als private Förderagenturen im Bereich von Bildung und Wissenschaft geht, findet im folgenden die Problematik keine Beachtung, die im typischen Zusammenhang mit Stiftungen der Wirtschaft steht: die Stiftung als Rechtsform für wirtschaftliche Unternehmen. Unternehmensverbundene Stiftungen, die nennenswerte Anteile am Produktionsunternehmen halten, werden häufig in erster Linie zur Regelung der Vermögensverhältnisse und der Erbfolge in Familienunternehmen errichtet. Komplizierte Stiftungsmodelle dieser Ausrichtung verbinden sich mit den Firmennamen Beitlich, Bertelsmann, Bosch, Doornkaat, Hertie, Krups, Lentjes, Lidl, Mahle, Reimers oder Stoll.

Allerdings vertreten solche Stiftungen aus ideellen, daneben aber auch aus handfesten steuerlichen Gründen meist ein gemeinnütziges Anliegen. Die Carl-Zeiss-Stiftung als Prototyp einer unternehmensverbundenen Stiftung verfolgt beispielsweise die Förderung naturwissenschaftlicher und mathematischer Studien in Forschung und Lehre. Sie war 1889 von Ernst Abbe aus großen Teilen seines Privatvermögens und seiner Anteile an den Firmen Zeiss und Schott errichtet worden. Die FAZIT-Stiftung, deren Vermögen aus einer Mehrheitsbeteiligung an der Frankfurter Allgemeine Zeitung GmbH besteht, fördert vorrangig Wissenschaft und Bildung auf dem Gebiet des Zeitungswesens und des graphischen Gewerbes und kümmert sich um den journalistischen Nachwuchs.

Die rechtliche Einordnung von Stiftungen

Nachdem nun schon einige im Wissenschafts- und Bildungsbereich fördernde Stiftungen der Wirtschaft vorgestellt wurden, soll kurz auf den Begriff der Stiftung eingegangen werden.

In streng juristischer Betrachtung ist die Stiftung eine organisatorisch verselbständigte Vermögensmasse, die nach dem Willen des Stifters auf Dauer einem bestimmten Zweck gewidmet ist. Voraussetzung ihrer Errichtung ist eine Güteraussetzung seitens des Stifters und der Vermögenstransfer auf die neugeschaffene Einrichtung. Im einzelnen weist die Stiftungslandschaft eine große Formenvielfalt auf, die selbst Ersatzformen wie Stiftung e.V. oder Stiftung gGmbH umfaßt und auf unterschiedlichen Rechtsmaterien des Bundes und der Länder aufbaut.

Aus den detaillierten Anforderungen, die die Rechtsordnung an die Stiftung stellt, sind folgende Merkmale herauszuheben:

– eine eindeutige Stiftungsabsicht

– ein im Stiftungszweck konkretisierter Stiftungswille

– die Dauerhaftigkeit der Zwecksetzung und der Institution, die ihn trägt

– eine Vermögensausstattung, die mit ihren Erträgen dem Stifterauftrag gerecht wird

– und schließlich eine Organisation, die vom Stifter in einer Satzung vorgegeben wird und mit Hilfe personeller und sachlicher Mittel den Stiftungszweck zu erfüllen in der Lage ist.

Grob unterschieden werden kann zwischen rechtsfähigen und nichtrechtsfähigen, sogenannten treuhänderischen Stiftungen. Die rechtsfähige Stiftung ist der gesetzliche Regelfall. Sie verwirklicht als eigenständige juristische Person den Willen des Stifters und unterliegt dabei der staatlichen Stiftungsaufsicht. Die treuhänderische Stiftung kann nicht selbständig im Geschäftsverkehr handeln und bedient sich dazu der Rechtsfähigkeit eines Treuhänders, bei dem sie errichtet ist. Sie läßt sich schneller errichten und ist vielfach in der Arbeitsweise flexibler als eine rechtsfähige Stiftung. Neben der unumgänglichen Überwachung durch das Finanzamt unterliegt sie keiner weiteren staatlichen Aufsicht.

Stiftungszweck: Bildung und Wissenschaft

Da es keine vollständige Erfassung der in Deutschland existierenden Stiftungen gibt, liegt ungeachtet terminologischer Probleme auch die Zahl, Größe und Entwicklung von Stiftungen der Wirtschaft weitgehend im dunkeln. Doch wird man sagen können, daß ein gemeinnütziges Engagement Zweck der weitaus meisten Stiftungen und damit auch der Stiftungen der Wirtschaft ist. Rund 90 Prozent aller Stiftungen in Deutschland tragen den Status der Gemeinnützigkeit.

Dabei dürfte von allen Förderstiftungen mit allerdings stetig abfallender Tendenz immer noch ein Anteil von einem Drittel auf den sozial-karitativen Bereich entfallen, in dem die Entwicklung des Stiftungswesens vor über einem Jahrtausend ihren Anfang genommen hat. Die Stiftungszwecke der anderen beiden Drittel widmen sich den anderen gemeinnützigen Zwecken, wobei die Förderung von Wissenschaft und Bildung eine herausragende Position einnimmt. Eine Datenerhebung des Bundesverbandes deutscher Stiftungen aus dem Sommer 1994 weist für den Schwerpunkt „Bildung/Ausbildung/Erziehung" einen Anteil von 19,4 Prozent aus, während sich 13,2 Prozent der befragten Stiftungen der „Wissenschaft/Forschung" zuwenden. Der Anteil des Bildungsbereichs fiel gegenüber der letzten Befragung aus dem Jahre 1991 um 1,6 Prozentpunkte zurück. Der Wissenschaftsanteil stieg dagegen um 2,1 Prozent.

Bei der genannten Befragung waren Mehrfachnennungen möglich. Der genaue Blick auf einzelne Stiftungen der Wirtschaft macht deutlich, daß viele von ihnen sich beiden Zwecken verschrieben haben. Eine solche Verbindung beider Zwecke liegt auch nahe, weil manche Förderung im Einzelfall gar nicht eindeutig einem der beiden zugeordnet werden kann. Beide Bereiche fördert beispielsweise die von Otto Wolff von Amerongen, dem langjährigen Präsidenten des Deutschen Industrie- und Handelstages und Vorsitzenden des Ostausschusses der deutschen Wirtschaft gegründete Stiftung.

Die Otto Wolff von Amerongen Stiftung vergab im letzten Jahr zum zweiten Male den Initiativpreis Aus- und Weiterbildung. Sie will durch die Vergabe dieses Preises an Unternehmen, die innovative und praxisnahe Ansätze in der beruflichen Bildung realisieren, exemplarisch die Leistungen der Wirtschaft auf dem Gebiet der Aus- und Weiterbildung einer interessierten Öffentlichkeit transparent machen.

Infolge fehlender Publizitätsvorschriften fehlt es für Deutschland vor allem an einer verläßlichen Erfassung des vorhandenen Stiftungskapitals sowie der Einnahmen und Ausgaben der Stiftungen. Man wird aber gerade für die in den Bereichen Bildung und Wissenschaft tätigen Stiftungen sagen dürfen, daß die wenigen großen Stiftungen (unter 5 Prozent aller Stiftungen) den Löwenanteil des insgesamt vorhandenen Stiftungskapitals in sich vereinigen (rund 90 Prozent). Damit tragen sie auch den größten Teil des Förderungsvolumens. Große Stiftungen finden sich gerade in den Förderungsbereichen von Wissenschaft und Bildung. Es kann daher davon ausgegangen werden, daß das für Wissenschaft und Bildung aufgewendete Förderungsvolumen verhältnismäßig größer ist als der zahlenmäßige Anteil der hier tätigen Stiftungen bezogen auf alle deutschen Stiftungen. Große wissenschaftsfördernde Institutionen sind neben dem Stifterverband vielfach Stiftungen, die ihren Ursprung im Wirtschaftsbereich finden.

Unter den zehn größten deutschen Stiftungen lassen sich sieben Stiftungen mehr oder weniger dem Wirtschaftsbereich zuordnen. Alle diese Stiftungen befassen sich auch mit Förderungen von Wissenschaft und Bildung. Die Liste reicht von der Volkswagen-Stiftung über die Deutsche Bundesstiftung Umwelt, die Robert Bosch Stiftung, die Alfried Krupp von Bohlen und Halbach-Stiftung, die Carl-Zeiss-Stiftung, die Gemeinnützige Hertie-Stiftung bis zur Körber-Stiftung.

Volkswagen-Stiftung und Deutsche Bundesstiftung Umwelt sind allerdings dem Wirtschaftsbereich nur sehr entfernt zuzurechnen. Sie entstanden im Rahmen von Privatisierungsbemühungen des Staates. Die Deutsche Bundesstiftung Umwelt entstand auf der Grundlage des Erlöses aus dem Verkauf der Bundesanteile am Salzgitter-Konzern. Die Volkswagen-Stiftung verdankt ihre Entstehung einem Staatsvertrag zwischen dem Land Niedersachsen und der Bundesrepublik Deutschland vom November 1959, der zugleich die nach dem Zweiten Weltkrieg unklaren Eigentumsverhältnisse beendete. Der Erlös der damaligen Umwandlung der Volkswagenwerk GmbH in eine Aktiengesellschaft und alle Gewinnansprüche auf die dem Bund und dem Land übertragenen Anteile des Aktienkapitals wurden als Vermögen auf die Stiftung übertragen.

Hinter der Gründung einer solchen rechtsfähigen Stiftung bürgerlichen Rechts stand die Idee, in der noch jungen Bundesrepublik Deutschland eine starke nichtstaatliche Institution zur Förderung von Wissenschaft und Technik zu gründen. Seitdem fördert die Stiftung wegweisende Forschungsvorhaben in allen Wissenschaftsbereichen in einem Jahresvolumen von zuletzt über 200 Millionen DM.

Ein weiteres Beispiel für Stiftungen der Wirtschaft im Wissenschafts- und Bildungsbereich ist die Fritz Thyssen Stiftung mit Sitz in Köln. Sie ist die erste große wissenschaftsfördernde Einzelstiftung, die nach dem Zweiten Weltkrieg in Deutschland errichtet wurde. Ihre Errichtung geschah im Jahre 1959 zum Gedenken an die Industriellen August und Fritz Thyssen. Ihr ausschließlicher Zweck ist die unmittelbare Förderung der Wissenschaft an wissenschaftlichen Hochschulen und Forschungsstätten, vornehmlich in Deutschland, unter besonderer Berücksichtigung des wissenschaftlichen Nachwuchses. Bei einem Stiftungsvermögen von über 130 Millionen DM wurden jährliche Mittel in Höhe von fast 20 Millionen DM für Forschungsprojekte und Stipendien mit Schwerpunktsetzung auf die Grundlagen der geisteswissenschaftlichen Forschung vergeben. In Andenken an den ehemaligen Vorstandsvorsitzenden der VEBA wurden zwei Stiftungen errichtet, die im Wissenschafts- und Bildungsbereich tätig sind: Neben dem Rudolf v. Bennigsen-Foerder-Hilfsfonds zur Ausbildung junger Menschen im Ruhrgebiet besteht die Rudolf v. Bennigsen-Foerder-Stiftung, die der Ausbildung qualifizierter Rechts- und Wirtschaftswissenschaftler dient, und zwar zunächst in den neuen Ländern. Die Haniel-Stiftung mit Sitz in Duisburg hat sich auf die Förderung der Erforschung des Unternehmertums und der Ausbildung des Führungsnachwuchses spezialisiert.

Stifterverband als Gemeinschaftsaktion der Wirtschaft

Legt man einen offenen, nicht rechtlich bestimmten Stiftungsbegriff zugrunde, ist auch der Stifterverband für die Deutsche Wissenschaft eine Stiftung der Wirtschaft. Er ist zwar keine Stiftung im Rechtssinne, sondern als eingetragener Verein organisiert. Doch zeigt ein Blick auf seine Entwicklung als Bestandteil der deutschen Wissenschaftslandschaft, daß er durchaus typische Anliegen einer Stiftung der Wirtschaft teilt.

Vor genau 75 Jahren kam es zu Privatinitiativen aus dem Kreise der Wirtschaft, denen es darum ging, „die der deutschen wissenschaftlichen Forschung durch die gegenwärtige Notlage erwachsende Gefahr völligen Zusammenbruchs abzuwenden" und die im Dezember 1920 den „Stifterverband für die Notgemeinschaft der Deutschen Wissenschaft" gründeten. Dadurch wurde in Deutschland nach dem Ersten Weltkrieg wieder wissenschaftliches Leben und Arbeiten als Voraussetzung für wirtschaftlichen und sozialen Fortschritt möglich. Dieser Vorgang wiederholte sich nach dem Zweiten Weltkrieg, als 61 Spitzen- und Fachverbände der Wirtschaft einen Gründungsaufruf unterzeichneten und darin alle Unternehmer und selbständig Erwerbstätigen aufriefen, den „Stifterverband für die Deutsche Wissenschaft" in dem ihrer finanziellen Kraft angemessenen Umfang zu unterstützen. Bis zum Ende der fünfziger Jahre war der Stifterverband die Organisation, die namhafte private Mittel für den Aufbau und die Arbeit der großen Wissenschaftsförderungsorganisationen: Deutsche Forschungsgemeinschaft (DFG), Max-Planck-Gesellschaft (MPG), Deutscher Akademischer Austauschdienst (DAAD) oder Alexander von Humboldt-Stiftung (AvH) zu vergeben hatte.

Mit zunehmender Wissenschaftsförderung aus öffentlichen Mitteln veränderte sich die Funktion des Stifterverbandes. Er sieht heute seine Aufgabe darin, die dominierende Breitenförderung des Staates durch eine Förderung der Qualität der Forschung zu ergänzen. Der Stifterverband will mit seinen Mitteln vor allem

Anreize zu wissenschaftlichen Spitzenleistungen und Strukturverbesserungen leisten. Dafür setzt er seine Mittel ein, die sich ausschließlich aus den privaten Zuwendungen seiner rund 5000 Mitglieder und Förderer zusammensetzen. Seine Mittel haben den Charakter von Wagniskapital. Der Stifterverband springt dort ein, wo der Schuh drückt, weil öffentliche Haushalte für neueste wissenschaftliche Entwicklungen oder kurzfristige Problemlösungen nicht oder noch nicht zur Verfügung stehen oder weil notwendige strukturelle Korrekturen in der Wissenschaftslandschaft allein vom Bund und den Ländern nicht bewältigt werden können.

Der Stifterverband vergibt vor diesem Hintergrund gezielt Fördermittel an Institutionen der Wissenschaft, schafft Arbeits- und Gesprächsmöglichkeiten, vermittelt Informationen, berät, weist durch Förderprogramme auf aktuelle Probleme der Wissenschaft und ihrer Arbeitsbedingungen hin und zeigt modellhafte Lösungen auf. Mit seinen Villa-Hügel-Gesprächen bietet er seit mehr als zwei Jahrzehnten ein Forum für den öffentlichen Diskurs wissenschafts- und bildungspolitischer Fragen. Das Villa-Hügel-Gespräch 1993 ging beispielsweise unter dem Titel „Wozu Universitäten – Universitäten wohin?" der Frage nach, welches Selbstverständnis, welchen Auftrag und welche Zukunft die Universität in einer von ökonomischem Denken geprägten Gesellschaft hat. Im Jahre 1994 lautete das Thema: „Von der Hypothese zum Produkt – Verbesserung der Innovationsfähigkeit durch Neuorganisation der öffentlich finanzierten Forschung?"

Mit Sonderprogrammen reagiert der Stifterverband auf aktuelle Probleme. Mit dem „Aktionsprogramm Studienzeitverkürzung" weist der Stifterverband seit Ende der achtziger Jahre auf das steigende Mißverhältnis zwischen Ausbildungs- und Lebensarbeitszeit hin und bietet gleichzeitig Anreize, eine Trendumkehr einzuleiten. Dazu fördert er modellhaft Initiativen an Hochschulen, die dem Ziel der Studienzeitverkürzung entsprechen oder zeichnet Absolventen mit unterdurchschnittlichen Studienzeiten aus. Ein weiteres Beispiel aus jüngster Zeit ist das Sonderprogramm „Stiftungsprofessuren für die neuen Bundesländer", mit dem der Stifterverband den Aufbau der Universitäten besonders in den

Rechts-, Wirtschafts- und Geisteswissenschaften fördert. Das Sonderprogramm zur Förderung der wissenschaftlichen Kontakte mit den Ländern Osteuropas trägt nach dem Umbruch in den ehemals sozialistischen Ländern zur Verstärkung der wissenschaftlichen Beziehungen mit dem Westen bei.

Neben solchen Strukturfragen widmet sich der Stifterverband schwerpunktmäßig der Förderung des wissenschaftlichen Nachwuchses. Er hat Schülerleistungswettbewerbe initiiert oder das Sonderprogramm „Zukunftsorientierte Technologien" eingeführt. Mit seiner Hilfe wird es Doktoranden der anwendungsorientierten Natur- und Ingenieurwissenschaften ermöglicht, an internationalen Konferenzen teilzunehmen. Daneben setzt sich der Stifterverband für die Förderung der internationalen wissenschaftlichen Zusammenarbeit ein. Dazu gehört zum Beispiel die Unterstützung des Collegium Budapest, das der themenbezogenen Zusammenarbeit von Wissenschaftlern verschiedener Länder dient. Fachbezogen fördert der Stifterverband dort, wo es um die Entwicklung neuer Fächer oder Forschungsansätze geht. Mit seinem Förderungsprogramm „Ökologie und Naturschutzforschung" beispielsweise unterstützt der Stifterverband junge Biowissenschaftler, die auf diesen Gebieten arbeiten.

Neben der Wissenschaftsförderung und dem Engagement im Bildungsbereich im Auftrag der Wirtschaft fördert der Stifterverband das gemeinnützige Stiftungswesen. In seinem Stiftungszentrum werden Unterlagen über das gemeinnützige Stiftungswesen zusammengetragen und dokumentiert. Das Stiftungszentrum informiert seinerseits die Öffentlichkeit über das Stiftungswesen und dessen Entwicklung. Dem Gesetzgeber gegenüber ist es ständig um die Verbesserung der rechtlichen und steuerlichen Rahmenbedingungen für Stiftungen bemüht. Seine Mitarbeiter beraten Stifter und solche, die es werden wollen. Schließlich werden hier über 220 rechtsfähige und nichtrechtsfähige Stiftungen mit einem Gesamtvermögen von mehr als einer Milliarde DM verwaltet und betreut. Die meisten dieser Stiftungen sind in den Bereichen von Wissenschaft und Bildung fördernd tätig. Jede fünfte Stiftung im Stifterverband wurde unmittelbar durch ein Unternehmen, viele weitere durch Unternehmer errichtet. Mit dem Stifterfonds, den der Stifterverband im Jubiläumsjahr mit 1 Million Mark Startkapital dotiert hat, bietet er Gelegenheit, auch kleinere Vermögen dauerhaft in den Dienst der Wissenschaft und Bildung zu stellen. Aus den Erträgen der in diese Gemeinschaftsstiftung fließenden Zuwendungen werden in regelmäßigen Abständen Stipendien vergeben oder Projektförderungen durchgeführt, die den Namen des jeweiligen Stifters tragen.

Seine Sachkompetenz und seine unbürokratische Förderungspraxis haben dem Stifterverband ein hohes Ansehen verschafft, das seiner Stimme in den Entscheidungsgremien der Wissenschafts- und Forschungspolitik Gewicht gibt. Sein Gewicht wird um so größer, je mehr Unternehmen und Unternehmer sich als Förderer oder Stifter der Gemeinschaftsaktion der Wirtschaft anschließen.

Motive der Stiftungserrichtung

Hinter dem bunten und vielgestaltigen Bild der deutschen Stiftungslandschaft verbergen sich Motive unterschiedlicher Art. Selten ist ein Motiv allein ausschlaggebend für die Errichtung einer Stiftung. In aller Regel wird ein Bündel von Motiven zur Stiftungserrichtung führen. So sind Stiftungen das klassische Instrument, um das Lebenswerk eines Unternehmers über seine Schaffenszeit hinaus zu erhalten oder wegen fehlender Erben die Vermögensnachfolge für den Todesfall zu regeln. Die unternehmerische Nähe oder persönliche Neigung zu einem bestimmten Fachgebiet mag für eine Stiftung ausschlaggebend sein. Privatpersonen geht es darum, ihre ideellen Lebensschwerpunkte auch in Zukunft fortgeführt zu sehen. Manche wollen ihrer Betroffenheit über Schicksalsschläge naher Angehöriger oder ihrer Dankbarkeit für eine frühere Förderung der eigenen Person Ausdruck verleihen.

Zahlreiche Unternehmen feiern mit einer Stiftung ihr Firmenjubiläum. So wurde zum 100jährigen Bestehen der Deutschen Bank AG der Stiftungsfonds Deutsche Bank unter dem Dach des Stifterverbandes für die Deutsche Wissenschaft gegründet. Er verfolgt das Ziel, Wissenschaft und Lehre in der Bundesrepublik Deutschland zu fördern. Mit seiner Hilfe wird etwa die Idee privater Universitätseinrichtungen unterstützt. Die Wirtschaftswissenschaftliche Fakultät der Universität Witten/Herdecke oder die Wissenschaftliche Hochschule für Unternehmensführung in Koblenz erhalten wichtige Finanzierungshilfen.

Manche Firmen versprechen sich durch die Errichtung einer gleichnamigen Stiftung auch einen gewissen Werbeeffekt und eine Imageverbesserung für ihr Unternehmen. Sie wollen nach außen hin deutlich machen, daß es ihnen nicht auf reine Profitmaximierung ankommt, sondern daß sie auch bereit sind, sich für die Gesellschaft zu engagieren. Ein weiterer nützlicher Nebeneffekt mag es sein, durch bestimmte Förderungsmaßnahmen der Stiftung Ideen für die Entwicklung des eigenen Unternehmens und der eigenen Produkte zu gewinnen. Wenn etwa die Stiftung Immunität und Umwelt im Stifterverband für die Deutsche Wissenschaft neue Erkenntnisse auf dem Gebiet der Immunologie fördert und verbreitet, wobei der Mensch in seiner Umwelt im Vordergrund steht, wird auch das in der Arzneimittelbranche tätige Stiftungsunternehmen durch die geförderten Veranstaltungen inspiriert. Von privatnütziger Forschung unterscheidet sich die Förderung durch die gemeinnützige Stiftung jedoch dahingehend, daß der Kreis der Geförderten nicht fest abgeschlossen ist, die Ergebnisse der Forschung der Öffentlichkeit zugänglich gemacht werden und die Veranstaltungen von allen Interessierten besucht werden können.

Anregend für ein Unternehmen ist es, über die Stiftung regelmäßigen Kontakt mit interessanten Personengruppen wie Forschern oder Studierenden zu halten und in eine geistige Auseinandersetzung mit der Öffentlichkeit zu treten, ohne daß die Firma direkt auftritt. Ein Unternehmen möchte häufig auch indirekt der Nachwuchsförderung innerhalb der Branche dienen. So vergibt der Stiftungsfonds IBM Deutschland Stipendien – etwa an Abiturientinnen, die ein Hochschulstudium der Natur- oder Ingenieurwissenschaften beginnen wollen und bereits in der Schule herausragende Leistungen nachweisen konnten, oder an Studierende in den Fachbereichen Elektrotechnik, Luft- und Raumfahrt, Maschinenbau, Physik und Chemie. Die Colonia Studienstiftung fördert zeitlich begrenzte Studienaufenthalte an ausländischen Hochschulen, die das bisherige Studium im Inland sinnvoll ergänzen und sich auch mit versicherungswirtschaftlichen Themenstellungen befassen sollen.

Mitunter entstehen Stiftungen auch auf verschlungenen Wegen in einem Interessengeflecht, ohne indes ihren Ursprung im Bereich der Wirtschaft zu verlieren. Dies zeigt etwa der Blick auf die Entstehungsgeschichte der Stiftung Industrieforschung mit Sitz in Köln. Im Jahre 1924 wurden durch den Dawes-Plan die Reparationsverpflichtungen des Deutschen Reiches nach dem Ersten Weltkrieg neu geordnet und zu einem Teil auch auf die Wirtschaft bezogen. Alle Unternehmen, deren Betriebsvermögen den Betrag von 20 000 Goldmark überstieg, mußten eine sogenannte Aufbringungsumlage entrichten, die bei der Bank für deutsche Industrie-Obligationen verwaltet wurde.

Nach dem Ende der Reparationsverpflichtungen aus dem Dawes-Plan blieb diese Bank als „Deutsche Industriebank" bestehen. Sie nahm verschiedene Aufgaben wahr und vergab schließlich langfristige Unternehmenskredite. Statt durch Aktionäre wurde die Bank durch rund 200 Treuhänder aus den Unternehmen bestimmt, die seinerzeit die Aufbringungsumlage zu entrichten hatten. Um ihre Verschmelzung mit dem nach dem Zweiten Weltkrieg in Düsseldorf gegründeten Tochter-Institut Industriekreditbank zu ermöglichen, wurden durch das Bundesgesetz über die Verwendung des Vermögens der Deutschen Industriebank vom 8. Mai 1974 die Treuhänder durch die gemeinnützige Stiftung zur Förderung der Forschung für die gewerbliche Wirtschaft ersetzt. Im Jahre 1988 mit dem Kurznamen Stiftung Industrieforschung ausgestattet, hält sie als Stiftungsvermögen einen Anteil von gut 11 Prozent des Grundkapitals der IKB Deutsche Industriebank. Ganz in Übereinstimmung mit ihrem Ursprung fördert die Stiftung nun schon seit zwanzig Jahren erfolgreich Forschungsprojekte, die für kleine und mittlere Unternehmen von Nutzen sind.

Die steuerliche Behandlung von Stiftungen

Steuervorteile für die Stiftung

Zuletzt verbinden sich mit der Errichtung einer Stiftung nicht unerhebliche Steuervorteile. Die Errichtung einer gemeinnützigen Stiftung wird durch diese Möglichkeit in bedeutendem Maße motiviert. Wichtige Bedingungen für Stifter und Stiftungen werden durch das Steuerrecht gesetzt. Danach werden zwar grundsätzlich Stiftungen ebenso wie andere Körperschaften (Kapitalgesellschaften, Vereine) der Besteuerung unterworfen. Sie werden allerdings steuerlich begünstigt, wenn sie ausschließlich und unmittelbar gemeinnützige, mildtätige oder kirchliche Zwecke verfolgen, also im direkten Interesse der Allgemeinheit tätig sind.

Zum einen ist die gemeinnützige Stiftung als solche steuerbefreit. Bei ihrer Errichtung fallen weder Schenkung- oder Erbschaftsteuer noch Grunderwerbsteuer an. Die Körperschaft- und Vermögensteuerpflicht entfällt für die Dauer ihrer Gemeinnützigkeit. Übt die Stiftung allerdings im Rahmen ihrer Aktivitäten eine nachhaltige Tätigkeit aus, durch die Einnahmen oder andere wirtschaftliche Vorteile erzielt werden und die über den Rahmen einer Vermögensverwaltung hinausgeht (sogenannter wirtschaftlicher Geschäftsbetrieb), entsteht dafür eine partielle Steuerpflicht. Dient diese Tätigkeit allerdings in ihrer Gesamtrichtung dazu, die steuerbegünstigten Zwecke der Stiftung zu verwirklichen, kann ein sogenannter Zweckbetrieb vorliegen, der wiederum steuerlich begünstigt wird.

Zum anderen sieht das Steuerrecht für den Stifter Vorteile vor. Die Dotierung einer Stiftung, Zustiftungen, Spenden und andere Zuwendungen sind als Sonderausgabe oder abziehbare Aufwendung im Rahmen der Höchstbeträge steuerbegünstigt und vermindern das zu versteuernde Einkommen des Zuwendenden. Im Bildungsbereich können steuerbegünstigte Spenden jährlich bis zu 5 Prozent des Gesamtbetrags der Einkünfte beziehungsweise des Einkommens abgezogen werden. Für wissenschaftliche Zwecke erhöht sich dieser Höchstbetrag auf 10 Prozent. Zuwendungen für steuerbegünstigte Zwecke wirken sich außerdem steuermindernd auf die Gewerbesteuer aus, wenn die Mittel aus dem Gewerbebetrieb stammen. Bei allen Zuwendungen von Todes wegen oder unter Lebenden an eine gemeinnützige Stiftung fällt keine Erbschaft- oder Schenkungsteuer an. Die Errichtung einer Stiftung löst grundsätzlich auch keine Umsatzsteuer aus. Die Übertragung inländischen Grundvermögens auf eine gemeinnützige Stiftung ist grunderwerbsteuerfrei.

In den Vereinigten Staaten von Amerika haben stiftungsfreundliche Rahmenbedingungen mit dazu beigetragen, ein blühendes Stiftungswesen hervorzubringen. Dort erreichen bereits die größten vier (The Ford Foundation, W.K. Kellogg Foundation, J. Paul Getty Trust, The Robert Wood Johnson Foundation) der rund 31 000 US-amerikanischen Stiftungen das auf 37 Milliarden DM geschätzte Gesamtvermögen aller deutschen Stiftungen. Im Gegensatz zu den USA sind in Deutschland trotz der bereits genannten Steuervergünstigungen noch erhebliche Defizite feststellbar. Insofern hat der Stifterverband für die Deutsche Wissenschaft zusammen mit anderen Stimmen aus dem gemeinnützigen Bereich gegenüber der Bundesregierung weitere Maßnahmen zur Verbesserung der materiellen Bedingungen von Stiftungen eingefordert. Diese müssen dort ansetzen, wo das gemeinnützige Wirken von Stiftungen gestärkt und ihre Errichtung gefördert wird. Gerade Unternehmer und Unternehmen sollen nachhaltig angeregt werden, Vermögenswerte auf gemeinnützige Stiftungen zu übertragen, vor allem solcher, die sich der Förderung von Wissenschaft und Bildung widmen. Stiftungen müssen in die Lage versetzt werden, ohne unnötigen Verwaltungsaufwand flexibel agieren und dabei ihre finanzielle Substanz erhalten zu können.

Verbesserungen durch das Kultur- und Stiftungsförderungsgesetz 1990

Ende 1990 hat der Bundesgesetzgeber auf eine Initiative des Stifterverbandes hin durch das Kultur- und Stiftungsförderungsgesetz einige wichtige Regelungen getroffen, um die steuerlichen Rahmenbedingungen für Stiftungen zu verbessern.

1. Großspenden lassen sich seitdem durch Spendenrück- und -vortrag verteilen. Spenden, die aufgrund der Höchstbegrenzung im Jahr der Hingabe steuerlich nicht berücksichtigungsfähig sind, können nun bei natürlichen Personen zwei Jahre zurück- und fünf Jahre vorgetragen werden. Dies gilt für alle Spenden an gemeinnützige Körperschaften, die wissenschaftlichen oder als besonders förderungswürdig anerkannten kulturellen Zwecken dienen. Für den Bildungsbereich gilt diese Verbesserung allerdings nicht. Die Vorschrift ist vor allem für Unternehmer und andere Privatpersonen von Bedeutung, die eine Stiftung errichten und sofort dotieren wollen. Angesichts der hier erforderlichen Beträge führte die zuvor enge Begrenzung des Sonderausgabenhöchstbetrages dazu, daß viele Stifter im wesentlichen aus besteuertem Einkommen die Stiftung dotieren mußten.

Auch für juristische Personen wurde die Möglichkeit der Verteilung von Großspenden auf acht Jahre eingeführt. Sie haben jedoch nicht die Möglichkeit des Spendenrücktrags. In der Praxis stoßen Unternehmen jedoch selten an den Höchstrahmen des Spendenabzugs, da sie alternativ den regelmäßig höheren Höchstbetrag von 2 Prozent des Umsatzes zuzüglich aller Löhne und Gehälter anwenden können.

2. Erben und Beschenkte werden, soweit sie Erbschaften und Schenkungen innerhalb von 24 Monaten einer Stiftung, die wissenschaftlichen oder kulturellen Zwecken dient, zuwenden, von der Erbschaft- oder Schenkungsteuer befreit. Diese Regelung ist von besonderer Bedeutung für ältere Personen, die bereits eine ausreichende Vorsorge für ihr Alter getroffen und keine leiblichen Nachkommen haben. Diese Personen können nun mit erheblichen Steuervorteilen selbst Stifter werden.

3. Was früher nur für wissenschaftliche Spenden galt, gilt nun für alle Spenden mit Ausnahme solcher an politische Parteien und

Wählervereinigungen. Soweit sie aus einem Gewerbebetrieb stammen, mindern sie den Gewerbeertrag, sind also bei der Gewerbesteuer abzugsfähig. Dadurch wurde zwar ein Privileg der Wissenschaftsförderung auf andere Bereiche erweitert, doch erleichtert es die Verwaltung auch der Wissenschafts- und Bildungsstiftungen erheblich. Bei gemischten Stiftungen mit mehreren Zwecken mußte zuvor für jede Zweckkategorie gesondert Rechnung gelegt werden.

4. Schließlich ergibt sich eine Erleichterung für die Stiftungsverwaltung durch die abgestufte Sanktion bei der Mittelthesaurierung. Verwendet eine Stiftung ihre Mittel nicht zeitnah, also bis zum Ablauf des auf ihre Vereinnahmung folgenden Kalenderjahres, bestand zuvor für die Finanzverwaltung nur die Möglichkeit, der Körperschaft die Gemeinnützigkeit zu entziehen. Nun kann sie unter Fristsetzung die Verwendung der Mittel verlangen und die Gemeinnützigkeit bestätigen, wenn die Mittel innerhalb der gesetzten Frist verwendet werden.

Ende 1994 nahm das Bundesfinanzministerium in einem Anwendungserlaß zu § 58 der Abgabenordung zum Problem der Vergabe von Darlehen durch gemeinnützige Stiftungen Stellung. Es übernahm dabei weitgehend die zuvor vom Stifterverband empfohlenen Positionen. Es ist nun grundsätzlich anerkannt, daß Stiftungen unter bestimmten Umständen Darlehen vergeben dürfen, wenn sie damit selbst unmittelbar ihre steuerbegünstigten satzungsmäßigen Zwecke verwirklichen.

Notwendige Verbesserungen der steuerlichen Rahmenbedingungen für Stiftungen

Trotz dieser Erfolge liegt im steuerlichen Bereich noch vieles im argen, manches gilt es noch zu verbessern. In Betracht kommt eine Vielzahl von Schritten, wobei einige Kernbereiche herausgestellt seien, die der Stifterverband bereits gegenüber wichtigen Entscheidungsträgern in der Politik vorgebracht hat.

1. Die steuerlichen Voraussetzungen für Einkommens- und Vermögensübertragungen auf Stiftungen müssen verbessert werden. Stifter sollten nicht aus bereits versteuerten Einkommen und Vermögen ihre Stiftungen dotieren müssen. Wie bei der Steuer werden auch bei der Stiftung materielle Werte aus der privaten in die Gemeinwohlsphäre umverteilt. Einem Stifter ist es kaum begreiflich zu machen, wieso die von ihm vorgesehene gemeinnützige Dotation bei Errichtung einer Stiftung oft zum großen Teil noch vorher der Einkommensteuer unterworfen und damit gemindert wird. Häufig unterbleibt in solchen Fällen eine Stiftungsinitiative; oft bleibt sie in bescheidenen Ausmaßen stecken. Deshalb müssen für private Steuerpflichtige die Höchstbeträge für den Steuerabzug vervielfacht werden. Es reicht nicht aus, wenn nur 10 Prozent des Einkommens steuerfrei in Wissenschaftsstiftungen oder gar nur 5 Prozent des Einkommens in Bildungsstiftungen eingebracht werden können. Mit einer solchen Anhebung könnte auch eine Benachteiligung privater Stifter beseitigt werden, die im Vergleich mit Unternehmen, die eine Stiftung errichten wollen, besteht. Diese können alternativ den Spendenabzug auch nach 2 Prozent vom Umsatz zuzüglich aller Löhne und Gehälter bemessen.

2. Alle besonders förderungswürdigen altruistischen Zwecke (vor allem Wissenschaft und Bildung) sollten steuerlich ihrem besonderen Charakter entsprechend stärker privilegiert werden und deren Höchstbeträge vereinheitlicht werden. Dies würde den mit der getrennten Rechnungslegung für die Stiftungen erforderlichen Verwaltungsaufwand erheblich vermindern und die Flexibilität von Stiftern erhöhen. Vordringlich ist, daß der Bildungszweck in der Begünstigung bei der Einkommen-, Körperschaft- und Gewerbesteuer dem Wissenschaftszweck angepaßt wird. Gerade diese beiden Bereiche sind oft untrennbar miteinander verbunden. Ihre rechtliche Unterscheidung verursacht erhebliche Verwaltungskosten, obwohl sich die unterschiedliche Begünstigung in vielen Fällen tatsächlich gar nicht ausgewirkt hat.

3. Spendenbestätigungen sollten für alle besonders steuerbegünstigten Zwecke durch die Stiftung selbst ausgestellt werden können. Die zur Zeit bei einigen gemeinnützigen Zwecken (zum Beispiel Förderung kultureller Zwecke) noch notwendige Durchleitung durch eine Körperschaft des öffentlichen Rechts ist einerseits wegen des umständlichen Verfahrens teuer und abschreckend, bringt aber andererseits dem Staat keinen Nutzen. Die Kontrolle sollte einheitlich und ausschließlich bei den allein dafür kompetenten Finanzverwaltungen liegen.

4. Alle Erträge gemeinnütziger Stiftungen sollten steuerfrei vereinnahmt werden können. Dies bedeutet, daß auch Erträge aus Aktien und GmbH-Anteilen nicht vorweg auf der Ebene der Kapitalgesellschaft mit Körperschaftsteuer belastet werden, die für Stiftungen nicht erstattungsfähig ist. Außerdem müssen auch Erträge aus der Veräußerung von Betriebsvermögen gemeinnütziger Stiftungen steuerbefreit sein, wenn diese ausschließlich gemeinnützigen Zwecken dienen.

5. Die Möglichkeiten zur Erhaltung der Vermögenssubstanz von Stiftungen und zur Erhöhung der Flexibilität sollten verbessert werden. Eine Erhöhung der sogenannten freien Rücklage ist vorzusehen. Die bisherige Marge von 25 Prozent reicht nach den bisherigen Erfahrungen schon nicht aus, um einen ausreichenden Inflationsausgleich zu bewirken und so die Leistungskraft der Stiftungen nachhaltig zu sichern.

6. Leistungen zwischen gemeinnützigen Körperschaften sollten von der Umsatzsteuer befreit werden. Diese Steuerbefreiung würde die gewünschte Kooperation kleiner gemeinnütziger Körperschaften erleichtern, damit Synergieeffekte hervorrufen und den Verwaltungsaufwand der Stiftungen senken. Außerdem würde in der Begünstigung eine Gleichstellung mit den Wohlfahrtsverbänden erreicht.

7. Die Übernahme von Verwaltungsaufgaben anderer gemeinnütziger Körperschaften sollte in den Fällen, in denen nicht nur Verwaltungsaufgaben, sondern auch Zweckerfüllungsaufgaben

übertragen werden, nicht als wirtschaftlicher Geschäftsbetrieb, sondern als Zweckbetrieb betrachtet werden. Verwaltungs- und Zweckerfüllungsaufgaben lassen sich in der Praxis nur schwer trennen. Eine Konkurrenz zu anderen gewerblichen Unternehmen besteht nicht.

Ausblick: Stiftungen im politisch-gesellschaftlichen Zusammenhang

Stiftungen funktionieren anders als Unternehmen. Organisationsformen der Philanthropie sind anders und müssen anders sein als solche der Wirtschaft. Ist Ungeduld eine Tugend der Unternehmer, muß Geduld eine Tugend der Wohltäter sein. Dahrendorf hat am Beispiel des amerikanischen Mäzenaten Andrew Carnegie deutlich gemacht, daß für das Wachstum eines Unternehmens ein Entscheidungszentrum unentbehrlich ist. Ein Unternehmer darf sich nicht von Mittelsmännern abhängig machen. Er darf Verantwortlichkeiten delegieren, doch muß immer klar sein, wer die Verantwortung hat. Stiftungen dagegen brauchen nicht nur Initiative und klare Verantwortungen, sondern vor allem Rat. Selbstzweifel sind wichtig und die Bereitschaft, manches zu versuchen, was sich im nachhinein als Irrtum oder doch als unergiebig erweist. Bestimmte Gegenpositionen zum Mainstream aufzuzeigen und Akzente gegen „herrschende Meinungen" zu setzen und zu begründen, das ist eine wichtige gesellschaftspolitische Zielsetzung von Stiftungen. Sie ergänzen die öffentliche Förderung und geben neue Impulse bei der Bewältigung von Zukunftsaufgaben. Insoweit hat ihr Wirken auch eine gewichtige ordnungspolitische Funktion.

Von der Wirtschaft unmittelbar oder mittelbar ins Leben gerufene Stiftungen sind eine wichtige Bereicherung des gesellschaftlichen Umfeldes, wie die genannten Beispiele schlaglichtartig erhellt haben mögen. Dies gilt gerade im Bereich der Bildungs- und Wissenschaftsförderung. Stiftungen sind ein wichtiges Beispiel für verantwortliches, gemeinwohlorientiertes Engagement eines Unternehmens oder eines Unternehmers. Mit ihrer Errichtung zeigt das einzelne Mitglied der Gemeinschaft über das Interesse für sich selbst hinaus Verantwortung und Einsatz für das Wohlergehen anderer. Stiftungen der Wirtschaft helfen gerade im Bildungsbereich mit, in einem überbordenden und regelungsintensiven Sozialstaat ein gutes Stück Freiheit und Kreativität zu bewahren und zu bewähren. Der zukünftige Standort von Stiftungen der Wirtschaft in der Stiftungslandschaft und besonders im System der Wissenschafts- und Bildungsförderung wird entscheidend von zwei Instanzen abhängen.

Entscheidend ist zum einen die zukünftige Einstellung des Staates zu Bildung und Wissenschaft sowie zu der Institution der Stiftung. Schädlich wären weitere Versuche staatlicher Stellen, Stiftungen in das Prokrustesbett staatlicher Wissenschafts- und Bildungspolitik einzubinden. Gewinnen nämlich private Stifter den Eindruck, die von ihnen geschaffenen Stiftungen würden als verlängerter Arm öffentlicher Verwaltung benutzt, werden sie sich zurückziehen oder zurückhalten. Zwar muß der generelle staatliche Auftrag zur Bildungs- und Wissenschaftsförderung bestehen bleiben, doch sollte der Staat nicht die Alleinverantwortung in diesen Bereichen tragen. Private Stiftungsinitiativen mit öffentlicher Orientierung geben ihm die heute mehr denn je notwendige Entlastung und der Bildungs- und Wissenschaftsförderung die notwendige Flexibilität und Vielfalt. Der Staat muß Bereitschaft zeigen, in Übereinstimmung mit dem vieldiskutierten Subsidiaritätsprinzip Aufgaben in den gesellschaftlichen Bereich zurückzugeben. Und er muß durch verbesserte Rahmenbedingungen Stifter und Stiftungen in ihrem Wirken bestärken. Daß diese Anliegen auch in der Politik zunehmend Berücksichtigung finden, hat etwa die Rede von Bundeskanzler Kohl anläßlich der Jahresversammlung der Deutschen Forschungsgemeinschaft am 21. Juni 1994 in Halle gezeigt. Er hat das Anliegen vorgetragen, mit Stiftungen und anderen Dotationen das Bewußtsein gemeinsamer Verantwortung für das Gemeinwesen zu stärken und größere, auch steuerliche Anreize für die Errichtung und das Tätigsein von Stiftungen zu setzen.

Vielleicht noch entscheidender ist zum zweiten das Engagement der Wirtschaft, der Unternehmen und Unternehmer, sich mit langfristiger Perspektive für die Weiterentwicklung der Wissenschaft und Bildung einzusetzen und dadurch mitzuhelfen, den Wirtschaftsstandort Deutschland zu sichern. Zahlreiche Neuerrichtungen von Stiftungen der Wirtschaft im Bildungs- und Wissenschaftsbereich zeigen, daß die Idee der gemeinnützigen Stiftung im Umfeld der Wirtschaft lebendig ist. Gerade unternehmerischer Geist vermag in der Stiftung ein Instrument zu sehen, um anderen Menschen Mittel an die Hand zu geben, persönlich und mit ihrem Wissen und Können wichtige Akzente für die Gestaltung der Zukunft zu setzen. In einer Gesamtschau bilden Stiftungen ein System der gesellschaftlichen Selbstorganisation aus, das einen dritten Weg zwischen Markt und Staat bildet. In dieser Abkoppelung von der Notwendigkeit der Erwirtschaftung materiellen Gewinns oder politischer Auseinandersetzungen und fiskalischer Zwänge liegt ihre besondere Bedeutung und die Chance für notwendiges und erfolgreiches Handeln zum Wohle der Gemeinschaft.

Literatur

Berkel, Ute / **Krüger**, Kay / **Mecking**, Christoph / **Schindler**, Ambros / **Steinsdörfer**, Erich, 1995a: Stiftung und Erbe (Materialien aus dem Stiftungszentrum Bd. 21), 2. Auflage, Essen

Berkel, Ute / **Krüger**, Kay / **Mecking**, Christoph / **Schindler**, Ambros / **Steinsdörfer**, Erich, 1995b: Treuhänderische Stiftungen (Materialien aus dem Stiftungszentrum Bd. 18); 5. Auflage, Essen

Berkel, Ute / **Neuhoff**, Klaus / **Schindler**, Ambros / **Steinsdörfer**, Erich, 1989: **Stiftungshandbuch**, 3. Auflage, Baden-Baden

Berndt, Hans, 1986: Stiftung und Unternehmen: Rechtsvorschriften, Besteuerung, Zweckmäßigkeit; 4. Auflage, Herne/Berlin

Bundesverband deutscher Stiftungen (Hrsg.), 1994: Verzeichnis der Deutschen Stiftungen 1994, Darmstadt

Burens, Peter-Claus, 1987: Stifter als Anstifter: Vom Nutzen privater Initiativen, Osnabrück

Carnegie, Andrew, 1993: Geschichte meines Lebens: Vom schottischen Webersohn zum amerikanischen Industriellen, 1835 bis 1919, mit einer Einführung von Ralf Dahrendorf, Zürich

Deutsches Studentenwerk (Hrsg.), 1994: Förderungsmöglichkeiten für Studierende; 10. Auflage, Bad Honnef

Fritz Thyssen Stiftung (Hrsg.), 1993: Jahresbericht 1992/93, Köln

Lebenswerk und Unternehmen wirken in einer Stiftung fort, Essen 1993

Haaß, Dieter (Hrsg.), 1981: Gemeinnützige Stiftungen als unternehmerische Aufgabe, Karlsruhe

Kohl, Helmut, 1994: Durch Wissenschaft und Forschung die Zukunft sichern: Rede des Bundeskanzlers in Halle; in: Bulletin Nr. 62 vom 29. Juni 1994, Seite 589 bis 591

Memorandum, 1995: Die Notwendigkeit von Maßnahmen zur Förderung des Stiftungswesens in Deutschland, Essen

Mitteilungen der Stiftung Industrieforschung 1/95; Köln

Pro Wissenschaft, 1994: Ausgewählte deutsche Organisationen und Fördereinrichtungen im Überblick, Bonn

Riehmer, Klaus, 1993: Körperschaften als Stiftungsorganisationen: Eine Untersuchung stiftungsartiger Körperschaften in Deutschland, England und den USA, Baden-Baden

Stiftertag 1994, Essen

Stifterverband für die Deutsche Wissenschaft (Hrsg.), 1987: Wirtschaft – Technik – Bildung: Villa-Hügel-Gespräch 1986, Essen

Stifterverband für die Deutsche Wissenschaft (Hrsg.), 1991: Neuregelungen für das Stiftungssteuerrecht, Essen

Stifterverband für die Deutsche Wissenschaft (Hrsg.), 1993: Wozu Universitäten – Universitäten wohin?: Die Universität auf dem Weg zu einem neuen Selbstverständnis: Villa-Hügel-Gespräch 1993, Essen

Stiftungszentrum, 1994: In Ihrem Namen ein Stück Welt bewegen, Essen

Volkswagen-Stiftung (Hrsg.), 1993: Bericht 1993, Hannover

Juliane List

Private Bildungsinitiativen im Ausland

Inhalt

Einleitung 224

Frankreich 224
Privatschulen und französische Bildungspolitik 224
Finanzierung und Studiengebühren 226
Schülerzahlen 226

Großbritannien 229
„Public Schools" und Privatschulen 229
Schüler an privaten Schulen 231
Renommee 232

USA 235
Private Bildungsangebote und ihre Stellung
im amerikanischen Bildungssystem 235
Finanzierung 236
Studenten und Schüler an privaten Bildungseinrichtungen 239
Prestige privater Bildungseinrichtungen 240

Japan 242
Private Schulen und Hochschulen als Ergebnis der
japanischen Bildungsexpansion 242
Schüler und Studenten an privaten Bildungseinrichtungen 243

Finanzierung und Schulgebühren 245
Ansehen und Prestige 246

Zusammenfassung 248

Literatur 249

Einleitung

Private Bildungseinrichtungen haben nicht nur in Deutschland eine lange Tradition. Auch im Ausland ergänzen private Schulen und Hochschulen das öffentliche Bildungswesen. Ihre ursprüngliche Ausprägung als reine Konfessionsschulen oder als kommunale Einrichtungen diente oftmals als Vorbild für die erst später entstandenen staatlichen Bildungsstätten.

Bei aller Vielfalt im privaten Bildungswesen gibt es doch einige typische Beispiele, die im folgenden anhand einheitlicher Kategorien verglichen werden sollen. Dabei wird besonders auf die Finanzierung, die Schüler- und Studentenzahlen und das Renommee privater Bildungseinrichtungen eingegangen.

Frankreich
Privatschulen und französische Bildungspolitik

Französische Privatschulen sind im wesentlichen katholische Konfessionsschulen, die sich mit dem Staat auf generelle Lehrpläne geeinigt haben und seit 1959 auch öffentliche Gelder für die Lehrerbesoldung beziehen. Vertraglich an den Staat gebundene Privatschulen müssen bestimmte Voraussetzungen wie zum Beispiel Ausstattung, Klassenstärke und Räumlichkeiten erfüllen. Man unterscheidet zwischen „einfachen Verträgen" mit einer Laufzeit von mindestens drei Jahren, die nur für Primarschulen gelten und „Assoziationsverträgen" für Primarschulen sowie allgemeinbildende und technische Sekundarschulen, die unbefristet gelten (EURYDICE, 1992, 41 ff.).

Durch die geplante, aber an den Protesten der Betroffenen gescheiterte Schulreform ist das Privatschulwesen in Frankreich in den ersten Wochen des Jahres 1994 verstärkt in das Interesse der französischen Öffentlichkeit gelangt (vgl. FAZ, 19.1.1994; NZZ, 17.1.1994, 7.12.1993; SZ, 15./16.1.1994, 16.12.1993; L'Express 24.6.1993). Kern des Streits ist ein vom Erziehungsminister

Bayrou vorgeschlagenes neues Finanzierungsmodell, das die ursprüngliche Begrenzung der staatlichen Förderung von Privatschulen auf 10 Prozent der jährlichen Ausgaben modifizierte. Ursache waren die sicherheitsgefährdenden Baumängel, die ein vom Erziehungsminister in Auftrag gegebenes Gutachten an Privatschulen festgestellt hatte. Nach dem Gesetzesvorschlag des Erziehungsministers sollten künftig Gebietskörperschaften, Gemeinden und Regionen vertraglich mit dem Staat verbundene Privatschulen bei Bauvorhaben bis zu 50 Prozent subventionieren können.

Die Reform scheiterte am Widerstand der sozialistischen und kommunistischen Opposition, die im Januar 1994 mit ihrer Beschwerde beim Verfassungsrat Erfolg hatte. Dieser sah in dem Gesetz eine Verletzung des Gleichheitsgrundsatzes. Eine Besserstellung privater Schulen gegenüber den staatlichen Schulen könne durch die Reform nicht ausgeschlossen werden.

Der Streit um das Reformgesetz macht ein Grundprinzip deutlich, welches das französische Bildungssystem seit der Französischen Revolution beherrscht: die Trennung von Kirche und Staat („laïcité"). Mit der Unterstützung von Bauvorhaben privater Schulen durch den Staat war diese Trennung in Frage gestellt. So zumindest ein Argument der Reformgegner, die außerdem geltend machten, daß der Staat in erster Linie für die Instandhaltung der öffentlichen Schulen verantwortlich sei. Gelder, die den Privatschulen zuflössen, verringerten deshalb den Etat für staatliche Schulen. Die Befürworter eines streng laizistischen Schulsystems befürchteten jedoch auch einen Qualitätsverlust bei staatlichen Schulen, die mangels entsprechender Ausstattung immer mehr zum Auffangbecken für gesellschaftliche Randgruppen werden könnten, während sich Privatschulen in den besser situierten Gegenden etablieren. Ein solches Zwei-Klassen-System war jedoch von den Initiatoren der Schulreform nicht beabsichtigt, wie der Vermittlungsvorschlag Balladurs Anfang Januar 1994 zeigte, der einen Sonderzuschuß für öffentliche Schulen von 2,5 Milliarden FF verteilt auf fünf Jahre ankündigte (Le Nouvel Économiste, 7.1.1994).

Finanzierung und Studiengebühren

Die Finanzierung des privaten Schulwesens ist von einer Reihe unterschiedlicher Kriterien abhängig. An Primarschulen übernehmen die Gemeinden die laufenden Betriebskosten. An den Sekundarschulen mit „Assoziationsverträgen" liegen diese Kosten bei den Départments (für die Collèges) beziehungsweise bei den Regionen (für die Lycées). Der Staat gleicht diese Belastungen durch eine Pauschalzuwendung aus.

Die Primarschulen mit „Assoziationsverträgen" oder „einfachen" Verträgen können für Investitionsausgaben eine staatliche oder kommunale Darlehenssicherung erhalten. Den Primarschulen ohne Vertrag steht keinerlei staatlicher Zuschuß zu. Sekundarschulen und technische Schulen ohne vertragliche Bindung können von den Gebietskörperschaften Finanzhilfen erhalten (EURYDICE, 1992, 42).

Französische Privatschulen erhielten im Jahr 1994 circa 33 Milliarden FF, das waren 13,1 Prozent des Bildungshaushalts (Tabelle 1).

Mit Studiengebühren zwischen 15 000 und 30 000 FF pro Jahr liegen die höheren Bildungseinrichtungen an der Spitze des privaten Bildungswesens in Frankreich (100 FF waren 1994 laut Deutsche Bundesbank durchschnittlich 29,24 DM). Die Kosten für private Schulen variieren ebenfalls beträchtlich. Die Variationsbreite reicht von 600 FF jährlich bis zu 2500 FF, in einigen Pariser Schulen sogar bis zu 8000 FF. Die meisten katholischen Privatschulen stufen das Schulgeld jedoch entsprechend dem Einkommen der Eltern ab (Le Monde, 16./17.1.1994).

Schülerzahlen

Französische Privatschulen bieten ihren Schülern in der Regel keine Abschlüsse mit offiziellem Charakter an. So ist es ihnen beispielsweise gesetzlich untersagt, technische Abschlußzeug-

Tabelle 1

**Bildungsausgaben in Frankreich 1994
nach Bildungsbereichen**

Bildungs-ausgaben	Primarbereich		Sekundarbereich		Alle Bereiche	
	in 1 000 FF	Prozent	in 1 000 FF	Prozent	in 1 000 FF	Prozent
insgesamt	62 132 998	31,3	136 154 332	68,7	198 287 330	100
Privatschulen	8 833 105	3,5	23 875 265	9,6	32 708 370	13,1

100 FF waren 1994 laut Deutscher Bundesbank durchschnittlich 29,24 DM.

Quelle: Repères et Références statistiques, 1994, Tabelle 11.2;
eigene Berechnungen

nisse als berufliche Qualifikationsnachweise zu erteilen. Eine Ausnahme stellen diejenigen technischen Schulen dar, die die ministeriellen Voraussetzungen erfüllen (EURYDICE, 1992, 43). Im allgemeinen besteht die Hauptaufgabe des privaten Schulwesens allein darin, die Schüler auf die staatlichen Prüfungen vorzubereiten.

Daß die privaten Schulen dennoch kein Schattendasein führen, zeigen die Schülerzahlen. Im Schuljahr 1993/94 besuchten 2,05 Millionen französische Schüler (das sind 17,2 Prozent der 12 Millionen Schüler insgesamt) eine Privatschule (Tabelle 2). 16 Prozent der rund 64 000 Schulen waren private Einrichtungen. Während sie im Vorschul- und Primarschulbereich nur eine untergeordnete Rolle spielen, zeigt sich ihre Bedeutung im Sekundarschulbereich, den sie zu 34 Prozent abdecken (EURYDICE, 1992, 45; eigene Berechnungen). Bereits in der Unterstufe besucht jeder fünfte französische Schüler ein privates „Lycée". Auch für Gymnasiasten, die sich auf das Abitur vorbereiten, scheinen Privatschulen – je nach gewähltem Abiturzweig – eine ernstzunehmende Alternative zu sein. 22 Prozent besuchten im Schuljahr 1993/94 eine berufsbildende Oberschule des Sekundarbereichs. 21 Prozent der französischen Oberschüler besuchten ein Privatgymnasium mit allgemeinbildendem und technischem Zweig.

Tabelle 2
Schüler im privaten Bildungswesen in Frankreich 1994

Bildungsbereiche	staatliche Schulen	private Schulen	Anteil an allen Schülern in Prozent
Vorschulbereich	2 230 976	317 517	12,5
Primarbereich	3 374 444	586 471	14,8
Unterstufe Sekundarbereich	2 599 407	676 532	20,7
Oberstufe Sekundarbereich (allgemeinbildend und technisch)	1 203 885	325 591	21,3
Oberstufe Sekundarbereich (berufsbildend)	530 628	151 716	22,3
insgesamt	9 939 340	2 057 827	17,2

Quelle: Repères et Références statistiques, 1994; Tabellen 1.1 und 1.2; eigene Berechnungen

Einer Untersuchung des französischen Forschungsinstituts INSEE zufolge hatten 35 Prozent der Schüler einer Altersklasse bereits beide Schultypen kennengelernt. Bei circa 44 Prozent der befragten 5000 Familien besucht mindestens ein Kind eine private Bildungseinrichtung (Le Monde, 13.1.1994). Die Gründe hierfür sind vielfältig. Zum einen sprechen kleinere Klassen vor allem für die privaten höheren Schulen. Während im Grundschulbereich noch durchschnittlich 24,4 Schüler pro Klasse sind (zum Vergleich: an öffentlichen Schulen sind es 22,6 Schüler im Durchschnitt), kehrt sich das Verhältnis bereits bei den Collèges um. In einem privaten Collège sitzen in einer Klasse nur 20,7 Schüler gegenüber 22,2 Schülern an einem öffentlichen Collège; im privaten Gymnasium nur noch 25,5 Schüler gegenüber 30,3 Schülern an öffentlichen Schulen (Le Monde, 16./17.1.1994). Circa ein

Viertel der von INSEE befragten Familien gaben allerdings an, daß die Tatsache einer religiösen Erziehung ausschlaggebend für die Wahl einer Privatschule gewesen sei (Le Monde, 13.1.1994).

Einige wenige Privatschulen haben den Ruf, echte Konkurrenz zu den öffentlichen Schulen zu sein (so zum Beispiel die IPESUP, die dem Ruf einer ausgezeichneten Vorbereitung für wirtschaftswissenschaftliche Grandes Écoles gerecht wird). Kleinere Klassen, strengere Disziplin und bessere Leistungen begründen den guten Ruf. Zu einem weit größeren Teil gelten private Schulen jedoch trotzdem als Auffangbecken für diejenigen, die zeitweise oder auf Dauer am öffentlichen Schulsystem gescheitert sind (Le Monde de l'éducation, Dezember 1992, 22 f.). Deutlich wird dies vor allem im Bereich des höheren Bildungswesens. Hier bieten private Bildungsinstitutionen denjenigen Abiturienten, die aufgrund ihrer Leistungen kaum Chancen auf die Aufnahme in einen der staatlich eingerichteten Kurzstudiengänge an den technischen Instituten haben, eine Alternative. An den privaten Einrichtungen können sie ohne selektive Aufnahmeprüfung, wenn auch kostenpflichtig, studieren.

Trotz hoher Kosten und geringer Schülerzahlen kämpfen französische Privatschulen derzeit noch mit dem Image „seconde chance" für „la seconde élite" zu sein. Es ist fraglich, ob eine gelungene Schulreform des Erziehungsministers Bayrou dieses Bild erfolgreich hätte ändern können.

Großbritannien
„Public Schools" und Privatschulen

Betrachtet man private Bildungseinrichtungen in Großbritannien, so fällt auf, daß sie fast ausschließlich im Grund- und Sekundarschulbereich zu finden sind. Aufgrund der besonderen Struktur des höheren Bildungswesens und der weitreichenden Autonomie der Universitäten erübrigt sich in diesem letztgenannten Bereich eine Konkurrenz zwischen staatlichen und privaten Einrichtungen.

Vor 1870 gab es in England ausschließlich Privatschulen, bis allmählich staatliche und staatlich unterstützte Schulen das Bildungsangebot ergänzten. Will man zwischen staatlichen und privaten Schulen unterscheiden, so stößt man bereits auf terminologische Schwierigkeiten.

Der Begriff „public schools" ist mißverständlich, denn er bezeichnet entgegen der wörtlichen Übersetzung private Schulen. Es gibt keine gesetzliche oder auch nur allgemeingültige Definition über das, was eine public school ist. Ursprünglich – so ein Teil der Meinungen – wurden diese Schulen im 14. bis 16. Jahrhundert gegründet, um kostenlose Erziehung auch für weniger Privilegierte zu ermöglichen. Von anderer Seite taucht das Argument auf, die public schools ersetzten nur den Hauslehrer der Oberschicht. Gelegentlich wird auch die Ansicht vertreten, „public" meine gemäß dem eigentlichen Wortsinn die Zugänglichkeit der Schule für alle Schüler des Landes, nicht nur für den kommunalen Einzugsbereich (zum Meinungsstand: Walford, 1990, 3 ff.).

Seit den sechziger Jahren dieses Jahrhunderts wird verstärkt als public school bezeichnet, was der renommierten Privatschulorganisation „Headmasters Conference" angehört. Mitglieder dieses Zusammenschlusses sind vor allem Internatsschulen wie Eton, Harrow, Rugby oder Winchester. Darüber hinaus gibt es eine Reihe weiterer Privatschulen, deren Abgrenzung zum staatlichen Schulsystem aber keineswegs eindeutig ist.

So wird seit dem Education Reform Act 1944 der Begriff „independent schools" für diejenigen Einrichtungen gebraucht, die von den örtlich zuständigen Erziehungsbehörden unabhängig sind und keine staatlichen Gelder erhalten. Die Finanzierung erfolgt über Schulgeldbeiträge und Spenden. Daneben gibt es Schulen, die – ursprünglich privat – aufgrund der Einführung der obligatorischen Sekundarschulbildung seit 1944 den Bedarf an weiteren Schulplätzen durch die Aufnahme von Schülern gegen finanzielle Unterstützung durch den Staat decken. Diese staatlich geförderten „voluntary schools" stellen eine besondere Kategorie zwischen privaten und staatlichen Schulen dar (EURYDICE, 1992, 82).

Seit 1988 gibt es eine weitere Gruppe von Privatschulen. Die „City Technology Colleges" (CTC) bieten 11- bis 18jährigen eine naturwissenschaftlich und technisch orientierte Sekundarschulbildung an. Die Schulen sind unabhängig von den kommunalen Behörden. Sie werden durch Stiftungen verwaltet; Schulgeld wird nicht erhoben. Das Ministerium übernimmt die Lehrerbesoldung, Ausstattungsmaterial und Instandhaltungskosten unter der Voraussetzung, daß die Schule die vertraglich vereinbarten Bedingungen einhält (EURYDICE, 1992, 82; Walford, 1991, 143 bis 157).

Insgesamt gab es 1993 circa 2450 nichtstaatliche Schulen in Großbritannien, dagegen nur eine einzige private Universität. Die Universität von Buckingham bietet statt der üblichen dreijährigen Trimester zweijährige Studiengänge zu vier zehnwöchigen Quartalen an. Dominierende Disziplin sind die Rechtswissenschaften (Pritchard, 1992).

Schüler an privaten Schulen

Im Schuljahr 1990 gingen insgesamt knapp 30 Prozent der englischen Schüler auf nicht-staatliche Schulen. Circa 560 000 Schüler besuchten eine „independent school", weitere 1,6 Millionen eine „voluntary school" (Tabelle 3). Seit den sechziger Jahren ist jedoch ein kontinuierlicher Rückgang der Schülerzahlen an „independent schools" zu beobachten. Im Jahr 1961 gingen noch 7,7 Prozent der britischen Schüler auf eine „independent school"; 1991 waren es nur noch 6,7 Prozent (The Economist, 8.5.1993, 37).

Mögliche Gründe sind die allgemeine Bevölkerungsentwicklung, aber auch die Konkurrenz, die sich mit einem weiteren neuen Schultyp, den „grant-maintained schools" ergeben hat. Diese Schulen sind zwar staatlich, folgen aber dem bisher Privatschulen vorbehaltenen Prinzip der starken Leistungsorientierung. Den Eltern wird die Möglichkeit gegeben, für die Unabhängigkeit der Schule von den kommunalen Erziehungsbehörden zu votieren. Je besser die Examensresultate und je höher das Leistungsniveau der Schule, um so eher ist ein solches „opting out" möglich.

Tabelle 3

Schüler im privaten Bildungswesen in Großbritannien 1990

Schulen	Schüler im privaten Bereich	Anteil an allen Schülern in Prozent
geförderte Schulen (voluntary)	1 586 310	22,0
unabhängige Schulen (independent)	558 000	7,7
CTC	700	–
insgesamt	2 145 010	29,7

Quelle: EURYDICE 1992, Seite 85; eigene Berechnungen

Weniger erfolgreiche Schulen haben es dagegen schwer, sich den Marktmechanismen anzupassen und vielversprechende Schüler anzuwerben.

Ein zweiter Grund für die sinkenden Schülerzahlen an Privatschulen sind die Schulgebühren. Sie steigen schneller als die Einkommen und die sonstigen Preise (Abbildung). Das Schulgeld in Harrow betrug 1993 umgerechnet (1 £ entsprach im Jahr 1993 laut Deutscher Bundesbank durchschnittlich 2,48 DM) circa 30 000 DM/Jahr (12 000 £), in Eton und Roedan 29 000 DM/Jahr (11 610 £ und 11 655 £). 1993 kosteten bereits private Vorschulen 6200 DM/Trimester (2490 £). Für diejenigen, die sich eine solche Erziehung leisten können, spielen vor allem Ansehen und Leistungsniveau der Privatschulen eine Rolle.

Renommee

Private Schulen sind nicht berechtigt, die offiziellen Schulabschlüsse GCSE (in etwa vergleichbar mit der mittleren Reife) und GCE A-Level (Abitur) abzunehmen. Die Prüfungen finden extern

Abbildung

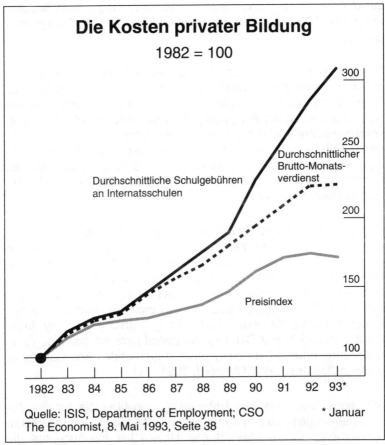

an staatlichen Schulen statt. Wie gut die Vorbereitung der einzelnen Schulen war, läßt sich an halbjährlich in der Financial Times veröffentlichten Listen der 500 besten privaten Schulen messen (zuletzt: Independent Schools, FT 500, 28./29.8.1993). Darüber hinaus gibt es seit Oktober 1992 eine Rangliste, die private und staatliche Schulen vergleicht. Grundlage der Wertung sind die durchschnittlichen A-Level-Resultate von insgesamt 1000 Schulen (FT 29./30.10.1994). 1994 dominierten die privaten Schulen unter den 100 besten: Nur acht staatliche Schulen fanden sich darunter.

Das Ansehen privater Schulen gründet sich nicht allein auf die erzielten Notendurchschnitte, sondern ganz allgemein auf die Chance, die Sekundarschule mit drei oder mehr A-Level, was der Studienberechtigung entspricht, zu verlassen. Im Jahr 1987 entsprach die Wahrscheinlichkeit, mit drei oder mehr A-Level unter allen Abiturienten die Schule zu verlassen, 9,8 Prozent. Mit 46,4 Prozent war sie bei den privaten Schulen allerdings fast fünfmal so hoch wie bei staatlichen Schulen (Walford, 1990, 46, eigene Berechnungen).

Dieses Ergebnis läßt allerdings mehrere Interpretationen zu. So kann die bessere Vorbereitung an Privatschulen ebenso ein Grund sein, wie das günstige Lehrer/Schüler-Verhältnis. Walford (1990, 46, und 1991, 14 bis 34) nennt außerdem die soziale Herkunft (viele gehören der Oberschicht an) und das Interesse der Eltern. Er geht davon aus, daß es Zusammenhänge zwischen Erziehung und Karriereverlauf gibt: „... that public, or independent, school- and Oxbridge-educated persons continue to be over-represented in variously defined high-status occupations or élites in British society" (Walford, 1991, 31).

Allerdings fehlen bis jetzt Untersuchungen über die Art des Zusammenhanges. So ist es möglich, das Ansehen der Privatschulen sowohl auf die Qualität des Unterrichts als auch auf die Schüler selbst zurückzuführen.

Anders als in Frankreich hat in Großbritannien das private Bildungswesen sich als notwendiger Karrierebaustein außer Konkurrenz zum öffentlichen Bildungssystem etabliert. Aufgrund der Kostenpflicht bleiben jedoch private Schulen immer noch einer sozial privilegierten Schicht vorbehalten. Damit ist in Großbritannien der gesellschaftliche Status als Einflußfaktor für private Bildung noch wesentlich ausgeprägter als in den USA, wo private Bildung immer auch mit einer Leistungselite assoziiert wird.

USA

Private Bildungsangebote und ihre Stellung im amerikanischen Bildungssystem

Das private Bildungswesen hat in den USA eine lange Tradition. So beherrschten im 17. und 18. Jahrhundert Konfessionsschulen die amerikanische Bildungslandschaft. Erst in der ersten Dekade des 19. Jahrhunderts begann sich die Idee eines öffentlichen Schulwesens durchzusetzen, um den Kindern aller gesellschaftlichen Klassen eine kostenlose Erziehung zu ermöglichen. Die privaten Schulen widmeten sich vor allem der Erziehung religiöser Gruppen und Wohlhabender. Mit der Zeit entwickelte sich als neue Zielgruppe privater Bildungsalternativen eine weitere gesellschaftliche Minderheit, die der Hochbegabten, die heute vor allem von den Angeboten privater Hochschulen profitieren (Altbach et al., 1981, 141).

Ein Großteil der privaten Schulen steht auch heute noch in kirchlicher Trägerschaft, wobei die Zahl der katholischen Konfessionsschulen zugunsten protestantischer Einrichtungen abgenommen hat (Adams et al., 1991, 615). Circa 20 Prozent der Privatschulen sind konfessionell nicht gebunden oder bieten pädagogische Alternativen zu den herkömmlichen Erziehungsmodellen an.

Private Schulen und Hochschulen unterliegen privater Kontrolle in Form eines Treuhänderausschusses (board of trustees). Um ein gewisses Maß an Einheitlichkeit in der Schulbildung zu garantieren, unterliegen auch private Schulen den staatlich geforderten Mindeststandards. In vielen Fällen geht das Leistungsniveau jedoch über diese Mindestanforderungen hinaus. Deutlich wird dies besonders im Bereich der Hochschulen. Hier existiert eine Vielzahl unterschiedlicher Einrichtungen, die sich nicht nur durch das

Leistungsniveau, sondern auch in der Trägerschaft, der Kontrolle und der Finanzierung unterscheiden.

Kerr (1990, 1 bis 19) kam bei seiner Analyse des höheren Bildungswesens anhand der Kriterien „Trägerschaft", „Kontrolle", „Quellen der Finanzierung" und „Methoden der Finanzierung" zu insgesamt sechs Kategorien von Bildungseinrichtungen, von denen drei Kategorien die Elemente private Kontrolle, Finanzierung oder Trägerschaft aufweisen.

– Unabhängige private Einrichtungen sind in Trägerschaft, Kontrolle und Finanzierung völlig unabhängig (zum Beispiel die Universität Harvard).

– Abhängige private Einrichtungen haben zwar private Träger und entsprechende Finanzierungsmodelle, müssen sich aber externe Kontrolle gefallen lassen (zum Beispiel kirchliche Schulen).

– Unabhängige öffentliche Einrichtungen haben zwar staatliche Träger, sind aber in der Kontrolle und in der grundlegenden Finanzierung nicht gebunden und weisen damit Elemente privater Einrichtungen auf (zum Beispiel die Universität von Michigan).

Finanzierung

Die Privatschulen decken ihre Ausgaben größtenteils durch Schulgebühren und durch die Mittel der sie verwaltenden Körperschaften. Sie erhalten jedoch auch staatliche Gelder, die auf der Rechtsgrundlage des Elementary and Secondary Education Act aus dem Jahre 1965 für die Kinder bestimmter Gruppen, unabhängig vom Schultyp, bereitgestellt werden (Adams et al., 1992, 616). So flossen neben den öffentlichen auch den privaten Schulen Bundesgelder für Förderungsprogramme von sozial benachteiligten und behinderten Schülern zu. Sowohl die Lehrmittel als auch der Schülertransport und die Gesundheitsvorsorge werden durch bundesstaatliche Gelder bezuschußt.

Im Jahr 1991 wurden für das amerikanische Bildungswesen 414,1 Milliarden $ ausgegeben. Ein Fünftel der Gelder entfiel auf private Bildungseinrichtungen (Tabelle 4). Innerhalb der verschiedenen Bildungseinrichtungen gab es allerdings deutliche Unterschiede.

Im Grund- und Sekundarschulbereich spielte die Förderung privater Schulen kaum eine Rolle. Nur 8 Prozent der in diesem Bereich aufgewendeten Gelder entfielen auf private Schulen. Anders dagegen im höheren Bildungswesen. Hier erhielten private Einrichtungen mehr als ein Drittel der für diesen Bereich aufgewendeten Gelder. Charakteristisch ist, daß diese Gelder sich nahezu vollständig aus sonstigen Geldern zusammensetzen, das heißt Studiengebühren, Spenden, Kapitalanlagen und Drittmittel aus der Wirtschaft sind.

Private Hochschulen werden nur zu einem geringen Teil staatlich subventioniert. Die zusätzlich erforderlichen Mittel erwirtschaften die Universitäten, unter anderem durch private Wirtschaftsaktivitäten, selbst. Stärker als die staatlichen Hochschulen unterliegen die privaten Einrichtungen der wirtschaftlichen, aber auch der demographischen Entwicklung. Während staatliche Universitäten Studenteneinbußen durch Subventionen ausgleichen können, bleibt den privaten Hochschulen nur die Erhöhung der Studiengebühren oder die Herabsetzung des Aufnahmestandards (Frühbrodt, 1989, 23 bis 37). Letzteres könnte sich jedoch ähnlich verhängnisvoll auf die Unabhängigkeit der Hochschulen auswirken, wie ein übermäßiger Einfluß wirtschaftlicher Interessen.

Private Colleges und Universitäten erheben Studiengebühren, die bis zu 18 000 $ an einer renommierten Hochschule betragen können. So mußte ein „in-State"-Student, der im eigenen Bundesland studierte, im Jahr 1993 durchschnittlich 16 500 DM (10 031 $) für sein Studium an einer privaten Hochschule aufwenden (1 US-$ entsprach 1993 laut Deutscher Bundesbank durchschnittlich

Tabelle 4

Finanzierung des US-amerikanischen Bildungswesens im Jahr 1991

in Prozent

Bildungseinrichtungen		Finanzierungsquellen				
		staatlich	bundesstaatlich	kommunal	Sonstige (private Gelder)	insgesamt
Grund- und Sekundarschulbereich	öffentlich	43,6	5,7	40,6	2,3	92,2
	privat	–*	–*	–*	–*	7,8
	insgesamt	43,6	5,7	40,6	10,1	100
Höheres Bildungswesen	öffentlich	26,2	6,5	2,4	28,6	63,7
	privat	1,3**	5,7	–**	29,3	36,2
	insgesamt	27,2	12,2	2,7	57,8	100
insgesamt	öffentlich	36,7	6,0	25,3	12,8	80,8
	privat	0,5**	2,3	–**	16,4	19,2
	insgesamt	37,0	8,3	25,4	29,2	100

* keine Angabe   ** staatliche und kommunale Gelder

Quelle: BUREAU OF THE CENSUS, 1993, Tabelle 225

1,65 DM). An einer staatlichen Universität hätte ihn das Studium nur 2900 DM (1787 $) im Jahr gekostet (U.S. Department of Commerce, Economics and Statistics Administration, 1994, Tabelle 280). Eliteuniversitäten wie Princeton stellten für das Studienjahr 1992/93 sogar 28 000 DM (17 850 $) in Rechnung. Obwohl es für finanziell bedürftige Studenten Stipendien gibt, wird das Studium an einer privaten Universität zum Luxus. Die staatlichen Beihilfen der „student aid" reichen ohnehin nur knapp zur Deckung der Studienkosten an einer öffentlichen Hochschule.

Die negativen Auswirkungen dieses „tuition gap", des Kostenunterschieds an öffentlichen und privaten Universitäten, trifft vor allem die privaten Colleges und diejenigen Universitäten, die nicht zur „Ivy League" gerechnet werden (Frühbrodt, 1989, 34). Sie sehen sich zunehmend in der Konkurrenz mit qualitativ gleichwertigen, aber preiswerteren staatlichen Universitäten.

Trotz dieser augenblicklichen Krise im privaten Hochschulwesen der USA ist nicht zu erwarten, daß private Universitäten und Colleges als Bildungsalternativen zu staatlichen Einrichtungen gänzlich verschwinden werden.

Studenten und Schüler an privaten Bildungseinrichtungen

Private Bildungsalternativen, sei es im Schul- oder Hochschulbereich, spielen in den USA eine große Rolle. Von den circa 100 000 Grund- und Sekundarschulen waren im Jahr 1992 ungefähr ein Fünftel private Einrichtungen (BUREAU OF THE CENSUS, 1994, Tabellen 241 und 259). Über 80 Prozent der Privatschulen sind Konfessionsschulen. Sie boten für 10 Prozent der Grund- und Sekundarschüler im Jahr 1992 eine Alternative zum staatlichen Schulbetrieb (Tabelle 5).

Eine besondere Rolle spielen private Bildungseinrichtungen im höheren Bildungswesen. Fast 22 Prozent der Studenten in diesem Bereich wählten 1992 ein privates College, über 90 Prozent von ihnen ein Vier-Jahres-College (BUREAU OF THE CENSUS, 1994, Tabelle 225). Trotz einer steigenden Anzahl von privaten Schulen und Hochschulen während der siebziger und achtziger Jahre (Münch, 1989, 25), ist zu bezweifeln, daß dieser Trend anhalten wird.

Nicht zuletzt die hohen Studien- und Schulgebühren könnten manchen vom Besuch einer privaten Bildungseinrichtung abhalten (Altbach et al., 1981, 142). Umgekehrt könnte dies für staatliche Schulen und Hochschulen ein Anreiz sein, qualifizierte Schüler und Studenten mit einem, dem Niveau privater Einrichtungen vergleichbaren, Programm anzuwerben.

Tabelle 5

Schülerzahlen und Schulen im öffentlichen und privaten Grund- und Sekundarschulbereich der USA im Jahr 1991/1992
in Prozent

	Schularten	Schüler	Schulen
öffentlich (Schuljahr 1991 bis 92)	Grundschulen	58,2	54,2
	Sekundarschulen	29,3	18,4
	sowohl Grund- als auch Sekundarschulen	2,2	2,3
	andere (zum Beispiel Sonderschulen, Schulen für Behinderte)	0,3	2,5
	insgesamt	99,8	77,4
privat (Schuljahr 1991 bis 92)	katholisch	5,5	8,0
	andere Konfessionsschulen	3,1	10,5
	konfessionslose Schulen	1,4	4,1
	insgesamt	10,0	22,6
insgesamt		100	100

Quelle: BUREAU OF THE CENSUS 1994, Tabelle 241 und 259; eigene Berechnungen

Prestige privater Bildungseinrichtungen

Private Schulen und Hochschulen stehen gerade in den USA in dem Ruf, eine besonders qualifizierte Ausbildung zu vermitteln. Einer der Gründe ist die bessere finanzielle Ausstattung. Darüber hinaus bedingen vor allem die niedrigen Schüler- und Studentenzahlen (private Hochschulen suchen in der Regel ihre Studenten selbst aus) das Bildungsniveau.

So erklärt sich auch die starke Inanspruchnahme der Bildungsinstitutionen. Über 90 Prozent der Jugendlichen besuchten Ende der achtziger Jahre eine Oberschule. Ein Viertel der 18jährigen wechselte 1991 zur Universität (OECD, 1993, Tabelle P 15). Dieser Ansturm auf Schulen und Universitäten ist Ausfluß der seit dem Zweiten Weltkrieg einsetzenden Bildungsexpansion, die unter anderem auch von den privaten Schulen und Hochschulen aufgefangen wurde (Schaeper et al., 1989, 18; Haasch, 1989, 57). Das Aufblühen privater Bildungsstätten nach dem Zweiten Weltkrieg wurde durch das Private School Law begünstigt, das den staatlichen Einfluß bei privaten Bildungsträgern minimierte und die Gründung privater Einrichtungen erleichterte (Outline of Education in Japan, 1991, 124).

Schüler und Studenten an privaten Bildungseinrichtungen

Im Schuljahr 1992 besuchten 73 Prozent der Universitätsstudenten, 92 Prozent der Junior-College-Studenten, 29 Prozent der Oberschüler und 80 Prozent der Kindergartenschüler eine private Einrichtung (Tabelle 7). Gut ein Viertel aller Bildungseinrichtungen waren privat (Statistics Bureau, 1993/94, Tabelle 19.1; eigene Berechnungen).

Unterschiede gab es allerdings bei den einzelnen Bildungsniveaus. Der hohe Anteil privater Kindergärten im Vergleich zu anderen Ländern ist hier weniger von Bedeutung als die Anteile privater Schulen an der Sekundarstufe II, bei Junior-Colleges (zweijährige Kurzuniversitäten), bei Universitäten und bei den sonstigen berufsbildenden Schulen. Hier haben sich private Schulen und Hochschulen in Konkurrenz zu den staatlichen Einrichtungen etabliert.

Daß sie vor allem im Bereich der Kurzuniversitäten und Universitäten quantitativ einen großen Anteil stellen, ist Ergebnis der genannten Bildungsexpansion. Während die staatliche Hoch-

das Prestige der besuchten Schule. Dies wiederum bestimmt sich nach der Anzahl der erfolgreichen Kandidaten bei den jährlichen Aufnahmeprüfungen zu den Hochschulen. Bereits die Plätze an diesen Oberschulen sind rar; Aufnahmeprüfungen begrenzen den Zugang. Die Vorbereitung zu diesen Prüfungen übernehmen private Schulen, sogenannte „jukus", die am Nachmittag oder Abend das offizielle Lehrangebot ergänzen (Haasch, 1989, 60). Fast 50 Prozent der Schüler besuchen in der letzten Klassenstufe der Mittelschule eine solche Privatschule. Auf die Aufnahmeprüfung für die Universitäten bereiten ebenfalls private Sonderschulen vor. Die „yobikos" finden ganztägig statt und führen oft zu einer Verlängerung der Schullaufbahn um ein weiteres Jahr, um so das Defizit zwischen schulischer Qualifikation und Studierfähigkeit auszugleichen.

Finanzierung und Schulgebühren

Japans Private School Promotion Subsidy Law sieht seit 1975 eine entsprechende Finanzierung privater Bildungsvorhaben vor. Bis 1970 beschränkte sich die staatliche Unterstützung auf Bauzuschüsse und Langzeitdarlehen. Ab 1970 wurden zunächst die laufenden Ausgaben der privaten Einrichtungen des höheren Bildungswesens, später auch Primar- und Sekundarschulen bezuschußt (Outline of Education in Japan, 1991, 125). Heute besteht die staatliche Unterstützung privater Bildungseinrichtungen hauptsächlich in folgenden Maßnahmen (Outline of Education in Japan, 1991, 126 f.):

– finanzielle Beteiligung bei den laufenden Ausgaben einschließlich der Studienförderung

– Bereitstellung von Darlehen mit langer Laufzeit zur Instandhaltung der Gebäude und der Einrichtung

– Steuerbefreiung für private Einrichtungen und steuerliche Berücksichtigung privater Spenden an solche Einrichtungen.

Auch wenn die hohe Anzahl privater Schulen und Hochschulen wesentlich zur Deckung der Bildungsnachfrage und zur Verwirklichung der Chancengleichheit im Bildungsbereich beigetragen hat, zeigt die Höhe der Schulkosten doch, daß Bildung, vor allem an den teuren Privatschulen und Universitäten, auch eine Frage der gesellschaftlichen Position ist.

Die Kosten für eine private Bildungseinrichtung sind circa doppelt so hoch wie die Gebühren der öffentlichen Institutionen. Allein die jährlichen Kosten für einen privaten Kindergarten betrugen 1990 umgerechnet circa 4200 DM, für eine private Oberschule 7300 DM (Tabelle 8; 100 Y waren 1990 laut Deutscher Bundesbank durchschnittlich 1,12 DM). Wer an einer privaten Universität studieren will, muß mit Aufnahmegebühren zwischen 2000 und 20 000 DM rechnen. Die durchschnittlichen Kosten für das erste Studienjahr lagen 1991 bei circa 15 600 DM. Dabei war ein wirtschaftswissenschaftliches oder juristisches Studium mit 11 850 DM beziehungsweise 11 920 DM gegenüber einem medizinischen (112 000 DM) oder zahnmedizinischen (114 000 DM) Studium noch vergleichsweise kostengünstig. Ein Kurzstudium an einem Junior College kostete im ersten Jahr zwischen 9800 DM (Religionswissenschaft) und 16 600 DM (Musik). An der Spitze liegen die „Graduate Schools", die ein Forschungsstudium anbieten, mit Gebühren zwischen 8500 DM (Pharmazie) und 16 500 DM (Agrarwissenschaften) (Student Guide to Japan, 1992, 26).

Ansehen und Prestige

Stärker als in den USA, Großbritannien oder Frankreich gibt es in Japan eine Rangskala von Schulen und Hochschulen, die nicht allein von institutionsinternen Faktoren (Examensdurchschnittsnoten, Durchfallquote etc.) bestimmt ist, sondern ebenso von externen Einflüssen abhängig ist (Münch, 1989, 74). Hierzu zählt zum Beispiel das Rekrutierungsverhalten des öffentlichen Dienstes und privater Unternehmen, die sich bei der Bewerberauswahl stark an der besuchten Schule oder Hochschule orientieren.

Tabelle 8
Finanzielle Belastung der Eltern mit Schul- oder Studiengebühren im Jahr 1990
Angaben in DM

Bildungseinrichtung	öffentlich	privat
Kindergarten	2 299	4 189
Grundschule	2 348	–*
Sekundarstufe I	2 945	–*
Sekundarstufe II	3 711	7 305
insgesamt	11 306	11 494

* nicht bekannt

(100 Yen waren 1990 laut Deutscher Bundesbank durchschnittlich 1,12 DM.)

Quelle: Statistics Bureau, 1993, Tabelle 19.28

„Die Qualität und das Ansehen einer Schule (...) ist durch das Ausmaß der Chance definiert, die Aufnahmeprüfung an einer möglichst angesehenen Hochschule zu bestehen. Die Qualität und das Ansehen einer Hochschule bestimmen sich wiederum durch das Ausmaß der Chance ihrer Absolventen, eine karriereträchtige Position im öffentlichen Dienst oder einen karriereträchtigen Ausbildungs- und Arbeitsplatz in einem Großunternehmen zu erhalten" (Münch, 1989, 24).

Relativ hoch angesiedelt in der Hierarchie der Hochschulen sind nach wie vor die sieben alten ehemaligen kaiserlichen Universitäten, darunter die Hochschulen von Tokyo, Kyoto oder Hokkaido. In diese Spitzengruppe fallen auch einige angesehene Privatuniversitäten wie zum Beispiel die Waseda-Universität. Im übrigen verbindet sich mit dem Status der Privathochschulen jedoch nicht automatisch eine bessere Ausbildung. Die Hauptkritik betrifft das niedrigere Leistungsniveau, da das Student/Lehrkraft-Verhältnis in manchen geistes- und sozialwissenschaftlichen Abteilungen 40 zu 1 beträgt und so effektives Lernen kaum möglich ist (Pascha et al., 1989, 48; ähnlich Schaeper et al., 1989, 18).

Insgesamt gesehen dienen private Bildungseinrichtungen nur mittelbar dem Prestigedenken der Gesellschaft, nämlich insofern sie für anerkannte Oberschulen/Hochschulen vorbereiten. In der Hauptsache erfüllen sie den allgemeinen Bildungsanspruch einer Bildungsgesellschaft und zeichnen sich durch Flexibilität aus, was die Bedürfnisse der Wirtschaft angeht.

Zusammenfassung

Der Blick über die Grenzen hat gezeigt, daß bei einer grundsätzlichen Gemeinsamkeit privater Einrichtungen – der Kostenpflicht – auch ein wesentlicher Unterschied besteht. Das Ansehen und Prestige privater Schulen und Hochschulen variiert je nach Land stark. Nicht immer ist das private Bildungswesen gleichbedeutend mit Eliteerziehung. Generell lassen sich zwei Tendenzen feststellen: Private Institutionen haben oft eine Auffangfunktion für diejenigen, die im staatlichen Schulsystem gescheitert sind (zum Beispiel Frankreich). Andererseits gibt es Länder, in denen private Einrichtungen die Funktion der Elitebildung übernommen haben. Dies gilt besonders für die USA, wo sich renommierte Hochschulen inzwischen fast ausschließlich in privater Hand befinden und in Konkurrenz zum öffentlichen Hochschulwesen Führungskräfte ausbilden.

Daneben dienen private Einrichtungen immer der Ergänzung des staatlichen Angebots. Selten sind sie so stark institutionalisiert wie die japanischen „jukus", die bereits zum notwendigen Bestandteil der schulischen Karriere geworden sind.

Bemerkenswert ist außerdem, daß sich private Bildungsangebote immer nur partiell in Konkurrenz zum öffentlichen Bildungswesen durchsetzen. So behaupten sie sich entweder im Bereich des privaten Grund- und Sekundarschulwesens oder gegenüber den staatlichen Universitäten. Eine parallel zum staatlichen Bildungswesen entwickelte und diesem gegenüber völlig gleichgestellte private Bildungslandschaft existiert jedoch auch bei unseren europäischen und außereuropäischen Nachbarn nicht.

Literatur

Zeitschriften

Financial Times vom: 29./30. Oktober 1994; 28./29. August 1993
Frankfurter Allgemeine Zeitung vom 19. Januar 1994
Le Monde de l'éducation, 1992, No. 199, Seite 22 bis 23
Le Monde vom: 13. Januar 1994; 16./17. Januar 1994
Le Nouvel Économiste vom 7. Januar 1994
L'Express vom 24. Juni 1993, Seite 12
Neue Zürcher Zeitung vom 7. Dezember 1993; 17. Januar 1994
Süddeutsche Zeitung vom 16. Dezember 1993; 15./16. Januar 1994
The Economist vom 8. Mai 1993, Seite 37

Adams, Willi P. et al., 1992: Länderbericht USA, Band II, 2. Auflage, Bonn
Altbach, Philip G. / **Berdahl**, Robert O. (Hrsg.), 1981: Higher Education in American Society, New York
BUREAU OF THE CENSUS, 1994: Statistical Abstract of the UNITED STATES 1994, 114. Auflage, Washington
Coleman, James S. et al., 1982: High School Achievement; Public, Catholic and Private Schools Compared, New York
EURYDICE, 1992: Formen und Status des privaten und nicht-staatlichen Bildungswesens in den Mitgliedstaaten der Europäischen Gemeinschaft, Brüssel
Frühbrodt, Lutz, 1989: Unternehmen Universität – private Hochschulen in den USA; in: Freiburger Universitätsblätter 28, Nr. 106, Seite 23 bis 37, Freiburg
Haasch, Günther, 1989: Das japanische Bildungs- und Ausbildungssystem im Kontext soziokultureller Traditionen und Entwicklungen; in: Striegnitz, Manfred / Pluskwa, Manfred (Hrsg.): Berufsausbildung und berufliche Weiterbildung in Japan und in der BRD, Loccumer Protokolle 6/87, Seite 53 bis 63, Rehburg-Loccum
Information Center, Association of International Education, Japan: Student Guide to Japan 1992

Kerr, Clark, 1990: The American Mixture of Higher Education in Perspective: Four Dimensions; in: Higher Education, Vol.19, No 1, Seite 1 bis 19

Ministry of Education, Science and Culture, Government of Japan, 1990: Outline of Education 1991, Tokyo

Münch, Joachim, 1989: Berufsbildung und Bildung in den USA; Bedingungen, Strukturen, Entwicklungen und Probleme, Berlin

Münch, Joachim / **Eswein**, Mikiko, 1992: Bildung, Qualifikation und Arbeit in Japan. Mythos und Wirklichkeit, Berlin

OECD, 1993: Education at a Glance, OECD Indicators, Regards sur l'éducation, Les indicateurs de l'OCDE, Paris

Pascha, Werner / **Harada**, Tetsushi, 1989: Private Hochschulen in Japan; in: Freiburger Universitätsblätter, 28, Nr. 106, Seite 43 bis 46, Freiburg

Pritchard, Rosalind M. O., 1992: Higher Education, Vol. 24, No. 2, Seite 247 bis 273

Ministère de l'Éducation Nationale, 1994: Repères et Références Statistiques sur les enseignements et la formation

Schaeper, Hildegard / **Schnitzer**, Klaus, 1989: Hochschulausbildung in Japan: Abstimmung zwischen Bildungs- und Beschäftigungssystem, Hannover

Statistics Bureau Management and Coordination Agency, 1993: Japan Statistical Yearbook 1993/94

U.S. Department of Education / National Center for Education Statistics, 1992: Digest of Education Statistics, Washington

Walford, Geoffrey (ed.), 1991: Private Schooling. Tradition Change and Diversity, London

Walford, Geoffrey (ed.), 1990: Privatization and Privilege in Education, London

Wolfgang Kramer

Sonderausbildungsgänge für Abiturienten in der Wirtschaft – die praxisnahe duale Ausbildung auf Hochschulniveau

Inhalt

Einleitung	253
Strukturmerkmale und Zugangsvoraussetzungen	254
Strukturmerkmale	254
Zugangsvoraussetzungen	254
Zusammenwirken von Unternehmen mit Akademien und Hochschulen	254
Durchschnittliche Ausbildungsdauer	257
Verhältnis Praxis/Theorie	257
Kosten pro Ausbildungsplatz	257
Bindungsklauseln	258
Bewerberzahl und Bewerberauswahl	258
Ausbildungsvergütung und Anfangsgehalt	259
Zufriedenheit mit der Ausbildung	260
Entwicklungstendenzen und Perspektiven	261
Trend zur Vereinheitlichung	261

Neue Weiterbildungserfordernisse 262
Verlängerte Ausbildungszeiten 264

Schlußbemerkungen 264

Literatur 266

Anhang 268

Einleitung

Das Interesse an einer beruflichen Ausbildung nach dem Abitur hat sich auf hohem Niveau stabilisiert. Bis Ende 1992 entschieden sich 26,5 Prozent aller Abiturientinnen sowie jeder fünfte männliche Abiturient aus dem Abiturientenjahrgang 1992 für eine betriebliche Ausbildung im dualen System. Besondere Attraktivität besitzen hierbei die sogenannten Sonderausbildungsgänge für Studienberechtigte. Als „Einrichtungen des tertiären Bildungsbereiches außerhalb der Hochschulen" sollten sie – so die Kultusministerkonferenz (KMK) im Jahre 1975 – „Abiturienten in Stufen zu einem wissenschaftlichen und berufsqualifizierenden Abschluß" führen, „der mit einem Hochschulabschluß vergleichbar ist".

Sonderausbildungsgänge sind spezielle ausbildungsspezifische Programme für Abiturienten* in den Bereichen Wirtschaft und Technik. Es gibt sie seit Anfang der siebziger Jahre. Gestiegene Anforderungen der beruflichen Praxis sowie Veränderungen der Qualifikation von Schul- und Hochschulabgängern waren wesentliche Gründe für die Einrichtung solcher abiturientenspezifischen Ausbildungswege, die sowohl wissenschaftsbezogen als auch praxisnah gestaltet sein sollten.

Der Wirtschaft ging es von Anfang an darum, geeignete Führungskräfte für das mittlere Management zu gewinnen. Im Lauf von über 20 Jahren haben sich diese Ausbildungsgänge aus der Sicht der Wirtschaft als „ein Weg zur Praktikerelite" bewährt. Zur Zeit ist zwar eine nicht mehr so stürmische Ausweitung wie in der Aufbauphase der siebziger Jahre zu verzeichnen, aber die Zahl der vorhandenen Sonderausbildungsplätze stieg auf über 12 000. Allerdings blieb die Zahl in den vergangenen zwei Jahren – als Folge der allgemeinen wirtschaftlichen Entwicklung – relativ konstant. Nach neuesten Umfragen scheint das Angebot an Ausbildungsplätzen sich jedoch wieder zu erhöhen (Kramer, 1995).

---

* Die Bezeichnungen Abiturienten und Studienberechtigte werden hier synonym verwandt für Schulabgänger mit allgemeiner oder fachgebundener Hochschulreife oder Fachhochschulreife.

Mehrere Tausend Betriebe in der Bundesrepublik Deutschland beteiligten sich an diesen Ausbildungsgängen. Es sind neben Großunternehmen überwiegend Mittel- und Kleinbetriebe.

Strukturmerkmale und Zugangsvoraussetzungen

Strukturmerkmale

Folgende Strukturmerkmale bestimmen die Sonderausbildungsgänge und unterscheiden sie von einer traditionellen Ausbildung (zum Beispiel Bankkaufmann/frau, Industriekaufmann/frau).

- Wechselausbildung an zwei Lernorten
- großer Theorieanteil
- Praxisnähe und Wissenschaftsbezug
- Verzahnung von Theorie und Praxis
- differenzierter Lehrkörper (zum Beispiel Professoren von Hochschulen, Praktiker aus den Betrieben)
- Zusammenwirken der dualen Partner.

Zugangsvoraussetzungen

Voraussetzung für den Einstieg in eine Ausbildung für Studienberechtigte in der Wirtschaft ist die allgemeine oder fachgebundene Hochschulreife. Teilweise wird die Fachhochschulreife akzeptiert.

Zusammenwirken von Unternehmen mit Akademien und Hochschulen

Ein typisches Kennzeichen der Ausbildung für Studienberechtigte in der Wirtschaft ist die Zusammenarbeit von Betrieben und Akademien – sieht man von einigen Branchen ab, die überwiegend rein innerbetrieblich ausbilden können.

Zusammenarbeit von Unternehmen und Akademien heißt: für die praktische Ausbildung sind die Betriebe zuständig, die anwendungsbezogene theoretische Ausbildung erfolgt an einer Akademie. So wechseln Praxis- und Theoriephasen während der gesamten Ausbildung einander ab.

Der Auszubildende/Studierende steht mit einem Unternehmen in einem vertraglichen Ausbildungsverhältnis und ist gleichzeitig Studierender an einer Akademie oder Hochschule, was zu einer engen Verflechtung von Theorie und Praxis beiträgt.

Abgesehen von der verschiedenartig organisierten Qualität der Ausbildungsgänge gibt es Unterschiede zwischen den beteiligten Akademien und Hochschulen, vor allem im Hinblick auf staatliche Einrichtungen und solche in privater Trägerschaft.

Sonderausbildungsgänge, die in der Regel drei Jahre (= sechs Semester) dauern, gibt es als innerbetriebliche Ausbildungen, in Verbindung mit einer Verwaltungs- und Wirtschaftsakademie (VWA), Berufsakademie (BA) oder auch mit einigen Fachhochschulen (FH) und Universitäten.

Bei diesen Ausbildungsgängen sind zu unterscheiden:

- kaufmännisch-betriebswirtschaftliche Ausbildungsmodelle
- Ingenieurausbildungsmodelle
- technische Assistentenausbildungsmodelle.

Die wichtigsten dieser Sonderausbildungsgänge führen zu Abschlüssen als

- geprüfter Wirtschaftsassistent/in Industrie
- Betriebswirt/in (VWA/BA)
- Dipl.-Betriebswirt/in (BA/FH)
- Handelsassistent/in

- (Dipl.)-Wirtschaftsingenieur/in (BA/FH)
- Dipl.-Ingenieur/in (BA/FH)
- Wirtschaftsinformatiker/in (BA)
- Mathematisch-technischer Assistent/in.

Abbildung

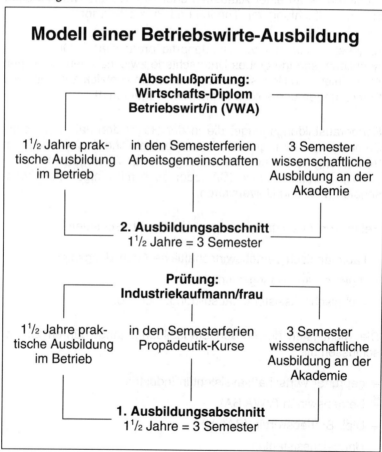

Durchschnittliche Ausbildungsdauer

Die durchschnittliche Ausbildungsdauer liegt bei etwas über drei Jahren. Der kürzeste Ausbildungsgang dauert ein Jahr, der längste sechs Jahre. Zusätzlich zu den externen Abschlußprüfungen führen 6 Prozent der Unternehmen auch noch interne Abschlußprüfungen durch.

Verhältnis Praxis/Theorie

Beim Verhältnis von angewandter praktischer zu theoretischer Ausbildung liegt die Praxis vorn: Im Durchschnitt bestehen rund 58 Prozent der Ausbildungszeit aus Praxis und 42 Prozent aus Theorie. Dabei sind starke Unterschiede zwischen Ausbildungszielen erkennbar, so daß der Praxisanteil zwischen 25 Prozent und 90 Prozent in den einzelnen Ausbildungsgängen schwankt. Beim Theorieanteil variiert das Spektrum von 10 bis 75 Prozent. Durchweg erfolgt die alternierende Ausbildung zwischen Praxis und Theorie in Blockform.

Kosten pro Ausbildungsplatz

Nach Umfrage des Instituts der deutschen Wirtschaft Köln kostet ein Ausbildungsplatz im Schnitt über 80 000 DM. Unterschiedlich hohe Kosten für die Ausbildung entstehen Unternehmen etwa dadurch, daß an der Ausbildung beteiligte Akademien, etwa Verwaltungs- und Wirtschaftsakademien, Gebühren von den Studierenden erheben. Entweder zahlen die Studierenden den vollen Gebührensatz selbst, oder sie erhalten einen Teil von ihrer Firma erstattet, oder die Firma übernimmt alle anfallenden Gebühren.

Nur in 12 der insgesamt 16 deutschen Bundesländern bestehen bislang Abiturientenausbildungsmöglichkeiten (siehe Anhang). Die meisten Plätze gibt es in den alten Bundesländern, wobei die größten Anteile auf die Bundesländer Nordrhein-Westfalen und Baden-Württemberg entfallen.

Bindungsklauseln

Bei rund 10 Prozent der Firmen bestehen nach Abschluß der Ausbildung Bindungsklauseln. Sie beinhalten überwiegend eine mehrjährige Betriebsbindung nach der Ausbildung. Eine Betriebsbindung soll im einen oder anderen Fall auch dadurch erreicht werden, daß bei Ausscheiden nach der Ausbildung gewährte Studiendarlehen fällig werden, die bei längerer Betriebszugehörigkeit in Raten abzuzahlen wären.

Bewerberzahl und Bewerberauswahl

Die Auswahl der Bewerber für Ausbildungen in rein betrieblicher oder kooperativer Trägerschaft liegt in den Händen der Unternehmen. Für einen Sonderausbildungsplatz bewerben sich im Schnitt 27 Interessenten. Die Zahl der Bewerber übersteigt bei weitem die Anzahl der vorhandenen Plätze – auch wenn man hinzufügen muß, daß es erhebliche Unterschiede in den einzelnen Branchen gibt: Sind die Bewerberzahlen pro Platz beispielsweise im Bereich der Chemischen Industrie relativ hoch, so gibt es im Handel in der Regel eine geringere Bewerberzahl. Gleichwohl sind alle Branchen aufgrund des Bewerberandranges gezwungen, eine Auswahl vorzunehmen, um die jeweils geeignetsten Bewerber herauszufinden.

Zwar spielen Zeugnisse für die Vorauswahl eine wichtige Rolle, aber allein sind sie für die Betriebe kein Maßstab bei der Auswahl. Deshalb versucht man von Seiten der Unternehmen sich mit Hilfe von Intelligenzstruktur-, Leistungs- und Eignungstests, Auswahlgesprächen und Gruppeninterviews ein vorurteilfreies Bild von jedem einzelnen Bewerber zu verschaffen, der die Vorauswahl passiert hat.

Neben Tests messen viele Unternehmen dem Interview und dem Auswahlgespräch große Bedeutung zu. Psychologische Tests und Auswahlgespräche dienen dazu, die wichtigen Eigenschaften und Verhaltensweisen der Bewerber herauszufinden, über die

die Zeugnisse kaum Auskunft geben. Hierbei handelt es sich unter anderem um:

- Leistungsbereitschaft
- Urteilsvermögen
- Selbständigkeit
- Durchsetzungsvermögen
- Teamfähigkeit
- Sicheres Auftreten
- Flexibilität
- Mobilität
- Ausdauer
- Kontaktfähigkeit
- Kritikfähigkeit.

Zunehmend bedienen sich die Betriebe bei der Eignungsbeurteilung von Abiturienten des Assessment-Center (AC)-Verfahrens. Das AC stellt eine gruppenorientierte, standardisierte Anzahl von Verfahren dar, die Basisdaten für die Beurteilung oder Vorhersage menschlichen Verhaltens liefern, von denen angenommen wird, daß sie für die berufliche Entwicklung des einzelnen wichtig sind.

Abiturienten sollten nach Möglichkeit den Wehr- oder Zivildienst abgeleistet haben, wenn sie eine Sonderausbildung aufnehmen. Manche Betriebe haben für die Bewerber Mindest- oder Höchstgrenzen beim Eintrittsalter festgelegt: sie sollten nicht jünger als 20 und nicht älter als 24 Jahre sein.

Ausbildungsvergütung und Anfangsgehalt

Bei der Entscheidung der Abiturienten für eine Sonderausbildung in der Wirtschaft spielt als Anreiz die finanzielle Unabhängigkeit während der Ausbildung eine nicht geringe Rolle. 1993 betrug die Ausbildungsvergütung im Durchschnitt über 1300 DM pro Monat während der gesamten Ausbildung. Die niedrigste ermittelte Ausbildungsvergütung im ersten Jahr der Ausbildung beläuft sich auf 749 DM, die höchste im dritten Jahr auf 3290 DM.

Als Anfangsgehalt nach Abschluß einer Sonderausbildung erhalten die Absolventen im Durchschnitt zur Zeit circa 4300 DM. Das Mindestgehalt beträgt 2700 DM, die höchste Anfangsvergütung etwa 7000 DM monatlich. Von Ausnahmen abgesehen liegen diese Anfangsbezüge nicht wesentlich unter denen junger Hochschulabsolventen, die in der Regel auch drei bis vier Jahre älter sind. Nach einigen Berufsjahren in der Wirtschaft fallen diese Unterschiede zumeist ganz weg, weil die Leistung für das Unternehmen im Vordergrund steht und entsprechend honoriert wird.

Zufriedenheit mit der Ausbildung

Absolventen aus kaufmännischen und technischen Sonderausbildungsgängen haben sich in den vergangenen zwei Jahrzehnten als handlungskompetente und geschätzte Mitarbeiter in den Betrieben erwiesen. Bildungsverantwortliche und Personalfachleute schätzen vor allem die Praxisbezogenheit der Ausbildung, die den Absolventen gestattet, ohne lange Einarbeitungszeit im Unternehmen mitarbeiten zu können.

Besonders in manchen Großbetrieben, verstärkt auch in kleineren und mittleren Unternehmen, haben sich die Absolventen aus den verschiedenen Sonderausbildungsgängen bestens bewährt, behaupten sich gegenüber anderen Hochschulabgängern von Fachhochschulen und Universitäten und sehen sich karrieremäßig nicht unterprivilegiert (Müller-Naendrup, 1993, 5; Boog, 1993, 35 f.; Schusser, 1993, 2).

Diese positiven Erfahrungen wirken entsprechend auf die Zufriedenheitsquote der Absolventen ein, von denen sich über 70 Prozent – wie seit vielen Jahren ermittelt wird – erneut für eine Sonderausbildung entscheiden würden (Baumann-Lorch/Volltrauer, 1993, 3473).

Entwicklungstendenzen und Perspektiven

Trend zur Vereinheitlichung

Nach Entstehen der Sonderausbildungsgänge für Abiturienten Anfang der siebziger Jahre hat das Bundesland Baden-Württemberg mit der Gründung von Berufsakademien (1974) die privatwirtschaftlichen Initiativen der Wirtschaft am konsequentesten umgesetzt. An diesen staatlichen Einrichtungen, die wissenschaftsbezogene Ausbildung mit starker Orientierung an der Praxis verbinden, orientieren sich bis heute alle übrigen Ausbildungsmodelle.

Eine Übertragung dieses Modells auf alle Bundesländer gelang nicht, wenn auch in den vergangenen Jahren Sachsen und Berlin nach baden-württembergischen Vorbild die Berufsakademie eingeführt haben. Seit 1993 ist der Abschluß an den Berufsakademien dieser drei Bundesländer den Fachhochschulabschlüssen gleichgestellt. Diese Regelung umfaßt auch die Länder Mecklenburg-Vorpommern und Sachsen-Anhalt, die bislang selbst keine Berufsakademieausbildung anbieten.

Mit dem Niedersächsischen Berufsakademiegesetz aus dem Jahr 1994 erlangten die sieben niedersächsischen Berufsakademien, die bislang auf der Grundlage einer Ergänzungsschule nach § 139 NSc HG bestanden, den Status von besonderen Einrichtungen des tertiären Bildungsbereichs neben Universitäten und Fachhochschulen. Die staatliche Anerkennung garantiert Qualität im Hinblick auf Inhalt und Ablauf des Studiums und schützt die Abschlußbezeichnung. Künftig darf sich Betriebswirt (BA) nur nennen, wer an einer staatlich anerkannten Einrichtung studiert hat. (Eine ähnliche Entwicklung bahnt sich offenbar bei den Berufsakademien in Schleswig-Holstein an, wo ebenfalls ein Berufsakademiegesetz erwogen wird.)

Da die Absolventen dieser und anderer Berufsakademien in privater Trägerschaft (unter anderem Industrie- und Handelskammern, Unternehmen) – trotz der neuen gesetzlichen Regelung –

kein Diplom erwerben können, ist für Absolventen der niedersächsischen Berufsakademien die Möglichkeit vorgesehen, den Titel mit einem einjährigen Ergänzungsstudium an einer Fachhochschule zu erlangen.

Diese Beispiele zur Angleichung von Organisation und Qualität der Ausbildung ließen sich vermehren. Die Bemühungen zur Vereinheitlichung dürfen jedoch nicht darüber hinwegtäuschen, daß eine gewisse Pluralität von Sonderausbildungsgängen – aus welchen Gründen auch immer – künftig weiter bestehen wird.

Neue Weiterbildungserfordernisse

Seit einigen Jahren ist zu beobachten, daß Abschlüsse, beispielsweise zum Betriebswirt (VWA), in einigen Bereichen nicht mehr ausreichen. Angeboten wird von manchen Unternehmen in Absprache mit Akademien unter anderem eine einjährige Fortbildung zum Wirtschaftsinformatiker. Diese Zusatzausbildung schließt sich unmittelbar an einen betriebswirtschaftlichen Abschluß an.

Besondere Anforderungen ergeben sich aus der zunehmenden internationalen Verflechtung der Wirtschaft und des verstärkten globalen Wettbewerbs. Vor allem Berufsakademien, Verwaltungs- und Wirtschaftsakademien wie auch Fachhochschulen geben ihren Ausbildungsgängen eine internationale Ausrichtung. Ein Ziel in diesem Zusammenhang heißt „Europafähigkeit", was darauf hindeutet, daß die Studierenden besonders auf den beruflichen Einsatz im europäischen Ausland vorbereitet werden sollen. Benötigt werden dazu nicht nur Fremdsprachenkenntnisse, sondern auch interkulturelle Kompetenzen sowie ausreichende Kenntnisse über Wirtschafts- und Gesellschaftssysteme in den Partnerländern.

Die entsprechende Vorbereitung auf dieses Ziel ist vielgestaltig. Sie wird durch die Kooperation von Akademien und Hochschulen mit Partnerinstituten und Hochschulen im Ausland sowie ausländischen Betrieben durchgeführt. Gängige Formen, den Auslandsbezug im Studium zu verstärken, sind:

- Auslandsstudium mit MBA- oder ähnlichem Abschluß nach dem Erwerb eines Abschlusses (zum Beispiel Betriebswirt – VWA)
- Auslandssemester während des regulären Studiums an einer Hochschule
- Praktika oder Praxissemester in ausländischen Betrieben.

Für Studierende von Berufsakademien in Baden-Württemberg beispielsweise bestehen seit 1992 auch Möglichkeiten, an EU-Förderprogrammen wie COMETT und ERASMUS (beziehungsweise deren Nachfolgeprogrammen) teilzunehmen. Damit wurden die Abschlüsse der Berufsakademie hinsichtlich der Hochschulprogramme EU-weit den Fachhochschulabschlüssen gleichgestellt.

Den Gewinn aus einem Auslandsaufenthalt in den USA, beispielsweise während des Berufsakademiestudiums, beschrieb der Fachleiter der Fachrichtung Elektrotechnik und Auslandsbeauftragte einer Berufskademie in Baden-Württemberg mit den Worten: „Nach dem Austausch von insgesamt 28 Studierenden mit durchweg positiven Rückmeldungen kann das Programm als eine große Bereicherung der Ausbildung bezeichnet werden.

Einzelnen Studenten hat dieser Auslandsaufenthalt zu Tätigkeiten und Positionen im Beruf verholfen, die ohne die Teilnahme an diesem Programm nicht so hätten erreicht werden können" (Wilding, 1993, 24).

Internationale Ausrichtung des Studiums bringt nicht nur für Studierende Vorteile, sondern auch für Unternehmen. Denn der Trend läßt sich nicht mehr übersehen, wonach das internationale Engagement sich zunehmend zum Imageträger des Unternehmens entwickelt (Baumann-Lorch/Volltrauer, 1993, 3473).

Verlängerte Ausbildungszeiten

Die neuen Anforderungen führen durchweg auch zu verlängerten Ausbildungszeiten: Jedoch sind Auslandsaufenthalte und Zusatzqualifikationen nicht allein für eine Aufstockung der Ausbildungsdauer verantwortlich. Gründe dafür können auch Angleichungsbestrebungen an die Studiendauer bestimmter Hochschulausbildungen sein. Ebenfalls können Anerkennungsfragen im Rahmen der EU eine Rolle spielen.

Unberührt von solchen Tendenzen der Ausbildungszeitverlängerung sind die Berufsakademien baden-württembergischer Provenienz, die an den kurzen Ausbildungszeiten von circa drei Jahren festhalten wollen. Sie werden durch das 1994 veröffentlichte Gutachten (Stellungnahme zu den Berufsakademien in Baden-Württemberg) des Wissenschaftsrates in dieser Auffassung bestärkt.

Verlängerte Ausbildungszeiten führen bei immer mehr Unternehmen dazu, die Studierenden an den entstehenden Kosten, vor allem bei Studiengebühren, zu beteiligen. Studiengebühren werden gelegentlich auch als Darlehen gewährt, die entweder gar nicht oder nur teilweise zurückgezahlt werden müssen, wenn Studierende nach ihrer Ausbildung einige Jahre im Unternehmen verbleiben.

Schlußbemerkungen

Die duale Ausbildung von Abiturienten in der Wirtschaft in Zusammenarbeit mit Verwaltungs- und Wirtschaftsakademien, Berufsakademien und Hochschulen hat sich bewährt und einen festen Platz im Bildungssystem gefunden. Die Absolventen solcher Ausbildungswege konnten sich am Arbeitsmarkt voll behaupten.

Mit der Dualisierung von Ausbildungsgängen im Tertiären Bereich gelang eine Bildungsinnovation, die zu den großen Erfolgen der Bildungspolitik der vergangenen zwei Jahrzehnte gehört. Wie die Gründung von neuen Berufsakademien und Akademien mit dualer Hochschulausbildung in der jüngsten Vergangenheit gezeigt hat, ist die Entwicklung auf diesem Felde offenbar noch nicht zum Abschluß gekommen.

Die vergangenen Rezessionsjahre haben deutlich werden lassen, daß – trotz neu gegründeter Akademien – die Zahl der insgesamt angebotenen Plätze nicht zugenommen hat, sondern sogar leicht zurückgegangen ist. Hier wird deutlich, daß die Entwicklung im Bereich der Abiturientenausbildung von konjunkturellen Einflüssen abhängig ist. Allerdings sind die Unternehmen bestrebt, das vorhandene Ausbildungsvolumen auch in konjunkturell schwierigen Zeiten möglichst nicht zu verringern. Daß in wirtschaftlichen Rezessionsphasen fast keine Ausweitung des Platzangebots erfolgt, ist verständlich.

Die Unternehmen waren bislang bemüht, allen erfolgreich zum Abschluß geführten Studierenden eine Weiterbeschäftigung im Ausbildungsbetrieb anzubieten. Dahinter stand die Überlegung, nur so viele Abiturienten auszubilden wie nach der Ausbildung weiter beschäftigt werden können. Die so Ausgebildeten hatten quasi eine Arbeitsplatzgarantie.

Die Ausbildungsgänge für Hochschulberechtigte mit anerkannten Abschlüssen stellen aus der Sicht vieler Abiturienten jedenfalls eine erstrebenswerte Alternative zum herkömmlichen Hochschulstudium dar. Wie unter anderem Längsschnittuntersuchungen der Hochschul-Informations-System GmbH gezeigt haben, wird eine „Kombination von Berufsausbildung und Studium als optimale berufliche Qualifizierung angesehen" (Lewin/Schacher, 1991,49).

Die Variante des ausbildungsintegrierten Studiums (Praxis und Theorie im Wechsel) scheint – wegen der Kürze der gesamten Ausbildung und einiger anderer Vorzüge wie unmittelbarer Praxisbezug, Verdienstmöglichkeiten und berufliche Absicherung – für nicht wenige Studienberechtigte besonders attraktiv zu sein.

Um die Gleichwertigkeit von allgemeiner und beruflicher Bildung zu fördern, sollten die spezifischen Ausbildungswege für Hochschulberechtigte (Sonderausbildungsgänge), die bislang die allgemeine oder fachgebundene Hochschulreife voraussetzen, auch solchen Interessenten offenstehen, die in der beruflichen Bildung eine entsprechende Qualifikation erworben haben, das heißt in der Regel über die Fachhochschulreife verfügen.

Für die relativ geringe Zahl von Absolventen alternativer Ausbildungsgänge, die ihre Ausbildung im Rahmen eines Universitätsstudiums fortsetzen wollen, sollten Universitäten Voraussetzungen schaffen, damit erworbene fachliche Inhalte angemessen berücksichtigt werden.

Anläßlich des 20jährigen Bestehens der Berufsakademien in Baden-Württemberg stellte der amtierende Präsident des Deutschen Industrie- und Handelstages fest: „Die Verzahnung wissenschaftlicher Lehre mit anwendungsbezogenem Lernen in der Arbeitswelt schafft ideale Voraussetzungen für den Sprung auf den Arbeitsmarkt. Die ständige Rückkoppelung an die Praxis der Unternehmen verhindert einseitige Theoretisierung und Entfremdung von der Wirktlichkeit und dem Bedarf des Arbeitsmarktes. Die Vernetzung der Lernprozesse fördert das ganzheitliche Denken und sichert die Motivation der Studierenden." (Stihl, 1995, 11)

Nicht wenige Bildungspolitiker und Bildungsverantwortliche aus Unternehmen sehen in den dargestellten Organisationsverbünden zwischen Betrieben und Berufsschulen, Weiterbildungseinrichtungen, Fachhochschulen und Universitäten Bildungswege der Zukunft. Damit ließe sich der häufig propagierten Forderung nach Gleichwertigkeit allgemeiner und beruflicher Bildung ein Stück näher kommen.

Literatur

Baumann-Lorch, Edith / **Volltrauer**, Gerda, 1993: Wie bewerten Unternehmen und deren Studenten die Bildungseinrichtung Berufsakademie? in: Informationen für die Beratungs- und Vermittlungsdienste der

Bundesannstalt für Arbeit Nürnberg, Nr. 51 vom 22. Dezember 1993, Seite 3473 bis 3475

Boog, Klaus, 1993: Das Studium an der Berufsakademie Mannheim – Kritische Würdigung aus Sicht eines Absolventen; in: STUDIUM DUALE Fachberichte aus Wissenschaft und Praxis / Berufsakademie Mannheim, Mannheim, Bd. 3, Seite 29 bis 36

Berufsakademie Mannheim, 1994: STUDIUM DUALE Fachberichte aus Wissenschaft und Praxis / Berufsakademie Mannheim, Bd. 4, Seite 69 bis 72

Kersten, Jons T., 1993: Berufsakademien in Niedersachen; Duale Ausbildung als Alternative zum Hochschulstudium, Seelze-Velber

Kramer, Wolfgang, 1994: Alternative Ausbildungsmöglichkeiten für Hochschulzugangsberechtigte im Tertiären Bereich (Beiträge zur Gesellschafts- und Bildungspolitik, Institut der deutschen Wirtschaft Köln 191), Köln

Kramer, Wolfgang, 1995: Abiturientenausbildung der Wirtschaft; Die praxisnahe Alternative zur Hochschule, 9. Auflage, Köln (erscheint in Kürze)

Lewin, Karl / **Schacher**, Martin, 1991: Ausbildungsstrategien von Abiturienten; Eine Längsschnittstudie zu Ausbildungsstrategien und Berufsorientierungen von Abiturienten, 2. Auflage, Bonn

Müller-Naendrup, Paul-Adolf, 1993: Die Berufsakademie Baden-Württemberg – ihre Positionierung im Bildungswesen; in: STUDIUM DUALE Fachberichte aus Wissenschaft und Praxis / Berufsakademie Mannheim, Mannheim, Bd. 3, Seite 1 bis 8

Niedersächsisches Ministerium für Wissenschaft und Kultur: Niedersächsisches Berufsakademiegesetz o.O. (Hannover), o.J. (1994)

Schusser, Walter H., 1993: Müssen Abiturienten unbedingt studieren? in: FORUM Vortragsreihe des Instituts der deutschen Wirtschaft Köln vom 30. November 1993, Köln

Stihl, Hans-Peter, 1995: Die Berufsakademien verdienen einen festen Platz im deutschen Bildungssystem; in: Wirtschaft und Berufs-Erziehung, Heft 1, Seite 7 bis 12, Bielefeld

Wilding, Kay, 1993: Das Studentenaustauschprogramm mit den USA; in: STUDIUM DUALE Fachberichte aus Wissenschaft und Praxis / Berufsakademie Mannheim, Mannheim, Bd. 3, Seite 23 f.

Wissenschaftsrat 1994: Stellungnahme zu den Berufsakademien in Baden-Württemberg, Köln

Anhang

Ausbildungsintegrierte Studiengänge im Verbund mit Verwaltungs- und Wirtschaftsakademien, Berufsakademien, Fachhochschulen und Universitäten

Verwaltungs- und Wirtschaftsakademien (VWA) Wirtschaftsakademien (WA)

Augsburg	Betriebswirt/in (VWA)
Bochum	Betriebswirt/in (VWA)
Bremen	Betriebswirt/in (Akademie der Wirtschaft Bremen)
Dresden	Betriebswirt/in (WA)
Düsseldorf	Betriebswirt/in (VWA)
Essen	Betriebswirt/in (VWA)
Frankfurt	Betriebswirt/in (VWA)
Göttingen	Betriebswirt/in (VWA)
Hamburg	Betriebswirt/in (WA)
Hannover	Betriebswirt/in (BA) Informatik-Betriebswirt/in (BA) Betriebswirt/in (BA) – Fachrichtung Spedition
Koblenz	Betriebswirt/in (VWA)
Köln	Betriebswirt/in (VWA)
Lüneburg	Betriebswirt/in (VWA)
Münster	Betriebswirt/in (VWA)
Regensburg	Betriebswirt/in (VWA)
Saarbrücken	Betriebswirt/in (ASW)
Stuttgart	Betriebswirt/in (VWA/BA)
Wuppertal	Betriebswirt/in (VWA)

Berufsakademien (BA)

Baden-Württemberg:

Standorte:	Heidenheim
	Karlsruhe
	Lörrach
	Mannheim
	Mosbach
	Ravensburg mit Außenstelle Tettnang
	Stuttgart mit Außenstelle Horb
	Villingen-Schwenningen
Studiengänge:	
Technik	Diplom-Ingenieur/in (BA)
Wirtschaft	Diplom-Betriebswirt/in (BA)
Sozialwesen	Diplom-Sozialpädagoge/in (BA)

Berlin:

Standort:	Berlin-Karlshorst
Studiengänge:	
Wirtschaft	Diplom-Betriebswirt/in (BA)
Technik	Diplom-Ingenieur/in (BA)

Hessen:

Standort:	Frankfurt
Studiengang:	
Wirtschaft	Betriebswirt/in (BA)

Niedersachsen:

Standorte:	Göttingen
	Hameln
	Hannover
	Lingen
	Lüneburg
	Springe
	Vechta
	Vienenburg

Studiengänge:	
Wirtschaft	Betriebswirt/in (BA)
Technik	Ingenieur/in (BA)

Sachsen:

Standorte:	Dresden mit Außenstellen Bautzen und Riesa
	Glauchau mit Außenstellen Leipzig und Breitenbrunn
Studiengänge:	
Technik	Diplom-Ingenieur/in (BA)
Wirtschaft	Diplom-Betriebswirt/in (BA)
Sozialwesen	Diplom-Sozialpädagoge/in (BA)

Schleswig-Holstein:

Standorte:	Elmshorn
	Flensburg
	Kiel
	Lübeck
	Neumünster
Studiengänge:	
Wirtschaft	Betriebswirt/in (BA)
Wirtschaftsinformatik	Wirtschaftsinformatiker/in (BA)
Technik	Wirtschaftsingenieur/in (BA)

Staatliche Fachhochschulen (FH)

Berlin:

Technische Fachhochschule Berlin	
Studiengang:	
Wirtschaft	Diplom-Betriebwirt/in (FH)

Hannover:

Fachhochschule Hannover	

Studiengang: Maschinenbau	Diplom-Ingenieur/in (FH)

Köln:

Fachhochschule Köln

Studiengang: Kreditwirtschaft	Diplom-Betriebswirt/in (FH)

Krefeld:

Fachhochschule Niederrhein

Studiengang: Kooperative Ingenieurausbildung	Diplom-Ingenieur/in (FH)

Ludwigshafen:

Fachhochschule Rheinland-Pfalz Abt. Ludwigshafen

Studiengang: Internationale Betriebswirtschaft im Praxisverbund	Diplom-Betriebswirt/in (FH)

Private Fachhochschulen (FA)

Essen

Fachhochschule für Oekonomie & Management (Staatlich anerkannte Fachhochschule)

Studiengänge:	
Wirtschaft	Diplom-Betriebswirt/in (FH)
Wirtschaftsinformatik	Diplom-Wirtschaftsinformatiker/in (FH)

Frankfurt

Hochschule für Bankwirtschaft
(Private Fachhochschule der Bankakademie)

Studiengang:	
Betriebswirtschaft	Diplom-Betriebswirt/in (FH)

Paderborn

Private Fachhochschule Paderborn

Studiengänge:	
Wirtschaft	Diplom-Betriebswirt/in (FH)
Wirtschaftsinformatik	Diplom-Informatiker/in (FH)

Pinneberg

Nordakademie eGmbH
(Staatlich anerkannte private Fachhochschule)

Studiengänge:	
Betriebswirtschaft	Diplom-Betriebswirt/in (FH)
Wirtschaftsinformatik	Diplom-Wirtschaftsinformatiker/in (FH)
Technik	Diplom-Wirtschaftsingenieur/in (FH)

Rendsburg
Lahr
Leipzig

(Hochschule für Berufstätige der AKAD)

Studiengang:	
Ausbildungsintegriertes Studium Wirtschaft (auf Fernunterrichtsbasis)	Diplom-Betriebswirt/in (FH)

Universitäten

Duisburg

Universität – GSH – Duisburg

Studiengang:	
Kooperative Ausbildung	Diplom-Kaufmann/frau

Hagen

Fernuniversität – GHS – Hagen

Studiengang:	
Wirtschaft	Diplom-Kaufmann/frau

Übersicht

Ausbildungsorganisation der Berufsakademien am Beispiel Baden-Württemberg und Schleswig-Holstein

Halbjahre	Baden-Württemberg				Schleswig-Holstein		
Staatliche Prüfung							
8 Betrieb/ Akademie 7 Betrieb/ Akademie						Spezialisierung: je ein Wahlpflichtfach aus Technik und Betriebswirtschaft und anderen	Wirtschaftsingenieur (BA) inclusive Ausbildereignungsbefähigung
Staatliche Prüfung	Dipl.-Betriebswirt (BA)	Dipl.-Ingenieur (BA)	Dipl.-Sozialpädagoge (BA)	Betriebswirt (BA) inclusive Ausbildereignungsbefähigung		Vertiefung: in den Bereichen Technik und Betriebswirtschaft und anderen	Wirtschaftsinformatiker (BA) Ausbildereignungsbefähigung
6 Betrieb/ Akademie 5 Betrieb/ Akademie	Vertiefungsstudium	Vertiefungsstudium	Vertiefungsstudium	Spezialisierung: (2 Wahlpflichtfächer), Berufs- und Arbeitspädagogik, Fachenglisch, BWL			Spezialisierung: Anwendung der Informationsverarbeitung, Betriebswirtschaft und anderes

Staatliche Prüfung	Wirtschafts-assistent (BA)	Ingenieur-assistent (BA)	Erzieher (BA)	Wirtschafts-assistent (BA)*	Wirtschafts-ingenieur-Assistent (BA)*	Wirtschafts-informatik-assistent (BA)*
4 Betrieb/ Akademie 3 Betrieb/ Akademie 2 Betrieb/ Akademie 1 Betrieb/ Akademie	Grundstudium in den Fachrichtungen Bank, Datenverarbeitung, Fremdenverkehr, Handel, Handwerk, Industrie, Internationales Marketing, Öffentliche Wirtschaft, Spedition, Steuern und Prüfungswesen, Versicherung, Wirtschaftsinformatik	Grundstudium in den Fachrichtungen Elektrotechnik, Holz und Kunststofftechnik, Maschinenbau, Umwelt- und Strahlenschutz, Technische Informatik	Grundstudium in den Fachrichtungen Arbeit mit Behinderten, Arbeit mit psychisch Kranken und Suchtkranken, Arbeit mit Straffälligen, Heimerziehung, Jugendarbeit, Soziale Arbeit im Gesundheitswesen, Soziale Arbeit in der Verwaltung	Grundlagen Betriebswirtschaft, Volkswirtschaft, Wirtschaftsrecht, Datenverarbeitung	Grundlagen Naturwissenschaft, Ingenieurwissenschaft, Betriebswirtschaft, Datenverarbeitung	Grundlagen und Anwendung der Informationsverarbeitung, Betriebswirtschaft, Integrationsgebiete: Wirtschaftsmathematik, Wirtschaftsrecht, Englisch
	Wirtschaft	Technik	Sozialwesen	Wirtschaft	Technik	Informatik
	Abitur (allgemeine oder fachgebundene Hochschulreife)					

* Zusätzlich können IHK-Abschlüsse (Kaufmannsgehilfe oder Facharbeiter) erworben werden.

Quellen: Ministerium für Wissenschaft und Kunst Baden-Württemberg, Wirtschaftsakademie Schleswig-Holstein

Susanne Wellmann

Weiterbildung als Wettbewerbsfaktor

Inhalt

Qualifikation ist Standortvorteil   277

Betriebliche Weiterbildung   278

Weiterbildung als Gegenstand von Regulierungen?   279
Völkerrecht   280
Europarecht   280
Bundesrecht   281
Landesrecht   282

Bildungsfreistellungsgesetze der Länder   283

Bildungsfreistellung in Tarifverträgen und Betriebsvereinbarungen   285

Zusammenfassung   286

Literatur   286

Qualifikation ist Standortvorteil

Das Jahr 1994 war das Jahr der Standortdebatte. Politik und Wirtschaft haben erkannt, daß Maßnahmen notwendig sind, um den Wirtschaftsstandort Deutschland international wettbewerbsfähig zu halten. Im internationalen Vergleich schneidet die Bundesrepublik Deutschland zunehmend schlechter ab. Mit den höchsten Unternehmenssteuern, den höchsten Löhnen und Lohnnebenkosten, kürzesten Arbeitszeiten, längsten Urlauben und Bildungszeiten, zudem reichlich Fehlzeiten sind wir unter dem Blickwinkel von Investoren international weniger wettbewerbsfähig. Das gilt es zu ändern.

Wir müssen uns den Anforderungen der dritten industriellen Revolution stellen. Entwicklung, Forschung und Bildung sind die zentralen Themen. Qualifikation, geistige Wendigkeit und Innovationsfähigkeit sind wesentliche Voraussetzungen, um im europäischen und weltweiten Wettbewerb zu bestehen.

Lean Production und Lean Management sind die zentralen Stichworte für zukunftsorientierte Betriebsorganisation und modernes Management. Diese Schlankheitsorientierung stellt neue und vielfältigere Anforderungen an die Mitarbeiter. Durch Abbau des Mangements gehen Entscheidungsverantwortungen mehr und mehr auf die Mitarbeiter der Produktionsebene über. Sie müssen nicht mehr nur produzieren, sondern auch planen, organisieren und Qualität kontrollieren. Mit den neuen Anforderungen verändert sich auch das Profil, das Arbeitnehmer mitbringen müssen. Es ist nicht mehr das Spezialwissen, das im Vordergrund steht. Breitenqualifikation ist gefragt. Entscheidungsfähigkeit bei komplexen Sachverhalten, kommunikative Fähigkeiten, Übersichtswissen, um nur einige der neuen Qualifikationsprofile zu nennen. Die Vermittlung dieser Kenntnisse an Beschäftigte ist Aufgabe der Weiterbildung.

Breit angelegte Weiterbildung ist damit wesentlicher Faktor für die Sicherung des Wirtschaftsstandorts Deutschland.

Betriebliche Weiterbildung

Vor diesem Hintergrund ist die gezielte Arbeitnehmerweiterbildung eine unumgänglich notwendige und bedeutende Zukunftsinvestition. Qualifizierung wird daher von allen gesellschaftlichen Gruppen partei- und interessenübergreifend als wesentliche Voraussetzung für gesellschaftlichen Fortschritt anerkannt.

Bei der Qualifizierung nimmt die betriebliche Weiterbildung einen außerordentlich hohen Stellenwert ein. Betriebliche Weiterbildung zeichnet sich durch eine große Vielfalt der Organisationsformen aus. Sie findet entweder in externen oder internen Veranstaltungen oder direkt am Arbeitsplatz statt.

Im betriebseigenen Interesse investieren die Unternehmen in erheblichem Umfang in die Qualifizierung ihrer Mitarbeiter. Im Verlauf der letzten zwei Jahrzehnte sind die betrieblichen Investitionen in die Weiterbildung stetig und in bedeutendem Umfang gestiegen.

Erstmals wurden die Kosten der betrieblichen Weiterbildung Anfang der siebziger Jahre von einer Sachverständigenkommission des deutschen Bundestages – der nach ihrem Vorsitzenden benannten „Edding-Kommission" – ermittelt. Damals wurden jährliche betriebliche Weiterbildungsaufwendungen in Höhe von 2,1 Milliarden DM errechnet. Zu Beginn der achtziger Jahre ermittelte das Institut der deutschen Wirtschaft Köln (IW) Weiterbildungsinvestitionen westdeutscher Unternehmen in Höhe von 8 Milliarden DM. Mitte der achtziger Jahre errechnete sich schon ein Aufwandsvolumen von 14,7 Milliarden DM und 1987 ergab eine vom IW durchgeführte Unternehmensbefragung ein Investitionsvolumen von 26,7 Milliarden DM. Die jüngste, vom IW 1994 vorgelegte Erhebung weist private unternehmerische Weiterbildungsinvestitionen von 36,5 Milliarden DM im Jahr 1992 aus (Weiß, 1994). Diese erheblichen finanziellen Aufwendungen tätigen die Betriebe auf eigene Initiative, aus ihrem wohlverstandenen unternehmerischen Interesse heraus. Die staatlichen Ausgaben für Weiterbildung sind hingegen, gemessen am Bruttoinlandsprodukt, in den letzten zwei Jahrzehnten konstant geblieben.

Weiterbildung als Gegenstand von Regulierungen?

Darüber, daß Weiterbildung ein entscheidender wirtschaftlicher Faktor ist, herrscht gesamtgesellschaftlich Konsens. Bei der Frage jedoch, ob und wenn ja, wie Weiterbildung Gegenstand gesetzlicher, tarifvertraglicher oder anderer allgemeinverbindlicher Regelungen sein soll, scheiden sich die Meinungen (Dichmann/Wellmann, 1994; Ochs/Seifert, 1994).

Kritiker, vor allem auf seiten der Gewerkschaften, beklagen die mangelnde gesetzliche und tarifvertragliche Regulierung von Weiterbildung. Die Betriebe, so die Kritiker, müßten mit Normen zur Durchführung von Weiterbildung verpflichtet werden. Im folgenden sollen daher die wesentlichen rechtlichen Regelungen im Bereich der Weiterbildung dargestellt werden, um im Anschluß daran auf dieser Grundlage zu erörtern, inwieweit private Initiativen den Vorrang vor staatlichen Lenkungen erhalten sollten.

Gesetzliche Grundlagen der Weiterbildung finden sich in verschiedenen Rechtsgebieten, vor allem aber im Arbeitsrecht und im Recht des öffentlichen Dienstes. Ein in sich geschlossenes „Weiterbildungsrecht" im Sinne einer Kodifikation, vergleichbar dem Straf- oder Zivilrecht, gibt es nicht.

Weiterbildungsgesetze gibt es auf verschiedenen Regelungsebenen, bedingt durch das föderale System der Bundesrepublik. Die bestehenden Gesetze sind auch ihrem Inhalt nach sehr verschieden.

Einige befassen sich ausschließlich mit Fragen der Finanzierung, wie das Arbeitsförderungsgesetz, andere wiederum enthalten ausschließlich materiellrechtliche Anspruchsregelungen.

Im Hinblick auf die Weiterbildungsgesetzgebung sind drei Regelungsebenen von Bedeutung:

- Völkerrecht/Europarecht
- Bundesrecht
- Landesrecht.

Völkerrecht

Im Jahr 1976 ist die Bundesrepublik Deutschland dem Übereinkommen Nr. 140 der Internationalen Arbeitsorganisation (ILO) beigetreten. Das Übereinkommen befaßt sich mit dem Tatbestand des bezahlten Bildungsurlaubs und bestimmt, daß jeder beitretende Staat sich für die Einführung bezahlten Bildungsurlaubs einsetzen solle. Wer allerdings die Kosten trägt, ist nach dem Übereinkommen den Gepflogenheiten der jeweiligen Staaten überlassen. Indem die Bundesrepublik Deutschland diesem Übereinkommen beigetreten ist, hat sie lediglich eine allgemeine politische Absicht erklärt. Subjektive Rechte entstehen dadurch nicht.

Europarecht

Die Europäische Union hat mit Abschluß des Vertrags von Maastricht das Thema „Weiterbildung" ausdrücklich in ihren Regelungskatalog aufgenommen. Einschlägig sind hier Art. 3b, 126 und 127 des Vertragswerks. Die Gemeinschaft strebt danach im Rahmen der Förderung von beruflicher Bildung die „Anpassung an die industriellen Wandlungsprozesse", die „Verbesserung der beruflichen Erstausbildung und Weiterbildung zur Erleichterung der beruflichen Eingliederung oder Wiedereingliederung in den Arbeitsmarkt", die „Mobilität" von Auszubildenden und Ausbildern und vieles mehr an.

Auch schon vor Inkrafttreten des Vertrags über die europäische Union war die Weiterbildung Regelungsgegenstand der EG. Zwar gaben die EWG-Verträge, anders als der jetzige Unionsvertrag, den Gemeinschaftsinstitutionen kein ausdrückliches kulturpolitisches Mandat. Die EG wurde aber im Rahmen ihrer wirtschafts- und sozialpolitischen Kompetenz auch im Bereich der Weiterbildung tätig (Dietze/Lutz, 1991, 831). So wurden in der Folgezeit zahlreiche Empfehlungen und Entschließungen des Rates der Europäischen Gemeinschaften im Bereich der beruflichen Weiterbildung verabschiedet.

Die Regelung der Weiterbildung ist ein großes Tätigkeitsfeld innerhalb der Europäischen Union, sie wird keineswegs stiefmütterlich behandelt. Zwar unterliegt die Handlungsgewalt der Union dem Subsidiaritätsvorbehalt, ausgesprochen in Art. 3b, 126 und 127 des Vertrags von Maastricht. Auch hat das Bundesverfassungsgericht in seiner Entscheidung vom Oktober 1993 über das Zustimmungsgesetz zum Maastricht-Vertrag betont, daß die Bundesrepublik keinen Eingriff in die originären Rechte ihrer gesetzgebenden Körperschaften durch EU-Organe hinzunehmen hat.

Aber die Wirkungskraft der EU-Maßnahmen ist schon wegen ihrer politischen Bedeutung, ungeachtet der Souveränitätsvorbehalte, nicht zu unterschätzen.

Bundesrecht

Der Bund hat von seinem Gesetzgebungsrecht auf dem Gebiet der Weiterbildung bislang keinen Gebrauch gemacht. Ihm steht nach Art. 74 Nr.1, 11, 12, 19 GG das konkurrierende Gesetzgebungsrecht auf den Gebieten der Wirtschaft, Arbeit und der freien Berufe zu. Berufsrechtlich hat der Bund seine Kompetenz in den §§ 46, 47 Berufsbildungsgesetz und den §§ 42 ff. Handwerksordnung genutzt, hier aber lediglich bestimmt, daß die „zuständigen Stellen" das Recht zur Abnahme von Prüfungen bei der beruflichen Fortbildung und Umschulung erhalten. Im Hochschulrahmengesetz hat der Bundesgesetzgeber verankert, daß die Hochschulen Möglichkeiten der Weiterbildung entwickeln und anbieten sollen. Das Fernunterrichtsschutzgesetz befaßt sich mit der ortsfremden Weiterbildung. Das Betriebsverfassungsgesetz, das Schwerbehindertengesetz, das Arbeitssicherheitsgesetz und das Bundespersonalvertretungsgesetz enthalten Regelungen zur speziellen Weiterbildung der von ihrem Regelungsbereich erfaßten Personen.

Es handelt sich bei allen diesen Gesetzen um spezialgesetzliche Regelungen. Ein bundesweites Gesetz zur allgemeinen Arbeitnehmerweiterbildung hat der Bund nicht beschlossen. Das beruht darauf, daß er bislang der Auffassung war, daß einem bundeseinheitlichen Gesetz praxisgerechtere Regelungen auf Länderebene oder sogar ohne formelles Gesetz vorzuziehen seien (Deutscher Bundestag, 1986, 17).

Landesrecht

Die Länder haben zum Teil sowohl allgemeine Arbeitnehmerweiterbildungsgesetze als auch Spezialgesetze zur beruflichen Weiterbildung – zum Beispiel Heilberufegesetz NRW – beschlossen.

Da der Bund von seinem konkurrierenden Gesetzgebungsrecht keinen Gebrauch gemacht hat, sind in subsidiärer Zuständigkeit bislang zehn Bundesländer tätig geworden und haben allgemeine Bildungsfreistellungsgesetze erlassen. Es sind dies die Länder: Berlin, Niedersachsen, Hamburg, Hessen, Bremen, Nordrhein-Westfalen, Saarland, Schleswig-Holstein, Rheinland-Pfalz und Brandenburg. In Brandenburg hat das Recht auf Bildungsfreistellung sogar mit Art. 33 Abs. 2 Eingang in die Verfassung des Landes gefunden.

Über die Freistellungsgesetze hinaus haben die meisten Länder Gesetze zur Finanzierung der Weiterbildung beschlossen. Mit der Einführung des neuen Europa-Art. 23 in das Bonner Grundgesetz haben die Länder neue Mitspracherechte bei dem Erlaß von Rechtsetzungsakten der EU erhalten. Zum Teil ist ihnen sogar ein zwingendes Mitspracherecht eingeräumt, wenn ihre Gesetzgebungszuständigkeit berührt ist.

Bildungsfreistellungsgesetze der Länder

Die Ländergesetze zur Bildungsfreistellung sind durchaus verschieden, im Kern ihrer Regelungsinhalte aber vergleichbar. Sie gewähren Arbeitnehmern, unabhängig von einer bestimmten betrieblichen Funktion oder einem bestimmten ausgeübten Beruf, Freistellungsansprüche für den Besuch von anerkannten Bildungsveranstaltungen. Die meisten dieser Gesetze gewähren eine durchschnittlich fünftägige Freistellung im Jahr bei Fortzahlung des Arbeitsentgeltes durch den Arbeitgeber. In dieser Zeit können die Anspruchsberechtigten anerkannte Bildungsveranstaltungen besuchen. Einige Landesgesetzgeber haben dies dahingehend formuliert, daß den Berechtigten je Jahr fünf Tage zustehen, andere hingegen sprechen zehn Tage in zwei Kalenderjahren zu. Hinsichtlich des zeitlichen Umfangs bildet das Berliner Bildungsfreistellungsgesetz eine Ausnahme, da es Arbeitnehmern bis zur Vollendung des 25. Lebensjahres eine jährliche zehntägige bezahlte Arbeitsbefreiung gewährt.

Anerkannt sind nach allen Gesetzen Veranstaltungen der beruflichen und politischen Bildung. In Bremen und Schleswig-Holstein können zusätzlich allgemeinbildende und in Brandenburg kulturell bildende Veranstaltungen besucht werden. Anspruchsberechtigt sind stets alle Arbeitnehmer nach einer Beschäftigungsdauer von sechs Monaten sowie diesen Gleichgestellte und, mit Ausnahme von Nordrhein-Westfalen, auch alle Auszubildenden. Alle Gesetze sehen vor, daß der Arbeitgeber ein Bildungsfreistellungsgesuch nur ablehnen kann, wenn dem zwingende betriebliche Belange entgegenstehen. Entgegen dem Wortlaut der Gesetze kann der Arbeitgeber die Freistellung jedoch auch aus inhaltlichen Gründen verweigern. In diesen Fällen entscheiden die Arbeitsgerichte im Zweifel in jedem Einzelfall, ob die Ablehnung berechtigt war oder nicht. Die Gerichte sind bei ihrer Entscheidung an die ministerielle Anerkennung von Veranstaltungen nicht gebunden.

Die Bildungsfreistellungsgesetze sind in vielfacher Hinsicht problematisch. Besondere Schwierigkeiten bereiten dabei die unbestimmten Rechtsbegriffe. Das sind die Begriffe „politische", „berufliche", „allgemeine" und „kulturelle" „Weiterbildung" oder „Bildung". Alle diese Begriffe bedürfen bei der Rechtsanwendung noch der Auslegung im Einzelfall. Es ist also stets näher zu bestimmen, welche Bildungsveranstaltung der gesetzlichen Definition entspricht. Die jeweilige Auslegung erfolgt zunächst durch die Ministerien anläßlich der Anerkennungsentscheidung. Sie ist aber durch die Gerichte voll überprüfbar.

Die Auslegung der unbestimmten Rechtsbegriffe war und ist in vielen Fällen Streitfall und damit Entscheidungsgegenstand der Arbeitsgerichte. Titel und Themenstellung zahlreicher Bildungsveranstaltungen lassen bei Arbeitgebern berechtigte Zweifel daran aufkommen, ob sie für den Besuch derartiger Veranstaltungen die Lohnfortzahlungskosten tragen müssen. Veranstaltungen wie beispielsweise „Kanufahrt zwischen Erlebnispädagogik und Naturerfahrung", „Kann denn Liebe Sünde sein?" oder „Gone to the USA", zur Vorbereitung auf einen Aufenthalt in den Vereinigten Staaten" geben genügend Anlaß zu der Frage, ob hier nicht der Erholungscharakter im Vordergrund steht und die Weiterbildung eher Makulatur ist. Der Unmut der Arbeitgeber ist angesichts der Höhe der Lohnfortzahlungskosten, angesichts der Tatsache, daß die Freistellung für ausschließlich betriebsnützliche Zwecke untersagt ist und angesichts der höchst problematischen Themenstellungen nur zu verständlich.

Die Lohnfortzahlungskosten belasten die Arbeitgeber erheblich. Im Jahr 1992 kostete die durchschnittliche fünftägige Freistellung eines Arbeitnehmers 1205 DM. In Niedersachsen zahlten die Arbeitgeber für Bildungsfreistellungen im Jahr 1991 rund 58 Millionen DM (IW Köln, 1993).

Gemessen an den enorm hohen freiwilligen Investitionen der Arbeitgeber in die berufliche Weiterbildung ihrer Mitarbeiter, angesichts von schrumpfenden Arbeitszeiten und wachsender Freizeit ist die Berechtigung der Bildungsfreistellungsregelungen äußerst zweifelhaft. Die beschriebenen Probleme der gesetzlichen Tatbestände zeigen überdies, daß Weiterbildung in dieser Form – abgesehen einmal von den durchaus problematischen Inhalten

– letztlich nicht befriedigend zu regeln ist. Die unumgängliche Häufung unbestimmter Rechtsbegriffe führt zu erheblicher Rechtsunsicherheit.

Die hohen freiwilligen Weiterbildungsinvestitionen der Arbeitgeber bestätigen überdies, daß es einer gesetzlichen Regelung nicht bedarf. Die Mechanismen des Marktes reichen aus, um die Weiterbildung der Beschäftigten zu gewährleisten. Was die Arbeitslosen oder die von Arbeitslosigkeit Bedrohten und deren Weiterbildung anbetrifft, so ist sicher eine Regelung notwendig. Diese jedoch kann keine finanzielle Belastung der Arbeitgeber zur Folge haben.

Bildungsfreistellung in Tarifverträgen und Betriebsvereinbarungen

In Tarifverträgen sind zahlreiche Weiterbildungtatbestände zu finden. Der Regelungsgehalt allerdings ist äußerst unterschiedlich. Seit Beginn der sechziger Jahre sind tarifvertragliche Weiterbildungsregelungen bekannt. Zu Beginn lagen sie allerdings im wesentlichen in Form von Rationalisierungsschutzabkommen vor (Bispinck, 1990, 15). Diese stehen unter etwas anderen Vorzeichen, da hier die Weiterbildung Mittel zur Vermeidung von Entlassungen ist und keinen Selbstzweck erfüllt. Anders sind die Weiterbildungtatbestände in Mantel- und Entgelttarifverträgen zu sehen. Sie sind in ihrer Zielrichtung den gesetzlichen Weiterbildungsvorschriften vergleichbar. Die Nähe zu den gesetzlichen Regelungen ist auch zumeist in der Formulierung erkennbar. Oftmals wiederholen Tarifverträge den Wortlaut von bundesgesetzlichen Spezialregelungen, in der Regel diejenigen des Betriebsverfassungsgesetzes oder diejenigen der Bildungsfreistellungsgesetze der Bundesländer. Tarifvertragliche Weiterbildungsansprüche werden nur verhältnismäßig selten wahrgenommen. Dies beruht zu großen Teilen auf Unkenntnis. Aber auch unabhängig davon ist nicht ersichtlich, wieso die freiwillige Leistung der Arbeitgeber weiterer tarifvertraglicher Regelung bedarf.

In Betriebsvereinbarungen sind Weiterbildungsvorschriften fast gar nicht zu finden, allenfalls bezogen auf die Weiterbildung während der Familienphase (zu tarifvertraglichen und betriebsvereinbarungsgemäßen Weiterbildungsgesetzen siehe im einzelnen Dichmann/Wellmann, 1994).

Zusammenfassung

Die freiwilligen Investitionen der Arbeitgeber in die Weiterbildung ihrer Mitarbeiter von über 36 Milliarden DM sind der mit Abstand größte Posten in der beruflichen Weiterbildung. Diese enorme private Initiative ist von Marktmechanismen ausgelöst worden, die im übrigen eine Erweiterung, zumindest aber ein Fortbestehen der jetzigen Leistungen, garantieren. Jede Form der übergeordneten Regelung, sei es durch Gesetz, Tarifvertrag oder Betriebsvereinbarung, ist vor diesem Hintergrund überflüssig. Die beschlossenen Regelungen belegen überdies, daß Weiterbildung, die ja stets sehr einzelfallbezogen ist, also in unmittelbarem Zusammenhang mit der Fähigkeit, Willigkeit und Tätigkeit des Arbeitnehmers steht, in Form von allgemeinverbindlichen Regelungen nicht befriedigend zu gestalten ist. Die Weiterbildung sollte daher privaten Initiativen überlassen bleiben.

Literatur

Bispinck, Reinhard, 1990: Qualifikationsrisiken, berufliche Weiterbildung und gewerkschaftliche Tarifpolitik, Düsseldorf

Deutscher Bundestag, 1986: Drucksache 10/6085: Antwort der Bundesregierung auf die große Anfrage der SPD-Fraktion zur Beruflichen Bildung vom 30. September 1986

Dichmann, Werner / **Wellmann**, Susanne, 1994: Weiterbildungszeit – Arbeitszeit oder Freizeit; Abschlußbericht zum Forschungsprojekt, Köln

Dietze, Lutz, 1991: Recht der Weiterbildung unter Aspekten der europäischen Integration: primär, akzessorisch, subsidiär; in: Giger, Hans (Hrsg.), 1991: Bildungspolitik im Umbruch, Zürich, Seite 831 bis 872

Ochs, Christiane / **Seifert**, Hartmut, 1994: Weiterbildungszeit; Arbeitszeit oder Freizeit? Eine Untersuchung im Auftrag des Ministeriums für Arbeit, Gesundheit und Soziales des Landes Nordrhein-Westfalen, Düsseldorf

Weiß, Reinhold, 1994: Betriebliche Weiterbildung; Ergebnisse der Weiterbildungserhebung der Wirtschaft, Kölner Texte & Thesen, Nr. 21, Köln

Larry Steindler
Strukturen beruflicher Weiterbildungsangebote

Inhalt

Vorbemerkung	289
Übergewicht privater Anbieter	289
Rahmenbedingungen	290
Zugangsvoraussetzungen	290
Abschlüsse	291
Inhaltliche Schwerpunkte	292
Schlußbemerkungen	297
Literatur	297

Vorbemerkung

Kein Bildungsbereich in der Bundesrepublik Deutschland ist in so großem Maße durch privatwirtschaftliche Initiativen geprägt wie die berufliche Weiterbildung. Die Qualifizierungsangebote in diesem Bereich bauen auf dem gesamten Spektrum möglicher beruflicher Grundbildung auf: sie erhalten, vertiefen oder erweitern bereits erworbene Kenntnisse und Fertigkeiten.

Berufliche Weiterbildung weist folglich eine Fülle von Themen auf: vom Dreitageskurs in Präsentationstechnik oder Managementseminaren über Abendveranstaltungen zu EDV-Anwendungen, Lehrgängen zur Bedienung bestimmter Maschinen bis hin zu Sprachkursen und längerfristigen Umschulungsveranstaltungen. Alle diese Maßnahmen werden in der Regel unter dem Begriff „berufliche Weiterbildung" zusammengefaßt.

Übergewicht privater Anbieter

Rasche Veränderungen des Qualifizierungsbedarfs in der Arbeitswelt zwingen das Angebot an beruflicher Weiterbildung zu dynamischen Entwicklungen und häufigen Anpassungen und Erweiterungen. Der riesige Weiterbildungsmarkt ist Beleg dafür, wie rasch und mit welcher Themenvielfalt privatwirtschaftlich organisierte Weiterbildung auf den Bildungsbedarf reagiert. Gemeinnützig und kommerziell arbeitende Anbieter besetzen diesen Markt fast allein. Auf öffentliche Bildungsanbieter entfallen lediglich knapp 15 Prozent des Weiterbildungsangebotes. Datenbasis für diese Schätzung und die folgenden Zahlenangaben ist KURS DIREKT, die Online-Datenbank zur Aus- und Weiterbildung für die Wirtschaft, die insgesamt mehr als eine Viertelmillion Bildungsangebote enthält (Stand: Januar 1995).

Der Bereich berufliche Weiterbildung ist darin mit insgesamt fast 208 000 Angeboten vertreten und bildet zugleich die Bezugsgröße dieser Untersuchung. Die Unterscheidung zwischen Anpassungsfortbildung, die einerseits eine gezielte oder zum Teil kurzfristige Vermittlung von Kenntnissen und Fähigkeiten meint, und Aufstiegsfortbildung, die durch längere Maßnahmen zum beruflichen Aufstieg qualifizieren soll (zum Beispiel vom Facharbeiter zum Meister) zeigt folgende Aufteilung:

– Anpassungsfortbildung: mehr als 196 000 Bildungsangebote, wovon rund 166 000 auf privatwirtschaftliche Initiativen entfallen

– Aufstiegsfortbildung: circa 11 000 Angebote der Kammern.

Rahmenbedingungen

Zugangsvoraussetzungen

Da berufliche Weiterbildung vorhandene Qualifikationen verbessern, das heißt bereits vorhandene Kenntnisse und Fähigkeiten erweitern soll, setzt sie meistens eine berufliche Erstausbildung voraus, die allerdings nicht immer als unabdingbare Zugangsvoraussetzung gilt. Die Fülle der Themen und Angebote führt zu einer entsprechenden Vielfalt schulischer, beruflicher oder berufsbezogener Zugangsvoraussetzungen.

Schulische Zugangsvoraussetzungen und Erstausbildung

Die Zugangsbedingungen hinsichtlich der schulischen Bildung decken nahezu alle möglichen Bildungsgrade ab und reichen im einzelnen vom „Hauptschulabschluß" über die „Allgemeine Hochschulreife" bis hin zum „Fachabitur" oder „abgeschlossenen Hochschulstudium".

Der Besuch eines Seminars oder Lehrganges kann aber auch „unabhängig von vorausgegangener Schul- beziehungsweise Erstausbildung" erfolgen oder vom Besuch einer entsprechenden vorangegangenen Veranstaltung abhängen.

Berufspraxis

In bezug auf eine vor der Bildungsmaßnahme erworbene Berufspraxis, die als Voraussetzung für eine Weiterbildungsteilnahme gefordert wird, ist oft einschlägige oder langjährige Berufserfahrung erwünscht, oder es werden konkrete Abschlüsse wie Meister oder Techniker genannt, sofern es sich nicht um eine Aufstiegsfortbildung handelt, die gerade zu diesen Qualifikationen hinführt.

Abschlüsse

Die Abschlüsse beinhalten in den überwiegenden Fällen ein Zertifikat oder eine Lehrgangs- beziehungsweise Teilnahmebescheinigung. Fast alle Maßnahmen zur Aufstiegsfortbildung der Industrie- und Handelskammern und der Handwerkskammern (rund 11 000 Angebote) führen zu Kammerprüfungen oder zu staatlichen Abschlüssen.

Hierbei ist zu beachten, daß Schulen, die auf staatliche Prüfungen vorbereiten, nicht staatlich sein müssen. Viele von ihnen sind zwar staatlich anerkannt, arbeiten aber auf privatwirtschaftlicher Basis.

Die Industrie- und Handelskammern und Handwerkskammern bieten über die Aufstiegsfortbildung hinaus auch Veranstaltungen zur Anpassungsfortbildung an. Insgesamt 19 600 Maßnahmen lassen sich in diesem Bereich nachweisen. Die Handwerkskammern sind darin mit 8600, die Industrie- und Handelskammern mit rund 11 000 Angeboten vertreten.

Mehr als die Hälfte davon, das heißt 6400 Bildungsmaßnahmen, entfallen bei den IHK auf kaufmännisch orientierte Veranstaltungen. Die Handwerkskammern bieten in diesem Bereich über 1500 Veranstaltungen an, der Schwerpunkt der Handwerkskammern liegt aber mit mehr als 7000 Maßnahmen eindeutig im Bereich gewerblich-technischer Qualifizierung.

Als Beispiele für Kammerabschlüsse seien hier unter anderem die Qualifizierung zum Steuerberater, Wirtschafts- oder Buchprüfer, Sprachkurse oder spezialisierte Zusatzausbildungen wie zum Beispiel verschiedene Schweißer- oder Zerspanungstechnik-Lehrgänge genannt; Beispiele für Prüfungen durch einzelne Berufsverbände oder für staatliche Abschlüsse sind unter anderem: Qualifizierungen zu verschiedenen Sozial- und Pflegeberufen, zum Pharmareferenten, zu Berufen des Versicherungs- und Verkehrswesens, zu REFA-Fachleuten oder auch zum MBA (Master of Business Administration).

Inhaltliche Schwerpunkte

Thematische Schwerpunkte des Weiterbildungsmarktes sind durch Angebotshäufungen erkennbar und werden auch durch Ergebnisse einer Unternehmensbefragung bestätigt (Weiß, 1994, 95 ff.). Danach werden von den Betrieben überwiegend gewerblich-technische Bildungsmaßnahmen genannt, gefolgt von kaufmännischen Themen und EDV-Seminaren. Fachübergreifende Themen wie Mitarbeiterführung oder Management nehmen Platz vier in der Rangfolge der genannten Seminarthemen ein.

Die große Bedeutung der von betrieblichen Praktikern genannten Themen wird auch von theoretischer Seite bestätigt, wenn es um Überlegungen zu Struktur und Inhalten von Weiterbildungsanforderungen in den östlichen Bundesländern geht (Lullies, 1991, 81 ff.).

Als Hauptgebiete der Weiterbildung werden in einer zusammenfassenden Ist-Analyse Wirtschaftswissenschaften, Management-Wissen, technische Fächer, besonders in Verbindung mit EDV (EDV-Anwendung), Informatik, Betriebspsychologie, aber auch Wirtschafts- und Steuerrecht herausgestellt. Als fächerübergreifende Qualifikationen und damit als zusätzliche Bedarfsgrundlage für Weiterbildung werden problemorientiertes Denken, Teamfähigkeit und integrierte Arbeitstechniken als wesentlich angesehen.

Im folgenden werden die thematischen Hauptschwerpunkte der Weiterbildungsangebote nichtstaatlicher Weiterbildungsträger beschrieben. Eine ausführliche Aufgliederung beruflicher Bildungsangebote auf Basis von KURS DIREKT bietet die Abbildung am Ende dieses Beitrags.

EDV, Informatik

Mit rund 13 Prozent der insgesamt rund 166 000 Bildungsangebote der privatwirtschaftlichen Aufstiegsfortbildung stellen die 21 461 Maßnahmen zu „Datenverarbeitung, Informatik (ohne Anwendung, Herstellung und Reparatur)" die größte Gruppe dar. Im Jahr 1992 waren dies – unter Einschluß der öffentlichen Anbieter – noch 18 Prozent (Steindler, 1992, 23). Das Ergebnis steht mit dem Rückgang des Interesses der Betriebe an EDV-Maßnahmen von Platz eins im Jahre 1990 (Weiß, 1990, 92 ff.) auf nunmehr Platz drei im Einklang. Ein gewisser Sättigungseffekt nach dem EDV-Boom seit Ende der achtziger Jahre dürfte in Form erfolgreicher Qualifizierung ebenfalls eine Rolle dabei spielen.

Den größten Teil der beinahe 21 500 auf privaten Bildungsinitiativen basierenden Maßnahmen zum Thema Datenverarbeitung stellen Themen zu Tele- und Datenkommunikation (5151) und Datenbanken (3900) dar. 3569 Angebote beschäftigen sich mit Betriebssystemen und 3183 mit Programmiersprachen. 1826 Bildungsangebote vermitteln wesentliche EDV-Kenntnisse auf elementarer Ebene.

EDV-Anwendungen

Mit etwa 7 Prozent bilden 11 518 Bildungsangebote zu „EDV-Anwendungen (ohne CAD, CNC, CIM und Textverarbeitung)" eine eigene große Gruppe.

Diese betreffen unter anderem 5758 „Standard-Anwendungen" in Form von Lehrgängen zu integrierten Softwarepaketen, grafischen Benutzeroberflächen, Tabellenkalkulation, Statistikprogrammen sowie zu Präsentations- und Business-Grafik. Einen kleineren Bereich unter den EDV-Anwendungen bilden 3519 Maßnahmen auf kaufmännisch-betriebswirtschaftlichem Gebiet. Dabei handelt es sich um 121 „qualifizierte Abschlüsse", 1188 „allgemeine, übergreifende Lehrgänge" (zum Beispiel EDV-Sachbearbeiter) und 2210 Bildungsangebote in „betrieblichen Funktionsbereichen – ohne Produktion/Fertigung" (EDV in Büro, Sekretariat, Rechnungswesen, Buchhaltung etc.). Daneben finden sich 1290 Veranstaltungen zu „EDV im technisch-naturwissenschaftlichen Bereich".

Insgesamt 3293 Bildungsangebote zu Themen aus „Forschung und Entwicklung, Konstruktion und Technisches Zeichnen" sind vertreten.

Unter den 3458 Bildungsangeboten im Bereich Fertigungs- und Automatisierungstechnik stellen fast 2500 Maßnahmen zur CNC-Technik und fast 500 Maßnahmen zur Automatisierungstechnik Bildungsangebote für betriebliche EDV-Anwendungen dar.

Die Themen Bürokommunikation und Textverarbeitung sind mit 4938 Angeboten ebenfalls weit verbreitet.

Führung, soziale Kompetenzen, Arbeitstechniken

Neben dem riesigen EDV-Bereich sind als weitere große Gruppen von Bildungsmaßnahmen Angebote zu unterschiedlichen betrieblichen Aufgaben und Funktionen zu nennen, in denen „soziale Kompetenzen" eine wichtige Rolle spielen. Weit voran rangieren hierbei mit 11 698 Maßnahmen verschiedene Themen aus den Bereichen Mitarbeiterbeziehungen, Mitarbeiterführung, persönliche Arbeitstechniken und so weiter. In diesem Bereich haben sich die Bildungsangebote seit 1992 – bezogen auf Privatinitiativen – verdreifacht und bezogen auf das Gesamtangebot sogar vervierfacht. Im einzelnen geht es dabei um Führungstraining (3071), Rhetorik und Kommunikationstechnik (zum Beispiel Verhandlungstraining) (4921) sowie um Arbeitsmethodik (Persönlichkeitstraining, persönliche Leistungssteigerung) (3706).

Personal- und Sozialwesen

Im Bereich „Personal- und betriebliches Sozialwesen, Lohn- und Tarifwesen, betriebliches Ausbildungswesen" sind insgesamt 3731 Bildungsangebote dokumentiert. Mit rund 1800 Bildungsangeboten werden hier außerdem die „Ausbildung der Ausbilder" (häufig entsprechend der AEVO) und benachbarte Gebiete des betrieblichen Bildungswesens berücksichtigt.

Betriebswirtschaft, Management, Marketing, Verkauf

Unter dem Titel „Betriebswirtschaft, Wirtschaftswissenschaften, kaufmännische Grundlagen, internationale Wirtschaftsbeziehungen" sind insgesamt 3000 Bildungsangebote thematisch zusammengefaßt. 333 branchenübergreifende Maßnahmen stehen hier 385 branchen- und funktionsbezogenen gegenüber, wobei vor allem kaufmännische Grundlagen und Anpassungsmaßnahmen zu nennen sind. 525 Bildungsangebote behandeln außerdem Betriebswirtschaft im engeren Sinne, das heißt im Hinblick auf „Unternehmensstrategie", „Existenzgründung" und entsprechende Unternehmensplanspiele. Mit 643 Maßnahmen bilden Themen zu Außenwirtschaft und zum EU-Binnenmarkt ebenfalls eine größere Gruppe von Bildungsangeboten.

Werden auf dem Gebiet „Mitarbeiterbeziehungen, Mitarbeiterführung" unter anderem viele allgemeine Maßnahmen zum Führungstraining angeboten, so geht es bei den insgesamt 2941 Maßnahmen im Bereich „Management, Führungskräfte aller Ebenen" schwerpunktmäßig um Unternehmensführung. Rund 800 Bildungsangebote sind dabei auf unterschiedliche Führungsebenen abgestimmt, etwa 550 auf branchenbezogene Maßnahmen. Die übrigen Angebote befassen sich mit speziellen Aufgaben und Funktionsbereichen des Managements, wie zum Beispiel mit Informations-, Technologie-, Logistik- oder Umweltmanagement (364), mit internationalem Management (197), Projektmanagement (334) oder mit Unternehmensstrategie Operations Research (131).

An den 4961 Bildungsangeboten im Bereich „Finanz-, Rechnungs- und Kostenwesen, Buchhaltung" wird ein großer Bedarf an Weiterbildung in bezug auf das betriebliche Rechnungswesen erkennbar. Davon entfallen unter anderem 1839 auf Buchführung und Bilanzwesen, 1285 auf branchen- und funktionsübergreifende Maßnahmen, zu denen auch Controlling gezählt wird, sowie 612 auf Angebote zu branchenbezogenem Controlling.

Bildungsziele von Marketing und Absatzwirtschaft sind mit 3713 Bildungsangeboten in KURS DIREKT ebenfalls stark vertreten, wobei sich rund 1800 Maßnahmen branchenübergreifend dem Thema widmen. Internationales Marketing ist mit 1173 Angeboten besetzt. Darüber hinaus sind fast 600 Bildungsangebote in bezug auf Vertrieb und Verkaufstraining zu nennen sowie eine Reihe andere flankierende Maßnahmen wie etwa Marktforschung.

Branchenbezogene Bildungsangebote zu „Verkaufskunde, Verkaufsberatung, Waren- und Produktkunde", sind mit 1112 Maßnahmen in einer eigenen Gruppe von Bildungsangeboten vertreten. Das betriebswirtschaftliche Pendant „Einkauf, Beschaffung" bildet dagegen mit nur 234 Bildungsangeboten eine relativ kleine Gruppe.

Auf unmittelbar betriebliche Fragestellungen beziehen sich 3837 Bildungsangebote zu „Arbeitsstudien, Planung, Steuerung, Stücklisten, Rationalisierung". Hier sind in erster Linie alle REFA-Lehrgänge (unter anderem zur Arbeitsvorbereitung, -organisation, Fertigungssteuerung) dokumentiert.

Recht

Mit mehr als 5734 Bildungsangeboten ist die Weiterbildung im Bereich „Recht" stark vertreten. Dabei sind zunächst 1460 Maßnahmen zum „Wirtschaftsrecht" mit Themen wie Gesellschafts-, Handels-, Zoll-, Vertrags-, Patent-, Warenzeichenrecht, Produkt- und Gewährleistungshaftung sowie Steuerrecht (hier insgesamt 681 Angebote) hervorzuheben. 1138 Bildungsangebote entfallen auf das Thema „Arbeits- und Sozialrecht" allgemeineren Inhalts, 1967 konkreter branchen- und funktionsbezogen auf weitere Rechtsthemen wie Arbeits-, Steuer-, Vertragsrecht etc. Andere Rechtslehrgänge behandeln Erbrecht, Mietrecht, Baurecht, Haftungsfragen bei Umweltschäden, Gefahrgutverordnung, internationales Recht, Datenschutzrecht, Lebensmittelrecht etc.

Schlußbemerkungen

Mit den bereits erläuterten Bildungszielen ist die Angebotslandschaft beruflicher Weiterbildung keineswegs auch nur annähernd vollständig skizziert. Aus Platzgründen mußten Grenzen gezogen werden, die auch der besseren Lesbarkeit dienen. So sind zum Beispiel keine Aussagen über die Bildungsziele in bezug auf den Metall-, Bau- oder Elektrobereich getroffen worden. Dasselbe gilt für die Anpassungsmaßnahmen an die Anforderungen der verschiedenen Dienstleistungsbereiche wie: Groß- und Einzelhandel, Bank-, Versicherungs- oder Fremdenverkehrswesen.

Eine wichtige Schlußfolgerung ist dennoch zu ziehen: Die Vielfältigkeit der Angebote beruflicher Weiterbildung ist unüberschaubar. Dies erfordert eine Organisation der beruflichen Weiterbildung, die sich schnell und kundenorientiert an die laufenden Veränderungen der Qualifizierung nachfragender Betriebe anpassen kann: Der Markt ist hier offenkundig besser geeignet als staatliche Aktivitäten.

Literatur

Lullies, Stefan, 1991: Anforderungen an die wissenschaftliche Weiterbildung in den neuen Ländern, in: Qualität der Weiterbildung sichern, 2. Kolloquium zu Fragen der Weiterbildung, 15. und 16. April 1991 in

Potsdam, Konzertierte Aktion Weiterbildung, hrsg. vom Bundesminister für Bildung und Wissenschaft, Bonn, Seite 81 bis 84

Steindler, Larry, 1992: Strukturen der Weiterbildung, Beiträge zur Gesellschafts- und Bildungspolitik, Nr. 179, hrsg. vom Institut der deutschen Wirtschaft Köln

Weiß, Reinhold, 1994: Betriebliche Weiterbildung: Ergebnisse der Weiterbildungserhebung der Wirtschaft, hrsg. vom Institut der deutschen Wirtschaft Köln

Weiß, Reinhold, 1990: Die 26-Milliarden-Investition – Kosten und Strukturen betrieblicher Weiterbildung, Berichte zur Bildungspolitik 1990 des Instituts der deutschen Wirtschaft Köln, hrsg. von Uwe Göbel, Winfried Schlaffke, Köln

Berufliche Weiterbildung
Angebote nichtstaatlicher Bildungsanbieter

Basis: Datenbank KURS DIREKT; Stand: Januar 1995

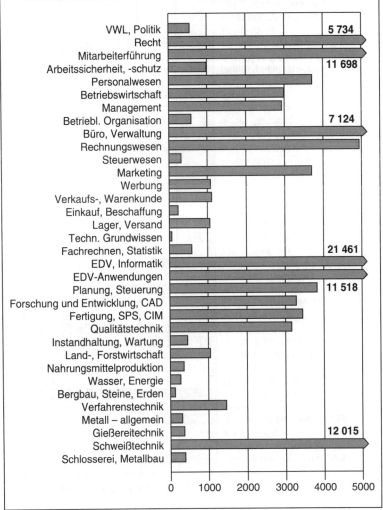

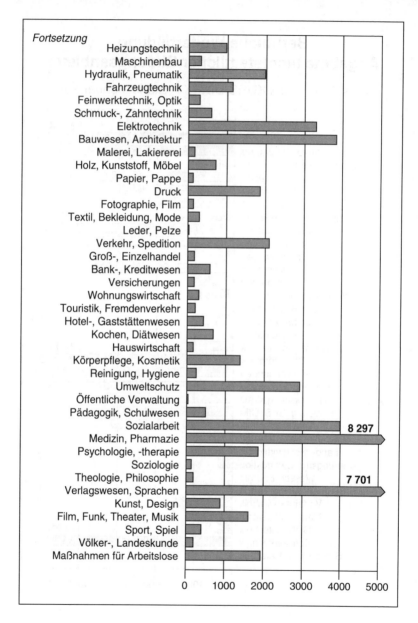

Ansgar Pieper

Transparenz und Qualitätssicherung beruflicher Weiterbildung

Inhalt

Transparenz des Weiterbildungsmarktes 302
Produktionsfaktor Information 302
Weiterbildungsdatenbanken in Deutschland 303
KURS DIREKT 305
   Zielgruppen 307
   Struktur 308
   Detailinformationen 310
   Suchmöglichkeiten und Zugang 310
   Wachsendes Interesse der Wirtschaft 311

Qualitätssicherung beruflicher Weiterbildung 311
Instrumente zur Qualitätssicherung 312
   Gesetzliche Regelungen 312
   Qualitätssicherung durch anerkannte Normen und externe Prüfverfahren 314
   Qualitätssicherung durch Selbstkontrolle 320
   Qualitätskontrolle am Markt 326
Bewertung der Instrumente 327

Fazit 331

Literatur 332

Transparenz des Weiterbildungsmarktes

Der Markt der beruflichen Bildungsangebote ist für den einzelnen Betrieb unüberschaubar geworden. Um dennoch schnell bedarfsgerechte und aktuelle Informationen über berufliche Weiterbildungsangebote zu bekommen, gibt es Bildungsdatenbanken. Für Bildungsfachleute der Wirtschaft, vor allem die Bildungs- und Personalverantwortlichen, kann die Datenbanknutzung die Suche nach dem richtigen externen Seminar sehr wesentlich erleichtern.

Gleichzeitig mit der Markttransparenz steht heute das Thema Qualitätssicherung im Brennpunkt der Diskussion. Wie soll Qualitätsmanagement in der Weiterbildung aussehen? Kann die Automobilindustrie mit der ISO-Norm auch hier Vorbild sein? Einige Bildungsanbieter haben die Frage bejaht und sich zertifizieren lassen. Andere zögern und suchen nach einer Alternative. Sie ziehen eine Gütegemeinschaft dem Zertifikat vor oder verweisen auf ihre Referenzen: „Unser Zertifikat sind die langjährigen, zufriedenen Kunden!" Doch der Legitimationsdruck nimmt zu, besonders für kleinere Bildungsanbieter.

Produktionsfaktor Information

Um auf dem Weiterbildungsmarkt mit einigen zehntausend Anbietern die richtigen Entscheidungen treffen zu können, ist Markttransparenz unbedingte Voraussetzung. Was bei anderen betrieblichen Investitionsentscheidungen selbstverständliche Pflicht ist, wird im Bereich externer beruflicher Weiterbildung von manchen Unternehmen noch immer vernachlässigt: solide Informationsbeschaffung über das Marktangebot. Dabei gibt es zwei extreme Wege:

– Man sucht oberflächlich, braucht relativ wenig Zeit („Zeit ist Geld!"), erhält wenig und qualitativ unzureichende Informationen.

– Man sucht intensiv, erhält quantitativ und qualitativ bessere Informationen, benötigt aber viel Zeit.

Da beide Wege entweder die Qualität der Information oder den Faktor Zeit zu sehr vernachlässigen, sind sie für den Erfolg des Betriebes unzureichend. Dennoch wird vielfach die Informationsbeschaffung im Unternehmen nach althergebrachter Art betrieben: Zu Beginn stützt man sich auf eigene Erfahrungen und Erkenntnisse und versucht damit das Problem sozusagen im Alleingang zu lösen. Genügen diese Informationen nicht, greift man auf eventuell selbst gesammelte Unterlagen zurück oder fahndet in Katalogen und Prospekten nach geeigneten Informationen. Reichen diese Versuche nicht aus, fragt man vielleicht noch Kollegen oder Fachleute, besucht Messen, Tagungen, Ausstellungen und ähnliches. Dies alles geschieht mehr in der vagen Hoffnung darauf, gesuchte Informationen zu finden, als in dem sicheren Zugriff auf diese Hilfen.

Diese Vorgehensweise entspricht in etwa dem Verfahren, wie es bereits vor 100 Jahren angewandt wurde. Ein kleiner Unterschied ist eventuell die Nutzung des Telefon- oder Faxgerätes. Die Bedeutung des Produktionsfaktors Information für das Betriebsergebnis wird in vielen Fällen unnötig vernachlässigt. Denn wie es für andere Bereiche und Fragen des Unternehmens Datenbanken gibt, so auch für den Markt der beruflichen Weiterbildung.

Weiterbildungsdatenbanken in Deutschland

In der Bundesrepublik werden eine Vielzahl von Datenbanken zum Thema Bildung angeboten. Diese unterscheiden sich in drei wichtigen Punkten:

Zugangs- und Nutzungsmöglichkeiten

Fast alle Bildungsdatenbanken in Deutschland sind sogenannte Offline-Datenbanken. Der Nutzer fragt schriftlich, telefonisch oder im persönlichen Gespräch bei dem Datenbankbetreiber an und bekommt auf gleichem Wege, nach Durchführung der Recherche, eine schriftliche oder telefonische Antwort.

Demgegenüber bieten sogenannte Online-Datenbanken die Möglichkeit, daß der Nutzer von seinem eigenen PC im Betrieb aus, wie beispielsweise in der Personalabteilung, nach Bildungsangeboten sucht und die Recherche eigenständig durchführt.

Überregional gibt es in der Bundesrepublik zwei Weiterbildungsdatenbanken: WIS, das Weiterbildungsinformationssystem der Kammern mit etwa 14 000 Bildungsangeboten, und KURS DIREKT, die Online-Datenbank zur Aus- und Weiterbildung für die Wirtschaft mit gegenwärtig rund 276 000 Bildungsangeboten (Zahlenangaben beziehen sich auf September 1995).

Als weitere Möglichkeit der Informationsbeschaffung werden zunehmend CD-ROM-Datenbanken eingesetzt. Die CD-ROM erlaubt ebenso wie die Online-Datenbank die eigenständige Recherche am Arbeitsplatz des Informationssuchenden. Als Informationsangebot für die Wirtschaft gibt es gegenwärtig nur KURS DIREKT auf CD-ROM.

Inhalt und Umfang

Es gibt Datenbanken mit Angeboten zur allgemeinen Bildung, politischen Bildung und zur beruflichen Aus- und Weiterbildung. Andere Datenbanken beschränken sich auf Bildungsangebote zu speziellen Themenbereichen wie beispielsweise Qualifizierung im Bereich der Mikroelektronik. Wiederum andere Datenbanken sind in ihrem Datenbestand auf eine bestimmte Region begrenzt.

Der Inhalt von Datenbanken unterscheidet sich sehr stark in der Beschreibung der Bildungsangebote: Manche Datenbanken haben zu einem Bildungsangebot rund 10 Informationsfelder, andere zu jedem einzelnen Bildungsangebot über 30 Informationsfelder anzubieten.

Schließlich unterscheidet sich der Umfang der Bildungsangebote ganz erheblich: Eine Diskette mit weniger als 100 Bildungsangeboten wird ebenso Datenbank genannt wie der Informationspool

KURS DIREKT, der über eine Viertelmillion Bildungsangebote zur beruflichen Aus- und Weiterbildung umfaßt.

Spezielle Angebote für die Wirtschaft

Als Informationsangebot für die Wirtschaft existieren in der Bundesrepublik zwei überregionale Datenbanken: WIS, als Angebot der Kammern, und KURS DIREKT, angeboten vom Institut der deutschen Wirtschaft Köln.

WIS steht in den Kammern sowohl für die individuelle Beratung der Beschäftigten als auch für die Betriebe zur Verfügung. KURS DIREKT hingegen ist sowohl auf die Information der Betriebe als auch der Verbände, Kammern und Gewerkschaften gerichtet. Hier werden keine Recherchen im Auftrag durchgeführt.

Sehr viele, vor allem regionale Datenbanken sind in Weiterbildungsberatungsstellen von Kommunen auf regionale Qualifizierungsmöglichkeiten hin orientiert. Sie wollen individuellen Ratsuchenden Informationen geben. Dies gilt unter anderem auch für die Datenbanken KURS in den Arbeitsämtern und KURS PC in den Beratungsstellen von Städten (Übersicht).

KURS DIREKT

Die bei weitem größte Online-Datenbank in der Bundesrepublik Deutschland ist KURS DIREKT. Dieser Informationsservice der Bundesanstalt für Arbeit wird über das Rechenzentrum des Instituts der deutschen Wirtschaft Köln für Personal- und Bildungsverantwortliche in Betrieben sowie für Verbände, Kammern aber auch andere an beruflicher Aus- und Weiterbildung interessierte Institutionen angeboten. Diese Datenbank ist heute die am weitesten in der Wirtschaft verbreitete Datenbank zur beruflichen Aus- und Weiterbildung. Sie wird daher hier etwas ausführlicher vorgestellt.

Übersicht

Typisierung der Weiterbildungsdatenbanken in Deutschland

Offline*

mit regionaler Eingrenzung

Beispiele:
- Berliner Weiterbildungsdatenbank
- IBIS – Datenbank für Weiterbildung, Münster
- Siegener Weiterbildungsdatenbank
- Weiterbildungsdatenbank Bremen
- Weiterbildungsdatenbank Großraum Hannover
- Weiterbildungsdatenbank Lippe LIFT
- Weiterbildungsdatenbank Osnabrück

mit fachlicher Eingrenzung

Beispiele:
- Datenbank zur Erfassung von Bildungs- und Veranstaltungsangeboten aus dem Bereich „Laser in Naturwissenschaft, Technik und Medizin"
- Weiterbildungsdatenbank Schleswig-Holstein – Neue Technologien –
- Weiterbildungsdatenbank „Verhaltenstraining"

Online

mit regionaler Eingrenzung

Beispiel:
- Hamburger Weiterbildungsinformationssystem WISY

überregional
- WIS Weiterbildungs-Informations-System (DIHT, ZDH)
- KURS DIREKT, die Online-Datenbank zur Aus- und Weiterbildung für die Wirtschaft, ein Service der Bundesanstalt für Arbeit, angeboten vom Institut der deutschen Wirtschaft Köln

CD-ROM
- KURS DIREKT (Umfang und Inhalt wie Online)

---

* Diese Übersicht nennt im Bereich der Offline-Weiterbildungsdatenbanken nur Beispiele. Der tatsächliche Markt ist sehr viel größer.

Die Anwender können bei einem Anschluß an diese Datenbank sofort online über das gesamte Bildungsangebot verfügen, das heißt: Zeitgewinn bei gleichzeitiger Steigerung der Vergleichsmöglichkeiten zwischen den Bildungsangeboten.

Im direkten Zugriff auf die Datenbank können Bildungsberatungen durchgeführt werden; es werden sachkundigere Entscheidungen getroffen, die Beratungsqualität und Entscheidungssicherheit im Betrieb nehmen zu.

Zielgruppen

KURS DIREKT richtet sich vor allem an:

- Bildungs- und Personalverantwortliche in
  Unternehmen, Behörden und anderen Institutionen

Aktuelle Informationen über Bildungsangebote unterstützen die Personal- und Bildungsverantwortlichen in ihrer Weiterbildungsplanung: Diese können ihre Bildungsangebote genau nach dem individuellen und betrieblichen Bedarf auswählen.

- Verbände, Kammern und Gewerkschaften

Diese können KURS DIREKT als Serviceleistung für ihre Mitglieder nutzen: als Hilfe und Unterstützung für Klein- und Mittelbetriebe oder als Arbeitsmittel von Gewerkschaftsvertretern bei ihrer Bildungsarbeit vor Ort.

- Bildungsanbieter und Bildungseinrichtungen

Diese können mit KURS DIREKT den Weiterbildungsmarkt analysieren und dann ihr Angebot genau plazieren: Mit einer Recherche in KURS DIREKT finden sie zielsicher heraus, in welcher Region sie mit welchem Angebot optimal vertreten sind.

Struktur

Seit September 1995 stehen den genannten Zielgruppen rund 276 000 Bildungsangebote online zur Verfügung. Beim Start im September 1991 waren es 82 000 Angebote. In welchem Verhältnis sich diese Angebote gliedern, zeigt Abbildung 1.

Abbildung 1

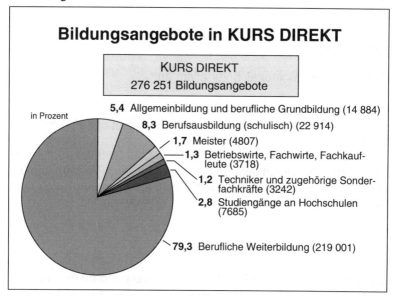

Im Bereich Allgemeinbildung und berufliche Grundbildung geht es nicht um das allgemeinbildende Schulwesen; vielmehr werden hier Bildungsmaßnahmen angeboten, die überhaupt dazu befähigen sollen, berufliche Qualifizierung wahrzunehmen. Beispiel: Deutschkurs für Aussiedler.

Der Bereich Berufsausbildung befaßt sich nicht mit dem Thema „Duales System der Berufsausbildung". Vielmehr sind hier solche Ausbildungsgänge dokumentiert, die sich nicht im dualen System finden. Als Beispiel sei hier genannt: die Ausbildung zur Krankenschwester an einem Lehrkrankenhaus.

In KURS DIREKT sind besonders Bildungsveranstaltungen für die betrieblichen Belange und Informationswünsche dokumentiert. Entgegen einer häufig noch anzutreffenden Vorstellung ist nur ein geringer Teil der in KURS DIREKT dokumentierten Bildungsveranstaltungen AFG-gefördert.

Vor allem die Seminare für die Zielgruppe Führungskräfte/Manager haben stark zugenommen. Die Entwicklung der Angebote von 1990 bis 1995 zeigt bei entsprechenden Veranstaltern eine stark steigende Tendenz. Gleiches gilt für die Suchergebnisse, wenn man nach „Manager" beziehungsweise „Führung" recherchiert. Auch hier ist eine stark steigende Tendenz der angebotenen Bildungsveranstaltungen zu verzeichnen (Tabelle).

Tabelle

Seminare für Führungskräfte/Manager

	Mai 1990	Dezember 1992	September 1995
Veranstalter			
USW, Liblar	9	27	18
BIFOA, Köln	1	29	42
DIB, Frankfurt	75	220	251
Suchbegriffe			
Management	224	1 504	6 880
Führung	376	1 346	5 852

Die Aktualisierung der Daten findet laufend statt. Zweimonatlich wird ein Update der Online-Datenbank durchgeführt. Die Planung geht dahin, diesen Abstand weiter zu verringern. Die CD-ROM-Ausgabe wird dreimonatlich neu herausgegeben.

Detailinformationen

KURS DIREKT liefert zu jedem Bildungsangebot ausführliche Detailinformationen. Dies sind:

- Bildungsbereich
- Bildungsziel
- Land
- Arbeitsamt
- Postleitzahl
- Veranstaltungsort
- Bildungsschwerpunkt
- Veranstalter
- Lehrinhalt/Kursaufbau
- Wohn- und Verpflegungsmöglichkeiten/-kosten
- Lehrgebühren/Kosten
- Schulische Vorbildung
- Vorausgesetzte Berufsausbildung/Zugelassener Personenkreis/Zielgruppe
- Berufspraxis/Vorpraxis
- Ausnahmen zu Vorbildung/Berufspraxis
- Sonstige Zugangsvoraussetzungen
- Unterrichtsform
- Unterrichtstage und -zeiten
- Beginn/Anmeldetermin(e)
- Dauer
- Technische Ausbildungsmittel
- Abschluß
- Prüfende Stelle
- Erwerb zusätzlicher Qualifikationen
- Sonstige Informationen
- Aufnahmemodalitäten
- Anschrift/Veranstalter
- Anschrift/Träger
- Anschrift/Studienberatung
- Hinweis auf Zusatzbedingungen

Suchmöglichkeiten und Zugang

Eine immer wieder geäußerte Kritik an Datenbanken richtet sich gegen die zu komplizierte Nutzeroberfläche. Die Suchsprachen, mit denen in Datenbanken gesucht werden kann, sind inzwischen aber deutlich verbessert. Dies gilt besonders, wenn eine sogenannte Menüoberfläche zur Verfügung steht, die auch dem Ungeübten die Recherche erleichtert und gute Ergebnisse bringt.

KURS DIREKT bietet hier die besonders einfache Oberfläche KOMPASS. Sie gewährt allen Interessierten Zugang zu KURS

DIREKT, unabhängig von Erfahrungen und Kenntnissen im Umgang mit Datenbanken.

Die technischen Zugangsmöglichkeiten zur Datenbank KURS DIREKT sind denkbar einfach. Die Verbindung zum Rechenzentrum in Köln ist auf verschiedenen Wegen möglich:

- direkte Telefonwahl
- ISDN
- DATEX-P
- T-online (früher BTX).

KURS DIREKT steht rund um die Uhr zur Verfügung, auch Samstag und Sonntag. Für die Datenbanknutzung werden keine Gebühren erhoben. Der Nutzer trägt lediglich die Kosten der Datenfernübertragung. Mit KURS DIREKT auf CD-ROM haben auch alle die Interessenten Zugang zum gesamten Datenbestand, die nicht über eine eigene Online-Verbindung verfügen.

Wachsendes Interesse der Wirtschaft

Seit November 1991 werden Online-Kennungen für KURS DIREKT vergeben. Die Nutzung der Datenbank stieg seitdem ständig an. Die Vergabe von Kennungen sowie die Nutzungshäufigkeit hat stark zugenommen. Es läßt sich erkennen, daß die Bedeutung der Datenbank KURS DIREKT für die Bildungsarbeit der Wirtschaft sehr hoch ist.

Insgesamt können über 250 000 Betriebe KURS DIREKT erreichen. Das hohe Interesse der Wirtschaft an dieser Datenbank läßt auf die positiven Erfahrungen und die Vorteile bei der Nutzung von KURS DIREKT schließen.

Qualitätssicherung beruflicher Weiterbildung

Unternehmen benötigen verläßliche Angaben über die Qualität externer Weiterbildung. Diese Informationen sind Voraussetzungen für effiziente Bildungsinvestitionen. Bildungsanbieter sind daran interessiert, Angebote von nachprüfbarer Qualität zu bieten, um sich besser am Weiterbildungsmarkt zu behaupten. Die Vorstellungen darüber, was Qualitätsstandards und die Möglichkeiten der Qualitätssicherung betrifft, sind sehr vielfältig. Sie sollen daher in dem folgenden zweiten Abschnitt zunächst vorgestellt und abschließend in ihrer Brauchbarkeit für das angestrebte Ziel der Qualitätssicherung beruflicher Weiterbildung einer vorläufigen Bewertung unterzogen werden.

Instrumente zur Qualitätssicherung

Grundsätzlich kann zwischen vier Wegen der Qualitätssicherung beruflicher Weiterbildung unterschieden werden:

1. Qualitätssicherung durch staatliche oder behördliche Eingriffe in den Weiterbildungsmarkt

2. von Bildungsträgern eigenverantwortlich durchgeführte Qualitätssicherung auf der Basis allgemein anerkannter und überprüfter Vorschriften und Normen

3. Selbstkontrolle der Bildungsanbieter im Rahmen von Bildungsverbünden auf der Basis von Kriterien, die von den Mitgliedern dieser Vereinigungen selbst entwickelt werden

4. Qualitätskontrolle durch Check- und Prüflisten für Seminarteilnehmer und/oder Unternehmen.

Gesetzliche Regelungen

Qualitätskriterien nach AFG

§ 34 des Arbeitsförderungsgesetzes verpflichtet die Bundesanstalt für Arbeit zur Qualitätsprüfung von Weiterbildungsmaßnahmen: „Dauer, Lehrplan, Methoden und die Qualifikation des Leiters und der Lehrkräfte" sind danach einzuschätzen, ob sie eine erfolgreich durchgeführte Bildungsmaßnahme erwarten lassen. Die „Grundsätze zur Sicherung des Erfolges der Förderung der beruflichen Fortbildung und Umschulung" enthalten Kriterien, die von den Bildungsanbietern bei der Planung und Durchführung ihrer Bildungsmaßnahmen erfüllt werden müssen (Bundesanstalt für Arbeit, 1990, 251 ff.). In den Kriterien werden Anforderungen an die Bildungsmaßnahme, an den Bildungsanbieter, an die Zusammenarbeit zwischen Bildungsanbieter und Arbeitsamt sowie Erfolgskriterien festgelegt. Zusätzlich werden Kontrollen bei Bildungsanbietern durch die Bundesanstalt für Arbeit durchgeführt, um so die Voraussetzungen der AFG-Förderung zu gewährleisten.

Fernunterrichtsschutzgesetz

Als einziger Bereich der Weiterbildung ist der Fernunterricht seit 20 Jahren nach dem Fernunterrichtsschutzgesetz bestimmten Vorschriften unterworfen. Alle Angebote von Fernlehrinstituten müssen vor ihrem Vertrieb von der staatlichen Zentrale für Fernunterricht zugelassen werden. Dabei hat das Bundesinstitut für Berufsbildung die Aufgabe, die entsprechenden Lehrgänge zu begutachten. Die qualitativen Anforderungen an den Fernlehrgang umfassen dabei: Umfang des Lehrmaterials, Berücksichtigung des Standes der Wissenschaft, zielgruppengerechte Aufbereitung, Didaktik des Fernunterrichts, Gestaltung des Nahunterrichts und Qualifikation der Lehrkräfte.

Berufsbildungsgesetz und Handwerksordnung

Im Berufsbildungsgesetz und analog in der Handwerksordnung sind die Fortbildungsregelungen beschrieben: entweder als Rechtsvorschriften zu Zielen, Inhalten und Voraussetzungen für Prüfungen oder als direkte Fortbildungsordnungen, die vom Bund anstelle einer Fortbildungsregelung erlassen werden können. Mit diesen Regelungen kann indirekt auf die Qualität beruflicher Fortbildung Einfluß genommen werden.

Ländergesetze

Weiterbildungs- und Erwachsenenbildungsgesetze der Länder enthalten Voraussetzungen zur finanziellen Förderung von Bildungsanbietern. Zu diesen Voraussetzungen zählen unter anderem Qualifikationsanforderungen an das Personal. Hierdurch soll ebenfalls eine indirekte Qualitätssicherung der Bildungsangebote erreicht werden.

Die schulischen Weiterbildungsangebote, besonders im Bereich der Fachschulen, sind durch Gesetze geregelt, die im Rahmen der Kultusministerkonferenz einheitliche Vorgaben umfassen, hierzu zählen: Dauer der Ausbildung, Stundentafeln, Zulassungsvoraussetzungen, Hinweise zur Qualifikation der Lehrkräfte und Ausstattung der Schulen etc. (Bundesinstitut für Berufsbildung, 1993, 57 ff.).

Qualitätssicherung durch anerkannte Normen und externe Prüfverfahren

Zertifizierung nach DIN – ISO

Das Zertifizierungsverfahren nach ISO 9000 ff. ist ein prozeßorientiertes Verfahren, bei dem es darum geht, die Abläufe der Arbeiten eines Bildungsanbieters zu optimieren. Dabei wird davon ausgegangen, daß damit auch gleichzeitig eine Qualitätsverbesserung erreicht wird. Daß dies möglich ist, zeigen Beispiele aus der Praxis: Bildungsanbieter und Unternehmen mit größeren Bildungsabteilungen sehen die ISO-Normen als Vorgabe an für den Aufbau eines Qualitätsmanagementsystems. Der Begriff Qualitätsmanagement läßt sich nach einfacher Definition übersetzen mit: „Sich organisieren (Management), um Anforderungen zu erfüllen (Qualität)."

Die Zertifizierung ist die Prüfung eines Qualitätsmanagementsystems in einem Unternehmen auf der Basis einer entsprechenden Norm. Damit wird dem Unternehmen bestätigt, daß die Vorkehrungen, die es zur Gewährleistung der Qualität seiner Produkte beziehungsweise Dienstleistungen geschaffen hat, geeignet sind, eine bestimmte Qualität regelmäßig zu verwirklichen.

Man kann die Zertifizierung eines Bildungsanbieters mit der Führerscheinprüfung vergleichen: Der Führerschein bestätigt dem Inhaber, daß er ein Auto lenken kann, sagt aber nichts darüber aus, ob er gut oder schlecht fährt. Ähnlich verhält es sich mit dem Zertifikat: Es bescheinigt keine Güte, sondern „lediglich" das Vorhandensein eines an den Normen streng kontrollierten Qualitätsmanagementsystems. Der Kunde einer Weiterbildungsinstitution hat damit gegenüber dem Bildungsanbieter im Zweifel ein stärkeres Vertrauen in dessen Leistungsfähigkeit und Qualitätssicherung.

Für den Bereich von Bildungsinstitutionen, die sich nach den DIN-Normen zertifizieren lassen, ist vor allem die Norm DIN ISO 9004, Teil 2 von Bedeutung. Diese enthält zusammen mit der DIN ISO 9000 die zusammenfassende Darstellung, die beim Aufbau eines Qualitätsmanagements zu beachten ist. Die Normen DIN ISO 9001 bis 9003 können gegebenenfalls in unterschiedlichem Umfang für bestimmte Teile der Zertifizierung (Endprüfung oder auch Neuentwicklung von Bildungsveranstaltungen) berücksichtigt werden.

Die Zertifizierung bezieht sich nicht auf einzelne Bildungsangebote, sondern auf das Qualitätsmanagement eines Bildungsveranstalters insgesamt. Die von der zertifizierenden Stelle durchzuführenden Arbeiten haben in der Regel umfangreiche Entwicklungsarbeiten in der Bildungsinstitution zur Voraussetzung. Die Organisation des Unternehmens muß sowohl im Aufbau als auch im Ablauf garantieren, daß die ausreichende Qualität der Dienstleistungen (Bildungsveranstaltungen) vom Anbieter jederzeit gewährleistet wird. Die Entwicklung entsprechender Kontrollinstrumente bedarf längerer Vorarbeiten, die häufig die Hinzuziehung externer Berater erforderlich machen. Zu den Unterlagen, in denen das Qualitätsmanagement zu dokumentieren ist, zählen:

- Qualitätssicherungshandbuch, in welchem die generelle Unternehmensphilosophie im Blick auf Qualität der Bildungsangebote, organisatorische Fragen, Verantwortlichkeiten und ähnliches dokumentiert ist

- Qualitätssicherungsplan, in welchem die jeweilig einzusetzenden Mittel sowie die Reihenfolge der Prüftätigkeiten erläutert werden

- Verfahrensanweisungen, in welchen festgelegt ist, wie die Tätigkeiten des Qualitätsmanagements ablaufen und wo die Verantwortungen liegen

- Arbeitsanweisungen, die im Detail das Verhalten bei entsprechenden vorliegenden Anforderungen umreißen

- Aufzeichnungen der Qualitätsüberprüfung.

Das Qualitätsmanagementsystem eines Bildungsanbieters muß auf den gesamten Ablauf der Leistungserstellung gerichtet sein. Dies bedeutet, daß von der ersten Idee zur Entwicklung eines Bildungsangebotes bis zur Durchführung und eventuellen Prüfung der Teilnehmer eines Seminars auf allen Stufen Verfahren und Tätigkeiten genau beschrieben sind, die die Qualität der Leistung entsprechend dem selbstgesteckten Ziel des Unternehmens gewährleisten können.

Die Zertifizierung eines Qualitätsmanagementsystems (der Begriff Qualitätssicherung im Rahmen der ISO-Zertifizierung wurde 1994 durch Qualitätsmanagement abgelöst) wird von akkreditierten Zertifizierungsgesellschaften durchgeführt. Es gibt in der Bundesrepublik eine Vielzahl von entsprechenden Zertifizierungsunternehmen. Eine Übersicht der akkreditierten Gesellschaften bietet die nationale Akkreditierungsstelle (Trägergemeinschaft für Akkreditierung GmbH in Frankfurt). Diese Trägergemeinschaft ist wiederum vom deutschen Akkreditierungsrat anerkannt, der selbst im Rahmen der Europäischen Union als nationale Akkreditierungsstelle anerkannt ist.

Dieses komplizierte Gefüge von nationalen und übernationalen Stellen soll gewährleisten, daß im Zuge der stärkeren Internationalisierung der Handelsbeziehungen besonders im Rahmen der Europäischen Union alle Anbieter vergleichbare und nach gleichen Kriterien überprüfbare Qualitätsmanagementsysteme vorweisen. Auf diese Weise können am ehesten Wettbewerbsverzerrungen und unlauterer Wettbewerb verhindert werden.

Das Institut der deutschen Wirtschaft Köln hat 1994 die Zertifizierer gefragt, ob sie Weiterbildungsanbieter zertifizieren. Von 17 antwortenden Zertifizierungsstellen erklärten 12, daß sie Weiterbildungsanbieter zertifiziert haben, entsprechende Arbeiten gerade durchführen oder diese Leistung in ihr Angebot aufgenommen haben. Einschließlich der von der Bundesvereinigung der deutschen Arbeitgeberverbände, dem Deutschen Industrie- und Handelstag, dem Zentralverband des deutschen Handwerks und dem Wuppertaler Kreis gegründeten Zertifizierungsgesellschaft Certqua gibt es damit in Deutschland 13 Zertifizierungsstellen, die Weiterbildungsanbieter zertifizieren.

Die Zertifizierung eines Bildungsanbieters hat ihren Preis. Eine Zertifizierungsstelle nennt als Kostenbeispiel etwa 10 000 DM für ein kleines und knapp 30 000 DM für ein mittleres Unternehmen.

Nicht unbeträchtliche Kosten entstehen zusätzlich durch die Vorbereitungsarbeiten zur Erstellung der Dokumentationen und, im Rahmen der Qualifizierung der Mitarbeiter, für die Einhaltung der in den schriftlichen Unterlagen beschriebenen Abläufe und Vorschriften. Denn die Zertifizierung und Überprüfung hat ganz wesentlich zum Inhalt, festzustellen, inwieweit schriftlich entwickelte Unterlagen in der täglichen Arbeit des Unternehmens tatsächlich angewandt und berücksichtigt werden.

Zum Thema Zertifizierung Qualitätsmanagementsystem bei Bildungsträgern gibt es heute eine Flut von Veröffentlichungen. Zwei Handbücher, die Bildungsanbietern den Einstieg in die Thematik erleichtern können, sind: Thombansen (1994) und Dembski (1994).

System zur Beurteilung von Weiterbildungsveranstaltungen

In der Schweiz wurde an der Hochschule St. Gallen ein Instrument zur Bewertung von Weiterbildungsveranstaltungen entwickelt. Das Verfahren bewertet auf der Basis von 20 Kriterien einzelne Bildungsangebote.

Diese sind in vier Gruppen zusammengefaßt: Variablen der Planung, Verlaufsvariablen, Ergebnisvariablen und Anpassungsvariablen. Die Bewertung erfolgt anhand der Ausschreibungs- und Lehrmaterialien. Es werden keine Interviews durchgeführt.

Das Verfahren ist in erster Linie darauf ausgerichtet, die Teilnehmer beziehungsweise die „Einkäufer" von Weiterbildungsveranstaltungen zu schützen. Nach eigenen Aussagen ist das System besonders auf Management- und Weiterbildungsveranstaltungen im Bereich der Wirtschaft orientiert. Nicht geeignet ist es für Sprachkurse und Ausbildungen, die den Freizeit- und Kulturbereich betreffen. Gleiches gilt für Fernunterrichtsangebote und prozeßbezogene Weiterbildung. Bei der Bewertung der einzelnen Kriterien gibt es nur zwei Möglichkeiten: positiv oder negativ. Wenn eines der Kriterien negativ ausfällt, kann das Seminar nicht positiv bewertet werden. Es ist allerdings ausgeschlossen, daß Untersuchungsergebnisse veröffentlicht werden, wenn nicht alle Kriterien bei einem Bildungsangebot erfüllt sind. In diesen Fällen sind Nachbesserungsmöglichkeiten vorgesehen.

Dieses Verfahren wird vom „Verein schweizerische Bewertungsstelle für Weiterbildungsangebote" angeboten, um Bildungsangebote zu überprüfen. Dem Verein gehören unter anderem das Bundesamt für Industrie, Gewerbe und Arbeit der Schweiz, der Verband schweizerischer Arbeitsämter, der schweizerische Verband für Berufsberatung sowie der Ausbildungsleiter einer großen Schweizer Bankgesellschaft an. Nach Informationen der Bewertungsstelle kostet die Bewertung eines einzelnen Bildungsangebotes zwischen 2000 und 3000 DM.

Alle zwei Jahre sind Updates vorgesehen. Die schweizerische Bewertungsstelle rechnet damit, daß in relativ kurzer Zeit mit begrenztem Aufwand auf der Basis des beschriebenen Bewertungsinstrumentes eine Vielzahl von Weiterbildungsangeboten bewertet werden kann (BfW, 1995).

European Foundation for Quality Management (EFQM)

Das System zielt auf umfassende Qualität in einem Unternehmen (Total Quality Management). Das Verfahren benennt neun Kriterien und jeweils fünf bis acht Subkriterien. Im Vergleich zu ISO 9000 umfaßt EFQM weitergehende Aspekte, wie die Bedeutung des Unternehmens in Gesellschaft und Umwelt.

Mit dem Verfahren evaluiert der Betrieb oder eine Abteilung den eigenen Qualitätsstandard. Man beurteilt sich selbst (Self-Assessment). In der Regel läßt sich das Unternehmen auch durch externe Bewerter beurteilen (Externes Assessment). Diese Beurteilung ist allerdings nicht vorgeschrieben. Anschließend werden Maßnahmen ergriffen, um festgestellte Schwächen zu beheben. Die Evaluation wird nach ein bis zwei Jahren wiederholt.

Die erste Anwendung des Verfahrens erfolgte in den Niederlanden durch Cedeo (Vereinigung zur Qualitätsbeurteilung von Bildungsträgern) im Auftrag des Wirtschaftsministeriums. Dort entstand eine spezielle Bildungsversion unter Mitarbeit von Bildungsanbietern im beruflichen Bereich. Später wurde das Verfahren in der Schweiz weiterentwickelt.

Der Vorteil von EFQM in der aktuellen Version für Bildung und Personalentwicklung liegt in der Selbstführung: Alle Mitarbeiter können selber das jeweils erreichte Leistungsniveau beurteilen. Nachteil gegenüber ISO 9000 ist die fehlende externe Kontrolle (Frey, 1995).

2Q-Methode

Das Verfahren will die Qualität der Arbeitsleistung und zugleich die Qualifizierung der einzelnen Mitarbeiter verbessern. Daher der Name 2Q. Zentrale Qualitätskategorien sind menschliche Tätigkeiten und nicht Organisations- oder Prozeßstrukturen auf der Makroebene, wie beispielsweise bei ISO 9000.

Das Verfahren ist in rund 60 Einrichtungen oder bei Bildungsanbietern im Einsatz. Eine Evaluation wurde in acht Betrieben durchgeführt (Frey Akademie).

Qualitätssicherung durch Selbstkontrolle

Es gibt in Deutschland eine Reihe von Aktivitäten der Bildungsanbieter, die darauf abzielen, die Qualität der Angebote zur beruflichen Weiterbildung zu optimieren. Unabhängig von den jeweiligen organisatorischen Entwicklungen der entsprechenden Aktivitäten basieren sie alle auf dem gleichen Prinzip:

Ein Zusammenschluß von Bildungsanbietern unterwirft sich freiwillig einem Katalog von Qualitätskriterien. Diese Qualitätskriterien werden von der jeweiligen Organisation selbst aufgestellt und bei den Mitgliedern überprüft.

So heißt es beispielsweise im Vorwort einer entsprechenden Veröffentlichung: „Die Mitglieder unterziehen ihre Weiterbildungsveranstaltungen zur Sicherung der Qualität des regionalen Angebotes einer freiwilligen Selbstkontrolle" (Arbeitskreis berufliche Weiterbildung, Region Köln, 1995).

Ein anderer Verbund erklärt: „Mit diesem Programm gaben sich die Mitglieder einen Qualitätskodex, der für alle Bildungsträger zum Maßstab ihrer Arbeit werden sollte. Der Interessenverband wird durch gemeinsame Selbstkontrolle die Erhaltung der beschlossenen Maßstäbe überprüfen" (Interessenverband beruflicher Weiterbildung, Berlin – Brandenburg, 1992).

Gütesiegel Hamburg

Eine bekannte Einrichtung zur Qualitätssicherung der Weiterbildungsangebote ihrer Mitglieder ist der Verbund „Weiterbildung Hamburg e. V." In der Satzung des Vereins ist in § 2 festgelegt: „Der Verein ... hat die Zielsetzung, die Weiterbildung in Hamburg zu fördern. In Umsetzung dieser allgemeinen Zielsetzung hat der Verein insbesondere folgende Aufgaben: ... 3. Qualität in der Weiterbildung zu fördern und zu sichern und 4. Teilnehmer und Teilnehmerinnen vor unangemessenen Vertragsbedingungen zu schützen."

Weiter heißt es: „Zur Erfüllung dieser Aufgaben ... 2. entwickelt der Verein Qualitätsstandards, die die Vereinsmitglieder durch Selbstverpflichtung einhalten, 3. richtet der Verein Gutachterausschüsse ein, die die praktische Durchführung der Qualitätssicherung wahrnehmen, insbesondere die Verfolgung von Beschwerden, die wegen Nichteinhaltung der Qualitätsstandards durch ein Vereinsmitglied vorgebracht werden" (Weiterbildung Hamburg e. V. 1992).

Die Hauptpunkte der Qualitätssicherung in diesem Selbstverwaltungsmodell sind:

– Organisation als eingetragener Verein, offen für alle Weiterbildungseinrichtungen

– gemeinsame Ausarbeitung der Qualitätsstandards, Verabschiedung durch einen Beirat

– Übernahme der Standards durch Selbstverpflichtung der Mitglieder

– laufende Kontrolle und Beratung durch Geschäftsführer

– Selbstfinanzierung.

Am Beispiel des Hamburger Weiterbildungsverbundes sollen die auch bei den anderen vergleichbaren Organisationen entwickelten Qualitätsstandards dargestellt werden. Diese richten sich vor allem auf:

- Kriterien zur personellen und sachlichen Ausstattung (personelle Rahmenbedingungen sowie räumliche und sachliche Ausstattung)

- unterrichtsbezogene Kriterien

- teilnehmerbezogene Kriterien (Transparenz des Angebotes, Beratung/Betreuung, Nachweise über Teilnahme)

- allgemeine Teilnahmebedingungen

- besondere Qualitätsstandards für abschlußbezogene Maßnahmen (Unterrichtsdurchführung, Lern- und Erfolgskontrolle, Beratung/Betreuung, Zahlungsweise).

Der organisatorische Ablauf zur Erlangung eines Gütesiegels im Weiterbildungsverbund Hamburg ist in der Abbildung 2 dargestellt. Die Qualitätsstandards werden im Hamburger Weiterbildungsverbund durch eine Vielzahl von Fachkonferenzen und Besprechungen erarbeitet und verabschiedet. Der konkrete Ablauf ist in der Abbildung 3 dargestellt.

Das Hamburger Gütesiegel versteht sich als eine Ergänzung zum Qualitätsmanagementsystem nach ISO 9000. Es enthält nach Eigenaussagen 12 der insgesamt 20 ISO-Elemente zum Qualitätsmanagement.

Weitere Vereinigungen zur Selbstkontrolle

Neben dem Hamburger Verbund Weiterbildung gibt es eine Reihe vergleichbarer Weiterbildungsverbünde, die sich dem gemeinsamen Ziel der Qualitätssicherung der Weiterbildungsangebote ihrer Mitglieder freiwillig verpflichtet haben:

- Arbeitskreis berufliche Weiterbildungsträger der Region Köln

- Interessenverband berufliche Weiterbildung Berlin – Brandenburg

- Arbeitsgemeinschaft beruflicher Weiterbildungseinrichtungen in Nordhessen
- Qualitätsverbund Siegen – Olpe – Wittgenstein
- Wuppertaler Kreis, Deutsche Vereinigung zur Förderung der Weiterbildung von Führungskräften.

VDMA- und ZVEI-Richtlinien

Die Fachverbände des Maschinen- und Anlagenbaus sowie der Elektrotechnik-/Elektronikindustrie haben Leitlinien für die Weiterbildung in der Automatisierungs- und Informationstechnik vorgelegt. Diese Leitlinien umfassen „Qualitätsmerkmale für die Weiterbildung in der Informationstechnik" beziehungsweise „in der Automatisierungstechnik" (Fachverband Informationstechnik 1993; VDMA und ZVEI, April 1993).

Die Merkmale beziehen sich auf die

- Kursgestaltung
 (Dozenten, Lehr- und Lernmittel, Durchführung)
- Organisation
 (Angebot, Gebäude- und Raumausstattung, Verkehrslage).

OTA

Die „Open Training Association e. V. (OTA) – Verein zur Förderung von Qualität im Training für die Informations- und Automatisierungstechnik" ist ein Zusammenschluß von Unternehmen der Informationstechnik und des Maschinenbaus. Sie bietet Trainings „in hoher, über das ISO 9000-Niveau deutlich hinausgehender Qualität" an (OTA, 1993). Hierzu gehören:

- Zertifizierung nach ISO als Voraussetzung für die Mitgliedschaft in der OTA
- intensive Weiterbildungsberatung für mehr Effizienz

Abbildung 2

Aufnahme von Mitgliedern und Verleihung des Gütesiegels

Weiterbildungs-einrichtungen	Weiterbildung Hamburg e.V.
Antrag auf Mitgliedschaft und Verpflichtung zur Einhaltung der Qualitätsstandards ⟶	**Geschäftsführer:** Prüfung der Unterlagen, Entscheidungsvorlage für ↓
Gütesiegel beantragt ⟵	**Vorstand:** Entscheidung, ob Aufnahme als vorläufiges Mitglied, wenn positiv ↓
Ausfüllen der Checkliste Rücksendung ⟵ ⟶	**Geschäftsführer:** Versand der Checkliste Terminvereinbarung für
Besuch in der Einrichtung ⟵ ⟶	**Geschäftsführer:** Entscheidungsvorlage für entsprechenden ↓
	Gutachterausschuß: Votum an ↓
⟨ **Gütesiegel** ⟩ ⟵	**Vorstand:** Entscheidung, wenn positiv

Abbildung 3

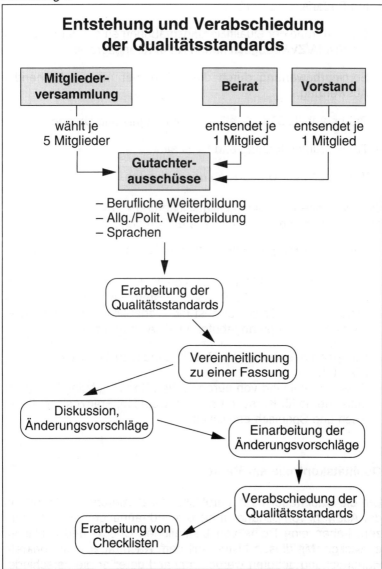

- Abfrage der Teilnehmererwartungen zur Erfassung des konkreten Bedarfs

- Durchführung der Qualifizierungsmaßnahmen auf der Basis der mit VDMA/ZVEI abgestimmten Anforderungsprofile

- Seminarbewertung durch die Teilnehmer mit vergleichender Auswertung

- Prüfung nach OTA-Richtlinien mit Zeugnis und Urkunde

- Transferunterstützung und Evaluation

- Workshops zur Umsetzung des Gelernten.

Organisationen, die die Qualitätssicherung von Weiterbildungsangeboten in speziellen Bildungsbereichen angehen:

- Foundation for international Business, Administration, Accredition (FIBAA)
  Eine Schweizer Stiftung, die von fünf Spitzenorganisationen der Wirtschaft aus Deutschland, Österreich und der Schweiz getragen wird. Zielsetzung ist die „verläßliche Qualitätsbewertung der in Europa angebotenen MBA-Programme".

- European Association for Quality Language Services (EAQUALS)
  Diese Vereinigung von europäischen Sprachschulen hat Qualitätssysteme für Kurse in Englisch, Deutsch, Französisch, Italienisch und Spanisch entwickelt.

Qualitätskontrolle am Markt

Um die Nachfrager nach beruflicher Qualifizierung am Markt bei der Auswahl von Bildungsanbietern und -angeboten zu unterstützen, haben eine Reihe von Institutionen Check- und Prüflisten entwickelt. Mit diesen Listen soll dem Nachfrager eine konkrete Handreichung geboten werden, anhand derer er die verschiedenen Bildungsangebote **vor** der Teilnahme besser einschätzen kann. Die Checklisten sind unterschiedlich umfangreich aufgebaut. In der Regel richten sie sich auf folgende Schwerpunkte und Kriterien:

- Anbieter
- Programminhalt
- Methodik
- Teilnehmerauswahl
- Didaktik
- Referenten/Dozenten
- Organisatorische Fragen
- Kosten
- Abschlußprüfungen.

Eine relativ detaillierte Handreichung bietet das Bundesinstitut für Berufsbildung (BIBB, 1992). Hier sind nicht nur einzelne Punkte, auf die man achten sollte, aufgeführt, sondern auch ausführlichere Beschreibungen, welche Fragen zur Erfüllung der Kriterien vom Veranstalter zu beantworten sind oder worauf im einzelnen geachtet werden sollte. Andere Institutionen, die vergleichbare Checklisten veröffentlicht haben, sind:

- Deutscher Industrie- und Handelstag
- Kobra, Koordinierungs- und Beratungszentrum für die Weiterbildung von Frauen
- Kultusministerium Sachsen-Anhalt
- Jahrbuch der Management-Weiterbildung, 1994
- PMM Management Consultans GmbH.

Bewertung der Instrumente

Administrative und gesetzliche Regelungen haben einen großen Nachteil: Die aufgestellten Forderungen oder Kriterien sind sehr grob und meistens an formalen Kriterien orientiert. Die Frage der tatsächlichen Qualitätsoptimierung gerät dabei leicht in den Hintergrund. Diesen Vorschriften wird außerdem der Vorwurf gemacht, daß sie „im Verhältnis von institutionellen Auftraggebern und Trägern letztlich eher der Marktsteuerung als der wirklichen Verbesserung der Qualität von Fortbildungsmaßnahmen dienen" (Severing, 1995, 25).

Hinzu kommt, daß gerade die freien Anbieter beruflicher Weiterbildung im Blick auf die Erwartungen der Unternehmen sehr flexibel in ihren Angeboten reagieren müssen. Dieses ist eines der wesentlichen Merkmale und gleichzeitig der große Vorteil der beruflichen Weiterbildung in der Bundesrepublik Deutschland: ihre schnelle und an den Erwartungen der Betriebe orientierte Flexibilität und Reaktionsfähigkeit. Hoheitliche Akte und Reglementierungen als Eingriffe in das marktwirtschaftliche System der Weiterbildung sind daher kaum geeignet, die Qualitätssicherung in der beruflichen Weiterbildung zu fördern.

Der Hinweis auf die gesetzlichen Regelungen zum Schutz des Verbrauchers im Bereich des Fernunterrichts kann hier kaum weiterhelfen: Im Fernunterricht handelt es sich durchweg um Bildungsangebote, die über einen längeren Zeitraum laufen und mit Abschlußprüfungen beendet werden. Ihre Konzeption ist sehr viel stärker auf langfristige Umschulung und Fortbildung orientiert. Im Vergleich dazu ist der Großteil der beruflichen Weiterbildungsangebote in der Bundesrepublik sehr viel stärker auf Kurzzeitseminare hin orientiert, die aktuellen Anforderungen der veränderten Arbeitsplatzbedingungen in der Wirtschaft genügen müssen. Ähnliches gilt für die Prüfungsbestimmungen im Bereich der Industrie- und Handelskammern sowie der Handwerkskammern beziehungsweise die gegebenenfalls eingreifenden staatlichen Verordnungen für die entsprechenden Prüfungen. Auch diese sind auf Langfristbildungsmaßnahmen hin orientiert, sowohl was die Dauer der Veranstaltungen anbelangt, als auch was ihre Gültigkeit und Anwendbarkeit der Lerninhalte am Arbeitsplatz betrifft.

Qualitätsmanagement auf Basis von Zertifizierungen nach den ISO-Normen 9000 ff. oder vergleichbare Aktivitäten sind prozeßorientiert. Sie überprüfen nicht ein Angebot sozusagen ex ante und auch nicht das Ergebnis einer Bildungsmaßnahme. Sie zielen vielmehr darauf, den Gesamtprozeß der Entwicklung, Durchführung und der Abschlüsse von Bildungsveranstaltungen zur beruflichen Qualifizierung zu optimieren. Dieses Vorgehen ist an organisatorischen Abläufen orientiert und festgemacht. Es spricht vieles für das Argument, daß auf diese Weise operationalisierbares Qualitätsmanagement mit Erfolg möglich ist. Dies gilt besonders auch unter dem Gesichtspunkt der Vergleichbarkeit. Gegenüber der gesetzlichen Überprüfung oder Sicherstellung von Qualität kommt hinzu: Beim Qualitätsmanagement nach ISO-Normen handelt es sich um eine interne Maßnahme zur Qualitätssicherung, während die externen Vorschriften sozusagen von außen versuchen, Qualität in interne Abläufe einer Bildungseinrichtung zu bringen.

Wenn in Bereichen der Produktion heute der Slogan gilt „Qualität wird nicht kontrolliert, sondern produziert", so spricht eigentlich wenig dagegen, diesen gleichen Gedanken auch in den Bereich der Dienstleistungen und hier speziell in den Bereich der beruflichen Weiterbildung zu transponieren. Gerade die Erbringung der Dienstleistung „berufliche Weiterbildung" ist ein Prozeß. Und hier helfen weniger Kontrollen als vielmehr Bemühungen, die darauf gerichtet sind, den Ablauf selbst optimal zu organisieren.

Die Beschäftigung mit der Frage der Qualitätsmanagementorganisation führt zwangsläufig zur Optimierung der Verfahren und damit automatisch zur Verbesserung der Qualitätsergebnisse. Belege hierfür gibt es zuhauf in deutschen Unternehmen. Es geht dabei weniger um die Fehlerbeseitigung und Nachbesserung, sondern darum, das Entstehen von Fehlern von vornherein zu verhindern. Wenn es richtig ist, daß drei Viertel aller Fehler bereits am Beginn der Leistungserstellung auftreten, das heißt bei der Konzeption und Entwicklung von Leistungsangeboten entstehen, so scheint es zweckmäßig, bereits in diesen Momenten, sozusagen präventiv, aktiv zu werden. Dies ist der Grundgedanke der Zertifizierung nach DIN ISO 9000 ff. und vergleichbarer Qualitätsmanagementsysteme.

Den Vorteilen steht allerdings ein nicht unbeträchtlicher Nachteil gegenüber: Das Verfahren der Zertifizierung erfordert nicht unbeträchtlichen Aufwand. Hiermit sind nicht so sehr die Bezahlung des externen Zertifizierers gemeint, sondern vielmehr die Vorbereitungsarbeiten beim Weiterbildungsanbieter selbst. Es ist auch richtig, daß Qualitätsmanagementsysteme nach ISO 9000 ff. nicht bei allen Anbietern beruflicher Weiterbildung in der Bundesrepublik eingeführt werden können. Gerade kleinere Anbieter sind hier überfordert.

Die Qualitätssicherung durch Selbstkontrolle der Weiterbildungsanbieter hat den großen Vorteil, daß hier die fachliche Kompetenz in der Überprüfung sichergestellt ist. Die Zusammensetzung der Gutachterausschüsse und der Stellen, die für die Einhaltung der Qualitätsstandards zuständig sind, garantieren, daß inhaltliche und methodische Fragen beruflicher Weiterbildung entsprechend ihrer Bedeutung für die Qualität berücksichtigt werden.

Der Nachteil der Eigenkontrolle besteht in erster Linie darin, daß die Standards selbst gesetzt sind und damit trägerübergreifende verbindliche Regelungen bundesweit oder international nicht erreicht werden können.

Dieser Mangel sollte allerdings nicht zu hoch bewertet werden. Die Tatsache, daß Weiterbildungsanbieter sich zu Verbünden zusammenschließen, in denen die Qualitätssicherung der Angebote thematisiert wird und zu eigenverantwortlichen Regelungen führen, bringt mit Sicherheit große Fortschritte und sichert auch zukünftig die Qualität der Weiterbildung der Mitglieder. Die Beteiligung an entsprechenden Verbünden kann gerade für kleinere und mittlere Träger beruflicher Weiterbildung von Interesse sein. Dies gilt vor allem unter dem Gesichtspunkt, daß derartige Beteiligungen im Vergleich zu aufwendigen Zertifizierungsverfahren nach DIN ISO 9000 relativ kostengünstig sind.

Die Qualitätskontrolle am Markt durch entsprechende Check- und Prüflisten in der Hand von Teilnehmern oder Unternehmen, die auf der Suche nach einem passenden beruflichen Bildungsangebot sind, kann ebenfalls die Anbieter von beruflicher Weiterbildung zur laufenden Optimierung ihrer Angebote anspornen.

Auch dieses Instrument ist ordnungskonform in dem Sinne, daß es zum marktwirtschaftlich organisierten Angebot- und Nachfragesystem in der Bundesrepublik Deutschland paßt. Check- und Prüflisten haben in diesem Zusammenhang die Aufgabe, den nachfragenden Marktteilnehmer in seinem Bemühen zu unterstützen, das richtige Angebot für seinen Bedarf zu finden.

Fazit

Berufliche Weiterbildung in der Bundesrepublik Deutschland ist im wesentlichen marktwirtschaftlich organisiert. Betriebliche Weiterbildung, überbetriebliche Einrichtungen, freie Weiterbildungsunternehmen und andere Weiterbildungsinstitutionen sind „in der Lage, den in Gesellschaft und Wirtschaft vorhandenen und wachsenden Weiterbildungsbedarf zu decken. Die Vorzüge dieses Systems liegen in seiner Flexibilität, Dezentralität und Arbeitsmarktnähe" (Sauer, 1988, 55). Der Erfolg beruflicher Weiterbildung hängt von einer Reihe von Faktoren ab, die gerade in diesem System besonders gut erfüllt werden, hierzu zählen: flexible Anpassung an die sich stetig wandelnden Bedürfnisse der Teilnehmer und der Wirtschaft, Arbeitsmarktnähe, eigenverantwortliche Teilnahme an Weiterbildungsveranstaltungen und ähnliches.

Die für ein funktionierendes Marktsystem erforderliche Markttransparenz kann durch vorhandene Weiterbildungsdatenbanken gewährleistet werden. Die Datenbank KURS DIREKT der Bundesanstalt für Arbeit, die vom Institut der deutschen Wirtschaft Köln für die Wirtschaft angeboten wird, umfaßt über eine Viertelmillion Bildungsangebote zur beruflichen Qualifizierung. Wenn angesichts dieser Möglichkeit der Informationsbeschaffung heute noch vom „Dschungel" der Weiterbildungsangebote gesprochen wird, so geht dies an den Fakten vorbei.

Die Frage der Qualitätssicherung kann nicht mit einer Patentregelung oder Vorschrift gelöst werden. Die vielfältigen Möglichkeiten und vorhandenen Bemühungen der Weiterbildungsanbieter, die Qualität ihrer Angebote zu sichern und weiter zu verbessern, zeigen, daß diese ihre Aufgabe eines guten Seminarangebotes sehr ernst nehmen. Überlegungen, den Staat in diesen Bereich stärker einzubeziehen, würden den großen Vorteil der Marktnähe und Anpassungsfähigkeit des bestehenden Systems bedrohen.

Literatur

Arbeitsgemeinschaft beruflicher Weiterbildungseinrichtungen in Nordhessen (Hrsg.) (o. J.): Weiterbildung im Beruf, Kassel

Arbeitskreis berufliche Weiterbildungsträger, Region Köln, (Hrsg.), 1995: Verzeichnis der Bildungsträger – Bildungsschwerpunkte – Qualitätskriterien, Stand: März 1995

BfW – Verein Schweizerische Bewertungsstelle für Weiterbildungsangebote, 1995: Wer ist der BfW?

Bundesanstalt für Arbeit (Hrsg.), 1990: Grundsätze zur Sicherung des Erfolges der Förderung der beruflichen Fortbildung und Umschulung vom 22. Februar 1989; in: GdWR 34

Bundesinstitut für Berufsbildung (Hrsg.), 1993: Berufliche Weiterbildung in Deutschland – Strukturen und Entwicklungen, Berlin/Bonn

Bundesinstitut für Berufsbildung (Hrsg.), 1992: Checkliste – Qualität beruflicher Weiterbildung, Berlin/Bonn

Dembski, Michael / **Lorenz**, Thomas, 1994: Zertifizierung von Qualitätsmanagementsystemen bei Bildungsträgern, Renningen

Frey Akademie: 2Q-Methode Prof. Dr. Karl Frey, ETH Zürich, Institut für Verhaltenswissenschaften

Frey, Karl, 1995: Die Rechte am EFQM-Verfahren liegen bei Prof. Dr. Karl Frey, ETH Zürich, Institut für Verhaltenswissenschaften (Erklärung von Prof. Frey gegenüber dem Verfasser)

Interessenverband berufliche Weiterbildung Berlin – Brandenburg (1992): Erfolg durch Qualität, o. O.

Mahari, Julian I. / **Schade**, Michael / **Lochmann**, Marek, 1994: Das Jahrbuch der Management-Weiterbildung, Hamburg

OTA – Open Training Association e. V., 1993: Presseinformation vom 22. November 1993, Frankfurt am Main

PMM (Hrsg.), 1993: Checkliste gegen „Schwarze Schafe"; in: Die Wirtschaft, Nr. 8/93, Seite 27

Sauer, Johannes, 1988: Der Weiterbildungsmarkt als Spiegelbild unserer Wirtschaftsordnung; in: Streitsache: Mehr Markt in der Weiterbildung, Nr. 14, Köln

Severing, Eckart, 1995: Qualitätssicherung in der Weiterbildung unter Nutzung allgemeiner Standards; in: Weiterbildung München, Hrsg. Industrie- und Handelskammer für München und Oberbayern, München, Seite 23 ff.

Thombansen, Ulla et al., 1994: Vertrauen durch Qualität – Qualitätsmanagement in Weiterbildungsunternehmen, München

Weiterbildung Hamburg e. V., 1994: Satzung des Vereins Weiterbildung Hamburg e. V. vom 29. November 1994

Claus Kemmet
Die Bildungswerke der Wirtschaft

Inhalt

Gründung und Auftrag	335
Organisation	336
Überregionale Zusammenarbeit	337
Das Angebot im beruflichen Bildungsbereich	338
Die gesellschaftspolitische Bildungsarbeit	340
Der Umfang der Arbeit	342
Ausblick	343

Gründung und Auftrag

Bildungswerke der Wirtschaft sind überbetriebliche Weiterbildungsträger und gleichzeitig Einrichtungen der gesellschaftspolitischen Bildungsarbeit. Die Gründung der Bildungswerke erfolgte Ende der sechziger, Anfang der siebziger Jahre, in einer Zeit, in der die Entwicklung in der Bundesrepublik Deutschland geprägt war von einer zunehmenden Infragestellung der Prinzipien und Fundamente unserer Wirtschafts- und Gesellschaftsordnung.

Anlaß für die Gründung war die Erkenntnis, daß in einer pluralistischen Demokratie auch die Arbeitgeber auf den verschiedenen Ebenen politisch Stellung beziehen und ihren Standpunkt vertreten müssen. Folglich waren es vor allem die Landesverbände der Arbeitgeber, Wirtschaftsverbände und gesellschaftspolitisch engagierte Unternehmen, die Gründungsväter der Bildungswerke waren. In aller Regel wurden die Bildungswerke als gemeinnützige Vereine gegründet. In ihren Satzungen ist der gesellschaftspolitische Auftrag neben dem Weiterbildungsauftrag verankert.

Unter dem gesellschaftspolitischen Auftrag lautete die Aufgabenstellung, sozial- und gesellschaftspolitisch bezogene Aussagen und Argumente der Unternehmen und ihrer Verbände nach außen zu vermitteln, vor allem den Repräsentanten gesellschaftspolitisch relevanter Gruppen wie zum Beispiel Lehrer, Hochschullehrer, Kirchen- oder Behördenvertreter. Intern ging es darum, Unternehmer und Führungskräfte der Wirtschaft für die gesellschaftspolitische Auseinandersetzung zu schulen und sie zu einem gesellschaftspolitischen Engagement zu befähigen.

Auch heute noch gehört die gesellschaftspolitische Bildungsarbeit, wenn auch inzwischen unter anderen Vorzeichen, zu den Kernfunktionen der Bildungswerke der Wirtschaft. Zwar spielen ideologiebezogene Themen nach dem Untergang der kommunistischen Ideologie keine Rolle mehr. Aber nach wie vor gilt es, Verständnis und Akzeptanz zu fördern für unternehmerisches Denken und Handeln in einer freiheitlichen und sozialverpflichteten Gesellschafts- und Wirtschaftsordnung. Ausdruck dieser Arbeit sind die Arbeitskreise SCHULE WIRTSCHAFT, Hochschule/ Wirtschaft, Kirche/Wirtschaft und so weiter, die die Plattformen für den gesellschaftspolitischen Dialog und für eine Reihe gemeinsamer Aktivitäten – auch in seminaristischer Form – darstellen.

Neben die gesellschaftspolitische Bildungsarbeit war von Anfang an der Auftag zur überbetrieblichen Weiterbildung als persönlichkeitsbezogene und fachliche Weiterbildung gestellt, denn die ausgehenden sechziger Jahre waren auch gekennzeichnet von einer stärkeren Betonung der Weiterbildung als dritter Säule des Bildungssystems. Für die Arbeitgeber war zu dieser Zeit klar, daß es nicht mehr ausreichen würde, die benötigten Qualifikationen ausschließlich auf eine fundierte Ausbildung zu stützen.

Aufgabe der Bildungswerke sollte deshalb auch sein, das betriebliche Weiterbildungsangebot sinnvoll zu ergänzen und den überwiegend mittelständischen Betrieben, die sich wegen ihrer Betriebsgröße oder aus anderen Gründen keine eigene Weiterbildungsabteilung leisten können, bedarfsgerechte Weiterbildung anzubieten. Damit wurden die Bildungswerke in allen Fragen der Weiterbildung Partner der Unternehmen und ihrer Verbände.

Organisation

Bildungswerke der Wirtschaft gibt es heute in allen Bundesländern. Sie arbeiten in enger Anlehnung an die Arbeitgeberorganisationen auf Landesebene, haben jedoch eigenständige Entwicklungen genommen. Alle Bildungswerke sind wirtschaftlich und rechtlich selbständig und mit einer Ausnahme (gGmbH) gemeinnützige Vereine.

Der enge sachliche und personelle Bezug der Bildungsarbeit der Bildungswerke zur Tätigkeit der Arbeitgeber- und Unternehmensverbände verleiht den Bildungswerken ein unverwechselbares Erscheinungsbild und grenzt sie damit deutlich von kommerziellen Weiterbildungsträgern ab. In der Regel beteiligen sich die Verbände an der Finanzierung der gesellschaftspolitischen Bildungsarbeit, die überwiegend zum Nulltarif angeboten wird. In diesem Aufgabenbereich gibt es auch eine enge Verbindung zur Bundesvereinigung der Deutschen Arbeitgeberverbände.

Neben den Verbänden sind Unternehmen und Einzelpersonen Mitglieder der Bildungswerke. Die satzungsmäßigen Leitungsorgane der Bildungswerke sind Mitgliederversammlung, Vorstand, Beirat beziehungsweise Kuratorium und die Geschäftsführung.

Überregionale Zusammenarbeit

Im Dezember 1976 haben die norddeutschen Bildungswerke die Arbeitsgemeinschaft Norddeutscher Bildungswerke der Wirtschaft (ANBW) gegründet. 1981 folgten die süddeutschen Bildungswerke diesem Beispiel und schlossen sich in der Arbeitsgemeinschaft Süddeutscher Bildungswerke der Wirtschaft (ASBW) zusammen. Ziel dieser Kooperationen ist es, gemeinsame Seminarprogramme zu entwickeln und die Zusammenarbeit mit anderen gesellschaftlichen Gruppierungen zu festigen.

In der ANBW und ASBW nutzen die Bildungswerke alle fachlichen, organisatorischen und wirtschaftlichen Vorteile einer Kooperation. So wurden neue Bildungsmöglichkeiten erschlossen, die auch einer Qualitätssicherung des gemeinsamen Angebots zugute kamen.

Darüber hinaus konnten mit einem relativ geringen Personalaufwand Methoden der Koordination entwickelt werden, die Doppelarbeit ersparen, Investitionskosten senken und Chancen für eine insgesamt kostengünstigere Seminararbeit eröffnen.

Mit Gründung der Arbeitsgemeinschaft der Bildungswerke der Deutschen Wirtschaft (ADBW) im Jahre 1990 wurde die bundesweite Kooperation der Bildungswerke verwirklicht. Über die ADBW werden länderübergreifende Angebote und Veranstaltungen koordiniert, organisiert und durchgeführt. Die gegenseitige Information untereinander gehört ebenso zum Aufgabenbereich der ADBW wie die Kontaktpflege zu Institutionen und Organisationen auf Bundesebene und im Ausland.

Das Angebot im beruflichen Bildungsbereich

Wie bereits ausgeführt, ist das Angebotsprofil der Bildungswerke der Wirtschaft vor allem auf die mittelständische Wirtschaft orientiert. Darüber hinaus ist der Arbeitsmarkt mit seinen Ungleichgewichten und all seinen Problemen ein großes Gebiet für die Bildungsarbeit der Bildungswerke. Davon abgeleitet umfaßt das Angebot berufliche Aufstiegs- und Anpassungsweiterbildung für Führungskräfte aller Ebenen und Fachkräfte aller betrieblicher Funktionsbereiche. Hinzu kommen die Beratung der Betriebe in Fragen der Qualifizierung und die Qualifizierung von Arbeitslosen durch ein umfangreiches Angebot in Form von Berufsvorbereitung, Umschulung und Fortbildung. Einige Bildungswerke bieten auch Qualifizierung von Berufstätigen im Rahmen von Fernstudien und Fernlehrangeboten mit IHK-Abschlüssen an.

Das Veranstaltungsangebot ist thematisch gegliedert und an der Praxis betrieblicher Funktionsbereiche ausgerichtet. Innerhalb der Themenblöcke wird nach Zielgruppen differenziert. Die Inhalte werden durch laufende Aktualisierung neuen Entwicklungen in Praxis und Wissenschaft angepaßt.

Die Veranstaltungen werden in der Regel offen ausgeschrieben und gehen an Firmen, Verbände und interessierte Einzelpersonen. Jedes Programm enthält ausführliche Hinweise zu den Zielen, den Inhalten, der Didaktik und zu den Referenten. Zunehmend führen die Bildungswerke auch Inhouse-Schulungen durch und entsprechen damit einem Trend in der Weiterbildung, Fortbildung mit der Unternehmensorganisation und -entwicklung zu koppeln.

Soweit die Veranstaltungen nicht in den Unternehmen selbst stattfinden, nutzen die Bildungswerke für die Durchführung ihre eigenen Bildungshäuser oder greifen auf entsprechende Tagungskapazität von Hotels etc. zurück. Die Themenbereiche reichen vom Führungstraining über PC-Schulung bis zur Sprachenschulung.

Die Seminare orientieren sich an den Bildungsbedürfnissen der Teilnehmer und der Betriebe und berücksichtigen dabei den Erfahrungshorizont des einzelnen. Das Programm wird in enger Zusammenarbeit mit Fachleuten aus der Betriebspraxis, mit Unternehmensberatern und Dozenten aus dem Hochschulbereich vorbereitet, durchgeführt und aufgrund der gewonnenen Erfahrungen weiterentwickelt.

Durch Lehr- und Lernmethoden wie zum Beispiel Unterrichtsgespräche, Gruppenarbeiten, Diskussionen, Fallstudien, Rollen- und Planspiele oder gruppendynamische Trainingsverfahren werden die Teilnehmer unmittelbar an der Seminararbeit beteiligt. Audiovisuelle Medien werden pädagogisch sinnvoll genutzt.

Je nach Inhalt und Thema dauern die Seminare meist zwischen einem und fünf Tagen. Es werden aber auch längerfristige Kurse und Lehrgänge angeboten.

In Zusammenarbeit mit den Arbeitsämtern sowie Betrieben konzipieren die Bildungswerke ihre Lehrgänge für Arbeitslose. Diese umfassen berufsvorbereitende Bildungsmaßnahmen mit unterschiedlichen inhaltlichen Schwerpunkten für jugendliche Arbeitslose wie zum Beispiel das „Berufspraktische Jahr" ebenso wie verschiedene Maßnahmen zur beruflichen Fortbildung und Umschulung für Ungelernte, Fachkräfte aus gewerblich-technischen Berufen oder Hochschulabsolventen.

Die Inhalte der Qualifizierungsmaßnahmen für Arbeitslose orientieren sich am jeweils aktuellen Weiterbildungs- und Qualifizierungsbedarf der Wirtschaft. Wichtig sind dabei die Praxisphasen in den Betrieben. Sie sind Garant dafür, daß überdurchschnittlich viele Teilnehmer von AFG-Maßnahmen der Bildungswerke anschließend in Arbeitsverhältnisse vermittelt werden können.

Soweit die Bildungswerke einen Informations- und Beratungsdienst angeschlossen haben, beraten sie Unternehmen zum Beispiel bei der Auswahl von Referenten und überbetrieblichen Bildungsmaßnahmen für bestimmte Zielgruppen in gewünschten Lernbereichen bis hin zur Erarbeitung mittel- und langfristiger Personalentwicklungskonzepte. Des weiteren informieren sie über gesellschafts- und bildungspolitische Entwicklungen und fördern den Erfahrungsaustausch zum Beispiel von Aus- und Weiterbildungs- sowie Personalleitern von Unternehmen in speziell hierfür geschaffenen Arbeitskreisen.

Ein besonderes Anliegen der Bildungswerke ist die Weiterbildung ihrer Mitarbeiter, die angesichts des ständigen wirtschaftlichen und sozialen Wandels immer wichtiger wird.

Seit dem politischen Wandel in Osteuropa sind einige Bildungswerke dabei, mit einem breiten Beratungs- und Bildungsprogramm den Prozeß der Entwicklung marktwirtschaftlicher Strukturen und die Stabilisierung der jungen Demokratien zu unterstützen.

Im einzelnen gehören dazu die Planung und Durchführung von Praktikanten- und Train-the-Trainer-Programmen, die Planung und Ausstattung von Berufsbildungszentren sowie die Schulung von Führungs- und Fachkräften im markt- und betriebswirtschaftlichem Know-how. Dabei beziehen sich die Aktivitäten vor allem auf den baltischen Raum, Polen, Tschechien, Ungarn, Rumänien, Rußland, Weißrußland und die Ukraine. Vereinzelt bestehen aber auch Kontakte nach Kirgistan und Kasachstan sowie zur Volksrepublik China.

Die gesellschaftspolitische Bildungsarbeit

Der gesellschaftspolitische Bildungsauftrag der Bildungswerke besteht vor allem darin, Verständnis und Akzeptanz zu fördern für unternehmerisches und verbandspolitisches Denken und Handeln. Dabei haben es sich die Bildungswerke zur Aufgabe gemacht, aktiv zum Wissen über die Wirtschaft und ihre Funktionen in der Gesellschaft beizutragen.

Gesellschaftspolitische Information und Aufklärung über den wirtschaftlichen und politischen Kontext, in dem unternehmerische Entscheidungen getroffen werden, ist ein Aufgabenfeld, das sich sowohl auf Zielgruppen im Unternehmen als auch – und dies in einem noch stärkeren Maße – auf Zielgruppen außerhalb der Unternehmen richtet.

Vor allem wirtschaftliche Themen haben in den letzten Jahren in der öffentlichen Diskussion stark an Bedeutung gewonnen. Jeder Bürger ist heute betroffen, wenn es um unsere wirtschaftliche Gegenwart und Zukunft geht. Allerdings ist das Wissen über wirtschaftliche Grundtatbestände und Zusammenhänge in vielen Gruppen unserer Gesellschaft unzureichend.

Von dieser Feststellung ausgehend, bieten die Bildungswerke ein breites Angebot von Seminar- und Diskussionsveranstaltungen für Vertreter wichtiger gesellschaftlicher Gruppen wie Schulen, Hochschulen, Kirchen oder Parteien zu Themen wie Umweltbelastung, Energie- und Rohstoffverbrauch, Strategien gegen Arbeitslosigkeit etc. an. Dabei ist festzustellen, daß sich die Einstellung dieser Gruppen zur Wirtschaft gewandelt hat. Herrschten früher Vorurteile, Unterstellungen, Skepsis, Mißtrauen und Gegnerschaft vor, so ist heute eine Erwartung an sachverständige Problemlösung und Unterstützung zu erkennen.

Hier hat sich auch die vielseitige Arbeit in den Bereichen SCHULE WIRTSCHAFT, Hochschule/Wirtschaft, Kirche/Wirtschaft, Bundeswehr/Wirtschaft der Bildungswerke und der Verbände ausgezahlt, mit dem Ergebnis, daß sich der in den siebziger und achtziger Jahren bestehende Rechtfertigungsdruck für wirtschaftliche Strukturen und wirtschaftliches Handeln qualitativ geändert hat.

Auf der anderen Seite ist aber auch zu beobachten, daß der Stellenwert der gesellschaftspolitischen Bildungsarbeit rückläufig ist. Es wird immer schwerer, gesellschaftspolitisches Engagement bei Unternehmern und Führungskräften zu wecken. Dieses ist aber notwendig, um den Dialog mit den gesellschaftlichen Gruppen führen zu können und um nicht neuerlich in eine Phase gesellschaftlicher Kritik zu geraten.

Der Umfang der Arbeit

In der Gesamtstatistik der über- und außerbetrieblichen Weiterbildung der Wirtschaft werden seit 1987 regelmäßig die Weiterbildungsaktivitäten in den Bereichen der Trägerorganisationen des Kuratoriums der Deutschen Wirtschaft für Berufsbildung erfaßt.

In der Statistik des Jahres 1992 nehmen die Bildungswerke der Wirtschaft einen vorderen Platz ein. So entfielen rund 20 Prozent aller Veranstaltungen (rund 18 000 von 90 547) und circa 17 Prozent aller Teilnehmer (300 000 von 1 826 395) auf die Bildungswerke der Wirtschaft. Der Frauenanteil betrug etwa 25 Prozent. Die Schwerpunkte lagen in der Anpassungsweiterbildung im kaufmännischen Bereich und bei fachübergreifenden Inhalten, bei der Umschulung sowohl im gewerblich-technischen als auch im kaufmännischen Bereich sowie bei Fachtagungen.

Absoluter Spitzenreiter sind die Bildungswerke jedoch im Bereich der gesellschaftspolitischen Weiterbildung. Mit circa 2 500 von 3 557 Veranstaltungen (entspricht einem Anteil von 72 Prozent) und rund 60 000 von insgesamt 89 792 Teilnehmern (entspricht einem Anteil von 67 Prozent) bestritten die Bildungswerke der Wirtschaft rund 70 Prozent der wirtschaftsseitig veranlaßten gesellschaftspolitischen Weiterbildung. In diesen Zahlen spiegelt sich ganz deutlich der Kernansatz der Bildungswerke im Vergleich zum Beispiel mit den Kammerbildungseinrichtungen wider. Dennoch beträgt der Anteil der gesellschaftspolitischen Veranstaltungen an der Gesamtzahl der Veranstaltungen der Bildungswerke lediglich 14 Prozent und der Anteil der Teilnehmer an der Gesamtteilnehmerzahl knapp 22 Prozent. Diese Zahlen belegen, daß heute die berufliche Bildung bei den Bildungswerken dominiert.

Man muß dabei aber berücksichtigen, daß ein Teil der beruflichen Bildung auch mit gesellschaftspolitischen Themen verknüpft ist, was den Zahlen so nicht zu entnehmen ist. Im übrigen könnte man die berufliche Qualifizierung von Arbeitslosen und deren Integration in das Arbeitsleben ebenfalls als gesellschaftspolitische Aufgabe betrachten.

Ausblick

Der Ansatz von Weiterbildung hat sich in den letzten Jahren stark gewandelt. Weiterbildung ist nicht mehr eine beliebige externe, aus dem betrieblichen Geschehen ausgegrenzte Tätigkeit, sondern fester Bestandteil moderner Arbeitsorganisation. Der Dialog von Unternehmen und Bildungsträgern wird damit intensiver. Dies ist die besondere Chance der Bildungswerke der Wirtschaft, die durch ihre Nähe zu den Unternehmen schon immer realitätsbezogener und näher am Bedarf der Unternehmen waren als viele andere Bildungsträger.

Trotz aller Konzentration auf unternehmensspezifische Erfordernisse werden offen ausgeschriebene überbetriebliche Veranstaltungen wichtig bleiben, denn in diesem Bereich leisten die Bildungswerke eine unverzichtbare Arbeit für kleine und mittlere Betriebe.

Auch der gesellschaftspolitische Bildungsauftrag wird seinen Stellenwert im Leistungsangebot der Bildungswerke behalten, gilt es doch auch zukünftig, die Wechselwirkungen zwischen Wirtschaft, Staat und Gesellschaft aufzuzeigen und deutlich zu machen, daß sich die Unternehmen in vielfältiger Form in die sozial- und gesellschaftliche Entwicklung unseres Landes eingebunden haben.

Dana Krüger/Wolfgang Pege

Die Gewerkschaften als Anbieter privater Bildungsangebote

Inhalt

Einführung: Gewerkschaftliche Bildungsarbeit im Wandel — 345

Struktur der gewerkschaftlichen Bildungsarbeit — 348
Gewerkschaftsorganisationen als Bildungsinstitutionen — 349
Bildungswerke der Gewerkschaften — 354
Bildungsinstitutionen mit gewerkschaftlicher Beteiligung — 357
Gewerkschaftlich beeinflußte Bildungsinstitutionen — 361

Die großen gewerkschaftlichen Bildungswerke — 363
DGB: bfw — 364
DBB: BISOWE — 368
DAG: BW/DAA – DAG-Technikum — 370

Internationale Bildungsarbeit der Gewerkschaften — 372
EGB – EGI – AFETT – EGA — 378
CESI – AE — 379
IBFG – IMB — 380

Zusammenfassung und Fazit — 381

Literatur — 382

Einführung: Gewerkschaftliche Bildungsarbeit im Wandel

Gewerkschaften werden von der Öffentlichkeit in aller Regel als Fordernde erlebt, nicht hingegen als Gebende oder auch nur Anbietende. Das gilt für alle Bereiche des wirtschaftlichen und gesellschaftlichen Lebens und wird besonders bei der Tarifpolitik sichtbar – aber eben auch im Bildungssektor.

Dennoch hat Bildung seit den Anfängen der deutschen Gewerkschaftsbewegung vor rund 150 Jahren zu den Kernelementen gewerkschaftlichen Denkens, Organisierens und Handelns gehört. Und immer schon waren die Gewerkschaften zugleich Bildungsvermittler und – selten allseits geliebte – Impulsgeber für Entwicklungen im öffentlichen Bildungswesen.

Ihr Einfluß auf das deutsche Bildungswesen nämlich ist – und zwar im wesentlichen in zwei Schüben, einmal während der Weimarer Republik und dann seit der Gründung der Bundesrepublik Deutschland – so stark gewachsen, daß Fritz Arlt Mitte der siebziger Jahre seiner diesbezüglichen Bestandsaufnahme den Titel „Bildungsmacht Gewerkschaft – Macht ohne Gegenmacht" gab (Arlt, 1975).

Während freilich die Gewerkschaften damals noch nach innen und in der Außenprojektion mit starker Unterstützung der Sozialdemokratie auf eine ungebrochene Glaubwürdigkeitstradition zurückblicken konnten und die Rahmenbedingungen von Frieden und Wachstum unter dem Schutzschild der westlichen Alliierten den Glauben der Gewerkschaften an einen immerwährenden Aufstieg und Fortschritt stützten, kam es in den achtziger Jahren zu inneren und äußeren Erschütterungen, die letztlich auch auf die Bildungspolitik der Gewerkschaften und auf die Tätigkeit ihrer Bildungsinstitutionen durchschlugen.

Gemeint ist einerseits der 1982 bekanntgewordene Skandal bei der Neuen Heimat (NH), dem Wohnungsbau-Konzern des Deutschen Gewerkschaftsbundes (DGB), der die Glaubwürdigkeit der Gewerkschaften in toto, also auch die unbeteiligter Konkurrenzorganisationen des DGB in ihren Grundfesten zum Wanken brachte. Gemeint ist sodann die Fehleinschätzung der Neuen Technologien durch die Gewerkschaften, die von ihnen über lange Phasen als Arbeitsplatzkiller verkannt und verteufelt wurden. Das hatte zur Folge, daß die Gewerkschaften auch mit ihren falschen Bildungssignalen an der bis heute weithin vergeblich umworbenen Gruppe der Angestellten „vorbei funkten".

Gemeint ist zum dritten das Verschlafen des intensiveren Zusammenrückens der europäischen Staaten in der Europäischen Gemeinschaft (EG) – die im niederländischen Maastricht Ende 1993 zur Europäischen Union (EU) umfirmierte –, was seitens der Gewerkschaften generell und damit eben auch der deutschen erst auf dem 6. Kongreß des Europäischen Gewerkschaftsbundes (EGB) vom Mai 1988 in Stockholm selbstkritisch festgestellt wurde (Pege, 1988, 42). Und es ist bezeichnend für ihre Situation, daß Jacques Delors dort als damaliger Präsident der EG-Kommission in seiner Gastrede den Gewerkschaften gleichsam drei prioritäre Initiativen vorgab, damit sie würden, wozu er sie einige Redezeilen zuvor bereits erklärt hatte, nämlich zu Hauptakteuren beim Aufbau Europas:

– Durchsetzung eines Sockels von sozialen Rechten

– Festschreibung eines Rechts der Arbeitnehmer auf eine bei Bedarf abrufbare Fortbildung

– Einführung eines europäischen Gesellschaftsrechts unter Mitberücksichtigung von Beteiligungsgarantien für die Beschäftigten.

Schließlich aber ist auch die gesamtgewerkschaftlich weder erwartete noch weithin erhoffte, tatsächlich aber im Herbst 1989 erfolgte Wiedervereinigung gemeint. Sie war beispielsweise vom DGB noch im 2. Grundsatzprogramm von 1963 als Voraussetzung für eine friedliche Ordnung Europas bezeichnet worden. Der Entwurf des 3. DGB-Grundsatzprogramms von 1981 sah sie nicht mehr vor. Und nach Ablehnung eines Antrags, der die Wiedervereinigung erneut als DGB-Ziel im Grundsatzprogramm verankern sollte und vom jüngsten DGB-Mitglied (1978), der Gewerkschaft der Polizei (GdP), eingebracht worden war, wurde dieser den Osten Deutschlands „entsorgende" Entwurf DGB-verbindliches Dokument (DGB, 1981, 77 f. und A 64).

Vor allem diese vier Erschütterungen haben letztlich dazu geführt, daß auch das gewerkschaftliche Bildungswesen in einen Wandlungsprozeß geraten ist. Gerade bei der für so stabil gehaltenen Industriegewerkschaft Metall (IGM) wurde sogar Mitte 1994 der Begriff „Krise" festgemacht, als deren alter sowie deren neuer Bildungsberater, Oskar Negt und Franz Grubauer, öffentlich auf ein IGM-internes Papier mit dem Titel „Reform und Erneuerung der gewerkschaftlichen Bildungsarbeit der IG Metall" reagierten, in welchem die Abkehr von der ideologischen Bildung sowie von der Produktion sozialistischer Kader gefordert wurde (Negt/Grubauer, 1994).

Zu glauben, daß diese „Krise" ja wohl nur die Funktionärsschulung, also die Gewerkschaftliche Bildung beträfe, die neben der Allgemeinen und Politischen Bildung sowie der Beruflichen Bildung lediglich einen begrenzten Sektor der gewerkschaftlichen Bildungsaktivitäten darstellt, griffe zu kurz. Das verdeutlichte die vermeintliche Notwendigkeit, 45 Jahre nach Gründung der IGM erstmals eine zentrale bildungspolitische Konferenz (September 1994 in Sprockhövel) einzuberufen. Und das zeigen auch Anmerkungen zur eigenen Bildungsarbeit, die inzwischen seitens der IGM vorgelegt und mit folgendem, vorsichtig formulierten, Satz eingeleitet wurden: „Die Bildungsarbeit der IG Metall befindet sich gegenwärtig in einem Diskussionsprozeß, in dem die Inhalte und Methoden einer erneuten Prüfung unterzogen werden" (Dera/Tölle, 1995, 18).

Als drittes und gerade für diese Betrachtung wichtigstes Indiz kommt hinzu, daß die Bildungsangebote der IGM in deren fünf zentralen Bildungsstätten offensichtlich nicht mehr in so hohem Maße angenommen werden, wie das vor allem zu Beginn der siebziger Jahre der Fall war (IGM, 1992, 632). Und das geschieht in einer Zeit, in der einerseits die Mitgliedschaft durch die Wiedervereinigung einen beträchtlichen Wachstumsschub erhielt und andererseits die Notwendigkeit für Arbeitnehmer, sich ständig weiterzubilden, unisono von allen mit Bildung befaßten Gruppen, Institutionen und Persönlichkeiten immer eindringlicher betont wird. Ein makabres Beispiel für dieses Warten der IGM auf Anmeldungen für ihre Seminare bot 1994 deren Mitgliederzeitung „metall" Ausgabe für Ausgabe mit ihren Anzeigen unter dem Titel „Angebote für Bildungshungrige" (IGM, 1994, 18).

Nun kann es hier nicht darum gehen, die IGM in die Verliererecke zu stellen. Aber so, wie sie als die prägende Kraft des DGB, und dieser wiederum als die der deutschen Gewerkschaftsbewegung überhaupt, angesehen werden muß, lassen sich eben auch gewisse Entwicklungen an ihren Defiziten verdeutlichen, die für die Einschätzung der aktuellen Bildungsaktivitäten der Gewerkschaften von besonderem Gewicht sind.

Wichtige Zukunftsimpulse für die Reform der gewerkschaftlichen Bildungsarbeit werden im übrigen von der Diskussion des Entwurfs eines neuen Grundsatzprogramms innerhalb der DGB-Gewerkschaften erwartet. Das Programm selbst soll auf dem 5. Außerordentlichen DGB-Bundeskongreß (14. bis 16. November 1996) in Dresden verabschiedet werden. Und im Vorfeld dieses Kongresses will gerade die Gewerkschaftsjugend auf ihrer Außerordentlichen DGB-Bundesjugendkonferenz (6. bis 9. Juni 1996) in Oberursel mit pragmatischen Positionen ihren Beitrag zu einer gesicherten Basis für gewerkschaftliche Bildungsarbeit leisten.

Struktur der gewerkschaftlichen Bildungsarbeit

Aus den bisherigen Ausführungen zu Entwicklung und aktueller Situation der gewerkschaftlichen Bildungsarbeit ist bereits deutlich geworden, daß die Gewerkschaften den Bildungsbereich zu ihren Zwecken im wesentlichen in drei Sektoren, nämlich Gewerkschaftliche, Allgemeine und Berufliche Bildung, einteilen. Der Begriff „Politische Bildung" wird nach Situation und Organisation unterschiedlich gebraucht, nämlich mal übergreifend, auf die gesamte gewerkschaftliche Bildungsarbeit bezogen, mal nur auf spezielle Seminare.

Die Umsetzung dieser gefächerten Aktivitäten geschieht auf nationaler Ebene – und das meint zum Teil noch allein den Bereich der alten Bundesländer – gleichsam in vier konzentrischen Kreisen mit gestaffelter Intensität.

Gewerkschaftsorganisationen als Bildungsinstitutionen

Im unmittelbaren Umkreis des jeweiligen Verbandes werden die Gesamtorganisation oder ihre Bildungsabteilung(en) tätig. Sie schaffen die organisatorischen Voraussetzungen der gewerkschaftlichen Bildungsarbeit, sorgen für die Entsendung von Gewerkschaftsvertretern in staatliche und sozialpartnerschaftliche Bildungsgremien, entwickeln für die eigenen Aktivitäten theoretische Papiere sowie Lehr- und Lernmaterialien und erarbeiten Forderungskonzepte, mit denen Unternehmer und Politiker konfrontiert werden.

Beispiele für diese Bildungsaktivitäten bieten einerseits der DGB und seine Mitgliedsgewerkschaft Erziehung und Wissenschaft (GEW), andererseits die Konkurrenzorganisationen Deutscher Lehrerverband (DL), der als Dachverband von Lehrer-Organisationen des Deutschen Beamtenbundes (DBB) tätig ist, sowie die Angestellten-Säule im Christlichen Gewerkschaftsbund Deutschlands (CGB), der Deutsche Handels- und Industrieangestellten-Verband (DHV) mit seinem Bund der Kaufmannsjugend.

Der DHV lädt Jahr für Jahr – meist Ende Februar und demnächst am 10. Februar 1996 – zur Teilnahme an seinem bundesweit durchgeführten Berufswettkampf für den kaufmännischen Berufsnachwuchs ein. Die Teilnahme ist freiwillig und soll der Überprüfung des eigenen Leistungsniveaus in Form eines Wettstreits dienen sowie zusätzlich zum Abbau von Prüfungsängsten beitragen. Diese Initiative wurde und wird weithin von kommunalen, regionalen oder bundesweiten Schirmherren – bis hin zum Bundespräsidenten – unterstützt. Die Veranstalter waren laut Abschlußbericht 1994 (Tabelle 1) mit dem aktuellen Leistungsniveau, das auf der Höhe des Vorjahres lag, zufrieden. Sie registrierten indessen trotz der Wiedervereinigung einen Rückgang der Teilnehmerzahlen. 1994 wurde mit 8421 Wettbewerbsteilnehmern sogar der tiefste Stand der letzten neun Jahr erreicht (1988: 11 386). Mit gut 60 Prozent dominierten während des ganzen Zeitraumes unverändert die Frauen. Das höchste Interesse ließen im Vergleich der Wirtschaftsbereiche die Auszubildenden aus der Industrie erkennen. Sie stellten 1994 knapp 27 Prozent der Teilnehmer, 1992 sogar 32 Prozent. Das stärkste Engagement wurde regelmäßig bei jenen jungen Angestellten registriert, die im 3. Ausbildungsjahr standen. Ihre Quote lag 1990 bei 44 Prozent, 1994 immerhin noch bei 39 Prozent.

Der DL und seine Mitgliedsverbände haben im Spätsommer 1994 ein Diskussionspapier zum „Bildungsausbau – Ost" entwickelt, um gleichsam ihren Sachverstand den Entscheidungsträgern in den neuen Bundesländern, speziell den Parteien, Landtagsfraktionen und Kultusministerien, zur Verfügung zu stellen. Darin sind unter anderem folgende Kernforderungen zusammengestellt:

– Fortsetzung der Ausdifferenzierung des Schulsystems
– Stärkung berufsbildender Vollzeitschulen
– Nutzung des Schülerrückgangs für die Konsolidierung der Unterrichtssituation und für die Weiterqualifizierung der Lehrer
– Beseitigung der Diskriminierung der ostdeutschen Lehrer
– Konzentration von Investitionen auf Schulbau und Schulausstattung
– Ermunterung von Freien Trägern zu Schulgründungen.

Die GEW hat Ende 1994 mit Arbeitstagungen den Auftakt für eine Kampagne unter dem Leitwort „Vorrang für Bildung" gegeben. Ziel dieser Aktion soll eine „Zweite Bildungsreform" sein. Die Gewerkschaft selbst stellte für die Jahre 1995/96 1 Million DM bereit und will mit dieser privaten Investition beispielhafte Reformprojekte – vom Kindergarten bis hin zur Hochschulausbildung – unterstützen. Dieses praktische Engagement soll nicht zuletzt aber auch Anstöße geben und Anknüpfungspunkte bieten, um zu einem breiten Bündnis mit allen Kräften der Gesellschaft pro Bildungsreform zu kommen.

Der DGB schließlich erarbeitet mit Bildungsexperten aus seinen Mitgliedsverbänden jährlich Materialien für die gewerkschaftliche Bildungsarbeit vor Ort. Jedes dieser „Schwerpunktthemen" ist mit Spezialthemen in vier bis fünf Bausteine unterteilt, wird in unterschiedlichen Materialien für Referenten und Teilnehmer angeboten und macht gewissermaßen noch einen ersten Diskussionsprozeß durch, wenn die diesbezüglichen Multiplikatoren und sogenannten Teamer zu vorbereitenden Seminaren versammelt werden. Für das Bildungsjahr 1995/96 lautet das Schwerpunktthema „Multi-Media?!: Leben und Arbeiten in der Mediengesellschaft".

Wie diese Schwerpunktthemen zum Teil wiederum mit der gewerkschaftseigenen Bildungsarbeit verklammert werden, zeigt die Deutsche Postgewerkschaft (DPG): Die Reihe ihrer Fortbildungsseminare zum Thema „Gesellschaft und Gewerkschaft im Wandel" wird beispielsweise durch „Multimedia" angeführt.

Aufgrund interner Differenzen entwickeln demgegenüber die 97er Fusionspartner innerhalb des DGB, die Industriegewerkschaften Bergbau und Energie (IGBE) sowie Chemie-Papier-Keramik (IGC) und die Gewerkschaft Leder (GL), seit 1992 jeweils eigene Jahreskonzepte. 1995/96 heißt ihr Gesamtthema: „Warum Steuern und Abgaben? – Industrie-/Strukturpolitik, Ökosteuern, Bildungspolitik, Gesundheitspolitik".

Nach einer Analyse für das Jahr 1992/93, als es um das Thema „Einwanderungsland Deutschland – Fremd im eigenen Land" ge-

Tabelle 1

Berufswettkampf des Bundes der Kaufmannsjugend im Deutschen Handels- und Industrieangestellten-Verband (DHV), Berufsgewerkschaft des Christlichen Gewerkschaftsbundes Deutschlands (CGB)

Teilnehmerstatistik 1986 bis 1994

Jahr	1994	1993	1992	1991	1990	1989	1988	1987	1986
Teilnehmer	8 421	9 091	9 432	9 112	8 946	10 020	11 386	11 002	11 360
Frauen in Prozent	60,54	61,43	61,86	60,77	61,05	60,50	60,00	60,60	60,30
Männer in Prozent	39,46	38,57	38,14	39,23	38,95	39,50	40,00	39,40	39,70
nach Wirtschaftsbereichen (in Prozent)									
Einzelhandel	10,17	10,00	11,08	10,50	10,65	8,33	8,30	8,64	7,89
Großhandel	11,33	17,99	10,47	15,39	12,33	11,48	10,45	9,88	9,65
Industrie	26,91	23,04	32,05	28,75	25,13	27,25	25,20	26,22	24,05
Banken/Sparkassen	18,77	21,18	20,16	19,41	20,74	18,59	19,65	17,68	19,23
Versicherungen	8,04	6,68	4,37	4,33	4,05	5,03	3,80	4,48	6,76
Speditionen	6,88	3,52	3,81	3,94	2,82	3,19	3,45	3,58	2,00
Sozialversicherung	0,25	0,78	0,19	0,15	0,15	–	–	–	–
Bürokaufmann/frau	12,19	11,76	12,92	11,40	11,64	11,71	10,70	12,28	11,20
Bürogehilfin	–	–	–	–	2,71	2,37	3,70	2,96	3,61
Bürokommunikation	5,46	5,05	1,71	2,18	–	–	–	–	–
Wirtschaftsschüler[1]	–	–	3,00	4,03	9,78	12,05	14,75	13,76	15,62

nach Ausbildungsstand[2] (in Prozent)									
1. Ausbildungsjahr (A)	9,66	7,18	9,61	8,69	8,00	8,47	6,40	7,03	7,02
1. Ausbildungsjahr (B)	7,68	8,88	9,27	8,69	9,54	11,02	11,30	11,22	12,20
2. Ausbildungsjahr (A)	31,51	31,24	26,97	29,16	26,04	27,73	24,90	25,80	27,26
2. Ausbildungsjahr (B)	12,34	17,01	13,05	14,30	11,85	14,75	17,70	15,77	17,81
3. Ausbildungsjahr	38,64	35,07	40,70	38,77	43,95	37,82	39,60	39,40	34,98
Nach Ausbildungsende	0,17	0,62	0,41	0,39	0,62	0,21	0,10	0,78	0,82

Ursprungsdaten: DHV, Deutsche Angestellten-Zeitung Nr. 3/90, Seite 70 und Nr. 3/94, Seite 70

[1] beziehungsweise Handelsschüler
[2] Die Aufteilung orientiert sich am Ausbildungsende: A und 3. Ausbildungsjahr (Juli–September); B und Ausbildungsende (Januar–Februar).

gangen war, wurden seinerzeit rund 35 000 Materialsätze abgerufen, wobei unter den Beziehern auch Veranstalter von nicht-gewerkschaftlichen Bildungsmaßnahmen gewesen sein sollen.

Bildungswerke der Gewerkschaften

Den zweiten dieser konzentrischen Kreise bilden die gewerkschaftlichen Bildungsinstitutionen als eigentliche und der Öffentlichkeit am leichtesten zugängliche Ebene. Schon aus steuerlichen Gründen folgt der „Seminarphase", wie sie beispielsweise gegenwärtig noch die jungen Organisationen, Interessengewerkschaft Soziales & Gesundheit – IGSG – (1990) und Gewerkschaft Pflege – GP – (1991), auszeichnet, auch bei kleinen Organisationen wie der Deutschen Hausfrauengewerkschaft (dhg) schon bald die der Gründung von eigenen Bildungswerken.

Das System der Bildungswerke ist dementsprechend bei den traditionsreichen Großverbänden äußerst vielfältig und hat bereits seine eigene(n) Geschichte(n). Es reicht hinsichtlich der Dimension gleichsam vom Einzelbüro bei einer Gewerkschaft bis zu flächendeckenden Netzen von Bildungsstätten und von Kleinetats mit Durchlaufposten bis zu Millionen Mark umsetzenden Institutionen. Und schließlich stellen sie sich entweder als eingetragener Verein (e.V.) dar, als Gesellschaft mit beschränkter Haftung (GmbH) oder auch als Stiftung.

Beispiele dafür bietet allein schon der DGB. Hier stehen etwa

– das DGB-Bildungswerk e.V.

– das Berufsfortbildungswerk (bfw) – Gemeinnützige Bildungseinrichtung des DGB GmbH oder auch

– die Hans-Böckler-Stiftung (HBS), das Mitbestimmungs-, Forschungs- und Studienförderungswerk des DGB

nebeneinander. Spiegelbildlich dazu begegnen uns diese unterschiedlichen Formen auch bei den 16 (ab 1996: 15) Mitgliedsver-

Tabelle 2
Finanzen der Hans-Böckler-Stiftung (HBS)[1]
– Einnahmen und Rücklagen 1977 bis 1994 –

Jahr	Gesamt-einnahmen	Spenden-Anteil[2]		BMBW-Zuschuß[3]		Überschuß/Rücklagen[4]
	in Millionen DM	in Millionen DM	in Prozent	in Millionen DM	in Prozent	in Millionen DM
1977	13,542	3,946	29,14	8,856	65,40	0,718
1978	14,515	3,882	26,75	9,643	66,44	0,106
1979	18,662	7,746	41,51	9,925	53,18	1,079
1980	25,252	13,189	52,23	10,647	42,16	1,859
1981	25,017	12,723	50,86	9,988	39,93	3,809
1982	28,588	14,044	49,13	11,877	41,55	4,277
1983	29,063	13,063	44,95	13,077	45,00	3,500
1984	34,976	14,491	41,43	14,351	41,03	0,666
1985	41,406	18,798	45,40	15,151	36,59	5,203
1986	43,535	21,273	48,86	15,577	35,78	5,056
1987	46,587	22,216	47,69	16,480	35,38	0,639
1988	45,323	21,337	47,08	17,272	38,11	0,794
1989	44,612	23,010	51,58	17,721	39,72	2,046
1990	51,050	29,344	57,48	18,333	35,91	7,783
1991	57,486	37,889	55,47	20,781	36,15	6,613
1992	69,000	34,500	50,00	23,600	34,20	6,437
1993	67,600	33,100	48,97	23,700	35,06	0,000
1994	56,914	30,000	52,71	22,000	38,66	0,000
1977–1994	**713,128**	**348,551**	**48,88**	**278,979**	**39,12**	**50,585**

Ursprungsdaten: HBS-Jahresberichte; eigene Berechnungen

[1] Die HBS entstand am 1. Juli 1977 aus dem Zusammenschluß der DGB-Institute „Stiftung Mitbestimmung" (beschlossen: Dezember 1953; gegründet: 1. Mai 1954) und „Hans-Böckler-Gesellschaft" (Gründung: 23. April 1954 in Essen).
[2] Hauptsächlich Tantiemen aus der Wahrnehmung von Aufsichtsrats-Mandaten – speziell aufgrund des Mitbestimmungsgesetzes 1976
[3] BMBW – Bundesministerium für Bildung und Wissenschaft
[4] Ohne Berücksichtigung von Entnahmen; 1978/1979 einschließlich Chile-Solidaritätsfonds

bänden des DGB. Bei der Gewerkschaft Textil-Bekleidung (GTB) kommt noch die „Akademie" (Kritische Akademie in Inzell) hinzu.

Die DGB-Bildungsinstitutionen sind durch ihre Namen zum Teil schon hinsichtlich des jeweiligen Arbeitsfeldes charakterisiert. Das gilt indessen nicht für das DGB-Bildungswerk. Seine Aufgabe besteht im wesentlichen in der Funktionärsschulung. Dazu unterhält der DGB aktuell fünf Bildungszentren (Bad Kreuznach, Hamburg, Hattingen, Niederpöcking, Radebeul/Dresden).

Im Jahre 1993 zählte man noch „Springe" bei Hannover zu diesen Bildungszentren. Doch zum Jahresende war „Springe" zugunsten des Bildungszentrums zur Versorgung der neuen Bundesländer in Radebeul bei Dresden geschlossen worden – das aber aus finanziellen Gründen Ende 1995 ebenfalls wieder die Tore schließen mußte.

Wenn oben die Geschichte gewerkschaftlicher Bildungseinrichtungen angesprochen war, so trifft das in besonderer Weise für die Hans-Böckler-Stiftung zu. Denn wie die Fußnote 1 der Tabelle 2 zeigt, liegen die Anfänge der HBS in zwei, 1953 und 1954 gegründeten Institutionen.

Eine weitere Entwicklungsphase hat 1995 begonnen. Denn zum Jahresbeginn wurde der HBS eine neue Abteilung angegliedert. Dabei handelt es sich um das 1946 gegründete Wirtschaftswissenschaftliche Institut (WWI), das 1974 in Wirtschafts- und Sozialwissenschaftliches Institut (WSI) des DGB umbenannt wurde und in seiner letzten eigenständigen Phase schmerzhafte Verschlankungsmaßnahmen über sich ergehen lassen mußte. Wenn die Absicht, die sich aus diesem Zusammenschluß ergebenden Spar- und Synergieeffekte voll zu nutzen, tatsächlich realisiert werden soll, wird es freilich früher oder später zu einer echten Fusion der beiden „Partner" kommen müssen – auch wenn der HBS-Abteilung „WSI" mit der Professorin Dr. Heide Pfarr Ende Juli 1995 eine eigene „wissenschaftliche Direktorin" (mit Sitz in der HBS-Geschäftsführung) gegeben wurde.

Die HBS zeichnet sich im übrigen dadurch aus, daß sie neben der Durchführung von Tagungen und wissenschaftlichen Projekten eine zunehmende Zahl von Studenten und Doktoranden immateriell und materiell (Stipendien) betreut. 1994 erhielten insgesamt 1921 Studierende ein HBS-Stipendium, darunter 238 Doktoranden. Zu deren Betreuung steht an den deutschen Hochschulen ein Netz von Vertrauensdozenten zur Verfügung, die zum Teil aus früheren Fördermaßnahmen der HBS hervorgegangen sind, jedenfalls aber in aller Regel einer DGB-Gewerkschaft angehören.

Bei den Konkurrenzorganisationen des DGB finden sich ähnliche Bildungsstrukturen, auf die – abgesehen vom Franz-Röhr-Bildungswerk e.V., der „staatlich anerkannten gemeinnützigen Studiengemeinschaft der Christlichen Gewerkschaften in Deutschland", das keine Bilanzen vorgelegt hat, – im nächsten Kapitel einzugehen sein wird. Dabei handelt es sich im wesentlichen um das BISOWE – Bildungsdienst, Sozialwerk und Akademie – des Deutschen Beamtenbundes und das Bildungswerk der Deutschen Angestellten-Gewerkschaft sowie deren Deutsche Angestellten-Akademie.

Bildungsinstitutionen mit gewerkschaftlicher Beteiligung

Der nächste konzentrische Kreis der gewerkschaftlichen Bildungsaktivitäten wird durch Institute gebildet, an deren Bildungsarbeit die Gewerkschaften (auch finanziell) beteiligt sind. Zu den Partnern der organisierten Arbeitnehmer gehören beispielsweise die Länder und Kommunen, in deren Hoheitsbereichen die entsprechenden Institute liegen, aber auch Hochschulen und (Arbeitgeber-)Verbände. Ungeachtet dessen wird freilich in aller Regel die ideelle und konzeptionelle Arbeit von DGB-nahen Wissenschaftlern und Gewerkschafts-Wissenschaftlern des DGB – die übrigen Gewerkschaftsbünde spielen hier eine untergeordnete Rolle – bestritten. Die klassischen Institute dieses Bereichs sind

- die Hochschule für Wirtschaft und Politik (HWP) in Hamburg

- die Akademie der Arbeit (AdA) an der Johann-Wolfgang-Goethe-Universität zu Frankfurt am Main und

- die Sozialakademie Dortmund (SAD).

Die HWP, die 1948 von der Stadt Hamburg, dem DGB, den Genossenschaften und den gemeinnützigen Wohnungsbauunternehmen als Akademie für Gemeinwirtschaft gegründet worden war, 1961 in Akademie für Wirtschaft und Politik umbenannt wurde und erst seit 1971 ihren heutigen Namen trägt, rühmt sich nicht nur, bedeutenden Gewerkschaftern, wie dem DAG-Vorsitzenden Roland Issen oder dem ehemaligen DGB-Vorsitzenden Heinz-Werner Meyer, zur Karriere verholfen zu haben, sondern aktuell auch dem neuen Präsidenten des Bundesverbandes der Deutschen Industrie (BDI), Hans-Olaf Henkel.

Ihr Markenzeichen war seit der Gründung das heute auch allgemein geforderte Zugangsrecht von Nicht-Abiturienten zum Studium – während Abiturienten erst seit 1971 aufgenommen werden. Genau 20 Jahre später erhielt die HWP zusätzlich das Recht, den Doktor rerum politicarum zu verleihen. Infolgedessen wurde sie 1993 in der Hochschulrektorenkonferenz auch formell den Universitäten zugeordnet.

Aktuell muß damit gerechnet werden, daß für die HWP, die rund 2300 Studierende und etwa 80 Lehrkräfte zählt, nicht zuletzt aus Kostengründen erneut wichtige Weichen gestellt werden. Dabei geht es vor allem um die Frage, ob die bisherige Gewerkschaftsnähe aufrechterhalten bleiben oder ob ein Platz in moderneren Hochschul-Koordinaten (Hochschulen für Berufserfahrene? Europa-Universität? Spezial-Institut?) gefunden werden soll. Zu einem positiven Abschluß der Leitbild- und Reformdiskussion hofft die HWP bis 1998 gekommen zu sein.

Die AdA wurde bereits 1921 ins Leben gerufen und nach dem Zweiten Weltkrieg schon 1946 vom DGB sowie dem Land Hessen neugegründet. 1951 erfolgte die Umwandlung der AdA in eine Stiftung. Seit den sechziger Jahren trägt auch die Stadt Frankfurt am Main zu ihrer Finanzierung bei. Die AdA wendet sich in der Regel an ehrenamtliche Funktionäre, die von den DGB-Gewerkschaften entsandt werden und nach ihrer Studienzeit von etwa 11 Monaten eine hauptamtliche Gewerkschaftstätigkeit anstreben. Anders als die HWP – aber auch die SAD – hat die AdA aktuell keine Schlagzeilen gemacht, es sei denn die, daß sie für mindestens 6 Millionen DM saniert und modernisiert werden soll.

Die SAD hingegen, die 1947 vom Land Nordrhein-Westfalen, der Stadt Dortmund und vom DGB gegründet worden ist und bei Arbeitnehmern Berufserfahrung mit wissenschaftlicher Ausbildung verbinden will, wurde Mitte vorigen Jahres schon – aber vorschnell, wie sich heute zeigt, – als Auslaufmodell diskutiert. Denn im Studienjahr 1993/94 waren von 69 Internats-Studienplätzen 40 unbesetzt geblieben.

Diese kritische Phase scheint jedoch überwunden zu sein. Nachdem sich der DGB im Juli 1995 ausdrücklich für den Fortbestand der SAD ausgesprochen hat und beim Forschungsinstitut für Arbeit und Bildung (FIAB) die Erarbeitung eines neuen Studienkonzepts in Auftrag gegeben worden ist, wird mit ersten Ergebnissen der SAD-Reform bereits Mitte 1996 gerechnet. Schon jetzt zeichnen sich drei Schwerpunkte des künftigen SAD-Studienangebots ab:

– Europa-Studien (aktuell: Training von Euro-Betriebsratsmitgliedern)

– Kontaktstudium (Zusammenführung von Personalleitern und Betriebsratsmitgliedern speziell zum Thema Personalplanung – erstmals 1988 mit Erfolg erprobt)

– Fortbildung der mittleren Führungsebene (Erfahrungen wurden bereits mit Studierenden aus dem Montanbereich gesammelt).

Darüber hinaus soll ab 1997 ein reformierter Hauptstudiengang (1996 ist von diesem Angebot abgesehen worden) mit Voll-Zertifizierung auf dem SAD-Programm stehen.

Zur Charakteristik dieser drei von den Gewerkschaften mitbetriebenen Bildungswerke läßt sich ergänzend sagen, daß die AdA bisher eher als ideologische Schule künftiger Funktionärsgenerationen galt, die SAD mehr auf Vermittlung volks- und betriebswirtschaftlicher Kenntnisse für die gleiche Zielgruppe eingestellt war und die HWP den wissenschaftlichen Nachwuchs der Gewerkschaften heranziehen half – wobei aktuell rund 10 Prozent der dortigen Studenten HBS-Stipendiaten sind.

Ergänzend ist hier der Bundesarbeitskreis Arbeit und Leben zu erwähnen, der ebenfalls schon 1956 in Frankfurt am Main gegründet wurde. Partner dieser Institution sind der DGB und die Volkshochschulen. Diese Arbeitsgemeinschaft für politische Bildung gliedert sich in Landesarbeitsgemeinschaften, denen zahlreiche Arbeitsgemeinschaften in Bezirken, Städten und Kreisen der Bundesrepublik Deutschland angeschlossen sind. Nach der Wiedervereinigung wurden diese Untergliederungen zügig auf die neuen Bundesländer ausgeweitet.

In den Kontext dieser nach Anspruch und Wirkung großen Werke gehören freilich auch kleinere und neuere Modelle der Zusammenarbeit. Zu denken ist hier vor allem an die Mitte der siebziger Jahre erstmals besiegelte Kooperation zwischen Gewerkschaften und Hochschulen sowie an die in den achtziger Jahren aufgekommenen Technologieberatungsstellen (TBS). Diese waren ursprünglich aus speziellen wissenschaftlichen Projekten unter der Federführung der Gewerkschaften hervorgegangen, später institutionalisiert und in aller Regel von den zuständigen Bundesländern finanziell abgesichert worden. Ihre Haupttätigkeit besteht in Beratungsmaßnahmen, deren Zielgruppe speziell Betriebsräte und Personalräte sind. Im Bereich des DGB gibt es bundesweit gegenwärtig rund 20 TBS. Bei der DAG heißen diese Service-Institute – sie betreut gegenwärtig vier – Beratungsstellen für Technologiefolgen und Qualifizierung (BTQ).

Neben den traditionsreichen oder doch schon seit längerer Zeit eingeführten gemeinsamen Bildungsinstitutionen, an denen Gewerkschaften beteiligt sind, stehen freilich auch jüngere und weniger bekannte. Das zeigt beispielsweise die erst im Januar 1993 vom Bundesarbeitgeberverband Chemie (BAVC) und der IGC gegründete Weiterbildungsstiftung (WBS) mit Sitz in Wiesbaden (IW, 1993, 121). Beide Partner haben je zur Hälfte die Stiftung mit einem Vermögen von 8 Millionen DM ausgestattet. Ziel ist die bundesweite Unterstützung von Chemiebetrieben bei ihren Weiterbildungsaktivitäten.

Gewerkschaftlich beeinflußte Bildungsinstitutionen

Wesentlich weniger bekannt dürfte der vierte Kreis sein, in dessen Bereich gewerkschaftliche Bildungsarbeit spürbar wird, also der der Institute mit starkem gewerkschaftlichen Einfluß. Dazu gehören in erster Linie die drei öffentlich-rechtlichen Arbeitskammern, von denen es zwei in Bremen und eine im Saarland gibt. Obwohl diese Institute durch Pflichtbeiträge aller Arbeitnehmer im jeweiligen Hoheitsgebiet finanziert werden, gibt auch hier der DGB den Ton an.

Das gilt für die Arbeitskammer des Saarlandes, die 1951 gegründet wurde, in gemäßigterer Form, weil hier der Landtag alle Gewerkschaften nach Stärke bei der Besetzung von Vertreterversammlung und Vorstand berücksichtigt. In Bremen jedoch, wo diese Gremien per Wahl besetzt werden, ist lediglich noch die DAG mit im Spiel – die bis Mitte der achtziger Jahre in der Angestelltenkammer Bremen sogar dominiert hatte. Die Arbeiterkammer hingegen ist gleichsam ein reines DGB-Institut. Um diese Situation auch bei der Bremer Angestelltenkammer zu schaffen, wird in letzter Zeit intensiv und kontrovers über eine Fusion der beiden Bremer Kammern diskutiert.

Die Bildungsarbeit der Kammern, die zum Teil durch eigene Bildungswerke geleistet wird, erhält eine zusätzliche Dimension durch Kooperation mit den örtlichen Universitäten. In Bremen erwuchs daraus beispielsweise auf Initiative der Arbeiterkammer das neue Institut einer „Akademie für Arbeit und Politik".

Bei der Angestelltenkammer Bremen, die sich rühmt, daß die Berufliche Weiterbildung ihre Stärke sei, sind gerade Umstrukturierungen im Gange. Danach soll die bisher selbständige Tochter Berufs-Bildungs-Institut GmbH (BBI) in eine neu zu gründende Wirtschafts- und Sozialakademie GmbH (WiSoAk) eingebracht werden. Im Grunde genommen handelt es sich bei dieser Maßnahme um die Sanierung der BBI, die das Jahr 1993 mit einem Bilanzverlust von 2,1 Millionen DM abgeschlossen hatte. Sanierungsfolge ist nicht zuletzt der Verlust von 35 Arbeitsplätzen. Interessenausgleich und Sozialplan kosteten die Angestelltenkammer 1 Million DM.

Die Arbeitskammer des Saarlandes weist eine Vielzahl von Kooperationsformen im Bildungsbereich auf. Eine interessante Konstellation ist vor allem das Berufsförderungswerk Saarland GmbH, bei dessen Gründung im Herbst 1960 das Berufsfortbildungswerk der Arbeitskammer mit dem Kaufmännischen Berufsbildungswerk und der Technischen Abendschule der Industrie- und Handelskammer des Saarlandes zusammengefaßt wurden. Und anders als in den übrigen Bundesländern ergriff im Saarland nicht der DGB, sondern die Arbeitskammer die Initiative zu einer TBS: Sie nahm im Sommer 1989 als Beratungsstelle für sozialverträgliche Technologiegestaltung (BEST) ihre Tätigkeit auf.

Als weitere Institute mit gewerkschaftlichem Einfluß sind hier auch die der christlichen Arbeitnehmerbewegung zu nennen. Das gilt beispielsweise für das Arbeitnehmer-Zentrum Königswinter (AZK), welches bei der von der Christlich-Demokratischen Arbeitnehmerschaft (CDA) der CDU gegründeten Stiftung Christlich-Soziale Politik angesiedelt ist und im Oktober 1996 auf sein zehnjähriges Bestehen zurückblickt.

DAG, DBB und CGB, deren christlich-soziale Mitglieder an dieser Gründung ebenso mitgewirkt haben wie die des DGB, könnten hier sicherlich eigenen Bildungsvorstellungen zum Durchbruch verhelfen, wenn sie sich auf ein gemeinsames Alternativkonzept zur DGB-Linie einigen würden. So aber scheint auch in der AZK-Bildung allenthalben die DGB-Programmatik durch.

Die Einflußnahme des DGB auf christliche Arbeiterbildung erstreckt sich indessen nicht nur auf das AZK. Personalunionen und Kooperationen lassen den DGB-Einfluß beispielsweise auch im Kolpingwerk Deutschland wirksam werden. Und das betrifft nicht nur die alten Bundesländer. Denn das Kolpingwerk hatte nach der Wiedervereinigung zügig ein Netz von Kolping-Bildungswerken in den neuen Bundesländern aufgebaut. Diese waren zwar anfangs weithin auf Kooperation mit anderen Bildungsträgern angewiesen, halfen dadurch aber auch zugleich, den Bildungsradius des DGB noch mehr zu vergrößern.

Die großen gewerkschaftlichen Bildungswerke

Breiteste Öffentlichkeitswirksamkeit erzielen die Gewerkschaften im Bildungssektor vor allem durch ihre großen Bildungswerke. Dabei ist es praktisch unmöglich, die Institute von DGB, DBB und DAG hinsichtlich ihrer qualitativen und quantitativen Leistungen zu vergleichen. Wolfgang Kramer formulierte das in einer Charakteristik dieser Bildungswerke kurz vor der Wiedervereinigung so: „Die unterschiedlichen Regelungen und Bedingungen hinsichtlich der statistischen Erfassung der Bildungsarbeit machen es nicht möglich, vergleichbare quantitative Angaben zu machen" (Kramer, 1989, 32).

Immerhin gelang es ihm durch seine Studien, am gleichen Ort eine wichtige Einschätzung zu treffen: „Gegenüber der gewerkschafts- und gesellschaftspolitischen Bildung ist die berufliche Bildung der quantitativ umfangreichste Bereich."

Um dennoch gewisse Größenordnungen und Entwicklungen deutlich werden zu lassen, sollen – zumal die statistische Situation es in diesem Bereich erlaubt – gerade im vorliegenden Kapitel einige Zahlenreihen angeboten werden.

DGB: bfw

Das Berufsfortbildungswerk (bfw) Gemeinnützige Bildungseinrichtung des DGB GmbH existiert seit Dezember 1953 und zählt aktuell zu seinen Gesellschaftern

– die Vermögensverwaltungs- und Treuhandgesellschaft des DGB mbH

– die TETRA Vermögensverwaltungsgesellschaft mbH (ehemals NH)

– die Bank für Gemeinwirtschaft (BfG) AG und

– die Volksfürsorge Holding AG.

Das Bildungswerk umfaßte Ende 1994 insgesamt 14 Bezirksgeschäftsstellen, zwei Sondereinrichtungen, 98 Zweigstellen beziehungsweise Betriebsbereiche sowie 252 Berufsbildungs- und Berufsförderungsstätten. Es machte einen Umsatz von 209 Millionen DM und tätigte Investitionen in Höhe von 6 Millionen DM (Tabelle 3).

Neben der Mutter-Gesellschaft, die ihren Sitz in Düsseldorf hat, existieren inzwischen zwei Töchter in Berlin. Dabei handelt es sich

– einerseits um das Berufsfortbildungswerk GmbH (bfw) und

– andererseits um die inab – Ausbildungs- und Beschäftigungsgesellschaft des bfw mbH.

Das Berliner bfw wurde im September 1990 für den Bereich der neuen Bundesländer gegründet, um alle Fördermöglichkeiten zu-

Tabelle 3

Berufsfortbildungswerk Gemeinnützige Bildungseinrichtung des DGB GmbH (bfw), Düsseldorf
Zahlen zur Entwicklung in den letzten 26 Jahren (1969 bis 1994)

Jahr	Zahl der Lehrgänge	Zahl der Teilnehmer	Zahl der Beschäftigten[1]	Umsatz in Millionen DM	Investitionen[2]	
					in Millionen DM	in Prozent vom Umsatz
1969	2 690	64 250	209	15		
1970	2 895	70 892	294	22		
1971	3 288	81 214		41		
1972	3 178	74 770		61		
1973		74 979	962	80		
1974		60 826	836	96		
1975		57 462	816	89		
1976	2 200	59 716	799	80		
1977		47 628	854	72		
1978	1 978	44 922	869	76		
1979	2 063	33 850	1 009	87		
1980	2 013	34 781	1 267	112		
1981	2 201	38 406	1 419	137		
1982	2 211	38 802	1 806	143		
1983	2 320	41 115	1 964	148		
1984	2 500	45 510	1 976	161		
1985	2 855	51 119	1 998	170	14	8,24
1986	3 149	56 322	2 102	191	31	16,23
1987	3 244	58 765	2 279	225	42	18,67
1988	3 002	55 225	2 119	224	15	6,70
1989	2 732	51 776	2 222	213	11	5,16
1990	2 903	54 726	2 241	228	20	8,77
1991	3 004	56 363	2 235	233	44	18,88
1992	3 180	58 070	2 256	241	20	8,30
1993	2 908	52 380	1 950	220	9	4,09
1994	2 773	51 380	1 824	209	6	2,87

Ursprungsangaben: bfw: Jährliche „Informationen zum Geschäftsjahr" sowie Hans Dieter Baroth und Astrid Brand: Mehr Wissen – Mehr können für Beruf und Leben; 40 Jahre DGB-Berufsfortbildungswerk; Düsseldorf 1993; eigene Berechnungen

[1] Der Sprung von 1970 zu 1973 erklärt sich daraus, daß bis 1970 nur festangestellte Mitarbeiter gezählt wurden.
[2] Zu den Investitionen wurden erst ab 1985 Zahlen vorgelegt.

gunsten von Arbeitnehmern aus dieser Region ausschöpfen zu können. Es umfaßt (1994) 6 Bezirksgeschäftsstellen, 31 Betriebsbereiche und 83 Berufsbildungsstätten. Sein Umsatz lag zuletzt bei 73 Millionen DM und sein Investitionsvolumen umfaßte 4,5 Millionen DM (Tabelle 4).

Die inab nennt als Übernahmetermin den Dezember 1991. Bei einem Umsatz von zuletzt 25 Millionen DM unterhält sie 12 Geschäftsstellen. Dort befanden sich Ende 1994 insgesamt 485 Teilnehmer in 32 Beschäftigungs- und Qualifizierungsprojekten sowie 359 Auszubildende in 24 Ausbildungsgruppen.

Wie die Tabellen 3 und 4 zeigen, haben sich beim bfw trotz angemahnter Qualifikationsnotwendigkeit weder im Westen noch im Osten die Angebots- und Teilnehmerzahlen kontinuierlich nach oben entwickelt. In den alten Bundesländern wurde der Höhepunkt bereits 1987 überschritten, in den neuen 1992.

Lediglich die inab expandierte (3 neue Geschäftsstellen und 10 Millionen DM Umsatzplus gegenüber 1993). Das kam einerseits 100 zusätzlichen Nutzern der Beschäftigungs- und Qualifizierungsmaßnahmen zugute, führte andererseits aber auch zur Vervierfachung der Ausbildungsgruppen, an denen 1994 insgesamt 359 (Jahresendzahl) Lehrlinge teilnahmen – 225 mehr als 1993.

Zur Begründung dieser bedenklichen Auseinanderentwicklung von Qualifikationsbedarf und Wahrnehmung auch gewerkschaftlicher Bildungsangebote in beiden Teilen (!) Deutschlands wird – sicherlich zu Recht – auf die Kürzung staatlicher Zuschüsse hingewiesen. Doch wenn man, wie der DGB das tut, ständig auf die eigene Gestaltungskompetenz hinweist, wird man natürlich neue Konzepte erarbeiten müssen, und zwar solche, die an Volumen und Ideenreichtum weit über die inab-Innovationen hinausreichen.

Das hat beispielsweise die DGB-Gewerkschaft Handel, Banken und Versicherungen (HBV) mit ihrem Antrag 116 zum 15. Ordentlichen DGB-Bundeskongreß (13. bis 17. Juni 1994 in Berlin) getan, der allerdings lediglich als „Material an den Bundesvorstand"

Tabelle 4

Berufsfortbildungswerk GmbH (bfw), Berlin[1]
Zahlen zur Entwicklung seit der Gründung im Jahr 1990

Jahr[2]	Zahl der Lehrgänge	Zahl der Teilnehmer	Zahl der Beschäftigten	Umsatz in Millionen DM	Investitionen	
					in Millionen DM	in Prozent vom Umsatz
1990	56	1 109				
1991	648	13 081	448	42	35	83,33
1992	1 033	18 745	559	67	38	56,72
1993	1 003	18 987	522	75	7	9,33
1994	986	18 889	559	73	4,5	6,16

Ursprungsdaten: bfw: Jährliche „Informationen zum Geschäftsjahr"; eigene Berechnungen

[1] Das bfw „Berlin" ist eine 100prozentige Tochter des bfw „Düsseldorf" und für die neuen Bundesländer zuständig.
[2] Für 1990 hat das bfw keine Daten zu Beschäftigten, Umsatz und Investitionen veröffentlicht.

angenommen worden ist. Darin wird generell folgendes zum „Berufsfortbildungswerk des DGB" festgestellt: „Angesichts neuer Aufgaben und Anforderungen, aber auch neuer Möglichkeiten, muß für das Berufsfortbildungswerk des DGB (mittlerweile ein Konzern...) eine begründete Neuorientierung und Neuausrichtung erfolgen" (DGB, 1994a, 556).

Wichtiger noch als die dort genannten fünf Eckpunkte, über die sich diskutieren ließe, ist sicherlich die von Intimkenntnis getragene Begründung zu diesem Antrag, die es lohnt, an dieser Stelle vollständig abgedruckt zu werden: „Mit der massiven Einschränkung der Mittel für aktive Arbeitsmarktpolitik durch die Bonner Finanzpolitik sind beinahe aller Träger beruflicher Fortbildung und Umschulung in die Krise geraten. Beim bfw schlägt sich die Krise in massivem Kapazitäts- und Personalabbau nieder. Dabei gerieten wieder die absolut dominierende Abhängigkeit vom AFG und die versäumte Umorientierung weg vom AFG hin zu anderen Tätigkeitsfeldern ins Blickfeld.

Die letzte Standortbestimmung für das bfw durch die Anteilseigner, sprich DGB, liegt mittlerweile weit über 15 Jahre zurück. In dieser Zeit hat sich das bfw als drittgrößter Träger der beruflichen Fortbildung und Umschulung bundesweit mit einem konzernweiten Umsatz von ca. 300 Millionen DM fest etabliert. Diese Entwicklung verdeutlicht, daß die frühere Standortbestimmung, das bfw übernehme nur ersatzweise eine eigentlich staatliche Aufgabe im Bereich der beruflichen Fort- und Weiterbildung, völlig unzureichend ist und von der politischen Entwicklung überholt wurde.

Während es keinerlei Signale gibt, diese Aufgabe würde auch nur mittelfristig in staatliche Hände übergehen, haben sich in den achtziger Jahren sowohl die gesamte Arbeitsmarktpolitik (trotz aktueller Einschränkungen) als auch der Weiterbildungsbedarf quantitativ und qualitativ enorm ausgeweitet.

Eine Neuorientierung, die sich an diesen Eckpunkten orientiert, verlangt auch eine innerbetriebliche Umstrukturierung. Eine solche Umstrukturierung kann das bfw aus Eigenmitteln ohne irgendwelche finanziellen Forderungen an die Anteilseigner bewerkstelligen" (DGB, 1994a, 557).

DBB: BISOWE

Für das BISOWE des DBB, das in seiner ursprünglichen Form als „Bildungs- und Sozialwerk" am 28. November 1964 gegründet worden war, liegen detaillierte Geschäftsberichte (noch) nicht vor. Doch da ihm vielfach als „Haus-Bildungswerk" von Ministerien und öffentlichen Verwaltungen unter Bereitstellung der eigenen Räume die Dienstleistungen abgefordert werden, dürften sich ähnliche Schwierigkeiten, wie sie das bfw hat, vorerst in Grenzen halten.

Aktuell wird das gesamte Bildungsvolumen des BISOWE mit jährlich rund 1400 Lehrgängen beziffert. Nur ein gutes Viertel davon (28 Prozent) sind Veranstaltungen zur Politischen Bildung (Tabelle 5).

Tabelle 5

**Bildungsdienst, Sozialwerk und Akademie
des Deutschen Beamtenbundes (DBB): BISOWE**
Seminare zur Politischen Bildung und Teilnehmer
seit der Gründung (1964 bis 1994)

Jahr[1]	Seminare[2]	Teilnehmer	Jahr[3]	Seminare[2]	Teilnehmer
1965			1980	99	2 938
1966	6	185	1981	98	2 811
1967	17	477	1982	136	3 733
1968	16	448	1983	140	3 690
1969	33	891	1984	138	3 456
1970	46	1 200	1985	176	4 156
1971	57	1 502	1986	195	4 170
1972	62	1 674	1987	207	5 031
1973	57	1 482	1988	193	4 518
1974	46	1 196	1989	221	4 687
1975	49	1 333	1990	253	5 092
1976	50	1 350	1991	300	5 984
1977	63	1 638	1992	392	6 300
1978	66	1 716	1993	420	6 807
1979	90	2 340	1994	390	5 892

Ursprungsdaten: BISOWE: unveröffentlichte Materialien

[1] Für 1964 liegen keine Daten vor, da das Bildungs- und Sozialwerk – so lautete der ursprüngliche und für das Kürzel prägende Name – erst am 28. November jenes Jahres gegründet wurde. Auch für 1965 ließen sich bisher noch keine Daten ermitteln.

[2] Erfaßt sind lediglich die Seminare von drei- bis fünftägiger Dauer.

[3] Ab 1985 unter Nutzung des am 11. Dezember 1984 eingeweihten DBB-Bildungszentrums (BZ) in Königswinter-Thomasberg und unter Mitberücksichtigung der bereits am 8. Juni 1984 gegründeten DBB-Akademie. Ab Mai 1990 Ausdehnung der Bildungsarbeit des BISOWE auf die neuen Bundesländer unter Mitwirkung der DBB-Akademie. Ab 1992 unter Einbeziehung der Tätigkeit des Berufsbildungswerks des DBB, das vor allem als Beitrag zum Aufbau einer funktionsfähigen öffentlichen Verwaltung in den neuen Bundesländern am 20. Juni 1991 gegründet worden war. Seit dem 12. Juli 1993 sind das ursprüngliche BISOWE, die DBB-Akademie und das Berufsbildungswerk des DBB unter dem Namen BISOWE – Bildungsdienst, Sozialwerk und Akademie des DBB zusammengefaßt.

Auf zwei wichtige Aspekte der Bildungsarbeit des DBB, die sich heute mit dem Kurzwort BISOWE verbinden, ist hier noch hinzuweisen: 1989 hat das BISOWE in Brüssel eine Außenstelle bezogen und damit einen inhaltlichen Konzeptwechsel markiert, wonach sich das Bildungswerk Ende der achtziger Jahre die Aufgabe gestellt hatte, das Behördenpersonal mittels Fachtagungen, Seminaren und Sprachschulungen verstärkt auf die Anforderungen des Europas der neunziger Jahre vorzubereiten.

1991 hat der DBB bereits Mitte des Jahres sein jetzt dem BISOWE einverleibtes Berufsbildungswerk gegründet, um angesichts der Situation der öffentlichen Verwaltung in den neuen Bundesländern die berufliche Qualifikation der dortigen Mitarbeiter im öffentlichen Dienst voranzutreiben.

DAG: BW/DAA – DAG-Technikum

Die Bildungsarbeit der DAG wird einerseits als Schulung der ehren- und hauptamtlichen Funktionäre mit gewerkschafts- und gesellschaftspolitischer Schwerpunktsetzung im DAG-Bildungszentrum Walsrode sowie auf Bezirks- und Landesebene durch die regionalen Gliederungen der DAG und deren dort tätige Bildungseinrichtungen realisiert. Andererseits existieren seit den fünfziger Jahren zwei große Bildungswerke als eingetragene Vereine, die sich der Allgemeinen und Beruflichen Bildung widmen und gerade erst 1994 enger zusammengefaßt worden sind. Danach firmiert die Deutsche Angestellten-Akademie künftig als DAA im Bildungswerk (BW) der DAG.

Diese Entwicklung zeigt bereits, daß zwischen dem ursprünglichen BW von 1952 und der 1959 zum Zweck der Ausweitung der gewerkschaftlichen Bildungsarbeit auf den akademischen Bereich gegründeten DAA thematisch keine grundsätzlichen Unterschiede bestehen. Und als die Bildungsaktivitäten der DAG nach der Wiedervereinigung auch auf die neuen Bundesländer ausgeweitet wurden, geschah dies sogar einheitlich unter dem DAA-Logo.

Bundesweit unterhielten die beiden großen DAG-Bildungswerke 1990 gut 50 Institute und Zweigstellen, von denen ausgehend in mehr als 300 Orten Tages- und Abendlehrgänge durchgeführt wurden. Die Zahl der Lehrkräfte lag damals bei annähernd 7000 Personen (Tabelle 6). Sie wuchs 1992 auf fast 9000 und stabilisierte sich dort – allerdings unter Verschiebung der Gewichte von den festangestellten zu den auf Honorarbasis tätigen Mitarbeitern. Eine ähnliche Verschiebung der Anteile zeigt sich übrigens auch bei den Lehrgangsteilnehmern, und zwar zugunsten der Meldungen aus den neuen Bundesländern.

Anders als das bfw des DGB bieten BW und DAA Daten für Ost und West in zusammenfassenden Übersichten. Diese Synopse erlaubt es daher, auch festzustellen, ob einerseits im Laufe der Zeit, andererseits im Vergleich der alten und neuen Bundesländer voneinander abweichende Bildungsschwerpunkte im DAG-Angebot favorisiert wurden.

So läßt sich etwa ein überdurchschnittliches Interesse der Teilnehmer aus den neuen Bundesländern an kaufmännischer Aus- und Fortbildung nachweisen sowie an Angeboten aus dem Bereich Gesundheit und Soziales. Das gilt 1994 in verstärktem Maße auch wieder für den Bereich berufliche Orientierung und Information (Tabelle 7).

Die DAG unterhält seit 1963 überdies noch ein kleineres Bildungswerk: die DAG-Technikum GmbH mit Sitz in Essen. Nach einer bewegten Geschichte, die bis auf die 1915 durch den Fliegeroffizier und Diplom-Ingenieur Wilhelm Mayer-Gentner gegründete „Schule des Flugtechnikers" – ab 1924/25 „Fernschule Berlin-Jena" – zurückgeht, entwickelte sich das DAG-Technikum zum gesamtdeutsch größten Institut für die berufsbegleitende Fortbildung zum staatlich geprüften Techniker.

Neben dem Verwaltungssitz in Essen unterhält das DAG-Technikum drei Seminar- und Prüfungszentren (Würzburg, Osnabrück, Jena) und ist darüber hinaus an 61 weiteren Unterrichtsorten für den Samstagsunterricht vertreten. Die rund 13 000 Studienteilneh-

Tabelle 6

Bildungswerk (BW) der Deutschen Angestellten-Gewerkschaft (DAG) und Deutsche Angestellten-Akademie (DAA)
Zahlen zur Entwicklung in den letzten elf Jahren (1983 bis 1993)

Jahr	Teilnehmer			Teilnehmerstunden[1] in 1 000			Mitarbeiter	
	insgesamt	neue Bundesländer		insgesamt	neue Bundesländer		festangestellt	auf Honorarbasis
		absolut	in Prozent		absolut	in Prozent		
1983	72 000			23 900				
1984	77 000			26 600				
1985	80 000			29 400				
1986	90 000			32 100				
1987	93 000			35 600				
1988	100 000			36 600				
1989	104 000			40 400			1 887	4 900
1990	112 000	5 222	4,66	45 000	1 120	2,49	2 251	4 500
1991	123 000	20 871	16,97	51 100	9 160	17,93	2 997	5 000
1992	123 000	22 631	18,40	54 300	13 740	25,30	2 727	6 000
1993	104 000	18 824	18,10	50 200	12 300	24,50	2 436	5 820
1994	103 500	20 408	19,72	46 700	10 700	22,91	2 213	6 730

Ursprungsdaten: BW/DAA: Jahresberichte und unveröffentliche Materialien; eigene Berechnungen

[1] Unterrichtsstunden x Teilnehmerzahl

mer im Jahr werden von 41 hauptamtlichen und 1200 freiberuflichen Dozenten, Korrektoren und Autoren betreut.

Internationale Bildungsarbeit der Gewerkschaften

Die bisherigen Ausführungen ließen bereits deutlich werden, daß von den Gewerkschaften und ihren Bildungswerken zunehmend

Tabelle 7

Bildungswerk (BW) der Deutschen Angestellten-Gewerkschaft (DAG) und Deutsche Angestellten-Akademie (DAA)
Fachliche Struktur des Lehrgangsangebots und Entwicklung der Teilnehmerzahlen

Fachlicher Strukturbereich	1994		1993		1992	
	Teilnehmerzahl		Teilnehmerzahl		Teilnehmerzahl	
	insgesamt	davon in den neuen Bundesländern absolut (in Prozent)	insgesamt	davon in den neuen Bundesländern absolut (in Prozent)	insgesamt	davon in den neuen Bundesländern absolut (in Prozent)
Kaufmännischer Bereich absolut (in Prozent)	49 579 (53,30)	10 903 (21,99) (53,63)	51 021 (57,02)	11 743 (23,02) (62,67)	56 373 (52,31)	11 971 (21,24) (53,22)
Bereich Datenverarbeitung[1] absolut (in Prozent)	15 338 (16,49)	1 460 (9,52) (7,18)	15 597 (17,43)	1 402 (8,99) (7,48)	21 712 (20,14)	2 968 (13,67) (13,19)
Bereich Gesundheit und Soziales absolut (in Prozent)	11 054 (11,88)	3 908 (35,35) (19,22)	9 543 (10,67)	3 460 (36,26) (18,47)	9 350 (8,67)	3 395 (36,31) (15,09)
Gewerblich-technischer Bereich[2] absolut (in Prozent)	5 346 (5,75)	1 208 (22,60) (5,94)	4 547 (5,08)	1 086 (23,88) (5,80)	5 658 (5,25)	1 189 (21,02) (5,29)

Tabelle 7 (Fortsetzung)

Fachlicher Strukturbereich	1994		1993		1992	
	Teilnehmerzahl		Teilnehmerzahl		Teilnehmerzahl	
	insgesamt	davon in den neuen Bundesländern absolut (in Prozent)	insgesamt	davon in den neuen Bundesländern absolut (in Prozent)	insgesamt	davon in den neuen Bundesländern absolut (in Prozent)
Fremdsprachliche Weiterbildung absolut (in Prozent)	947 (1,02)		1 445 (1,62)		2 078 (1,93)	
Berufliche Orientierung und Information absolut (in Prozent)	7 876 (8,47)	2 814 (35,73) (13,84)	3 394 (3,79)	736 (21,69) (3,93)	8 122 (7,54)	2 408 (29,65) (10,70)
Sonstige Bereiche absolut (in Prozent)	2 885 (3,10)	37 (1,28) (0,18)	3 931 (4,39)	309 (7,86) (1,65)	4 483 (4,16)	564 (12,58) (2,51)
gesamt absolut in Prozent	93 025 (100,00)	20 330 (21,85) (100,00)	89 478 (100,00)	18 736 (20,94) (100,00)	107 776 (100,00)	22 495 (20,87) (100,00)

Tabelle 7 (Fortsetzung)

Fachlicher Strukturbereich	1991		1990	1989
	Teilnehmerzahl		Teilnehmerzahl	Teilnehmerzahl
	insgesamt	davon in den neuen Bundesländern absolut (in Prozent)	insgesamt	insgesamt
Kaufmännischer Bereich absolut (in Prozent)	49 219 (46,72)	8 688 (17,65) (41,87)	41 714 (47,59)	38 069 (47,75)
Bereich Datenverarbeitung[1] absolut (in Prozent)	24 488 (23,25)	2 990 (12,21) (14,41)	23 863 (27,23)	23 595 (29,59)
Bereich Gesundheit und Soziales absolut (in Prozent)	6 510 (6,18)	2 272 (34,90) (10,95)	3 620 (4,13)	2 679 (3,36)
Gewerblich-technischer Bereich[2] absolut (in Prozent)	5 645 (5,36)	607 (10,75) (2,92)	4 378 (5,00)	4 857 (6,09)
Fremdsprachliche Weiterbildung absolut (in Prozent)	2 333 (2,21)		2 147 (2,45)	2 068 (2,59)
Berufliche Orientierung und Information absolut (in Prozent)	12 142 (11,53)	5 809 (47,84) (27,99)	7 383 (8,42)	

Tabelle 7 (Fortsetzung)

Fachlicher Strukturbereich	1991		1990	1989
	Teilnehmerzahl		Teilnehmerzahl	Teilnehmerzahl
	insgesamt	davon in den neuen Bundesländern absolut (in Prozent)	insgesamt	insgesamt
Sonstige Bereiche absolut (in Prozent)	5 003 (4,75)	385 (7,70) (1,86)	4 542 (5,18)	8 463 (10,62)
gesamt absolut in Prozent	**105 340 (100,00)**	**20 751 (19,70) (100,00)**	**87 647 (100,00)**	**79 731 (100,00)**

Ursprungsdaten: BW/DAA: Jahresberichte und unveröffentlichte Materialien; eigene Berechnungen

[1] Teilweise Überschneidungen mit dem kaufmännischen Bereich
[2] Einschließlich Hotel- und Gaststättengewerbe

die Notwendigkeit erkannt worden ist, grenzüberschreitende Bildung nicht nur als Akt der Solidarität in Form von Personal- und Finanzhilfen an Länder der Dritten Welt mißzuverstehen, sondern als Hilfsmaßnahme für deutsche Arbeitnehmer zu begreifen, denen mindestens europa-bezogene Inhalte zu vermitteln sind. Angesprochen wird das beispielsweise im jüngsten DGB-Geschäftsbericht: „Bei den Inhalten der Weiterbildung geht es in zunehmendem Maße auch um die Vermittlung von **Kenntnissen über das europäische Umfeld**. Im Rahmen der ‚Konzertierten Aktion Weiterbildung' hat sich der DGB an entsprechenden Beratungen beteiligt. Dabei ging es zum Beispiel um die notwendigen Ergänzungen beruflicher Qualifikationen, Fremdsprachen und Vermittlung landeskundlicher Kenntnisse" (DGB, 1994b, 175).

Als jüngstes praktisches Beispiel dieser Neuorientierung präsentiert das für Gewerkschaftliche Bildung zuständige DGB-Bildungswerk ein Programm zur Schulung von Euro-Betriebsratsmitgliedern. Das geschieht national in Zusammenarbeit mit den DGB-Gewerkschaften HBV, IGC und IGM, europaweit durch Kooperation mit Gewerkschaften aus den Niederlanden, Frankreich und Großbritannien. Das Programm orientiert sich an einem Zeitrahmen von zwei Jahren und einem Bildungsbedarf von mehr als 10 000 Arbeitnehmern. Jede Maßnahme soll sich in drei Seminare à drei bis fünf Tage und ein bis zwei (Auslands-)Praktika von je zwei Wochen gliedern.

Thematisch werden folgende Schwerpunkte gesetzt:

– Kenntnis und Interpretation der EU-Richtlinie

– Praxiserfahrungen bestehender Euro-Betriebsräte

– Verhandlungsstrategien gegenüber europäischen Konzernleitungen

– Vereinbarungen über Euro-Betriebsräte

– Arbeitsbeziehungen und Gewerkschaftsstrukturen in den vier am Programm beteiligten Ländern (Brinkmann, 1995, 17).

Neben der Ausweitung der nationalen Bildungsprogramme auf europäische oder internationale Aspekte und Inhalte ist hier indessen an erster Stelle die institutionalisierte Bildungsarbeit der europäischen und internationalen Dachverbände der Gewerkschaften zu erwähnen.

EGB – EGI – AFETT – EGA

Der Europäische Gewerkschaftsbund (EGB) als Dachverband von DGB und DAG hat bereits 1978 sein Europäisches Gewerkschaftsinstitut (EGI) als Instrument der europäischen Gewerkschaftsbewegung für Forschung, Information/Dokumentation und Bildung gegründet. Sein spezielles Arbeitsfeld ist die wissenschaftliche Erarbeitung von Bildungsmaterialien.

Unter dem Eindruck des technologischen Wandels wurde 1987 vom EGB zusätzlich eine Vereinigung zur Europäischen Ausbildung der Arbeitnehmer im Technologiebereich, AFETT (Association pour la Formation Européenne des Travailleurs aux Technologies), geschaffen, die Gewerkschaftsfunktionären Verhandlungskompetenz in technologischen Fragen vermitteln beziehungsweise sie zur diesbezüglichen Fortbildung ihrer Kollegen befähigen soll.

Im Jahre 1990 wurde eine erste Bilanz zu den zurückliegenden zweieinhalb Tätigkeitsjahren veröffentlicht. In ihr sind fünf „Stärken" der Aktivitäten von AFETT hervorgehoben:

– eine die europäische Dimension fördernde Arbeitsmethode

– eine Methode zur Konzeption der Ausbildungsprogramme

– Kursprogramme

– Methoden zur Bewertung der Ausbildung

– ein Netz von Kursleitern und Experten.

1990 schließlich gründete der EGB seine Europäische Gewerkschaftsakademie (EGA). Ihre Aufgabe besteht darin, den Gewerkschaften dabei zu helfen, den Herausforderungen, die mit dem schnellen ökonomischen, politischen und sozialen Wandel in Europa verbunden sind, zu begegnen. Ziel der Arbeit der EGA, die als praxisorientiert und auf nationale Erfahrungen gestützt charakterisiert wird, ist es, nicht zuletzt durch Seminartätigkeit persönliche Kontakte zwischen den Teilnehmern zu fördern und so wiederum ein „europaweites Netzwerk" von Gleichgesinnten zu schaffen.

Seitens des DGB hatten nach dessen jüngstem Geschäftsbericht bis Ende 1993 insgesamt 43 deutsche Gewerkschafter vom EGA-Angebot Gebrauch gemacht. Dabei ging es um sogenannte Grundlagenqualifizierung sowie um themenspezifische Seminare (DGB, 1994b, 322).

CESI – AE

Im Frühjahr 1990 wurde auf Initiative des DBB die Europäische Union der Unabhängigen Gewerkschaften, CESI (Confédération Européenne des Syndicats Indépendents) gegründet, der seit 1992 auch der Christliche Gewerkschaftsbund Deutschlands (CGB) sowie seit 1993 die Ärztegewerkschaft Marburger Bund (mb), der Verband der angestellten und beamteten Ärztinnen und Ärzte Deutschlands, angehören. Schon im Oktober 1990 hatte sich die CESI ihre Akademie Europa (AE) geschaffen, zu deren Präsidentin die ehemalige Stellvertretende DBB-Bundesvorsitzende (1991 bis 1995) und CESI-Generalsekretärin, Ursula Vossenkuhl, im Januar 1993 gewählt worden war.

Die AE ist als „unabhängiges Bildungs- und Wissenschaftsinstitut" mit Sitz in Brüssel gegründet worden, um den Arbeitnehmern durch Weiterbildung die Chance zu geben, den sich ständig verändernden und steigenden Anforderungen im Beruf gerecht zu werden (Pege, 1990, 47). Bei ihrer Arbeit, die sich vorerst im wesentlichen auf Durchführung von Tagungen konzentriert, kann die AE natürlich auch auf die Erfahrungen des BISOWE zurückgreifen, das – wie oben erwähnt – in Brüssel eine Zweigstelle unterhält.

IBFG – IMB

Im internationalen Bereich konzentriert sich die Bildungsarbeit der gewerkschaftlichen Dachverbände einerseits auf Ausarbeitung programmatischer Papiere, andererseits auf praktische Hilfen zum Aufbau von Gewerkschaften in der Dritten und Vierten Welt.

Ein eindrucksvolles Beispiel bot hier zuletzt im Juni 1994 der Internationale Bund Freier Gewerkschaften (IBFG) mit seiner Weltkonferenz über Gewerkschaftsbildung im dänischen Helsingör. Dazu heißt es, daß sich dort 200 Sachverständige aus 90 Ländern mit einem Thema auseinandergesetzt hätten, das das Rückgrat der Gewerkschaftsbewegung darstellt: Bildung und Schulung (IBFG, 1994, 1).

Die Gewerkschaften tragen diesem Anspruch nach eigenen Angaben dadurch Rechnung, daß sie im Bereich des IBFG Jahr für Jahr weltweit rund eine Million aktiver Mitglieder an Gewerkschaftsschulungen teilnehmen lassen. Allein der IBFG führt aktuell in 90 Ländern Schulungsprogramme durch, die ihn jährlich 5 Millionen US-Dollar kosten. In den Entwicklungsländern werden nach dieser Darstellung seitens der Gewerkschaften der Industrienationen sogar annähernd 100 Millionen US-Dollar für die Gewerkschaftsbildung aufgewandt mit dem Ziel, dort Gewerkschaften zu etablieren und so einen Beitrag zur – weithin erst einmal staatlichen – Demokratisierung zu leisten.

Ein anderes Beispiel für das Bildungsengagement der internationalen Dachverbände der Gewerkschaften bietet der Internationale Metallgewerkschaftsbund (IMB) gleich in zwei programmatischen Schriften. In seiner „Metaller-Charta für Wirtschafts- und Sozialentwicklung" gehört zu den sechs Schwerpunkten die „Förderung des Bildungswesens und der Arbeitszeitverkürzung". Und in seiner 11 Punkte umfassenden Internationalen Sozialcharta, in der die von ihm geforderten Rechte zusammengefaßt sind, zielt Punkt 6 auf das „Recht auf Weiterbildung".

Zur Praxis seiner Bildungsarbeit wurde Anfang Dezember 1994 auf der Exekutivausschuß-Sitzung des IMB ausgeführt, daß sich seine vier, den Erdteilen (ohne Europa) zugeordneten Regionalbüros ausnahmslos intensiv mit der Durchführung zahlreicher Seminare und Bildungsprogramme beschäftigen (IMB, 1995, 4).

Zusammenfassung und Fazit

Die deutschen Gewerkschaften verfügen im Bildungsbereich über große Einflußmöglichkeiten sowie über ein weitverzweigtes Netz von Bildungsinstitutionen. Doch haben sie als Bildungsanbieter erstaunliche Fehler begangen. Während Bildung als Synonym für Wandel und Fortschritt – die sie in ihren öffentlichen Erklärungen immer wieder beschwören – angesehen werden kann, haben sie nach ihrem Neuanfang zu Beginn der fünfziger Jahre Bildung formal und inhaltlich erstarren lassen.

Folge ist, daß innergewerkschaftliche Kritiker, entweder bezogen auf Teile des gewerkschaftlichen Bildungsimperiums oder in toto – zu Recht –, von einer Krise der gewerkschaftlichen Bildungsarbeit sprechen. Die immer wieder bei Dritten angemahnte innovative Kraft fehlt den Gewerkschaften selbst, wie derzeit leere Bänke in ihren Bildungseinrichtungen zeigen – aber auch der ausbleibende Nachwuchs.

Wenn Qualifikation, wovon heute alle Welt spricht – und eben auch die Gewerkschaften –, jene Schlüsselrolle in der beruflichen und gesellschaftlichen Zukunft jedes einzelnen spielt, wird diese Botschaft einerseits gerade von den vor Ort agierenden Gewerkschaften deutlicher vermittelt werden müssen, werden andererseits aber auch – und zwar ungeachtet möglicher finanzieller Hilfen – von ihnen selbst attraktivere Angebote zu entwickeln sein.

Dazu bedarf es aus der Sicht außergewerkschaftlicher Beobachter vor allem der Rückbesinnung auf jene Wurzeln der organisierten Arbeitnehmerschaft, die mit dem Stichwort „Selbsthilfe" umrissen werden können. Und dazu bedarf es sicher auch zweier Dimensionen, die schon innerhalb der deutschen Gewerkschaften diskutiert werden: der Öffnung aller Institutionen und Programme für europaweites Denken und Handeln sowie der Öffnung aller noch vorhandenen Wagenburgen für breiteste Kooperationsformen, die den Partner nicht nur unter dem Aspekt des möglichen finanziellen Vorteils taxieren.

Die Gewerkschaft Erziehung und Wissenschaft (GEW) hatte in ihrem Antrag 109 an den 15. Ordentlichen DGB-Bundeskongreß vom Juni 1994 dazu bereits unter dem Stichwort „Kooperation" Vorstellungen formuliert, die freilich nur als Material an den Bundesvorstand überwiesen wurden. Darin findet sich beispielsweise der Satz: „Es ist deshalb eine Aufgabe der Gewerkschaften, in den nächsten Jahren dieses Reformklima (Anm. d. Autors: das zur Verbreitung guter Ideen benötigt wird) herzustellen und dazu eine breite Kooperation der verschiedensten gesellschaftlichen Kräfte zu suchen, die an qualitativen Erneuerungen der Weiterbildung interessiert sind" (DGB, 1994a, A 533).

Literatur

Arlt, Fritz, 1975: Bildungsmacht Gewerkschaft – Macht ohne Gegenmacht; in: Institut der deutschen Wirtschaft (Hrsg.), Materialien zu bildungs- und gesellschaftspolitischen Fragen, Folge 37

Brinkmann, Manfred, 1995: Das Fitneß-Programm – Das DGB-Bildungswerk bietet Hilfe beim Ausbau von Euro-Betriebsräten an; in: Deutscher Gewerkschaftsbund – DGB – (Hrsg.), Die Quelle 46, Heft 2/95, Seite 17

Dera, Klaus / **Tölle**, Hartmut, 1995: Im Mittelpunkt des Interessengegensatzes steht der Mensch – Anmerkungen zur Bildungsarbeit der IG Metall; in: Deutscher Gewerkschaftsbund – DGB – (Hrsg.), Gewerkschaftliche Bildungspolitik, Nr. 1/95, Seite 18 bis 25

DGB, 1981: Protokoll zum 4. Außerordentlichen Bundeskongreß des Deutschen Gewerkschaftsbundes, 12. bis 14. März 1981, Seite 77 bis 78 und Anträge (A) Seite 64

DGB, 1994a: Protokoll zum 15. Ordentlichen Bundeskongreß des Deutschen Gewerkschaftsbundes, 13. bis 17. Juni 1994, Seite 556 bis 558 und Anträge (A) Seite 533

DGB, 1994b: Geschäftsbericht 1990 bis 1993 des Deutschen Gewerkschaftsbundes, Seite 175

IBFG, 1994: Organisieren/Eine Million Gewerkschaftsmitglieder werden jedes Jahr geschult; in: Internationaler Bund Freier Gewerkschaften (Hrsg.), Freie Gewerkschaftswelt, Nr. 7–8/94, Seite 1 und 5

IGM, 1992: Geschäftsbericht 1989 bis 1991 der Industriegewerkschaft Metall, Seite 632

IGM, 1994: Angebote für Bildungshungrige/Bildungsarbeit in der Diskussion; in: Industriegewerkschaft Metall (Hrsg.), metall 46, Heft 20/94, Seite 18

IMB, 1995: Der IMB-Exekutivausschuß tritt in Genf zusammen; in: Internationaler Metallgewerkschaftsbund (Hrsg.), IMB-Nachrichten, Nr. 1/95, Seite 4

IW, 1993: Chemie-Sozialpartner gründen Weiterbildungs-Stiftung; in: Institut der deutschen Wirtschaft Köln (Hrsg.), gewerkschaftsreport 27, Nr. 1/93, Seite 121 bis 126

Kramer, Wolfgang, 1989: Bildungswerke der Gewerkschaften, in: Institut der deutschen Wirtschaft Köln (Hrsg.), gewerkschaftsreport 23, Nr. 3/89, Seite 23 bis 33

Negt, Oskar / **Grubauer**, Franz, 1994: Wider das Einmauern von bewährten Traditionsbeständen/Abschied von der ideologischen Bildung; in: Frankfurter Rundschau 50, Nr. 227, vom 29. September 1994, Seite 6

Pege, Wolfgang, 1988: 6. EGB-Kongreß; in: Institut der deutschen Wirtschaft Köln(Hrsg.), gewerkschaftsreport 22, Nr. 4/88, Seite 38 bis 42

Pege, Wolfgang, 1990: CESI-Gründung; in: Institut der deutschen Wirtschaft Köln (Hrsg.), gewerkschaftsreport 24, Nr. 4/90, Seite 46 bis 47

Andreas von Below

Das Aus- und Weiterbildungsangebot der politischen Stiftungen in Deutschland

Inhalt

Der Auftrag der politischen Stiftungen	385
Das Bildungsangebot der politischen Stiftungen	387
Grundlagenseminare	389
Trainingsprogramme zum Erwerb praktischer Fähigkeiten	391
Veranstaltungen zu aktuellen politischen Themen	391
Die besondere Herausforderung: der deutsche Einigungsprozeß	393
Teilnehmerstruktur und Wirkung der politischen Aus- und Weiterbildung	395
Literatur	399

Der Auftrag der politischen Stiftungen

„Die Stiftungen sollen die Beschäftigung der Bürger mit politischen Sachverhalten anregen und den Rahmen bieten für eine – allen interessierten Bürgern zugängliche – offene Diskussion politischer Fragen. Dadurch wird das Interesse an einer aktiven Mitgestaltung des gesellschaftlichen und politischen Lebens geweckt und das dazu nötige Rüstzeug vermittelt" (BVerfGE 73, 33). So beschreibt das Bundesverfassungsgericht den Auftrag der politischen Stiftungen in seinem Urteil vom 14. Juli 1986. Es hat damit den Kern der Arbeit dieser Institutionen sehr präzise umrissen. Stiftungen wollen über politische Sachverhalte informieren, offene Diskussionsforen anbieten, aber auch zur politischen Mitwirkung in unserer Gesellschaft anregen, das praktische und theoretische Handwerkszeug für diese Mitwirkung vermitteln – letztlich mit dem Ziel, unsere demokratisch-rechtsstaatliche Gesellschaftsordnung zu erhalten und weiterzuentwickeln.

Die älteste der großen politischen Stiftungen ist die Friedrich-Ebert-Stiftung. Als Vermächtnis des ersten Reichspräsidenten in der Weimarer Republik 1925 gegründet, entstand sie als Institution, „die den Ideen und Grundwerten der sozialen Demokratie und der Arbeiterbewegung verpflichtet ist" (Friedrich-Ebert-Stiftung, 1994a, 5). In der Zeit des Nationalsozialismus war die Friedrich-Ebert-Stiftung verboten. Erst 1949 konnte sie ihre Arbeit wieder aufnehmen. Traditionell steht die Friedrich-Ebert-Stiftung der Sozialdemokratischen Partei Deutschlands nahe und wirkt in ihrem geistigen Umfeld.

Als weitere parteinahe Stiftungen wurden in den fünfziger und sechziger Jahren die Konrad-Adenauer-Stiftung, die Friedrich-Naumann-Stiftung und die Hanns-Seidel-Stiftung gegründet. Sie stehen den im Deutschen Bundestag vertretenen Parteien CDU, FDP und CSU nahe. 1988 kam der den Grünen nahestehende Stiftungsverband Regenbogen hinzu (Fülle, 1992). Dieser Stiftungsverband weicht in seiner Organisation und Arbeitsweise von den anderen genannten Stiftungen ab. Diese Abweichungen werden aber hier nicht diskutiert, weil sie nicht typisch sind für die Stiftungsarbeit insgesamt.

Die leidvollen historischen Erfahrungen aus der Weimarer Republik waren ein entscheidendes Motiv für die Neugründungen der politischen Stiftungen nach dem Zweiten Weltkrieg. Die Weimarer Republik scheiterte unter anderem deswegen, weil es nicht gelang, in breiten Bevölkerungskreisen Rückhalt für die demokratische Staatsform zu finden. In der jungen Bundesrepublik Deutschland sollte deshalb nach dem Willen der parlamentarischen Mehrheiten von Anfang an ein festes Fundament für eine von möglichst vielen engagierten Bürgern mitgetragene freiheitlich-rechtsstaatliche Demokratie geschaffen werden. Den politischen Stiftungen war die Aufgabe zugedacht, dieses Engagement zu fördern und als Agenturen der Demokratie in der Gesellschaft zu wirken. Dies ist bis heute der Kern ihres Auftrages und ihrer praktischen Arbeit.

Der Aufgabenbereich der Stiftungen hat sich im Laufe der Jahre erweitert. Ein wichtiges Feld der Stiftungsarbeit wurde neben der außerschulischen politischen Bildung im Inland die internationale Zusammenarbeit. Von der Öffentlichkeit kaum wahrgenommen, unterstützen die Stiftungen mit weit mehr als der Hälfte ihres jährlichen Etats Prozesse der Demokratisierung und demokratisch-rechtsstaatliche Institutionen in Lateinamerika, Asien, Afrika, Mittel- und Osteuropa. Sie leisten damit einen wesentlichen Beitrag, die Ideale der Menschenrechte, der Demokratie und des rechtsstaatlichen Denkens in vielen Ländern der Welt zur Geltung zu bringen. Politisch-wissenschaftliche Forschung, Förderprogramme für begabte Studenten und Künstler sowie umfangreiche Archivsammlungen und -betreuungen politischer Nachlässe sind weitere wichtige Arbeitsbereiche der Stiftungen.

Die politischen Stiftungen stehen jeweils einer politischen Partei nahe. Sie orientieren sich dabei an deren Grundwerteverständnis. „Aber ihr Ziel ist nicht die Parteischulung, sondern staatsbürgerliche Bildung. Sie sind keine Schmieden zur Härtung von Meinungen, sondern Orte des freien Meinungsaustauschs. Pluralistische

Denkansätze, partei- und gruppenübergreifende Dialoge, das Denken über den Tag hinaus und über die Legislaturperioden hinweg" (Börner, 1993) kennzeichnen die Arbeit der politischen Stiftungen.

Dagegen formulieren Parteien politische Ziele und Vorstellungen, die sie in praktische Politik umsetzen wollen. Ihre politischen Willensbildungsprozesse kumulieren in Wahlkämpfen mit dem Ziel, Mehrheiten zu erlangen, die exekutiven Ämter zu übernehmen und die politischen Konzepte umzusetzen. Politische Programmatik, die Auslese des politischen Personals, Wahlkämpfe und die Erringung der politischen Macht gehören zu den originären Aufgaben der Parteien, nicht jedoch zu den Tätigkeitsfeldern der politischen Stiftungen. „Deren Wirkungsfeld ist nicht die vita activa der Parteipolitik, sondern die vita contemplativa der politischen Erkenntnis" (Isensee).

Die politischen Stiftungen finanzieren sich überwiegend aus öffentlichen Mitteln, wobei die weitaus höchsten Zuweisungen aus Bundeshaushalten bereitgestellt werden (zum Beispiel aus den Etats des Bundesministeriums für wirtschaftliche Zusammenarbeit, des Auswärtigen Amtes, des Bundesministeriums für Bildung und Wissenschaft und des Bundesministeriums des Inneren). Weitere Mittel stammen aus Landeshaushalten, Spenden und Eigeneinnahmen (Teilnehmerbeiträge). Die Verwendung der Finanzmittel unterliegt der regelmäßigen Kontrolle der Zuwendungsgeber, Rechnungshöfe und Finanzämter. Die Einnahmen- und Ausgabenrechnungen sowie die Bilanzen der politischen Stiftungen werden veröffentlicht (von Vieregge, 1977; Langguth, 1993).

Das Bildungsangebot der politischen Stiftungen

Nahezu eine Viertelmillion Bürger besuchen jährlich die circa 6000 Bildungsveranstaltungen der politischen Stiftungen in Deutschland. Diese Zahlen machen deutlich, daß die Stiftungen ein wichtiger Faktor im Bereich der politischen Aus- und Weiterbildung sind. Sie stellen ein breites, differenziertes Bildungsangebot zur Verfügung, das von vielen unterschiedlichen Personenkreisen und Gruppen genutzt wird.

Die Stiftungen unterhalten eine Reihe von zentralen Bildungsstätten und Organisationsbüros, die über die ganze Bundesrepublik verteilt sind und den Interessenten den Zugang zu den politisch-pädagogischen Dienstleistungen ortsnah anbieten. So verfügt die Friedrich-Ebert-Stiftung über sechs Bildungszentren, vier Regionalbüros, drei Landesbüros in den alten und sieben in den neuen Ländern. Die Konrad-Adenauer-Stiftung ist mit 21 Regionalbüros und zwei zentralen Bildungszentren mit überregionalen Wirkungsbereichen vertreten. Die kleineren Stiftungen verfügen ebenfalls über mehrere Einrichtungen, mit denen sie ihr politisches Bildungsangebot organisieren.

Als Hauptziel der politischen Bildung wird von den Stiftungen die **Mündigkeit des Bürgers** genannt. Er soll sich Fähigkeiten aneignen, um sich in der Gesellschaft zu behaupten, diese mitzugestalten und in ihr Verantwortung zu tragen. Voraussetzung dafür sind Sachkenntnis über politische Zusammenhänge, Urteilskraft und Bewertungsmaßstäbe zu politischen Entwicklungen sowie praktische politische Fertigkeiten. Die politische Bildung erklärt Politik, weckt Verständnis für die Werte und Normen unserer Verfassung und ermutigt Menschen, sich aktiv am politischen Prozeß zu beteiligen.

Um einen Einblick in die Vielfalt der Bildungsveranstaltungen, ihre Ziele und Inhalte zu geben, sollen sie hier in drei Kategorien eingeteilt werden:

– Grundlagenseminare

– Trainingsprogramme zum Erwerb praktischer Fähigkeiten

– Veranstaltungen zu aktuellen politischen Themen.

Grundlagenseminare

Die Grundlagenseminare beschäftigen sich unter anderem mit Ordnungsmodellen für Staat, Wirtschaft und Gesellschaft, mit den Hauptströmungen politischen Denkens und mit ethischen Fragen. Dazu haben die Stiftungen in langjähriger Praxis methodisch-didaktisch aufbereitete Seminare entwickelt. Am Beispiel dreier Seminare der Konrad-Adenauer-Stiftung läßt sich dies erläutern:

- Ein fünfstufiges „Politisches Seminar" informiert über die Grundlagen und Leitprinzipien freiheitlich-demokratischer Politik, ihre ethischen Postulate und die Mechanismen der Entscheidungsfindung. Die erste Stufe steht unter der Überschrift „Politik in der Praxis. Ein Blick hinter die Kulissen". Kommunal- und Landespolitiker berichten über ihren Weg in die Politik und ihre Erfahrungen im politischen Alltag. Die Grundlagen des politischen Systems der Bundesrepublik Deutschland werden nach einem Tag praktischer Erfahrungen in Bonn erarbeitet und diskutiert. Mit der Frage zur Glaubwürdigkeit der Politik im Verhältnis von Macht und Moral wird diese Seminarstufe beendet. In einem zweiten Schritt behandelt das Seminar am Beispiel der Umweltpolitik das Thema „Problemanalyse und Entscheidungsfindung in der Politik". Die Teilnehmer sollen Verständnis für die Spielregeln der Politik entwickeln und das Spannungsfeld zwischen Konsens, Konflikt und Kompromiß als ein wesentliches Merkmal der parlamentarischen Demokratie erkennen. Die dritte Stufe weitet den Blick auf Deutschlands Rolle in Europa. Daran schließt sich eine weitere Seminareinheit an, die sich mit den Ideen und Ideologien als Grundlage politischer Ordnungen beschäftigt. Die letzte Seminarstufe schließlich ist dem Thema „Analysieren, argumentieren, überzeugen" gewidmet und dient der Vertiefung und Einübung des gelernten Stoffes.

- Zur Kommunalpolitik wird ein vierstufiges Seminar angeboten (pro Stufe eine Woche). Der föderative Aufbau unseres Staates, die Mitwirkungsmöglichkeiten in der Kommunalpolitik, Rechte und Pflichten eines kommunalen Mandatsträgers sind unter anderem Lerneinheiten der ersten Stufe. Die Aufbaustufen widmen sich den Themen „Haushalt und Finanzen in den Gemeinden" sowie „Planen und Bauen". Ein Planspiel, in dem eine Ratssitzung einer Gemeinde simuliert wird, gibt Gelegenheit, das Wissen zu überprüfen und zu vertiefen. Das „Kommunalpolitische Seminar" bereitet interessierte Bürger auf die Übernahme eines Mandats vor. Es bietet aber auch erfahrenen Kommunalpolitikern eine fundierte Weiterbildung.

– Ebenfalls in vier systematisch aufeinander aufbauenden Stufen erläutert ein „Wirtschaftspolitisches Seminar" die Grundlagen und Funktionsweisen der Sozialen Marktwirtschaft: Grundbegriffe der Volkswirtschaftslehre, Wirtschaftskreislauf und Sozialprodukt. Außerdem stehen Felder und Aufgaben der Wirtschafts-, Geld-, Fiskal- und Außenwirtschaftspolitik im Mittelpunkt des Einführungsseminars. Die erste Aufbaustufe beschäftigt sich mit wirtschaftlichen Entscheidungen in marktwirtschaftlichen Systemen und geht in einer Fallstudie auf konkrete Entscheidungssituationen ein. „Wirtschaft, Gesellschaft und Politik in Deutschland" ist die Überschrift der dritten Seminarstufe, die sich unter anderem mit der wirtschaftlichen und politischen Willensbildung im Kräftefeld organisierter Interessen beschäftigt und die Sozial- und Steuerpolitik in unserer Gesellschaft untersucht. Das Abschlußseminar stellt die internationale Verflechtung unserer Wirtschaftsordnung heraus und geht auf die Soziale Marktwirtschaft im internationalen Wettbewerb der Wirtschaftsordnungen ein. Die wirtschaftliche Integration Europas kommt dabei ebenso zur Sprache wie der Transformationsprozeß der Wirtschaftsordnungen in Osteuropa und die Probleme der Entwicklungsländer.

Seminare zu den allgemeinen Grundlagen des politischen Systems der Bundesrepublik Deutschland, seiner Geschichte, seiner Wirtschafts- und Gesellschaftsordnung und seiner Rolle in der europäischen und internationalen Politik gehören zum Standardprogramm aller Stiftungen. Natürlich gibt es bei der konkreten Ausgestaltung, je nach politischer Grundorientierung, Modifikationen und unterschiedliche Gewichtungen. Der Verfassungskonsens und der im Urteil des Bundesverfassungsgerichts beschriebene Auftrag sind aber der gemeinsame Nenner für alle Stiftungen.

Trainingsprogramme zum Erwerb praktischer Fähigkeiten

Ein weiteres wichtiges Angebot der politischen Stiftungen stellen die Trainings zur Einübung praktischer Fertigkeiten dar. Wer im politisch-öffentlichen Bereich agieren will, sollte nicht nur über Fachwissen verfügen, sondern auch das praktische Handwerkszeug der Rede und des Managements beherrschen. Das Weiterbildungsangebot der Stiftungen zu diesen Themen umfaßt Trainings, in denen spontane Rede und Schlagfertigkeit, Diskussionen, Argumentationstechniken, der Aufbau und die Vorbereitung freier Reden eingeübt werden. Darüber hinaus werden praktische Übungen zur Erstellung von Presseartikeln sowie Trainings zur kommunalen Öffentlichkeitsarbeit angeboten. Diese Übungen werden mit politisch-inhaltlichen Themen verknüpft, so daß in der Regel nicht nur das Handwerkszeug erlernt, sondern gleichzeitig auch politische Inhalte vermittelt werden können.

Veranstaltungen zu aktuellen politischen Themen

Mit den Veranstaltungen zu aktuellen Themen begleiten die Stiftungen die öffentlich geführten politischen Auseinandersetzungen. Ziel ist dabei, objektiv über die Sachverhalte zu informieren, kontroverse Standpunkte darzustellen und das Gespräch über berufliche oder gesellschaftliche Gruppen hinweg zu stimulieren. Fachleute aus Wissenschaft, Medien, Kirchen, Kultur, Verbänden, Verwaltung und Politik werden eingeladen, um politische Sachthemen und Problemkomplexe zu analysieren und Antworten zu formulieren.

Die thematisch-inhaltlichen Schwerpunkte verändern sich entsprechend den politischen Entwicklungen. In den siebziger und achtziger Jahren spielte die Konfrontation zwischen den marxistischen Herrschaftssystemen und den westlich orientierten Demokratien eine wichtige Rolle in der politischen Bildung. In diesem Zusammenhang standen zum Beispiel Fragen der Rüstung, Rüstungskontrolle und Abrüstung im Mittelpunkt des Interesses. Erinnert sei an die heftigen Diskussionen über den Nato-Doppelbeschluß. Ein anderes Themenfeld war die Auseinandersetzung mit dem rechten, besonders aber mit dem linken Extremismus und Terrorismus, der sich zu einer Gefährdung der Demokratie zu entwickeln drohte. Umweltthemen und Fragen der Entwicklungspolitik gewannen in den achtziger Jahren an Bedeutung und Aktualität.

Seit den tiefgreifenden historischen Umbrüchen der Jahre 1989/90 (Ende des Ost-West-Konfliktes, Überwindung der europäischen und deutschen Teilung) sieht sich die Politik und damit auch die politische Bildung vor neue Fragen, neue Aufgaben und neue Herausforderungen gestellt. Für die Friedrich-Ebert-Stiftung haben heute die Fragen nach der Zukunft der Industriegesellschaft einen besonderen Stellenwert erlangt. Dazu heißt es: „Während die klassischen Fragen der sozialen Gerechtigkeit und der gesellschaftlichen Demokratisierung noch weitgehend offen sind, wirft der industrielle Fortschritt neue, schwerwiegende Fragen auf. Die Bedrohung der natürlichen Existenzgrundlagen, die mangelnde Beherrschung neuer Technologien, neue Armut, das Zusammenleben von Menschen aus vielen Kulturen, neue Formen von Politikverdrossenheit und andere Entwicklungen stellen uns vor neue Herausforderungen. Rechtsextremistische Gewalttäter und ihre Sympathisanten erheben immer schamloser ihr Haupt. Neben den beispiellosen Chancen werden die Risiken der Industriegesellschaft zunehmend sichtbar" (Friedrich-Ebert-Stiftung, 1994b, 4).

Bei der Konrad-Adenauer-Stiftung werden die aktuellen Aufgaben für die politische Bildung wie folgt skizziert: „Unsere Wirtschafts- und Sozialstrukturen durchlaufen eine notwendige Modernisierung. Dieser Prozeß wird begleitet von einem tiefgreifenden Wertewandel, die Individualisierung der Lebensstile nimmt zu, Familienstrukturen befinden sich in Auflösung, unsere Gesellschaft überaltert, gleichzeitig schwindet das Bewußtsein dafür, daß der freiheitliche Rechtsstaat eine dauernde Gestaltungsaufgabe ist. Um die Grundlagen unseres gemeinschaftlichen Lebens zu sichern, ist es wichtig, die Leistungsgrenzen des Staates aufzuzeigen und in unserer Gesellschaft den Sinn für Pflicht und Verantwortung, für Toleranz und für Gemeinwohl zu stärken" (Konrad-Adenauer-Stiftung, 1994a). Weiter werden als aktuelle Themen der politischen Bildung genannt: Fragen zur parlamentarisch-repräsentativen Demokratie, Weiterentwicklung der sozialen, ökologischen Marktwirtschaft, europäischer Einigungsprozeß und neue Herausforderungen in der internationalen Zusammenarbeit wie die Rolle Deutschlands in der Welt und der Themenkomplex „Umwelt und Entwicklung".

Bei der Hanns-Seidel-Stiftung und der Friedrich-Naumann-Stiftung lassen sich mit Akzentverschiebungen ähnliche aktuelle Themenstellungen finden.

Die besondere Herausforderung: der deutsche Einigungsprozeß

Eine außerordentlich wichtige Aufgabe kommt den politischen Stiftungen im Prozeß der inneren Einigung Deutschlands zu. Zum einen geht es um den Aufbau demokratischer Strukturen in den neuen Bundesländern nach Jahrzehnten der totalitären Bevormundung und des staatlichen Dirigismus. „Den Ostdeutschen ist es weitgehend fremd, daß es Aufgabe der Gesellschaftswissenschaften ist, verschiedene Lösungsansätze zu politischen, ökonomischen oder sozialen Problemen und ihre Vor- und Nachteile zur Diskussion zu stellen. Statt dessen erwarten sie Antworten im Sinne von Lösungsrezepten und Handlungsanweisungen; der Wettstreit der politischen Meinungen wird häufig als lästig empfunden. Deshalb ist es Aufgabe der politischen Bildung, den Prozeß der Selbstreflexion und eigenständigen Meinungsbildung zu initiieren" (Rüther, 1994). In fast allen Lebensbereichen müssen die Stiftungen für die Werte und Normen der liberalen und rechtsstaatlichen Demokratie werben, um Verständnis für eine Staats- und Gesellschaftsordnung zu wecken, die vielen noch fremd ist, als zu schwerfällig empfunden wird und die Lebensbereiche nicht eindeutig regelt. Die Vielfalt gleichberechtigter Meinungen, die Gewaltenteilung, der Föderalismus, das Wechselspiel von Regierung und Opposition und die Rechtsordnung: dies sind Grundlagen und Mechanismen, die es zu vermitteln gilt. Es muß dargelegt werden, daß die parlamentarische Demokratie – trotz ihrer vielen Mängel – besser als andere Herrschaftsformen geeignet ist, die Menschenwürde, das Recht und die freie Entfaltung der Person zu gewährleisten.

Die zweite Aufgabe der politischen Stiftungen im Einigungsprozeß besteht in ihrem Beitrag zur Zusammenführung zweier Gesellschaften, die sich in mehr als 40 Jahren der Teilung auseinandergelebt haben. Daß dies ein langwieriger und mühsamer Prozeß ist, haben die letzten vier Jahre bewiesen. Viele Vorurteile und Mißverständnisse zwischen Ost und West sind geblieben, haben sich zum Teil verstärkt. „Die Mauer in den Köpfen" ist noch nicht abgebaut, die mentalen Unterschiede sind nach wie vor sehr groß. In dieser Situation bleibt es vorrangiges Ziel, den Dialog zwischen den Menschen mit ihren unterschiedlichen Biographien und gesellschaftspolitischen Erfahrungen zu fördern, die direkte Begegnung von Bürgern aus den alten und den neuen Ländern zu organisieren und Raum für das gemeinsame Gespräch und die gemeinsame Zukunftsplanung zu geben. Die Unterschiede in den Lebensweisen und Sozialisationsmustern müssen verstanden und akzeptiert, Vorurteile ausgeräumt, aber besonders die Gemeinsamkeiten herausgefunden und ins Wort gebracht werden, damit Solidarität und Gemeinsinn aus solchen Begegnungen erwachsen kann (Rüther, 1993).

Die Bewältigung der hier geschilderten Aufgabenstellungen ist nur in einem langfristigen Prozeß möglich, der durch die politische Bildung begleitet werden muß. Er erfordert höchste Anstrengungen, damit die innerdeutsche Integration gelingt und die Akzeptanz der politischen Demokratie auch in den neuen Ländern erreicht wird.

Teilnehmerstruktur und Wirkung der politischen Aus- und Weiterbildung

Wer nimmt nun das Angebot der politischen Stiftungen wahr, das ja zunächst nicht unmittelbar für berufliche Karrieren verwertet werden kann und auch zu keinerlei offiziell anerkannten Berechtigungen oder Zeugnissen führt? In einer Untersuchung der Friedrich-Ebert-Stiftung über die Bereitschaft in der Bevölkerung, an Veranstaltungen der politischen Bildung teilzunehmen, wurde festgestellt, daß im Westen Deutschlands 22 Prozent und im Osten 26 Prozent der Bevölkerung ein grundsätzliches Interesse bekundet haben. Am höchsten liegt dabei die Bereitschaft in der Altersgruppe der 16- bis 24jährigen mit circa 33 Prozent. Der Grad des Bildungsabschlusses hat einen wichtigen Einfluß auf die Weiterbildungsbereitschaft. Nur 7 Prozent der Hauptschulabgänger ohne Lehre, aber über 40 Prozent der Akademiker sind bereit, sich politisch auf Veranstaltungen weiterzubilden. Diese latente Bereitschaft wird aber nur dann konkret, wenn eine Reihe von Erwartungen und Bedingungen erfüllt werden. Zu nennen sind hier besonders drei: Die Seminare sollen – erstens – dialogorientiert und kreativ-fördernd sein, sie sollen – zweitens – auf die Handlungsbedingungen in der Alltagspraxis abzielen, zugleich auch politische Visionen vermitteln und – drittens – Anregungen und Informationen für die berufliche Arbeit mit einschließen (Meyer, 1993a).

Offensichtlich gelingt es den politischen Stiftungen, weitestgehend diesen Erwartungen zu entsprechen, denn ihre Weiterbildungsangebote werden in hohem Maße genutzt. Gut besuchte Veranstaltungen sind die Regel, ebenso Wartelisten für Seminarplätze. Die Gesamtzahl von über 250 000 Teilnehmern im Jahr macht deutlich, daß ein wirklicher Bedarf an gesellschaftspolitischer Aus- und Weiterbildung vorliegt.

Der Zugang zu den Veranstaltungen der politischen Stiftungen ist offen, das heißt, jeder, der interessiert ist, kann teilnehmen, unabhängig von seinen parteipolitischen Präferenzen. Die Stiftungen werben mit schriftlichen Einladungen und Programmen. Zu unterscheiden sind Veranstaltungen, die für einen heterogenen Teilnehmerkreis zugänglich sind, und solche, die sich an bestimmte Zielgruppen wenden, wobei die Zielgruppenansprache in den vergangenen Jahren ein immer größeres Gewicht erhalten hat. Die Zielgruppen definieren sich entweder durch ihren sozialen Status (Studenten, Schüler, Frauen und andere) oder durch ihre berufliche Position (Lehrer, Journalisten, Polizei und andere). Der Anteil der Teilnehmer mit hohen Bildungsabschlüssen (Gymnasien, Hochschulabsolventen, Akademiker) ist überdurchschnittlich groß. Der Anteil weiblicher Teilnehmer liegt im Durchschnitt zwischen 40 und 50 Prozent.

Selbstverständlich wenden sich die Stiftungen mit ihren Einladungen auch an die Mitglieder und Funktionsträger der ihnen nahestehenden Parteien. Der Anteil der Parteimitglieder an der Gesamtzahl der Teilnehmer liegt nach einer Erhebung der Konrad-Adenauer-Stiftung lediglich bei 30 Prozent. Der überwiegende Teil ist also parteiungebunden, was zeigt, daß die Stiftungen über den Parteirahmen hinaus eine gesamtgesellschaftliche Weiterbildungsaufgabe erfüllen.

Die **Wirkung** der politischen Bildungsarbeit ist nicht exakt meßbar. Dennoch lassen sich einige Aussagen über Wirkung und Stellenwert der Bildungsarbeit treffen. Zunächst bleibt festzuhalten, daß die politische Bildung wenig unmittelbare Auswirkungen auf die aktive Politik hat. Diese bleibt Domäne der Politiker, Parlamente, Parteien und Verbände. Die politische Bildung kann Politik erklären und diskutieren, politisches Verhalten einüben und politische Entscheidungen simulieren, sie ist aber kein Instrument oder gar Ersatz für Politik.

Dies bedeutet aber auch, die politische Bildung ist überfordert, wenn sie die Ursachen für politische Defizite oder Fehlentscheidungen kurzfristig beheben soll. Professor Oberreuter wies in einer Anhörung vor dem Deutschen Bundestag auf diesen Sachverhalt hin. Im Zusammenhang mit der zunehmenden Gewaltbereitschaft in unserer Gesellschaft führte er unter anderem dazu aus: „Politische Bildung ist – wie Bildung überhaupt – kein ‚Saisonartikel', der einsetzbar ist wie Feuerwehr oder Katastrophenschutz ..., wenn es gar für gewaltsame Entgleisungen soziale Ursachen gibt, dann spricht natürlich sehr viel dafür, daß man mit politischen Bildungsmaßnahmen die Ursachen am allerwenigsten beheben kann, sondern man muß durch gezielte politische Maßnahmen auf den entsprechenden Politikfeldern versuchen, diese sozialen Ursachen zu beheben" (Oberreuter, 1993).

Politische Bildung wird in ihrer Wirkung dann beeinträchtigt, wenn politische Skandale zuweilen die Politik beherrschen. Zwar muß sich die politische Bildung davor hüten, idealisierende Maßstäbe an die praktische Politik anzulegen, die dem Alltagshandeln nicht angemessen sind, und das Verständnis für Machtfragen, Kompromisse und die Verfahren der politischen Prozesse in einer Demokratie eher verhindern als fördern. Aber wenn fundamentale Spielregeln der Demokratie verletzt werden, dann wird nicht nur das Vertrauen in die Politik geschwächt, sondern auch die politische Bildung in Mitleidenschaft gezogen.

Eine langfristig **positive** Wirkung der von den Stiftungen getragenen Bildungsarbeit liegt in ihrem Beitrag zur Qualifizierung des politischen Personals. Viele heute aktive Politiker sind durch das Angebot der Stiftungen in ihrem politischen Engagement bestärkt worden. Norbert Lammert, Mitglied des Deutschen Bundestages und Parlamentarischer Staatssekretär, beispielsweise: „Mein frühes Interesse an Politik hat in den Grundlagenseminaren der Konrad-Adenauer-Stiftung in Schloß Eichholz zum ersten Mal eine solide und systematische Grundlage gefunden, die mein aktives politisches Engagement zweifellos beeinflußt und hoffentlich auch ein wenig geprägt hat. Die ebenso ernsthafte wie lockere Atmosphäre der Seminare und die zum Teil bis heute andauernden, damals entstandenen persönlichen Freundschaften haben ein Verständnis und Verhältnis zur Politik geformt, das leider nicht selbstverständlich, aber nach meiner Überzeugung vernünftig und angemessen ist" (Konrad-Adenauer-Stiftung, 1994b). Was hier ein Bundespolitiker schildert, wird besonders auch von vielen Funktions- und Mandatsträgern der kommunalen Ebene in ähnlicher Weise bestätigt. Häufig geben ihnen die politischen Bildungsveranstaltungen den entscheidenden Anstoß für den Weg in die Politik. Bereits aktive Kommunalpolitiker erhalten eine solide fachliche Weiterbildung, die sie für ihre Aufgaben in den Städten und Gemeinden besser qualifiziert.

Die Stiftungen fördern zudem das Verständnis für das Gemeinwohl und die Solidarität in der Gesellschaft, weil sie sich immer wieder mit den Grundlagen und Grundwerten unserer Staats- und Gesellschaftsordnung beschäftigen, **gleichzeitig** die oft mühsamen und von Kompromissen gekennzeichneten politischen Entscheidungsprozesse nachzeichnen und erklären, indem sie Polemik und vordergründige Rhetorik in der Politik aufspüren und die sachlichen Argumente des Für und Wider von politischen Entscheidungen herausarbeiten.

Die Stiftungen wirken außerdem im Sinne einer toleranten Streit- und Gesprächskultur in unserer Gesellschaft. Sie bieten Raum und Gelegenheit, die durch die Medienwelt dominant geprägten politischen Erfahrungen zu reflektieren und zu diskutieren. „Ich glaube", so merkte Thomas Meyer von der Friedrich-Ebert-Stiftung treffend an, „daß die politische Bildung, und zwar die außerschulische politische Bildung, in besonderem Maße eigentlich die wichtigste Gegenstruktur ist, über die die Gesellschaft verfügt, um Desorientierungen, Desorientierungstendenzen entgegenzuwirken, einmal abgesehen von den Mechanismen natürlich, die in den Kernen der gesellschaftlichen Strukturen selber wirksam sind, etwa im Sozialbereich und ökonomischen Bereich. Dominant bei der Politikvermittlung in unserer Gesellschaft sind die Medien, und die außerschulische politische Bildung ist sozusagen die große gesellschaftliche Struktur, um Gegenerfahrungen, dialogorientierte Erfahrungen machen zu können, um das zu verarbeiten, was an Orientierungsproblemen in anderen Bereichen entstanden ist" (Meyer, 1993b).

Das Aus- und Weiterbildungsangebot der politischen Stiftungen kostet Geld. Dieses Geld – weitgehend aus öffentlichen Haushalten zur Verfügung gestellt – ist aber eine notwendige und sinnvolle Investition, um den Bestand und die Weiterentwicklung unserer parlamentarischen Demokratie zu unterstützen. Viele ausländische Gäste beneiden die Bundesrepublik Deutschland um diese Stiftungen, weil sie die langfristige Wirkung und ihren Wert für eine lebendige und von den Bürgern mitbestimmte politische Kultur erkennen. So hat die Aussage von Bernhard Vogel, dem Ministerpräsidenten von Thüringen, ihre Berechtigung: Wenn es die politischen Stiftungen nicht gäbe, so müßten sie erfunden werden. Auch Bundespräsident Herzog würdigte – anläßlich des 70. Jahrestages der Gründung der Friedrich-Ebert-Stiftung am 8. März 1995 – ausdrücklich die Leistungen und den guten Ruf der politischen Stiftungen. Er sagte unter anderem: „Entscheidend ist die permanente und eigentliche Aufgabe der politischen Stiftungen: die Erziehung zur Demokratie. Sie stellt sich im Inland wie im Ausland. Eines ihrer wichtigsten Felder ist die Erwachsenenbildung. Sie trägt dazu bei, daß die Bürger der offenen Gesellschaft sich so kenntnisreich wie möglich am Entwicklungsprozeß der Demokratie beteiligen können. Ein weiteres Feld ist die Begabtenförderung. Hier wird der Grundstein dafür gelegt, daß Intelligenz nicht nur für die eigene Karriere oder den eigenen Wohlstand genutzt, sondern auch in den Dienst des Gemeinwesens gestellt wird. Diese Beispiele mögen genügen, um deutlich zu machen, wie unverzichtbar die politischen Stiftungen in der demokratischen Gesellschaft sind" (Herzog, 1995).

Literatur

BVerfGE, Entscheidungen des Bundesverfassungsgerichts
Börner, Holger, 1993: Menschen müssen ermutigt werden, sich einzumischen. Gerade in der Krise besonders wichtig: Was politische Stiftungen leisten; in: Frankfurter Allgemeine Sonntagszeitung vom 26. Dezember 1993
Friedrich-Ebert-Stiftung, 1994a: Jahresbericht 1993, Bonn
Friedrich-Ebert-Stiftung, 1994b: Programm 1994, Bonn
Fülle, Henning, 1992: Himmel auf Erden? Entstehung, Struktur und Arbeitsweisen der grünennahen politischen Stiftungen, Dortmund
Herzog, Roman, 1995: Grußwort zur 70-Jahrfeier der Friedrich-Ebert-Stiftung am 8. März 1995 (unveröffentlicht)

Isensee, Josef: Stellungnahme zu politischen Stiftungen (unveröffentlicht)

Konrad-Adenauer-Stiftung, 1994a: Arbeitspapier (unveröffentlicht), Wesseling

Konrad-Adenauer-Stiftung, 1994b: Programm des Bildungszentrums Schloß Eichholz 2/94, Wesseling

Langguth, Gerd, 1993: Politische Stiftungen und politische Bildung in Deutschland; in: Aus Politik und Zeitgeschichte, Bd. 34, 1993, Seite 41 ff.

Meyer, Thomas, 1993a: Neue Perspektiven politischer Weiterbildung; in: Jahrbuch der Friedrich-Ebert-Stiftung 1993, Bonn, Seite 69 ff.

Meyer, Thomas, 1993b: Gewalt in der Gesellschaft und die sich daraus ergebenden Aufgaben für die politische Bildung; öffentliche Anhörung von Sachverständigen vor dem Innenausschuß des Deutschen Bundestages am 6. Dezember 1993, Bonn, Seite 16 f.

Oberreuter, Heinrich, 1993: Gewalt in der Gesellschaft und die sich daraus ergebenden Aufgaben für die politische Bildung; öffentliche Anhörung von Sachverständigen vor dem Innenausschuß des Deutschen Bundestages am 6. Dezember 1993, Bonn, Seite 71 ff.

Rüther, Günther, 1993: Politische Bildung und politische Kultur im vereinigten Deutschland; in: Aus Politik und Zeitgeschichte, Bd. 34, 1993 Seite 4 ff.

Rüther, Günther, 1994: Bedeutung und Stellenwert der politischen Bildung vor und nach der Wiedervereinigung (unveröffentlichter Vortrag)

von Vieregge, Henning, 1977: Parteistiftungen – Zur Rolle der Konrad-Adenauer-, Friedrich-Ebert-, Friedrich-Naumann- und Hanns-Seidel-Stiftung im politischen System der Bundesrepublik Deutschland, Baden-Baden, Seite 31 ff.

Die Autoren

Andreas von Below, Dr.
Jahrgang 1946; Studium der Geschichte, Germanistik, Politikwissenschaft und Soziologie in Bonn und Freiburg; seit 1979 leitender Angestellter bei der Konrad-Adenauer-Stiftung, Wesseling

Hans-Jürgen Brackmann, RA
Jahrgang 1942; Jurastudium in Berlin, Kiel, Göttingen; Referendardienst und Studium an der Hochschule für Verwaltungswissenschaften in Speyer; Leiter der Abteilung „Bildungspolitik und gesellschaftspolitische Bildungs- und Jugendarbeit" und Geschäftsführer der arbeitgeber-Bundesvereinigung, Köln

Carola Busch
Jahrgang 1951; Studium der Pädagogik, Psychologie und Soziologe in Frankfurt am Main; wissenschaftliche Mitarbeiterin in der Forschungsstelle des Bildungswerks der Hessischen Wirtschaft e.V. mit den Arbeitsschwerpunkten berufliche Bildung von Frauen und betriebliche Frauen- und Familienförderung

Marion Hüchtermann, M. A.
Jahrgang 1957; Studium der Verfassungs-, Sozial- und Wirtschaftsgeschichte (VSWG) und Germanistik an der Universität Bonn; Leiterin des Referates „Gesellschaftsbezogene Unternehmenspolitik" des Instituts der deutschen Wirtschaft Köln; Geschäftsführerin der Bundesarbeitsgemeinschaft SCHULE WIRTSCHAFT

Claus Kemmet, Dr.
Jahrgang 1943; Studium der Volkswirtschaft in Frankfurt am Main und Freiburg; Geschäftsführer der Landesvereinigung der Unternehmensverbände in Hamburg e.V., des Industrieverbandes Hamburg e.V. und des Instituts für Sozial- und Bildungspolitik Hamburg e.V.

Christiane Konegen-Grenier
Jahrgang 1956; Studium der Geschichte, Germanistik und Philosophie in Köln und Bordeaux; Referentin für Hochschule und Personalwirtschaft im Institut der deutschen Wirtschaft Köln

Wolfgang Kramer, Dr. phil.
Jahrgang 1937; Studium der Geschichte, Philosophie und Pädagogik in Münster, Wien, Tübingen, Paris und Erlangen; Leiter des Referates „Allgemeines Schulwesen und Führungskräfteweiterbildung" im Institut der deutschen Wirtschaft Köln

Dana Krüger
Jahrgang 1974; Studentin der Wirtschaftswissenschaften an der Fachhochschule für öffentliche Verwaltung in Bernau; vom 2. Mai bis 31. Juli 1994 Praktikantin im Institut der deutschen Wirtschaft Köln

Juliane List
Jahrgang 1961; Studium der Rechtswissenschaften und Politischen Wissenschaften in München und Lausanne; Referentin für Internationale Bildungspolitik im Institut der deutschen Wirtschaft Köln

Christoph Mecking, Ass. jur., M. A.
Jahrgang 1961; Studium der Rechts- und Politikwissenschaften in Trier und Bochum; Referent im Stiftungszentrum des Stifterverbandes für die Deutsche Wissenschaft (Essen)

Wolfgang Pege
Jahrgang 1934; Studium der Theologie, Philosophie, Psychologie und Klassischen Philologie in Wuppertal/Barmen und Bonn; Referent für Gewerkschaftspolitik im Institut der deutschen Wirtschaft Köln

Ansgar Pieper, Dipl.-Vw.
Jahrgang 1942; Studium der Volkswirtschaft, Politikwissenschaft und Sozialpolitik an der Universität Köln; Projektleiter in den Bereichen neue Technologien und Datenbanken im Institut der deutschen Wirtschaft Köln: „KURS DIREKT – Die Online-Datenbank für Aus- und Weiterbildung" und „WideO – Wirtschaftlichkeit dezentraler Organisationsentwicklung"

Winfried Schlaffke, Prof. Dr. phil.
Jahrgang 1939; Studium der Philologie, Literaturwissenschaft, Philosophie, Pädagogik und Theologie in Hamburg; stellvertretender Direktor

und Leiter der Hauptabteilung „Bildung und Gesellschaftswissenschaften" des Instituts der deutschen Wirtschaft Köln

Kurt W. Schönherr, Prof. Dr.
Jahrgang 1931; Ausbildung zum Industriekaufmann; Erststudium der Wirtschaftswissenschaften, nebenberufliches Zweitstudium der Philosophie und Pädagogik; Mitbegründer und leitender Direktor der AKAD Akademikergesellschaft für Erwachsenenbildung, Stuttgart; Gründer der Hochschule für Berufstätige, Rendburg; Rektor der Süddeutschen Hochschule für Berufstätige, Lahr; Gründungsdirektor der Ostdeutschen Hochschule für Berufstätige, Leipzig

Larry Steindler, Dr.
Jahrgang 1957; Studium der Philosophie, Informations- und Dokumentationswissenschaft, Allgemeinen Sprachwissenschaft und Germanistik in Düsseldorf; bis März 1995 wissenschaftlicher Referent im Institut der deutschen Wirtschaft Köln: Betreuung der Online-Datenbank „KURS DIREKT zur beruflichen Aus- und Weiterbildung" der Bundesanstalt für Arbeit, Nürnberg

Reinhold Weiß, Dr.
Jahrgang 1952; Studium der Volkswirtschaftslehre, Wirtschafts- und Sozialgeschichte, Wirtschafts- und Berufspädagogik an der Universität zu Köln; stellvertretender Leiter der Hauptabteilung „Bildung und Gesellschaftswissenschaften" im Institut der deutschen Wirtschaft Köln

Susanne Wellmann, RA
Jahrgang 1964; Studium der Rechtswissenschaft in Erlangen und Bonn. Erstes und zweites juristisches Staatsexamen, Zulassung zur Rechtsanwaltschaft beim Amtsgericht und Landgericht Köln; Referentin in der Rechtsabteilung des Bundesverbandes der deutschen Gas- und Wasserwirtschaft, Bonn